Es hielt uns am Leben

Chaya Ostrower

Es hielt uns am Leben

Humor im Holocaust

Aus dem Englischen übersetzt von Miriam Yusufi

Mit 51 Abbildungen

Chaya Ostrower
Tel Aviv, Israel

Übersetzerin: Miriam Yusufi, Speyer

ISBN 978-3-658-17384-5   ISBN 978-3-658-17385-2 (eBook)
https://doi.org/10.1007/978-3-658-17385-2

Die Deutsche Nationalbibliothek verzeichnet diese Publikation in der Deutschen Nationalbibliografie; detaillierte bibliografische Daten sind im Internet über http://dnb.d-nb.de abrufbar.

© Springer Fachmedien Wiesbaden GmbH 2018
Zuerst erschienen in Hebräisch (2009) "Without humor we all should have committed suicide: Humor as a defense mechanism in the Holocaust" bei Yad-Vashem, Jerusalem. Die Englische Übersetzung (2014) "It kept us alive: Humor in the Holocaust" erschien bei Yad-Vashem, Jerusalem.
Das Werk einschließlich aller seiner Teile ist urheberrechtlich geschützt. Jede Verwertung, die nicht ausdrücklich vom Urheberrechtsgesetz zugelassen ist, bedarf der vorherigen Zustimmung des Verlags. Das gilt insbesondere für Vervielfältigungen, Bearbeitungen, Übersetzungen, Mikroverfilmungen und die Einspeicherung und Verarbeitung in elektronischen Systemen.
Die Wiedergabe von Gebrauchsnamen, Handelsnamen, Warenbezeichnungen usw. in diesem Werk berechtigt auch ohne besondere Kennzeichnung nicht zu der Annahme, dass solche Namen im Sinne der Warenzeichen- und Markenschutz-Gesetzgebung als frei zu betrachten wären und daher von jedermann benutzt werden dürften.
Der Verlag, die Autoren und die Herausgeber gehen davon aus, dass die Angaben und Informationen in diesem Werk zum Zeitpunkt der Veröffentlichung vollständig und korrekt sind. Weder der Verlag noch die Autoren oder die Herausgeber übernehmen, ausdrücklich oder implizit, Gewähr für den Inhalt des Werkes, etwaige Fehler oder Äußerungen. Der Verlag bleibt im Hinblick auf geografische Zuordnungen und Gebietsbezeichnungen in veröffentlichten Karten und Institutionsadressen neutral.

Umschlaggestaltung: deblik Berlin
Fotonachweis Umschlag: Erich Lichtblau-Leskly, "The Operetta in Three Acts, The Ghetto Girl," Theresienstadt. Mit freundlicher Genehmigung der Familie Leskly und des Los Angeles Museum of the Holocaust.

Gedruckt auf säurefreiem und chlorfrei gebleichtem Papier

Springer ist Teil von Springer Nature
Die eingetragene Gesellschaft ist Springer Fachmedien Wiesbaden GmbH
Die Anschrift der Gesellschaft ist: Abraham-Lincoln-Str. 46, 65189 Wiesbaden, Germany

Inhaltsverzeichnis

Vorwort IX

Einleitung.. 1
Einige Bemerkungen zu Berufsethik und Datenschutz 3

Humor und Lachen... 5
Was ist Humor? 5
Was ist Lachen?.. 7
Theorien zu Humor und Lachen 10
Überlegenheitstheorien... 10
Entspannungs- und Erleichterungstheorien 13
Freud über Humor.. 13
Inkongruenztheorien 16
Die Funktionen von Humor 17

Jüdischer Humor 19
Jüdische Selbstironie... 24

Humor und Lachen im Holocaust 29
Überlebende erzählen von Humor und Lachen im Holocaust 36

Die Funktion von Humor als Abwehrmechanismus **43**
Was ist ein Abwehrmechanismus? 43
Humor als Abwehrmechanismus 47
Die Überlebenden erzählen von Humor als Abwehrmechanismus
während des Holocaust 50
Schwarzer Humor und Galgenhumor 56
Die Überlebenden erzählen von schwarzem Humor 61
Selbstironie 66
Die Überlebenden erzählen von Selbstironie 69
Humor über Essen 77
Die Überlebenden erzählen von Humor und Essen 77

Die aggressive Funktion von Humor **83**
Aggressiver Humor aus einem Gefühl der Überlegenheit 84
Die Überlebenden erzählen von aggressivem Humor auf der Basis
von Überlegenheit 89
Aggressiver Humor als Reaktion auf Frustration 91
Die Überlebenden erzählen von Humor aus Frustration 94

Die Sexuelle Funktion von Humor **97**
Sexueller Humor 97
Die Überlebenden erzählen von sexuellem Humor 101
Skatologischer Humor 102
Die Überlebenden erzählen von skatologischem Humor 104

Die soziale Funktion von Humor **107**
Die Überlebenden erzählen von sozialem Humor 110

Die Intellektuelle Funktion von Humor **111**
Die Überlebenden erzählen von intellektuellem Humor 114

**Statistische Zusammenfassung der Aussagen
und der humoristischen Vorfälle** **117**

Humoristische und satirische Lieder **119**
Humoristische Lieder als Abwehrmechanismus 123
Lieder mit schwarzem Humor 130
Humoristische Lieder über Essen 132
Die Überlebenden erzählen von humoristischen Liedern
als Abwehrmechanismus 135
Die aggressive Funktion von Humor in Liedern 137
Die Überlebenden erzählen von der aggressiven Funktion humoristischer Lieder   160

Die sexuelle Funktion in humoristischen Liedern 162
Die Überlebenden erzählen von der sexuellen Funktion
humoristischer Lieder 163
Die soziale und intellektuelle Funktion humoristischer Lieder 165
Die Überlebenden erzählen von der intellektuellen Funktion
humoristischer Lieder 166
Esther Stub 166
Zusammenfassung 168

Kabarettistische, humoristische und satirische Vorführungen **171**
Das Warschauer Ghetto 177
Eldorado 180
Nowy Azazel 184
Na Pięterku 185
Neu-Cameri 187
Femina 189
Melody Palace 190
Sztuka 191
Władysław Szlengel 196
Die Überlebenden erzählen von kabarettistischen und
humoristischen Vorführungen im Warschauer Ghetto 202
Ghetto Litzmannstadt 204
Die Überlebenden erzählen von kabarettistischen und
humoristischen Vorführungen im Ghetto Litzmannstadt 215
Ghetto Wilna 216
Theresienstadt 225
Westerbork 238
Die Überlebenden erzählen von kabarettistischen und
humoristischen Vorführungen in Westerbork 245
Skarżysko-Kamienna 245
Die Überlebenden erzählen von kabarettistischen und
humoristischen Vorführungen in Skarżysko-Kamienna 247
Auschwitz 248
Die Überlebenden erzählen von kabarettistischen und
humoristischen Vorführungen in Auschwitz 253
Die Überlebenden erzählen von kabarettistischen und
humoristischen Vorführungen in Blechhammer 254
Zusammenfassung 254

Karikaturen	**257**
Hunger	262
„Prominente"	267
Krankheiten und Tod	270
Die Latrine	275
We Will Survive!	277
Die Narren	**279**
Rubinstein	280
Die Überlebenden erzählen von Rubinstein	283
Yankele Hershkowitz	286
Die Überlebenden erzählen von Yankele Hershkowitz	296
Schlusswort	**297**
Anhang: Die befragten Personen	**301**
Quellenverzeichnis	**321**

Vorwort

Dieses Buch basiert auf meiner Dissertation „Humor als Abwehrmechanismus im Holocaust", die ich an der Universität Tel Aviv unter Betreuung des verstorbenen Professor Avner Ziv verfasst habe, der mir während meiner faszinierenden Forschungsstudie unterstützend, ermutigend und mit weisen Ratschlägen zur Seite stand.

In diesem Buch sind die Erzählungen von jüdischen Holocaustüberlebenden niedergeschrieben, die während des Holocaust im Teenageralter oder in ihren Zwanzigern waren. Es erforscht ihre verblüffenden Bewältigungsstrategien, mithilfe derer sie sich im Angesicht der Gräuel des Holocaust Humor zunutze gemacht haben.

Da im Zentrum der Studie die Überlebenden stehen, war für mich von Anfang an klar, dass ich außerordentlich feinfühlig, verantwortungsvoll und umsichtig vorgehen musste. Eine schwere Bürde der Verantwortung begleitete mich durch die verschiedenen Forschungsstadien hindurch – bei der Wahl des Themas, den Treffen mit Holocaustexperten, der Suche nach Quellen und insbesondere natürlich bei den Treffen mit Holocaustüberlebenden.

Die *Alija* meiner Eltern von Polen nach Israel fand vor dem Zweiten Weltkrieg statt. Viele Mitglieder der Familie meiner Mutter wurden in Auschwitz umgebracht, doch wenn ich mich recht entsinne, wurde der Holocaust bei uns zu Hause nur selten thematisiert. Die Schwester meiner Mutter, Yaga (Yocheved Hvinger), hat Auschwitz überlebt, aber ihr Mann und ihre Tochter wurden ermordet; Roosje (Rosa Melzer), die Tochter einer weiteren Schwester, hat Auschwitz ebenfalls überlebt, aber ihre Mutter und ihr Vater wurden getötet. Roosje war oft bei uns zu Besuch, als ich klein war. Als ich meine Mutter nach der Nummer auf Roosjes Arm fragte, lautete ihre Antwort in etwa: „Sie hat schreckliche Dinge in Auschwitz erlebt. Manchmal erzählt sie mir davon und es ist grauenvoll. Stell ihr bloß keine Fragen dazu." Diese Antwort genügte, damit mein Interesse an diesem Thema erlosch.

Während ich in meiner Funktion als Leiterin von Jugenddelegationen Vernichtungslager in Polen besuchte, erfuhr ich schließlich immer mehr über den Holocaust. Dort in den Vernichtungslagern wurde ich zum ersten Mal mit dem vollen Ausmaß der Gräueltaten konfrontiert und seitdem quälen mich Fragen, die mir keine Ruhe lassen wollten: Wie haben es die Holocaustüberlebenden geschafft, mit den Schreckenstaten, die sie erlebt haben, umzugehen? Was half ihnen dabei, zu überleben? Welche Abwehrmechanismen wandten sie an? Wie hätte ich mich verhalten, wenn ich an ihrer Stelle gewesen wäre?

Als mir zum ersten Mal der Gedanke kam, die Themen „Humor" und „Holocaust" zu verknüpfen, war ich fasziniert und überrascht zugleich. Ist es überhaupt vorstellbar, dass im Holocaust Humor existierte? Ist es möglich, dass Menschen, die unsägliches Leid erfahren mussten, Humor verwendeten? Ich wandte mich an Wissenschaftler in Israel und im Ausland, die Experten auf dem Gebiet des Holocaust sind, und erhielt Antworten wie „Verschwenden Sie nicht Ihre Zeit, dazu finden Sie nicht genügend Material… Das reicht niemals für eine Doktorarbeit", „Womöglich gab es dort wirklich Humor, aber Sie würden nach einer Nadel im Heuhaufen suchen."

Trotz der entmutigenden Rückmeldungen der Wissenschaftler faszinierte mich die Idee und ich beschloss, weiter nach Informationen zu diesem Thema zu suchen. Mir war bewusst, dass Humor in der Hierarchie psychologischer Abwehrmechanismen weit oben angesiedelt ist und zu den wirksamsten dieser Mechanismen zählt. Ich wusste auch, dass sich Juden diesen Abwehrmechanismus im Laufe ihrer Geschichte von Verfolgung und Leid vielfach zunutze gemacht hatten.

Als ich mit meiner Forschung schon weiter war, traf ich mich mit Professor Israel Gutman, einem Holocaustüberlebenden und einem der bedeutendsten Holocaustforscher in Israel und im Ausland, zu einem Gespräch. Professor Gutman war sehr angetan vom außergewöhnlichen Thema meiner Studie, da noch niemand zuvor dazu geforscht hatte, und bot mir daher die Möglichkeit, als erste Dokumente und Informationen auf diesem Gebiet zu sammeln. Für gewöhnlich verweist Gutman Forscher, die auf ihn zukommen, auf Literatur, in meinem Fall war dies jedoch nicht angebracht, da zu dem Thema keine Literatur existierte. Er war sich sicher, dass es Humor gegeben hatte, und ihm war bewusst, dass Humor als eine Art Waffe diente, nicht nur für die Juden. Aus diesem Grund empfand Professor Gutman eine Dissertation, die sich der Ansammlung von Quellen zu diesem Thema widmen würde, als eine wichtige Aufgabe.

Die ersten Quellen, die ich untersuchte, waren die Aufzeichnungen von Emmanuel Ringelblum[1] und das Tagebuch von Chaim Aron Kaplan[2]. Zu meinem Erstaunen entdeckte ich in diesen Werken eine beachtliche Zahl an humorvollen Äußerungen, von denen einige sogar unter der Überschrift „Witz" aufgeführt waren.

---

1 Emmanuel Ringelblum, *Notes from the Warsaw Ghetto* (New York: Schocken Books, 1974).
2 Chaim A. Kaplan, *Scroll of Agony: The Warsaw Diary of Chaim A. Kaplan*, Hrsg., Abraham I. Katsh (Bloomington, IN: Indiana University Press, 1999).

Der nächste Schritt der Studie bestand darin zu untersuchen, ob es Überlebende gab, die während des Holocaust Humor erlebt hatten. Ich hatte die Hoffnung, Überlebende zu finden, die in diesem Zeitraum Humor verwendet hatten oder aber das Bewusstsein besaßen, den Humor erkennen und die Grausamkeiten, die sie erfahren hatten, wenn auch nur vereinzelt aus einer anderen Perspektive betrachten zu können.

Ich beschloss, mich an die Überlebenden zu wenden, die als Begleitung mit Jugenddelegationen zu den Vernichtungslagern reisen, und sie als erste um ein Interview zu bitten. Diese Überlebenden waren dazu bereit, über ihre Erfahrungen während des Holocaust zu sprechen, und einige von ihnen kannte ich sogar persönlich von meinen Reisen nach Polen, die ich als Leiterin von Gruppen von Jugendlichen aus Israel unternommen hatte.

Ich war unsicher, wie ich mein Forschungsthema in meinem ersten Telefonat beschreiben sollte, da ich besorgt war, wie die Worte „Humor im Holocaust" aufgenommen werden würden. Ich befürchtete, die Überlebenden könnten den Eindruck bekommen, ich ziehe den Holocaust ins Lächerliche, und aus Wut einfach auflegen. Ein weiterer Vorbehalt war die Konnotation des Begriffs „Abwehrmechanismus". Vielleicht würden sie diesen negativ auffassen. Daher suchte ich nach Alternativen wie „Bewältigungsmechanismus" – mit der positiven Konnotation von aktivem, dynamischem Handeln im Gegensatz zur negativen Passivität, die mit „Abwehrmechanismus" mitschwingt – oder „Überlebensmechanismus", was weniger bedrohlich klingt.

Am Schluss sahen Thema und Fragestellung so aus: „Ich würde gerne herausfinden, ob es Situationen gab, in denen Sie oder Menschen, die Sie kannten, während des Holocaust gelacht haben. Falls ja, sind Ihnen diese Situationen in Erinnerung? Können Sie sie mir beschreiben?" Ich definierte „Humor" als „alles, was Sie während des Holocaust zum Lachen oder Schmunzeln gebracht hat". Von „Humor als Abwehrmechanismus" sprach ich erst, nachdem mehrere Überlebende in den Gesprächen wiederholt hatten, dass „Humor unser Abwehrmechanismus" war.

Der Hauptgrund für mich, alle Gespräche selbst durchzuführen, war die sensible Natur des Forschungsthemas und mein eigenes Einfühlungsvermögen den Studienteilnehmern gegenüber. Ich wollte sichergehen, dass kein Teilnehmer das Ziel der Studie als Herabwürdigung der gewaltigen Dimension des Holocaust oder als Verkennung des damit verbundenen Traumas oder Leids verstehen würde. Mir war wichtig, dass die Studienteilnehmer das Ziel der Studie und ihre Bedeutung verstanden; ich ging einfühlsam vor und versuchte, eine vertrauensvolle Umgebung zu schaffen, um aufrichtige und relevante Informationen von den Teilnehmern zu erhalten.

Den Teilnehmern, die mich noch nicht kannten, stellte ich mich als Gruppenleiterin von Jugenddelegationen nach Polen vor, was die Basis für ein Gefühl der Verbundenheit zwischen uns schuf. Um mein Interesse am Holocaust und meine Auseinandersetzung mit diesem Thema auch außerhalb des Rahmens meiner Forschung zu veranschaulichen, erzählte ich ihnen außerdem, dass ich Lehrpläne für Schulen erstellt hatte, die den Holocaust mithilfe von Stempeln, Fotos, Texten und Bildern von Kindern im Holocaust behandeln. Darüber hinaus telefonierte ich mit jedem der Teilnehmer, bevor ich mich mit ihnen traf, um herauszufinden, in welchem Lager oder Ghetto sie gefangen waren, und bereitete mich auf die Gespräche vor, indem ich Informationen über ihre vorherigen Wohnverhältnisse und über das Ghetto oder Lager, in dem sie festgehalten wurden, las. Mein breites Wissen über den Holocaust half mir dabei sehr.

Ich war besorgt, was die möglichen, schwer abschätzbaren negativen Auswirkungen der Gespräche anbelangte, die traumatische Erinnerungen wachrufen könnten. Würden sie dazu in der Lage sein, mit den Erinnerungen an diese Erlebnisse umzugehen? Würde ich in der Lage sein, mit ihren Reaktionen umzugehen? Würde ich dazu fähig sein, die Wunden, die ich aufreißen würde, auch wieder zu schließen?

Der erste Gesprächspartner war der Psychiater Dr. Yehuda Garai. Er sagte zu mir (unter anderem): „Wie meinen Sie das, ob Leute gelacht haben? Natürlich haben sie gelacht! Wir hätten es anders überhaupt nicht ausgehalten. Was für eine Frage ist das? Humor ist ja schließlich ein Abwehrmechanismus." Das bekräftigte meine Theorie, dass es im Holocaust tatsächlich Humor gegeben hatte, sogar in Auschwitz. Um auf der sicheren Seite zu sein, wandte ich mich an zwei weitere Überlebende, Eitan Porat und Henja (Hana) Tenzer, und erhielt dieselbe Antwort: „Es gab Humor und wir haben viel gelacht." Ich entschied mich, meine Studie zu beginnen.

Je mehr Überlebende ich interviewte, desto sicherer war ich mir – ja, im Holocaust hatte es Humor gegeben und ja, meine Gesprächsteilnehmer würden uneingeschränkt mit mir zusammenarbeiten. Die Teilnehmer sagten zu mir Dinge wie: „Ja, es gab sogar Witze, viele Witze, und das half uns dabei, es durchzustehen", oder: „Natürlich gab es Humor. Es waren schließlich Menschen, die dort lebten, und die haben sogar Witze erzählt. Überall, wo Menschen sind, gibt es auch Humor." Die Überlebenden, die ich interviewt hatte, vermittelten mich an ihre Freunde, weitere Holocaustüberlebende, die ebenfalls bereit waren, über das Thema zu sprechen. Es gab sogar Überlebende, die über ihre Freunde von meinem Projekt erfahren hatten und sich aus eigenem Antrieb an mich wandten, um sich von mir interviewen zu lassen, damit sie beschreiben konnten, wie ihr Leben mithilfe des Humors gerettet worden war. Dadurch wurde der ursprünglich kleine Kreis an Gesprächspartnern deutlich größer. Unter all den Überlebenden, zu denen ich Kontakt aufnahm, gab es nur eine Person, die über das Forschungsthema verärgert war und fragte, ob ich „beabsichtigte, den Holocaust ins Lächerliche zu ziehen".

Es ist nicht verwunderlich, dass die Teilnehmer sich nicht nur auf das Thema Humor konzentrierten, sondern auch von ihrem Leben während des Holocaust und über andere Geschichten, die nicht mit dem Thema in Verbindung stehen, berichteten. Sie sagten häufig: „Das hängt nicht mit dem Thema zusammen, aber ich möchte darüber sprechen, da es bald niemanden mehr geben wird, der diese Geschichte erzählt, und es ist wichtig, dass jeder weiß, was dort geschehen ist", oder: „Ich habe nie darüber gesprochen, was dort passiert ist, aber jetzt verstehe ich, dass es wichtig ist, darüber zu reden. Darum habe ich diesem Gespräch zugestimmt, weil ich mir dachte, es wäre leichter, mit diesem Thema zu beginnen."

Ich entwickelte ein Interesse am Leben der Gesprächsteilnehmer weit über die Forschungsparameter hinaus. Ich habe schwierige, schmerzliche Geschichten gehört und jedes Treffen war faszinierend und zutiefst ergreifend. Ich baute eine emotionale Verbindung zu ihren Geschichten, ihrem Schmerz und ihren Gefühlen auf. Manchmal war ich sogar zu Tränen gerührt. Da die Gespräche aufgezeichnet wurden, konnte ich meine Aufmerksamkeit nicht nur auf die direkten Worte legen, sondern auch auf ihre Mimik und Körpersprache.

Ich hatte den Eindruck, dass die Gespräche für sie eine kathartische Erfahrung waren. Meine Anteilnahme und mein Interesse an den Erzählungen der Teilnehmer waren aufrichtig und reichten weit über die eng gesteckten Forschungsziele hinaus, und das spürten die Überlebenden. Ihre Offenheit und Ehrlichkeit waren ein Beweis für die vertrauensvollen Beziehungen, die wir aufgebaut hatten. Sie machten sogar Bemerkungen wie „Ich habe das noch nie jemandem erzählt", „Bis jetzt habe ich nie darüber gesprochen. Sie sind die erste Person, der ich davon erzähle", „Normalerweise rede ich darüber nur mit meinen Freunden, die mit mir in den Lagern waren, und jetzt eben auch mit Ihnen ein wenig." Es erschien mir wichtig, die Gespräche nicht zu verkürzen, weshalb ich die Teilnehmer ermutigte, weiter über alles zu sprechen, worüber sie reden wollten, auch wenn es keinen Bezug zum Forschungsthema hatte.

Die Gespräche fanden bei den Gesprächsteilnehmern zu Hause und zu einem von ihnen gewählten Zeitpunkt statt. Während der Gespräche stellte ich nur klärende Fragen oder bat um mehr Details und nur in Bezug auf Themen, die sie während des Gesprächs angeschnitten hatten. Die meisten Gespräche dauerten zwei bis vier Stunden.

Ich lernte, dass jede Geschichte einzigartig ist, so wie auch jeder Mensch einzigartig ist. Ich lernte die erstaunliche Überlebenskraft kennen, die selbst unter den entsetzlichsten Bedingungen noch vorhanden ist. Ich erfuhr von moralischer Stärke, emotional und seelisch, und von der Kraft des Geistes und wie wir erst wissen, dass wir sie besitzen, wenn wir sie brauchen. Bis zu diesem Zeitpunkt dachte ich, ich sei eine Expertin für die Schrecken des Holocaust, doch mit jedem Gespräch stellte ich wieder und wieder fest, wie wenig ich eigentlich wusste. Jedes Mal, wenn ich Geschichten über die Gräueltaten hörte, fühlte es sich so an, als wäre es das erste Mal; es war schwer, das Ausmaß des Schreckens, der Brutalität und des Bösen zu begreifen. Der Holocaustüberlebende Chaim Rafael brachte es sehr treffend auf den Punkt, als er sagte: „Jeder glaubt, er musste die entsetzlichsten Grausamkeiten aller Zeiten erleiden, bis er dann die Geschichte eines anderen hört, von jemandem, der etwas noch Furchtbareres erlebt hat. Dann erklärt er, dass seine Erlebnisse nichts im Vergleich zu denen dieser anderen Person sind."

Diese Arbeit hätte nicht ohne die großartige Unterstützung der Holocaustüberlebenden, die mit mir sprachen, verfasst werden können. Ich danke ihnen aus tiefstem Herzen dafür, mir ihre schmerzlichsten Erlebnisse offenbart zu haben, und auch für ihre Ehrlichkeit.

Ebenso möchte ich mich bei Dr. Bella Gutterman, der ehemaligen Leiterin des Internationalen Instituts für Holocaust-Forschung – Yad Vashem, für ihre Ermutigung und Unterstützung bedanken. Mein Dank gilt auch der Lektorin und Redakteurin Gayle Green für ihre harte Arbeit und Geduld; dem Beit Berl College für die finanzielle Unterstützung der Hebräischen Ausgabe; den Mitarbeitern des Archivs des Hauses der Ghettokämpfer, ganz besonders dem ehemaligen Direktor Yossi Shavit; den Mitarbeitern des Archivs des Beit Terezin (Haus Theresienstadt); dem Israel Goor Theater Archive and Museum der Hebräischen Universität Jerusalem; allen Übersetzern für Polnisch, Hebräisch und Jiddisch, die an der Hebräischen Ausgabe beteiligt waren: Tzipi Chen, Halina Barkani von Yossele Carmin Enterprises, Tova Goldberg, Vered Kopel, Rivka Adonai, Chaim Levi, und Tamir Lahav-Radlameser; allen Übersetzern aus dem Polnischen und Jiddischen ins Englische: Dianne Levitin, Jennifer Bell, Bella Bryks-Klein, Judith Appleton und Marcel Weyland; und Sandy Bloom, die die hebräische Ausgabe ins Englische übersetzt hat. Ferner möchte ich den Künstlern Erich Lichtblau-Leskly, Yaakov Zim und Arie Ben-Menachem sowie ihren Familienmitgliedern dafür danken, mir ihre künstlerischen Werke bereitwillig zur Verfügung gestellt zu haben.

Diese Forschungsstudie hat mein Leben verändert. Bedauerlicherweise haben die Gesprächsinhalte bei der Reduzierung auf bloße gedruckte Worte an Intensität verloren. Doch ich hoffe, dass es mir trotzdem gelungen ist, zumindest einen Teil ihrer kraftvollen Botschaft zu übermitteln.

Einleitung

> *Man [kann] dem Menschen [...] alles nehmen, nur nicht: die letzte menschliche Freiheit, sich zu den gegebenen Verhältnissen so oder so einzustellen.*
>
> – *Viktor Frankl*[1]

Humor in den Ghettos und Lagern war die Waffe derjenigen, die hilflos waren und weder rebellieren noch sich widersetzen konnten. Winston Churchill verwendete folgenden Spruch, um die Notwendigkeit des Kämpfens zu erklären: „Ohne Sieg gibt es kein Überleben."[2] Wenn wir über das jüdische Volk zur Zeit des Holocaust sprechen, kehren wir die Aussage um: Ohne Überleben gibt es keinen Sieg. Schon allein die bloße Existenz von jüdischem Leben hat etwas von einem Sieg, da es den Wunsch nach der vollständigen Auslöschung des jüdischen Volkes negiert.[3] Der Holocaust war eine traumatische Epoche für die jüdische Nation und eine Zeit der Prüfungen, wie sie das jüdische Volk nie zuvor erlebt hatte. Trotzdem, oder vielleicht gerade deswegen, gab es Humor im Holocaust, in den Ghettos und in den Konzentrations- und Vernichtungslagern. Unter Überlebenden ist das hinlänglich bekannt, in der Allgemeinheit allerdings weniger.

Bis zu diesem Zeitpunkt existierte zur Frage nach Humor in den Lagern nicht einmal der Versuch einer wissenschaftlichen Untersuchung, wofür es viele Gründe gibt. Viele Wissenschaftler waren der Auffassung, eine Studie zu Humor im Holocaust würde mit großer Wahrscheinlichkeit den Eindruck von Verharmlosung oder Ablenkung von dem

---

1 Viktor E. Frankl, ...*trotzdem Ja zum Leben sagen: Ein Psychologe erlebt das Konzentrationslager* (München: Kösel, 1977), S. 108.
2 Dennis Glover, *The Art of Great Speeches: And Why We Remember Them* (Englisch) (Melbourne: Cambridge University Press, 2011), S. 193.
3 Leni Yahil, „Jewish Resistance: The Active and Passive Aspects of Jewish Existence during the Holocaust", *Jewish Resistance during the Holocaust: Proceedings of the Conference on Manifestations of Jewish Resistance, Jerusalem, April 7–11, 1968* (Jerusalem: Yad Vashem, 1971), S. 29.

ungeheuren Leid erwecken und könnte die Gefühle der ehemaligen Gefangenen, die Fürchterliches erdulden mussten, verletzen und die ganze Frage des Völkermords untergraben. Wenn dort gelacht und gescherzt worden wäre, könnte man argumentieren, dann hätten die Vernichtungslager unmöglich Orte der grausamen Folter oder Todesfabriken sein können. Ein weiterer, ebenso wichtiger Grund bestand im Widerstreben der Holocaustüberlebenden, auf die schwierigen Erinnerungen, die mit dem Lachen im Lager verbunden waren, einzugehen.[4] Die wesentliche Funktion, die Humor im Leben der Juden, die den Schrecken des Holocaust ausgesetzt waren, einnahm, wurde von den Holocaustforschern verkannt, sodass sie ihr nur eine sekundäre Bedeutung beimaßen.

Auch nach all den Jahren können die Erinnerungen, die den Humor begleiten, noch immer tiefen Schmerz auslösen. Dennoch hat die Anfrage bei einigen Holocaustüberlebenden, sich zu ihren Erfahrungen sowie zu ihrer Herangehensweise an das Thema Humor befragen zu lassen, zu einer Welle von Zeugnissen geführt. Die gesammelten Erzählungen sind die authentischen Berichte der Holocaustüberlebenden.

Viele Jahre sind vergangen, seit die Befreiungsarmeen die Stacheldrähte der Lager durchtrennten, und nun schließlich erlaubt uns die Zeit, das sensible Phänomen Lachen, Humor und Scherze in der Hölle der Ghettos und Konzentrations- und Vernichtungslager zu untersuchen. Über die Jahre wurde zu den Nazighettos und Lagern intensiv Forschung betrieben. Viele tausend wissenschaftliche Arbeiten über ein breites Spektrum an Themenbereichen des Holocaust wurden verfasst.

In der Studie zu Humor im Holocaust werden die Opfer und ihr Leiden nicht verhöhnt, Lachen wird jedoch als Teil ihres Lebens anerkannt und die Tatsache thematisiert, dass aus Leiden Lachen entstand. Genau genommen wurde die Tür zur Erforschung des Humors im Holocaust erst durch das Lachen von Hitlers Opfern geöffnet. Wie Simcha Stein (Direktor des Hauses der Ghettokämpfer) sagte, „ist die Zeit gekommen, einzugestehen, dass das, was vielen Menschen geholfen hat, diese Epoche durchzustehen, Humor und Vorstellungskraft waren"[5].

Die Forschung, auf der dieses Buch basiert, hat zum Ziel, die verschiedenen Arten von Humor und Lachen aufzuzeigen, ihre Rolle während des Holocaust zu eruieren und zu untersuchen, welcher Arten des Humors sich die Juden im Holocaust bedienten.

---

[4] Zenon Jagoda, Stanisław Kłodziński und Jan Masłowski, *Oświęcim nieznany* (Krakow: Wydawn. Literackie, 1981), S. 137–159; idem, „Śmiech w obozie koncentracyjnym", *Przegląd Lekarski*, Bd. 30, Nr. 1 (1973), S. 84–99.

[5] Shmuel Meiri, „Diary Written by a Jewish Girl Describes Life in the Concentration Camp As a Children's Fairytale" (Hebräisch), *Ha'aretz*, 12. April 1999.

Einige Bemerkungen zu Berufsethik und Datenschutz

Dieses Buch basiert auf folgenden Quellen: Fachliteratur zum Holocaust und zu Humor; Tagebuchaufzeichnungen, die zur Zeit des Holocaust und danach verfasst wurden; Interviews mit 55 jüdischen Holocaustüberlebenden – 31 Frauen und 24 Männer –, die während des Holocaust im Teenageralter oder in den Zwanzigern und Gefangene in Ghettos, Konzentrationslagern und/oder Arbeitslagern waren und Humor erlebt oder verwendet hatten. In die Studie wurden teilstrukturierte qualitative Instrumente eingebettet. Daneben wurden quantitative ethnografische Interviews durchgeführt.

Ich habe den Gesprächsteilnehmern die Forschungsziele erklärt: Sie wurden darüber unterrichtet, dass die Interviews aufgezeichnet, transkribiert und veröffentlicht werden sollten. Jeder stimmte der Teilnahme an der Studie zu. Alle Gesprächsteilnehmer wurden gefragt, unter welchem Namen ihre Berichte in der Arbeit erscheinen sollten: unter ihrem vollständigen Namen, lediglich unter ihrem Vornamen oder unter einem Pseudonym. Alle Teilnehmer bis auf einen entschieden sich dafür, mit ihrem vollständigen Namen genannt zu werden.

Die Interviews fanden in einer der folgenden Varianten statt: Interviews mit einzelnen Holocaustüberlebenden; Interviews mit Ehepartnern, von denen beide Überlebende sind; und Gruppeninterviews mit drei bis fünf Personen, die alle im selben Ghetto oder Lager überlebt hatten. Die Hauptfrage, die in allen Gesprächen gestellt wurde, lautete: „Können Sie Humor im Holocaust beschreiben oder davon berichten?" „Humor" wurde als „alles, was Sie während des Holocaust zum Lachen oder Schmunzeln gebracht hat" definiert.

Über welches Kriterium verfügen wir, um die Genauigkeit der Erinnerungen der Überlebenden zu beurteilen? Einige Historiker sind der Ansicht, Erinnerungen in Zeugenberichten auf der Grundlage von Emotionen und subjektiven Beweisen seien wenig glaubhaft, weshalb sich Forschungsstudien nicht ausschließlich auf Zeugenberichte stützen sollten. Ich bin anderer Meinung. Einer der bedeutendsten Wissenschaftler für die Geschichte des Holocaust, Professor Gutman, sagte während eines Gesprächs zu mir, dass Erinnerungen zwar weniger verlässlich als dokumentierte Aufzeichnungen wie Tagebücher sein mögen, aber wenn ein Überlebender sich an einen bestimmten Witz erinnern kann, kursierte dieser Witz zweifellos auch. Auch Lawrence Langer äußerte sich zur Verlässlichkeit von Erinnerungen:

> Wie glaubhaft kann eine wieder zum Leben erweckte Erinnerung sein, die Vorfälle so viele Jahre, nachdem sie sich ereigneten, wieder aufleben lassen möchte? Ich denke, der Fehler liegt hier in der Begrifflichkeit selbst. Man muss nichts wieder aufleben lassen, was nie gestorben ist. Doch wenngleich schlummernde Erinnerungen sich nach Wiedererweckung sehnen, geht aus diesen Erzählungen nichts eindeutiger hervor, als dass die Erinnerung an den Holocaust eine schlaflose Fähigkeit ist, deren geistiges Auge sich nie zur Ruhe gelegt hat. Da es sich bei Zeugenaussagen zudem vielmehr um menschliche Berichte handelt als um historische, erreicht die schwierige Wechselwirkung zwischen Vergangenheit und Gegenwart eine Schwere, welche die Bedenken zu Genauigkeit übertrifft.

Sachliche Fehler kommen hin und wieder vor, ebenso wie einfache Lücken, doch diese erscheinen trivial, vergleicht man sie mit den komplexen Erinnerungsschichten, aus denen die Varianten des Selbst hervorgehen.[6]

Die Überlebenden, die für diese Studie interviewt wurden, gaben an, noch nie zuvor zu Humor im Holocaust befragt worden zu sein. Meine Fragen riefen Erinnerungen in ihnen wach, die in den tiefsten Tiefen ihres Bewusstseins gespeichert und scheinbar unentdeckt waren. Aharon Carmi sagte zu mir: „Hätten wir die Witze sofort wiederholt, wären sie erhalten geblieben."

Dieses Buch ergründet die heilende Wirkung von Humor im Holocaust und das Bewältigungsvermögen der Holocaustüberlebenden mithilfe des Humors. Der erste Teil des Buchs befasst sich mit Humor und Lachen, definiert die Begriffe und arbeitet die Unterschiede zwischen ihnen heraus. Anschließend werden die fünf Funktionen von Humor dargelegt: die Funktion von Humor als Abwehrmechanismus; die aggressiven, sexuellen und sozialen Funktionen von Humor; und die intellektuelle Funktion. Am Ende dieses Teils gehe ich auf jüdischen Humor und jüdische Selbstironie ein.

Der zweite Teil des Buchs befasst sich mit der Bedeutung von Humor und Lachen zur Zeit des Holocaust und konzentriert sich auf die befragten Überlebenden und ihre Aussagen in Bezug auf die Tragweite von Humor und Lachen im Holocaust. In diesem Teil erläutere ich alle fünf Funktionen von Humor und stelle dazu jeweils den Bezug zum Holocaust her. Die Erzählungen der Überlebenden, die mit Humor und humorvollen Situationen in Verbindung stehen, wurden in diese fünf Kategorien gegliedert und werden entsprechend ihrer Funktion angeführt. Die Schlussfolgerung dieses Teils beinhaltet eine Tabelle, in der die fünf Funktionen in Zahlen und Prozenten dargestellt werden.

Im dritten Teil des Buchs behandle ich die drei Arten humoristischen Ausdrucks, die im Holocaust Anwendung fanden – humoristische und satirische Lieder, Kabarett sowie satirische Vorführungen und Karikaturen – und die Art und Weise, wie sie von den Überlebenden beschrieben werden.

Abschließend stelle ich die Komiker, die Ghetto-Narren – Rubinstein aus dem Warschauer Ghetto und Yankele Hershkowitz aus dem Ghetto Litzmannstadt – mithilfe schriftlicher Quellen und Beschreibungen der Befragten vor.

---

6   Lawrence Langer, *Holocaust Testimonies: The Ruins of Memory* (Englisch) (New Haven, CT: Yale University Press, 1991), S. xv.

Humor und Lachen

Was ist Humor?

Humor ist, ebenso wie Schönheit, ein theoretisches Konzept, das nur in unserer Vorstellung und nicht in der Wirklichkeit existiert.[7] Die Fähigkeit, Humor zu erzeugen und zu verstehen, ist eine kognitive Eigenschaft mit einer neurologischen Grundlage und kann physisch ausgedrückt werden, indem man lacht oder lächelt. Die Fähigkeit, Humor zu begreifen, ist instinktiv und genetisch bedingt.[8] Von einem nichtakademischen Standpunkt aus betrachten wir Humor als „Sinn" und sprechen daher auch von einem „Sinn für Humor".[9] Humor ist folglich kein Reiz aus der externen Welt, wenngleich es Reize gibt, die zu humorvollen Reaktionen führen. Genauso wenig ist Humor eine Emotion, obwohl er Emotionen beeinflussen kann und aus diesem Grund auch in bestimmten emotionalen Situationen angewandt wird.[10]

Was also ist Humor? Aus seiner Fülle an Bedeutungen sind dem Humor zahlreiche Definitionen entwachsen. Eine dieser Definitionen untersucht die Elemente des Humors und stellt fest, dass er sich aus drei Erfahrungen zusammensetzt: intellektuell – Scharfsinnigkeit; emotional – Heiterkeit; und physiologisch – Lachen. Jedes Element kann unabhängig

---

7 Paul McGhee, *Humor: Its Origin and Development* (San Francisco: W.H. Freeman, 1979), S. 6.
8 Joseph Polimeni und Jeffrey Reiss, „The First Joke: Exploring the Evolutionary Origins of Humor", *Evolutionary Psychology*, Bd. 4 (2006), S. 347–366.
9 Avner Ziv, *Personality and Sense of Humor* (Englisch) (New York: Springer, 1984), S. 8.
10 McGhee, *Humor*, S. 6.

von den anderen erlebt werden, wenn aber alle drei gleichzeitig erlebt werden, bezeichnet man das als „Humor".[11] Eine weitere Definition betrachtet Humor als die Fähigkeit, Dinge, „die amüsant, witzig oder unvereinbar sind, mit Absurdität [zu] begreifen, bewerten, erleben [...] Humor ist der gesunde Weg, ‚Distanz' zwischen sich selbst und dem Problem zu empfinden, eine Möglichkeit, Abstand zu wahren und seine Probleme nüchtern zu betrachten."[12] Humor beinhaltet immer ein gewisses Maß an Selbstbeobachtung oder Wahrheit.[13]

≠Einige Forscher vertreten die Auffassung, dass Humor im Auge des Betrachters liegt. Sie sind der Meinung, die Verwendung von Humor bedeutet, Dinge zu sehen, die jeder sehen kann, allerdings aus einer anderen, neuen und überraschenden Perspektive, die über eine innere Logik verfügt. Die Verwendung von Humor macht es uns möglich, bei der Auseinandersetzung mit schwierigen Themen eine ungewöhnliche Sichtweise einzunehmen, da Humor eine Situation im Licht des Absurden oder Paradoxen erscheinen lässt und ein Gefühl von Vergnügen und Belustigung weckt. In anderen Worten, Humor ist eine Wahrnehmungsgabe, die es uns erlaubt, sogar unter belastenden Umständen Glück zu empfinden.[14]

Humor kann grausam sein und er kann heilen, er kann Liebe ausdrücken, oder Hass und Aggression. Trotzdem ist selbst der traurigste Humor niemals deprimierend und enthält noch einen Funken Optimismus. Wie andere Abwehrmechanismen dient auch der Humor dazu, unerfreulichen Aspekten der Realität die Stirn zu bieten. Anders als Abwehrmechanismen liegen ihm jedoch kognitive Prozesse zugrunde, die Realitätsansprüche nicht zurückweisen oder ignorieren. Indem er die paradoxen oder absurden Aspekte der Wirklichkeit beleuchtet, befähigt uns Humor, eine andere Sichtweise einzunehmen, ohne auf krankmachende Prozesse zurückgreifen zu müssen.[15]

In den letzten Jahrzehnten haben Hirnforscher versucht herauszufinden, wie wir Humor erklären und verstehen und welche anatomischen Funktionen er besitzt. Die Forscher warfen viele Fragen auf, wie: Unter welchen Bedingungen kann man zwischen Lachen und Humor unterscheiden? Unter welchen Bedingungen können die sensorischen, kognitiven, emotionalen und expressiven Elemente des Lachens und des Humors ermittelt werden? Wann und auf welche Weise sind diese Bestandteile miteinander verknüpft? Wie

---

11 Steven Sultanoff, „Exploring the Land of Mirth and Funny; A Voyage through the Interrelationships of Wit, Mirth and Laughter", *Laugh It Up, Publication of the American Association for Therapeutic Humor* (Juli/August, 1994), S. 3.
12 May Rollo, *Man's Search for Himself* (Englisch) (New York: Norton, 1953), S. 54.
13 George E. Vaillant, „Ego Mechanisms of Defense and Personality Psychopathology", *Journal of Abnormal Psychology*, Bd. 103, Nr. 1 (1994), S. 44–50.
14 Michael Lowis und Johan Nieuwoudt, „The Humor Phenomenon: A Theoretical Perspective", *Mankind Quarterly*, Bd. 33 (1993), S. 409–423.
15 Masha Mishkinsky, „Humor As a 'Courage Mechanism'", *Israel Annals of Psychiatry and Related Disciplines*, Bd. 15 (1977), S. 352–363.

manifestieren sich die Unterschiede im Gehirn? Gibt es spezielle Regionen im Gehirn, die für Humor verantwortlich sind?[16]

In der Vergangenheit wurden die Auswirkungen von Hirnschäden auf kognitive und emotionale Fähigkeiten untersucht, doch in der Forschung zur Interaktion zwischen Kognition und Emotion ist noch vieles zu tun.[17] Eine Vielzahl von Studien zum Ausdruck und Verständnis von Emotionen deuten auf eine stärkere Aktivität des rechten Frontallappens im Vergleich zum linken hin; der rechte Lappen wird darüber hinaus mit dem Bewusstsein für die eigene Umgebung und dem Überraschungselement in Humor in Verbindung gebracht. Der linke Lappen ist für die Einordnung von Informationen und das Verstehen und Begreifen von Humor zuständig.[18]

Was ist Lachen?

Es heißt, Lachen sei gut für die Gesundheit. Lachen ist tatsächlich ein universelles Merkmal, das nicht zwischen Alter, Kultur oder Geschlecht unterscheidet. Lachen ist ein Muskelkrampf, eine physische Aktivität, die durch kognitive Reize wie beispielsweise eine humorvolle Bemerkung oder durch physiologische Reize wie Kitzeln ausgelöst werden kann.[19] Ungeachtet der Art des Auslösers verhindert Lachen, zumindest für einen Moment, depressive und melancholische Gedanken. Dieser positive Effekt wird auf physiologischer und psychologischer Ebene erreicht. Physiologisch hat Lachen einen unmittelbaren Effekt, den man bei einem herzhaften Lachen an der rötlichen Gesichtsfarbe erkennen kann. Es beschleunigt die Atmung und den Kreislauf, erhöht den Blutdruck und pumpt Blut ins Gehirn. Auf psychologischer Ebene unterbricht Lachen alle physischen und mentalen Aktivitäten.[20]

Für das Lachen existiert eine Vielzahl von Erklärungen, was aus den zahlreichen Studien, die sich damit befassen, hervorgeht, und es scheint, dass kaum einer anderen menschlichen Reaktion derart viel Aufmerksamkeit zuteil wurde. Einige Forscher sind der Ansicht, dass Emotionen die Voraussetzung für Lachen sind – dass Lachen aus dem gleichzeitigen Erleben unvereinbarer Emotionen oder Gefühle resultiert,[21] wohingegen andere behaupten, Lachen entstehe in einem Zustand von Gleichgültigkeit – „da der größte

---

16 Prathiba Shammi und Donald Stuss, „Humour Appreciation: A Role of the Right Frontal Lobe", *Brain*, Bd. 122 (1999), S. 657–666.
17 Polimeni und Reiss, „The First Joke", S. 347–366.
18 Howard Gardner, Paul Ling, Laurie Flamm und Jen Silverman, „Comprehension and Appreciation of Humorous Material Following Brain Damage", *Brain*, Bd. 98 (1975), S. 399–412.
19 Polimeni und Reiss, „The First Joke", S. 347–366.
20 William McDougall, „Why Do We Laugh?", *Scribners*, Bd. 71 (1922), S. 360.
21 Patricia Keith-Spiegel, „Early Conception of Humor: Varieties and Issues", in Jeffrey Goldstein und Paul McGhee, Hrsg., *The Psychology of Humor* (New York: Academic Press, 1972), S. 10.

Feind des Lachens Emotionen sind"[22]. Einige Wissenschaftler vertreten den Standpunkt, dass Menschen die einzigen Tiere sind, die lachen,[23] während andere wiederum Hinweise auf Lachen bei Primaten[24] und Ratten[25] finden konnten.

Lachen ist ein urzeitliches, primitives und instinktives Merkmal, das neben weiteren primitiven Reaktionen in der Hirnrinde verarbeitet wird. Das Lachen über Witze ist hingegen eine spätere Errungenschaft, die einen kognitiv-linguistischen Charakter besitzt. Die Verarbeitung von Witzen unterscheidet sich von Person zu Person, d. h. unterschiedliche Menschen lachen über unterschiedliche Witze.[26]

Einer der überraschenden Aspekte des Lachens besteht darin, nicht zu wissen, weshalb man lacht. Wenn man eine lachende Person fragt: „Wieso lachst du?", wird man keine wirkliche Antwort erhalten, da eine solche Antwort die Nutzung höherer Hirnzentren voraussetzt, um das Verhalten der niedrigeren Hirnzentren zu erklären.[27]

Anders als andere Forscher, die zu ergründen versuchen, weshalb Menschen über Witze lachen, untersuchte Robert Provine die Struktur des Lachens und stellte dabei fest, dass jeder nach demselben grundlegenden Muster lacht. Anschließend versuchte Provine herauszufinden, was Menschen zum Lachen bringt, und entdeckte, dass Lachen Teil des menschlichen Sozialverhaltens ist. Wenn man Menschen aus dem sozialen Umfeld herausnimmt und beispielsweise in ein Labor bringt, verschwindet das Lachen. Provine fand heraus, dass etwa 80-90 Prozent des Lachens nicht mit Humor assoziiert sind, sondern als Instrument in Unterhaltungen dienen. Er stellte außerdem fest, dass Lachen nicht nur den Zuhörern vorbehalten ist. Provine konnte in einer quantitativen Untersuchung zeigen, dass in den meisten sozialen Situationen die Erzählenden 46 Prozent häufiger in Lachen ausbrachen als die Zuhörer.[28]

Eine von Sarah Blakemore durchgeführte Studie kommt ebenfalls zu dem Schluss, dass Lachen den Menschen soziale Zusammenarbeit erleichtern soll. Nach Blakemore ist der Grund dafür, warum Menschen nur lachen, wenn sie von anderen gekitzelt werden und nicht, wenn sie sich selbst kitzeln, ein Mechanismus des Gehirns, der zwischen selbst verursachtem Kitzeln und extern verursachtem Kitzeln unterscheiden kann.[29] Blakemore kam in der Tat auf ähnliche Ergebnisse wie Charles Darwin, der verstehen wollte, weshalb wir

---

22　Henri Bergson, *Laughter: An Essay on the Meaning of the Comic* (Englisch) (New York: Macmillan, 1924), S.10.

23　William Hazlitt, *Lectures of the English Comic Writers* (London: Oxford University Press, 1907), S. 1.

24　Keith-Spiegel, „Early Conception of Humor", S. 22.

25　Jaak Panksepp und Jeff Burgdorf, „Laughing Rats? Playful Tickling Arouses 50KHz Ultrasonic Chirping in Rats", *Society for Neuroscience Abstracts*, Bd. 24 (1998), S. 691.

26　Robert Provine, „Laughter", *American Scientist*, Bd. 84 (1996), S. 38–47.

27　Idem, „Laughing, Tickling and the Evolution of Speech and Self", *Current Directions in Psychological Science*, Bd. 13 (2004), S. 215–218.

28　Ebd.

29　Sarah Blakemore, Daniel Wolpert und Chris Frith, „Central Cancellation of Self-Produced Tickle Sensation", *Nature Neuroscience*, Bd. 1 (1998), S. 635–640.

eine Reaktion auf Kitzeln entwickelt haben. Basierend auf seiner Forschung postulierte er, dass diese Reaktion das Eingehen sozialer Bindungen erleichtern sollte.[30] Es gäbe keinen Grund dafür, bei selbst verursachtem Kitzeln zu lachen, während eine Reaktion auf das Kitzeln durch eine andere Person durchaus sozial bedeutsam wäre, was vermutlich auch der Grund dafür sei, weshalb das Gehirn einen Mechanismus zur Unterscheidung der beiden Möglichkeiten besitzt. Wir sind folglich darauf programmiert, mit anderen zu lachen.

Es scheint, als könnten Menschen über praktisch alles lachen. Wir lachen aus Spott oder Verachtung, aus Mitgefühl oder aus Zuneigung. Wir können mit einem Witz Feindseligkeit oder Vertrautheit ausdrücken. Lachen kann ein Weg sein, Angst aufzulösen, oder ein Anzeichen dafür, sich von ihr zu lösen. Es kann eine Reaktion auf jede Art emotionaler Empfindung sein; es ist auch nicht ungewöhnlich, dass Lachen sogar in aufwühlenden oder tragischen Situationen entstehen kann.[31]

Ist Humor ein Geschenk der Götter oder eine Geißel des Teufels? Man kann Humor und Lachen als Spiegel der selbstsüchtigen, rücksichtslosen und grausamen Natur des Menschen sehen, oder aber als Ausdruck von Güte, Liebe, Unschuld und Glück.[32] Welche dieser Sichtweisen ist nun die richtige? Wahrscheinlich haben beide einen wahren Kern.

Humor und Lachen ähneln einander, obwohl es möglich ist, eins von beiden allein zu erleben. Aufgrund der Nähe beider Konzepte ist es jedoch schwer, zwischen ihren Anwendungen zu unterscheiden, weshalb einige Wissenschaftler diese Unterscheidung sogar bewusst meiden. Ein markanter Unterschied zwischen Humor und Lachen liegt darin, dass Lachen ohne weiteres als physischer Vorgang erkannt werden kann, wohingegen Humor als kognitiver Prozess nicht sichtbar ist.[33] Es gibt keinen Zweifel, dass es zwischen Humor und Lachen eine Verbindung gibt und Humor einer der Hauptauslöser für Lachen ist, allerdings ist nicht jedes Lachen die Folge von Humor; das Lachen einer Person, die gekitzelt wird oder ein Verlegenheitslachen sind keine Reaktionen auf Humor. Darüber hinaus gibt es natürlich humorvolle Situationen, die kein Lachen auslösen, was auch einer der Gründe ist, weshalb sich die meisten Studien zur Erklärung von Humor und Lachen hauptsächlich auf das Lachen konzentrieren.[34]

---

30 Charles Darwin, *The Expression of Emotions in Man and Animals* (New York: D. Appleton and Company, 1899), S. 150–154, 228–229.
31 William McDougall, „The Theory of Laughter", *Nature*, Vol. 67 (1903), S. 318–319.
32 Keith-Spiegel, „Early Conception of Humor", S. 25.
33 James Thorson und Chuck Powell, „Development and Validation of a Multidimensional Sense of Humor Scale", *Journal of Clinical Psychology*, Vol. 49 (1993), S. 13–23.
34 Avner Ziv, *Psychology of Humor* (Tel Aviv: Yachdav, 1981), S. 18.

Theorien zu Humor und Lachen

Voltaire sagte, der Himmel habe uns zum Gegengewicht gegen die vielen Mühseligkeiten des Lebens zwei Dinge gegeben: die Hoffnung, *und den* Schlaf. *Er hätte noch das* Lachen *dazu rechnen können.*

— Immanuel Kant[35]

Trotz der Fülle an Theorien zum Thema Humor und Lachen deckt keine der Theorien alle Aspekte dieser Phänomene ab. Die Theorien unterscheiden sich darin, in welchem Ausmaß sie sich mit den kognitiven und emotionalen Aspekten von Humor befassen, und wie sie die Verbindung zwischen diesen Aspekten und Lachen erklären. Die Theorien können in drei Hauptgruppen eingeteilt werden: Überlegenheit, Erleichterung und Entspannung sowie Inkongruenz. Einige Ausdrucksformen von Humor lassen sich mit mehreren dieser Theorien erklären, andere hingegen sind mit keiner von ihnen vereinbar.[36]

Überlegenheitstheorien

Alle Überlegenheitstheorien besagen, dass Humor von Grund auf aggressiv oder bissig ist, da seine Wurzeln im Triumph über andere Menschen (oder Umstände) liegen – er verhöhnt das Objekt des Witzes und stellt es als lächerlich dar.

Humor verringert die Macht oder den Status des Witzobjekts, wie auch immer dessen Status aussehen mag, und stellt die Überlegenheit des Witzerzählers fest. Damit stärkt Humor das Selbstwertgefühl des Witzerzählers und wirkt sich positiv und heilend auf diesen aus. Auch wenn das Überlegenheitsgefühl nur eingebildeter oder vorübergehender Natur ist, so ist es dennoch angenehm. Allerdings hat dieses Vergnügen eine boshafte Seite, da es einem Gefühl von Überlegenheit oder Triumph über andere Menschen entspringt. Wenn wir uns von anderen absetzen, entsteht ein Hochgefühl; Hohn, Spott und das Lachen auf Kosten anderer ist für das Erleben von Humor von zentraler Bedeutung.[37]

Menschen, die sich in völliger Ungewissheit über ihr Leben und ihren Besitz befinden, können Zuflucht finden, indem sie Anekdoten und Witze über ihre Unterdrücker erfinden und verbreiten. Derartige humorvolle Äußerungen stärken die Widerstandskraft der Opfer und untergraben gleichzeitig die Moral der Unterdrücker. Humor erweist sich somit als

---

35 Immanuel Kant, „Kritik der praktischen Vernunft: Kritik der Urteilskraft", *Kants Werke*, Bd. 5 (Berlin: de Gruyter, 1968), S.334.
36 Herbert Lefcourt und Rod Martin, *Humor and Life Stress: Antidote to Adversity* (New York: Springer-Verlag, 1986), S. 1–14.
37 Keith-Spiegel, „Early Conception of Humor", S. 6–9.

bedeutsames Element – konstruktiv für den Unterdrückten und destruktiv für den Unterdrücker.[38]

Voraussetzung für diese Art von Humor ist, dass sich diejenigen, die lachen, als dem Opfer des Witzes überlegen fühlen. Zum Beispiel:

Nach monatelanger Überzeugungsarbeit gestattete der Führer Hjalmar Schacht[39] endlich, seine Lieblingstheorie über die Juden zu demonstrieren. Die NSDAP war erpicht darauf, ihr Arisierungsprogramm so schnell wie möglich durchzuführen, aber Dr. Schacht riet zur Vorsicht. „Die Juden sind ausgezeichnete Geschäftsleute und das Reich braucht sie noch", warnte Dr. Schacht und nahm Hitler zur Untermauerung seiner These mit zu einem kleinen Einkaufsbummel in der Leipziger Straße.

Sie machten Halt in ein einem Geschäft, das von einem Arier geführt wurde, und fragten nach einer Teetasse für Linkshänder. Der Besitzer sagte, er habe keine. Sie gingen in ein anderes arisches Geschäft und erhielten die gleiche Antwort.

Schließlich betraten der Führer und Dr. Schacht ein jüdisches Geschäft und wiederholten ihre Anfrage. Der Jude lief ins Lager und kehrte nach einigen Minuten wieder zurück. „Ich habe nur noch eine dieser Tassen übrig", sagte der Jude, „und sie ist 50 Prozent teurer als die gewöhnlichen Tassen". Die beiden einflussreichen Männer erklärten dem Besitzer, sie würden etwas später zurückkehren. Nachdem sie das Geschäft verlassen hatten, sagte Dr. Schacht: „Was habe ich Ihnen gesagt? Der jüdische Geschäftsmann ist cleverer als sein arischer Konkurrent."

„Von wegen cleverer", brüllte der Führer. „Der Jude hatte einfach Glück, dass er eine Linkshänder-Tasse dahatte."[40]

Diese Art von Humor – auch bekannt als erniedrigender, verachtender, zunichtemachender, ablehnender und verurteilender Humor – hat eine sehr lange Geschichte, die bis zu den griechischen Philosophen zurückreicht. Demoktrit[41] war als „der lachende Philosoph" bekannt, weil er über menschliche Torheiten lachte.[42] Platon und Aristoteles vertraten die

---

38 Antonin Obrdlik, „Gallows Humor: A Sociological Phenomenon", *American Journal of Sociology*, Bd. 47 (1942), S. 709–716.

39 Hjalmar Schacht, Präsident der Reichsbank, diente in Hitlers Regierung als Reichswirtschaftsminister und leitete den Aufbau der deutschen Wirtschaft. Schacht hatte ein pragmatisches Interesse daran, bestimmten Juden die Teilnahme am deutschen Wirtschaftsleben zu ermöglichen.

40 Nachdruck von *Let Laughter Ring* (Englisch), S. 120–121, © 1946, von Felix Mendelsohn, herausgegeben von der Jewish Publication Society of America, mit Erlaubnis des Verlegers.

41 Demokrit war ein vorsokratischer Philosoph, der zwischen 460 und 370 v. Chr. lebte. Er entwickelte die Atomlehre von Leukipp (Atomismus) weiter und war der erste, der das, was wir heute als die Milchstraße kennen, als Ansammlung entfernter Sterne erkannte. Er stellte als einer der ersten die Theorie auf, nach der das Universum viele Welten umfasst.

42 Peter A. Chamberas und George S. Bebis, *Nicodemos of the Holy Mountain: A Handbook of Spiritual Counsel* (New York: Paulist Press, 1989), S. 119.

Meinung, wir lachen über die Unzulänglichkeiten hilfloser Menschen, insbesondere über ihren höchst amüsanten Mangel an Selbsterkenntnis. Und nachdem ein Mangel an Selbsterkenntnis ein unglücklicher Umstand ist, können wir daraus ableiten, dass wir uns durch unser Lachen über die falsche Selbsteinschätzung unserer Freunde an ihrem Unglück erfreuen.[43]

Laut Thomas Hobbes drückt Lachen Überlegenheit aus, die entsteht, wenn man eine andere Person erniedrigt oder sich über sich selbst – die Person, die man einst war – lustig macht. Er betrachtet Humor als Machtdemonstration und Überlegenheitsgeste. Seiner Ansicht nach lachen wir, wenn wir einen Kampf gewonnen haben. Er kommt zu dem Schluss, dass es zwei Arten von Lachen gibt:

1. Über sich selbst lachen zu können ist die Fähigkeit, den Blick über unsere eigenen Erwartungen und unser Verständnis der natürlichen Macht, die unsere Überlegenheit stärkt, hinaus zu richten. Diese Fähigkeit ist das Gegenteil von Selbstabwertung und wird auch als Selbstironie oder Eigenhumor bezeichnet.
2. Das Lachen auf Kosten anderer, über ihre Unterlegenheit oder Absurdität und unser Bewusstsein über ihre Unterlegenheit untermauert unseren eigenen erhabenen Status.

Das Kernkonzept in Hobbes Beschreibung von Überlegenheit ist der „plötzliche Stolz", verewigt in der berühmten Aussage:

> Die Lachlust [ist] nur ein plötzlich auftauchender Stolz, der sich unmittelbar aus der Vorstellung irgendeiner Überlegenheit unserer eigenen Persönlichkeit im Vergleich mit den Schwächen der anderen oder solchen, die wir früher selbst besaßen, ergibt; denn die Menschen lachen über die von ihnen selbst früher begangenen Dummheiten, wenn sie sich ihrer plötzlich erinnern, es sei denn, daß sie ihnen im Augenblick Unehre machen.[44]

Das Lachen ist in diesem Fall selbstzufrieden; es entsteht, wenn man sich im Kampf jeder gegen jeden in einer günstigeren Lage befindet als ein anderer oder als man selbst früher.

Hobbes wurde für seine berühmte Theorie über das Lachen aus zwei Gründen kritisiert. Es wurde bemängelt, dass Hobbes nicht auch das Lachen aus „reiner Freude" behandelt, die nicht mit Gefühlen der Überlegenheit oder mit Lachen in Zusammenhang steht, sondern ausgelöst wird, „wenn kein anderer Mensch beteiligt ist, wie beispielsweise ein Wortspiel, das als Folge eines Druckfehlers unbeabsichtigt in einem Text erscheint".

---

43 Ralph Piddington, *The Psychology of Laughter: A Study in Social Adaptation* (New York: Gamut Press, 1963), S. 152–153.
44 Thomas Hobbes, *Naturrecht und allgemeines Staatsrecht in den Anfangsgründen*, (Berlin: Reimar Hobbing, 1926), S. 72.

Anders ausgedrückt lässt Hobbes die Form von Lachen aus, die durch einen Tippfehler und einen daraus entstandenen Wortwitz ausgelöst wird.[45]

Entspannungs- und Erleichterungstheorien

Entspannungs- und Erleichterungstheorien befassen sich im Wesentlichen mit Lachen und weniger mit Humor. Ausgangspunkt dieser Theorien ist die Annahme, die Funktion des Lachens bestehe darin, sich von Anspannung, Verlegenheit oder negativen Gefühlen zu lösen und als Ventil für die dadurch angestaute Energie zu dienen.[46]

Freud über Humor

Sigmund Freund übernahm das Konzept, nach dem die Funktion von Humor in der Freisetzung überschüssiger Energie oder Anspannung besteht. In seinem Buch *Der Witz und seine Beziehung zum Unterbewußten* unterscheidet Freud zwischen drei verschiedenen Arten, geistigen Energieaufwand einzusparen, von der jede eine andere Art von Vergnügung ausdrückt:

1. Die Ersparnis des Hemmungsaufwands – durch das Erzählen von Witzen oder durch Scharfsinnigkeit. Witze und Bonmots sind Techniken, die den Ausdruck von Aggression und sexuellen Impulsen erleichtern, während sie aufgrund von Hemmschwellen und gesellschaftlichen Tabus für gewöhnlich eher unterdrückt werden. Der Witz ist ein Mittel, um diese Hemmungen zu umgehen oder zu durchbrechen, da er Vergnügen ermöglicht, wo unter normalen Umständen Vergnügen unmöglich ist, wodurch letztendlich eine Ersparnis geistiger Energie erreicht wird. Über einen vulgären Scherz zu lachen befreit nicht nur von überschüssiger mentaler Energie, es erleichtert auch das Vergnügen über verbotene Gedanken. Je mehr unterdrückte sexuelle Gefühle man hat, desto mehr Vergnügen findet man in der Theorie an sexuellen Scherzen.
2. Die Ersparnis von geistigem Energie- oder Vorstellungsaufwand – durch komisches Lachen über enthüllte Dummheit oder Wiederholung. Komisches Lachen drückt Freude aus, die aus nonverbalen menschlichen Ausdrucksformen entstanden ist, z. B. aus Blicken, Handlungen und Körpersprache. Beispiele hierfür sind Slapstick, Zirkusclowns oder das Bild eines Wichtigtuers, der auf einer Bananenschale ausrutscht. Der Beobachter versetzt sich geistig in die Lage des „anderen" und sammelt dadurch geistige Energie in der Erwartung auf ein bestimmtes Ereignis. Trifft dieses Ereignis dann nicht ein, wird die geistige Energie überflüssig und entlädt sich in Form von Lachen.

---

45 Piddington, *The Psychology of Laughter* (Englisch), S. 15.
46 Herbert Spencer, „The Physiology of Laughter", *McMillan's Magazine*, Bd. 1 (1860), S. 395–402.

3. Die Ersparnis von Gefühlen – Emotionalität, die sich durch mentalen Stress aufgebaut hat und über Humor abgebaut wird. Diese Kategorie entspricht dem Verständnis, nach dem Humor ein Abwehrmechanismus ist, der Ängste reduziert und ein beobachtendes Ich[47] erfordert. Humor ist wie auch Sublimierung[48] und Altruismus[49] ein anpassungsfähiger, gesunder Abwehrmechanismus.[50]

Freuds Humoranalyse behandelt nach allgemeiner Definition folglich nur eine Kategorie von Humor.[51] Im Gegensatz zu Scharfsinnigkeit, bei der es sich um eine Form von Verschiebung[52] handelt, ermöglicht uns Humor, uns der Wirklichkeit auf direktem Wege zu stellen. Eine Person, die sich scharfsinniger Bemerkungen bedient, ist in der Lage, ein beunruhigendes Thema zu ignorieren, doch eine Person, die Humor einsetzt, kann die Last ertragen, während sie ihren Problemen auch noch Aufmerksamkeit schenkt. Wie auch Hoffnung befähigt uns der Humor, das zu ertragen und sogar dem zu begegnen, was zu schrecklich ist, um es ertragen zu können; Scharfsinnigkeit hingegen beinhaltet immer eine Ablenkung oder Verschiebung.[53]

Freud betrachtete Humor als den höchsten, reifsten Abwehrmechanismus, da, anders als bei anderen Abwehrmechanismen, nur Menschen mit einem gesunden Geist und einem starken Selbstgefühl die heilende Wirkung von Humor nutzen können. Humor hat ähnlich wie Scharfsinnigkeit und das Komische etwas Befreiendes, was ihn aber davon abgrenzt, ist die Erleichterung der Institutionalisierung der erhabenen Seite intellektueller Aktivität.[54] Nach Freud setzt der Mensch Humor hauptsächlich in Situationen ein, in denen negative Emotionen wie Traurigkeit oder Angst aufkommen. Durch die Erfassung verschiedener Elemente des Humors erhält man eine neue Sicht auf eine Situation und kann das Erleben negativer Emotionen vermeiden. Laut Freud liegt die Essenz des Humors darin, sich den leidvollen und schmerzlichen Auswirkungen, die ein Umstand mit sich bringen

---

47 Laut Freud ist das Ich die Persönlichkeitsinstanz, die zwischen den Ansprüchen des Es (Triebe), des Über-Ich (Gewissen) und der Realität (Umwelt) vermittelt.

48 Sublimierung – Veredelung: Jede Energieumwandlung von einer gesellschaftlich nicht akzeptierten in eine akzeptierte Form.

49 Altruismus: Die selbstlose Sorge für das Wohlergehen oder Überleben anderer vor der Sorge für das eigene Wohlergehen und Überleben; Selbstlosigkeit.

50 Sigmund Freud, *Der Witz und seine Beziehung zum Unbewußten* (Frankfurt a. M., Hamburg: Fischer Bücherei, 1958), S. 191.

51 Sigmund Freud, „Humor", *International Journal of Psychoanalysis*, Bd. 9 (1928), S. 1–6.

52 Umlenkung: Die Verschiebung von Emotionen oder Wünschen vom ursprünglichen, als gefährlich oder nicht annehmbar empfundenen Objekt hin zu einem anderen, als sicher oder annehmbar empfundenen Objekt: In diesem Zusammenhang wird Verschiebung als Abwehrmechanismus begriffen.

53 George E. Vaillant, *Ego Mechanisms of Defense: A Guide for Clinicians and Researchers* (Washington: American Psychiatric Press, Inc., 1992), S. 247.

54 Sigmund Freud, *The Basic Writings of Sigmund Freud*, Hrsg., Abraham Arden Brill (New York: The Modern Library, 1938); Freud, „Humor", S. 1–6.

hätte können, zu entziehen, indem man die emotionale Möglichkeit von Schmerz durch den Einsatz von Humor aufhebt. Auf diese Weise verleiht Humor den Menschen die Fähigkeit, mit schwierigen Situationen umzugehen, ohne dabei von unbequemen Emotionen überwältigt zu werden.[55]

Humor ist laut Freud Teil der Aktivitäten des elterlichen Über-Ich[56], das versucht, das ängstliche Ich zu trösten und zu beruhigen, indem es sagt: „Schau her! Das ist alles, was diese scheinbar so gefährliche Welt für dich darstellt. Ein Kinderspiel – darüber muss man geradezu Scherze machen!" Menschen, die bei der Bewältigung von Problemen der realen Welt Humor einsetzen, weigern sich faktisch, Leiden zu erfahren, und behaupten unverhohlen, ein starkes Ich zu besitzen. Aus diesem Grund sah Freud im Humor eine seltene, wertvolle Gabe.[57]

Der humoristische Prozess kann auf zwei Arten ablaufen: Eine Person kann den Humor gegen sich selbst richten, während eine weitere Person die Rolle des Beobachters einnimmt und sich am Witz erfreut; oder aber eine Person macht eine andere zum Objekt einer humoristischen Beobachtung. Humor kann demnach gegen den Erzähler oder gegen Außenstehende gerichtet werden und löst bei demjenigen, der ihn einsetzt, Vergnügen aus. Ein ähnliches Vergnügen wird auch von einem Beobachter empfunden, der nicht an der humoristischen Darstellung beteiligt ist.

Freud nennt das Beispiel eines Straftäters, der an einem Montag zum Galgen geleitet wird und sagt: „Na, diese Woche fängt gut an." In diesem Fall ist der Straftäter der Besitzer des Humors und gleichzeitig derjenige, der Vergnügen daraus zieht. Es stimmt, dass der Beobachter dieser Situation darin keine Rolle spielt, aber ihn erreicht ein entferntes Echo des Humors, wodurch er ebenfalls Vergnügen empfindet. Hätte der Straftäter stattdessen gesagt: „Was interessiert mich das? Die Welt hört nicht auf, sich zu drehen, nur weil sie mich hängen", so hätte er damit keinen Funken Humor ausgedrückt, sondern die Wirklichkeit auf eine Weise bewertet, die Humor ausschließt. Humor enthält keinerlei Spuren von Kapitulation oder Verzweiflung, er verkörpert den Sieg des Ich und des Lustprinzips[58] im Menschen, der es trotz der realen Widrigkeiten schafft, für sich selbst zu entscheiden.[59]

---

55 Freud, *Der Witz und seine Beziehung zum Unbewußten*, S. 186–191.
56 Über-Ich: Nach Freud das soziale Element in der Persönlichkeit des Menschen. Das Über-Ich repräsentiert die Internalisierung von Werten, Moralvorstellungen und Normen, die dem Kind von seinen Eltern über Belohnung und Bestrafung eingeschärft wurden. Es besitzt zwei Untersysteme: das Gewissen und das Ideal-Ich.
57 Freud, „Humor", S. 1–6.
58 Laut Freud ist das Es die Persönlichkeitsinstanz, die aus unbewusster psychischer Energie besteht, die wiederum grundlegende Triebe, Bedürfnisse und Affekte befriedigen möchte. Das Es handelt nach dem Lustprinzip, das nach der unmittelbaren Befriedigung von Bedürfnissen strebt.
59 Freud, „Humor", S. 1–6.

Inkongruenztheorien

Die Inkongruenztheorien legen den Fokus auf die kognitiven Elemente von Humor und weniger auf seine emotionalen Aspekte. Danach entsteht Humor durch die plötzliche und überraschende Änderung der kognitiven Informationsverarbeitung. Laut Patricia Keith-Spiegel entsteht diese Art von Humor aus „unzusammenhängenden, nicht zueinander passenden Paaren von Vorstellungen oder Situationen, oder aus Darstellungen von Vorstellungen oder Situationen, die von den üblichen Sitten und Gebräuchen abweichen".[60] Nach diesem Ansatz entspricht Humor der Inkongruenz zweier Konzepte oder widersprüchlichen Emotionen.[61] Laut Arthur Schopenhauer „entsteht das Lachen jedes Mal aus nichts Anderem, als aus der Inkongruenz zwischen einem Begriff und den realen Objekten, die durch ihn gedacht worden waren"[62]. Inkongruenz wird häufig als „enttäuschte Erwartungen" definiert, ein Konzept, das Kant geprägt hat: „Das Lachen ist ein Affekt aus der plötzlichen Verwandlung einer gespannten Erwartung in nichts"[63], oder, in anderen Worten, die Diskrepanz zwischen unseren Erwartungen und der Wirklichkeit. Arthur Koestler entwickelte die Inkongruenztheorie und prägte den Begriff „Bisoziation" zur Beschreibung des Kernprinzips von Humor. Koestler vertrat die Meinung, Humor stelle die Verbindung zwischen zwei Ebenen dar, oder die Wahrnehmung eines Ereignisses in zwei unterschiedlichen Kontexten, die im Allgemeinen als weit auseinander liegend betrachtet werden und unvereinbar sind; in Koestlers Worten „die Erfassung einer Situation oder Idee... in zwei in sich geschlossenen, aber gewöhnlich nicht miteinander zu vereinbarenden Bezugsrahmen"[64]. Koestler erklärte Humor anhand des folgenden Beispiels:

> Ein Marquis am Hofe Ludwigs XIV., ging, als er in das Boudoir seiner Frau trat und sie in den Armen eines Bischofs fand, gelassen zum Fenster und fing an, die Leute auf der Straße unten zu segnen.
> „Was tut Ihr da?" rief die geängstigte Frau.
> „Monsignore vollziehen meine Pflichten", entgegnete der Marquis, „also vollziehe ich die seinen."[65]

---

60 Keith-Spiegel, „Early Conception of Humor" (Englisch), S. 3–39, bsd. S. 7–8.
61 Hazlitt, *Lectures of the English Comic Writers*, S. 24.
62 Piddington, *The Psychology of Laughter* (Englisch), S. 19.
63 Ibid., S. 168.
64 Arthur Koestler, *Der göttliche Funke* (Bern, München: Scherz, 1966), S. 24–25.
65 Ebd., S. 23.

Ein weiteres Beispiel:

> Ein Mann kommt zum Haus eines Arztes und klingelt an der Tür.
> Die Frau des Arztes öffnet die Tür.
> „Ist der Herr Doktor zu Hause?", fragt der Mann mit heiserer Stimme.
> „Nein", erwidert die Frau, „du kannst reinkommen."

Der Leser nimmt an, der Mann mit den Halsschmerzen ist ein Patient, der zum Arzt möchte. Die Tatsache, dass er wegen der Ehefrau des Arztes erschienen ist, schafft eine Inkongruenz zwischen unserer Erwartung und dem, was tatsächlich geschah, und ebendiese Inkongruenz lässt uns schmunzeln, wie auch im nächsten Witz:

> Der Arzt, der vom Krankenbett der Frau weggeht, sagt zu dem ihn begleitenden Ehemanne kopfschüttelnd: Die Frau gefällt mir nicht.
> Mir gefällt sie schon lange nicht, beeilt sich dieser zuzustimmen.

Der Arzt bezog sich natürlich auf den Zustand der Frau, drückte seine Sorge über die Patientin jedoch in Worten aus, die der Mann als Bestätigung seiner eigenen ehelichen Abneigung betrachten könnte.[66]

Die Funktionen von Humor

Avner Ziv ordnet dem Humor fünf wichtige Funktionen zu: (1) die aggressive Funktion, die zwei Formen aggressiven Humors umfasst: eine zur Durchsetzung von Überlegenheit und die andere als Reaktion auf Frustration; (2) die sexuelle Funktion; (3) die soziale Funktion; (4) als Abwehrmechanismus, der zwei Formen von Humor umfasst: schwarzen Humor und Selbstironie; und (5) die intellektuelle Funktion.[67] Ziv vertritt die Auffassung, dass die meisten Formen von Humor sexuelle und aggressive Funktionen erfüllen, auf die ich beide später noch eingehen werde.

In dieser Studie ordne ich Berichte über Humor im Holocaust den fünf oben genannten Kategorien zu. Natürlich gibt es auch Aussagen und Begebenheiten, auf die mehr als eine Funktion zutrifft. Anhand einer Untersuchung der Rolle des Humors in den Ghettos und Konzentrationslagern sowie der toxischen Umstände, aus denen Humor hervorging, können wir seinen einzigartigen und unabhängigen Ursprung feststellen und verfolgen, wie Humor die Rolle eines Abwehrmechanismus und Stressventils ebenso wie aggressive, sexuelle, soziale und intellektuelle Funktionen eingenommen hat. Die Auswertung der Antworten der Teilnehmer auf die gestellten Fragen belegt, dass Humor im Holocaust alle

---

66 Freud, *Der Witz und seine Beziehung zum Unbewußten* (Frankfurt a. M., Hamburg: Fischer Bücherei, 1958), S. 30.
67 Ziv, *Personality and Sense of Humor*, S. 1–80, bsd. S. vii.

fünf Funktionen übernahm, insbesondere die eines Abwehrmechanismus über Selbstironie (siehe Kapitel 9).

Was von den Humortheoretikern nie behandelt wurde, war die Tatsache, dass die Einzigartigkeit des Lachens in den Ghettos und Lagern darin begründet war, dass die Gefangenen häufig genau dann lachten, wenn sie mit grauenerregenden Umständen und Ereignissen oder mit Leid und Tod konfrontiert waren. Aus meiner Auswertung der Interviews mit den Überlebenden gingen zwei Arten von Humor hervor, deren Kontext spezifisch auf den Holocaust zutrifft: skatologischer Humor und Humor im Zusammenhang mit Essen. Die erste habe ich als eine Form des sexuellen Humors eingestuft. Man erkennt sie unter anderem darin, wie die Juden den fürchterlichen Zustand der Latrinen in den Lagern ausnutzen, um Klatsch und Tratsch zu verbreiten und lustige Geschichten zu erzählen. Letztere mit Bezug zu Essen habe ich als Abwehrmechanismus eingestuft. Viele Überlebende berichteten, wie humorvolle Diskussionen über Essen die Funktion eines Abwehrmechanismus gegen ihren ständigen Hunger übernommen hatten.

Die Anwendung gesunder Abwehrmechanismen wie Humor, machte es für die Juden im Holocaust als Einzelne und auch als Nation leichter, die täglichen Demütigungen und Qualen, denen sie ausgesetzt waren, zu ertragen und dagegen anzukämpfen. Humor half ihnen, ihre Selbstachtung und Würde zu wahren. Humor war die seelische und mentale Waffe, über die sie verfügten und die sie im Umgang mit ihrer Notlage einsetzen konnten.

Jüdischer Humor

*Lieber Gott, ich weiß, wir sind das auserwählte Volk.
Aber könntest du nicht ab und zu ein anderes Volk auserwählen?*
– Scholem Alejchem

*Ich habe mich immer gefragt, was jüdischer Humor genau ist…
Es ist eine Form von Schreien.*
– Romain Gary[68]

Es ist nicht leicht, Humor zu definieren, und noch schwerer, jüdischen Humor zu definieren, was die Vielzahl von Definitionen nur noch deutlicher hervorhebt.[69] Jüdischer Humor hat einen bestimmten Bezug zu jüdischen Bräuchen und Namen, zum Aufbau des Jiddischen und zu jüdischen Stereotypen. Einer enger gefassten Bedeutung nach handelt es sich um Humor, den nur Juden verstehen und lustig finden können. Israel Zangwill[70] wurde einmal aufgefordert zu definieren, wodurch eine Geschichte typisch jüdisch wird. „Eine jüdische Geschichte", so Zangwill, „ist dadurch gekennzeichnet, dass kein *Goi* sie verstehen kann und dass ein Jude sie wiedererkennen würde"[71].

Theodor Reik schreibt über jüdischen Humor und das jüdische Volk: „Eine Gesellschaft spricht zu sich über sich, und wie sie spricht! Nicht nur in hunderten von verschiedenen Tonfällen in der Stimme, auch mit vielsagenden Gesten und sich wandelnden Gesichtsausdrücken."[72] In anderen Worten, einen jüdischen Witz zu lesen ist nicht dasselbe wie der Person, die ihn erzählt, dabei zuzuhören und zuzusehen, da Kommunikation nicht

---

68 Romain Gary, *The Dance of Genghis Cohn* (Englisch) (New York: World Publishing Company, 1968), S.141.

69 Alleen Nilsen, „We Should Laugh So Long?", *School Library Journal*, Bd. 33 (1986), S. 30–34.

70 Israel Zangwill (1864–1926), ein britischer jüdischer Schriftsteller, jüdischer Anführer und Unterstützer der territorialistischen Bewegung.

71 Felix Mendelsohn, *The Jew Laughs: Humorous Stories and Anecdotes* (Englisch) (Chicago: L.M. Stein, 1935), S. 15.

72 Theodore Reik, *Jewish Wit* (Englisch) (New York: Gamut Press, 1962), S. 18.

nur verbal stattfindet. Wortspielen kommt in der Geschichte des jüdischen Humors ebenfalls eine beachtliche Rolle zu, weil viele Juden mehr als eine Sprache sprachen, z. B. die jeweilige Landessprache und Jiddisch.[73]

Jüdischer Humor kann als Humor definiert werden, der von Juden stammt und bestimmte Bereiche jüdischen Lebens widerspiegelt. Das, was in der internationalen Fachliteratur als jüdischer Humor bezeichnet wird, hatte seinen Ursprung allerdings im Osteuropa des 19. Jahrhunderts, wo Juden unter besonderen und außerordentlich harten Bedingungen lebten und sich in echter Lebensgefahr befanden. Daraus entwickelte sich ein Humor mit speziellen Eigenheiten, die den Juden dabei halfen, ihre furchtbaren Qualen zu erdulden. Aus psychologischer Sicht würde man erwarten, dass die Juden der damaligen Zeit Anzeichen für eine Depression zeigten. Stattdessen agierte Humor als ein Abwehrmechanismus: Es ist alles andere als leicht, sich vor einer tragischen Realität zu schützen, wenn man wehrlos und ohne Waffen ist. Man kann die Situation beweinen oder man kann die Realität verzerren, um ihre Absurdität zu erkennen – und zu lachen.[74]

Vier Juden gingen in ein Restaurant in Leipzig und setzten sich an einen Tisch. Nachdem sie einige Minuten schweigend verbracht hatten, wurden die Juden gesprächig. „Oj", stöhnte der erste. „Oj, vej", raunte der zweite.
„Nu, nu", erwiderte der dritte.
Der vierte sprang von seinem Stuhl auf und sagte leise aber entschieden: „Wenn ihr Burschen nicht aufhört, über Politik zu reden, verschwinde ich sofort."[75]

Ein Jude wurde verhaftet. Keiner in seiner Familie oder von seinen Freunden wusste, wo er war, also bat der Jude die Beamten um Erlaubnis, sie von seiner Verhaftung in Kenntnis zu setzen. Die Erlaubnis wurde nicht erteilt. Daraufhin fragte er, ob er seine Familie kurz anrufen dürfe. Der Gefängnisdirektor erlaubte es ihm unter der Bedingung, dass er nur fünf Wörter sagen würde. Der Jude willigte ein. Als er mit dem Hörer in der Hand die Nummer wählte, erklärte ihm der verantwortliche Beamte, er dürfe nur ein Wort sagen. Der Jude willigte wieder ein, hielt den Hörer an seinen Mund und brüllte: „*Gevalt!* [Weh mir!]"[76]

– Wenn wir noch 21 Tage durchhalten, werden wir überleben.
– Wieso das?

---

73 Alleen Nilsen und Don Nilsen, *Encyclopedia of 20th-Century American Humor* (Phoenix, AZ: Oryx Press, 2000), S. 170–174.
74 Avner Ziv, *Jewish Humor* (New Brunswick: Transaction Publishers, 1998), S. 11–12, 52.
75 Nachdruck von *Let Laughter Ring* (Englisch), S. 128-129, © 1946, von Felix Mendelsohn, herausgegeben von der Jewish Publication Society of America, mit Erlaubnis des Verlegers.
76 Shimon Huberband, „War Folklore: Jokes and Word Play" (Englisch), Yad Vashem Archives, M.10.AR.1/109, S. 45.

– Acht Tage *Pessach*, acht Tage *Sukkot*[77], zwei Tage *Rosch ha-Schana*[78], zwei Tage *Schawuot*[79] und ein Tag *Jom Kippur*[80].

Jüdischer Humor ist demnach das Ergebnis einer von ständiger Qual, Ablehnung und Verzweiflung geprägten jüdischen Geschichte. Dass die Juden trotz dieser Geschichte noch immer lachen und Witze erzählen, zeugt von ihrer besonderen Affinität zu Humor und legt nahe, dass „jüdischer Humor" sich von anderen Humorformen, die nicht aus Verzweiflung geboren wurden, unterscheidet.[81]

Der alte Davidsohn lag zu Hause in seinem Sterbebett, umgeben von seiner Familie, die glaubte, er habe seinen letzten Atemzug getan, als er seine Augen noch einmal öffnete und sagte: „Ich könnte lachen, wenn auf der anderen Seite der gleiche *Schlamassel* herrscht!"[82]

Trotz ihrer tragischen Geschichte waren Juden schon immer lebensbejahend, anderenfalls hätten sie die Qualen, die sie als Volk erleiden mussten, unmöglich überleben können. Wenn überhaupt, dann machten ihre Schwierigkeiten unerschütterliche Optimisten aus ihnen. Die therapeutische Wirkung von Heiterkeit und Lachen war für sie so wichtig wie die Luft zum Atmen. Der Lebensdrang in ihnen war viel zu stark, um von Tränen oder ewiger Trauer erstickt zu werden. Weder Verfolgung, noch Trauer, noch die Armut ihrer feuchten Ghettogefängnisse konnte den Juden das Lachen nehmen. Aber ihr Lachen musste mehr sein als frivole Heiterkeit, mehr als bloße Ablenkung. Es musste eine behauptende und trotzende Antwort auf die Grausamkeiten der Welt sein. Jüdischer Humor beinhaltet daher eine einzigartige Form von Scharfsinnigkeit, die nicht nur als bissiger Kommentar über das Leben dient, sondern auch als Korrektiv, als Instrument zur Linderung, das hilft, den Schmerz aus der Tragik zu nehmen. Diesen lindernden Humor könnte man auch als „jüdisches Salz" bezeichnen, eine schwer zu bestimmende Eigenschaft, vergleichbar mit „attischem Salz" (beißender feiner Witz), mit Ausnahme seines eigenen unverwechselbaren Beigeschmacks, der dazu beiträgt, das Wesen jüdischer Folklore zu festigen.

Durch jüdische Legenden und Volkserzählungen zieht sich häufig eine tiefe Traurigkeit. Wie viele jüdische Volkslieder klingen auch sie lange nach. Doch aus irgendeinem Grund kippt diese Traurigkeit nur selten in Verzweiflung oder gar Selbstmitleid um, ist

---

77 *Sukkot* – Das Laubhüttenfest – ein siebentägiges jüdisches Herbstfest, das an die Hütten erinnern soll, in denen die Israeliten nach dem Auszug aus Ägypten in der Wüste lebten.
78 *Rosch ha-Schana* – das jüdische Neujahr.
79 *Schawuot* – Wochenfest – feiert den Erhalt der Tora auf dem Berg Sinai.
80 *Jom Kippur* – Versöhnungstag – der wichtigste jüdische Feiertag des Jahres. Ebd.
81 Elliott Oring, „People of the Joke: On the Conceptualization of Jewish Humor", *Western Folklore*, Bd. 42 (1983), S. 261–271.
82 Fritz Hillenbrand, *Underground Humour in Nazi Germany, 1933–1945* (Englisch) (New York: Routledge, 1995), S. 77.

sie doch fast immer begleitet von der Rettung durch Katharsis, der Erhebung des Leids im unerschütterlichen Geiste und des moralischen Triumphs der Gerechten, sogar in der Niederlage.[83]

Jüdischer Humor kennzeichnet sich durch drei Merkmale:

1. Ein Bedürfnis, die tragische Wirklichkeit zu verzerren und zu verändern, damit man über sie lachen kann (und sie dadurch weniger furchterregend und bedrohlich wirkt) [...] Darin erkennt man Elemente des Galgenhumors, der als Abwehrmechanismus wirkt und auch als „Lachen durch Tränen" bekannt ist.
2. Ein Wunsch, den inneren Zusammenhalt zu wahren, das Besondere in „uns" wahrzunehmen und von „ihren" Merkmalen abzugrenzen. Dieser Humor hebt die einzigartigen Bestandteile und Charakteristika unserer Gemeinschaft hervor und unterstreicht ihren Widerspruch (und ihre Überlegenheit) gegenüber der feindlichen Nachbargemeinschaft.

Jüdischer Humor stellte neben einer Kritik an der gesellschaftlichen Umgebung, gerichtet gegen die Starken und Mächtigen, auch einen Angriff auf all jene dar, die innerhalb der Gemeinschaft Autorität besaßen. Dieser Humor erfüllte vorrangig eine soziale Funktion.

Selbstverhöhnender Humor, der die Möglichkeit zur Selbstkritik bietet und zu einem mutigen Blick auf die eigenen negativen Eigenschaften sowie die der Personengruppe, der man angehört, befähigt. Selbstverhöhnender Humor ist ein Zeichen von Reife und Selbsterkenntnis. Sobald man seine eigenen Fehler anerkennt, ist man dazu in der Lage, sie zu akzeptieren, ja sogar über sie zu lachen, und, so paradox das klingen mag, demonstriert damit ein Gefühl von Selbstsicherheit. Auf diese Weise erreicht selbstverhöhnender Humor tatsächlich, den Zuhörer wohlwollend zu stimmen und seine Aggressionen abzuwehren.[84]

Jüdischer Humor ist unvergänglich. Die Witze verlieren nie an Relevanz; lediglich ihre Interpretation ändert sich entsprechend der Umstände der jeweiligen Zeit. Folgende jüdische Witze stammen ursprünglich aus dem 19. Jahrhundert und gerieten mit dem Aufstieg Hitlers erneut in Umlauf:

---

83 Nathan Ausubel, Hrsg., *A Treasury of Jewish Folklore* (New York: Crown, 1948), S. 20.
84 Ziv, *Jewish Humor*, S. 56.

Ein Wiener Jude betrat ein Reisebüro und sagte zu einem der Mitarbeiter: „Ich würde gerne einen Fahrschein für ein Dampfschiff kaufen."
„Wohin?", fragte der Mitarbeiter.
„Wohin? Ja, wohin nur?", wiederholte der Jude nachdenklich. „Ich wünschte, ich könnte diese Frage beantworten. Lassen Sie mich einen Blick auf Ihren Globus werfen, wenn das in Ordnung ist."
Daraufhin drehte der Jude den Globus einige Male herum und studierte dabei sorgsam alle Länder und Kontinente. Nach ein paar Minuten hob er seinen Blick wieder zum Mitarbeiter und sagte: „Entschuldigen Sie, haben Sie noch etwas Anderes im Angebot?"

Ein abgespannter Attaché des Amerikanischen Konsulats in Lissabon erzählte eine Geschichte über einen fahlen kleinen Mann, der sich eines Morgens über seinen Schreibtisch beugte und sich sorgenvoll erkundigte: „Können Sie mir sagen, ob es irgendeine Möglichkeit für mich gibt, in ihr wunderbares Land aufgenommen zu werden?" Behelligt von tausenden solcher Anfragen und ausgezehrt von schlaflosen Nächten antwortete der Attaché ruppig: „Zurzeit unmöglich. Kommen Sie in zehn Jahren wieder." Der kleine Flüchtling bewegte sich in Richtung Tür, hielt dann inne, drehte sich um und fragte zaghaft lächelnd: „Morgens oder nachmittags?"[85]

Drei erschöpfte jüdische Flüchtlinge ersuchten den Pariser Repräsentanten einer jüdischen Hilfsorganisation um Hilfe.
„Wohin wollt ihr denn?", fragte er sie.
„Ich bin auf dem Weg nach Rom", sagte der erste.
„Mein Ziel ist London", sagte der zweite.
„Mein Plan ist es, nach Südafrika zu gehen", sagte der dritte.
„Südafrika? Weshalb so weit weg?", fragte der Mitarbeiter verwundert.
„Weit weg? Weit weg von wo aus?", erwiderte der Flüchtling wehmütig.[86]

Um als jüdischer Witz zu gelten, muss ein Witz die folgenden drei Kriterien einzeln oder in Kombination erfüllen:

1. Zuerst einmal muss der Witz aus den jüdischen Lebensumständen oder den Erfahrungen des jüdischen Volkes entstanden sein.

Ein Jude betritt ein Café und sieht einen Bekannten, wie er gerade eine antisemitische Zeitung liest. „Wie um alles in der Welt", fragt er, „schaffst du es, diesen verunglimpfenden Müll auch nur in die Hand zu nehmen?"

---

85 Richard Raskin, „Far from Where? On the History and Meanings of a Classic Jewish Refugee Joke" (Englisch), *American Jewish History*, Bd. 85, Nr. 2 (1997), S. 143–150.
86 Ausubel, *A Treasury of Jewish Folklore* (Englisch), S. 25.

„Schau her", erklärte der andere Mann, „wenn ich eine unserer Zeitungen lese, geht es immer nur um Diskriminierung, Bombardierungen von jüdischen Einrichtungen, Ausbrüchen von Antisemitismus, Entweihungen von Synagogen. Hier steht, uns gehören alle Banken, wir kontrollieren alle Nachrichtenmedien und sind die geheime Macht hinter sämtlichen Regierungen. Es ist solch eine *Mechaya* [Freude], so herrliche Dinge über uns zu lesen!"

2. Als zweites muss der Witz wirkliche oder angebliche jüdische Merkmale oder Stereotypen schildern.

Ein Jude trifft einen Freund auf der Straße einer russischen Stadt. Es ist ein kalter Wintertag und beide sind dementsprechend gekleidet. Zehn Minuten lang beklagt sich der Jude bitterlich über die Ereignisse in seinem Leben, während sein Freund mit den Händen tief in seinen Taschen vergraben kommentarlos zuhört. Plötzlich hört der sich beklagende Jude auf und sagt: „Ich spreche jetzt schon seit zehn Minuten mit dir und du hast noch kein einziges Wort dazu gesagt. Kein Ratschlag, kein Argument. Was ist denn heute nur mit dir los?" Daraufhin antwortet der Freund: „An einem derart kalten Tag willst du, dass ich meine Hände aus den Taschen nehme?"

3. Drittens ist der Humor in der Anekdote mitunter abhängig von der Verwendung eines Ausdrucks einer entfernt jüdischen Sprache. Das trifft im Allgemeinen auf Jiddisch zu, da dies jahrhundertelang die Sprache der aschkenasischen Juden in Europa war […] und sich später in die Vereinigten Staaten ausbreitete.[87]

Jüdische Selbstironie

Ein Merkmal des jüdischen Humors ist Selbstironie. Diese Form von Humor, bei der sich eine Person über sich selbst lustig zu machen versteht, bedient sich eines der wirksamsten Abwehrmechanismen. Anders als aggressiver Humor, der den anderen und seine Schwächen verhöhnt, greift Selbstironie den Erzähler selbst an, indem dieser sich – oder die Gruppe, der er angehört – zum Objekt des Witzes macht. Ich bevorzuge den Begriff „Selbstironie" gegenüber „selbstverhöhnendem Humor". Die Juden eigneten sich als unterdrückte Gruppe Selbstironie nicht etwa an, um sich selbst zu verspotten oder schlecht zu machen, sondern um die Integrität und das emotionale Wohlbefinden der Gruppe zu fördern.

---

87 Henry Eilbirt, „Jewish Humor: The Logic of Jewish Humor" (Englisch), in *World Humor and Irony Membership Serial Yearbook* (WHIMSY): *Proceedings of the Sixth (1987) Conference – International Humor*, S. 178–180.

Ein polnischer Jude verließ an *Sukkot* die Große Synagoge in Berlin mit einem *Lulav*[88] und einem *Etrog*[89] in der Hand. Der *Schammes*[90] hielt in an und sagte: „Wieso lassen Sie das nicht einfach hier? Weshalb sollte jeder erkennen können, dass Sie ein Jude sind?"
Der polnische Jude antwortete: „Wissen Sie was? Es wäre auch besser für Sie, wenn Sie Ihre [krumme] Nase hier lassen würden. Weshalb sollte jeder erkennen können, dass Sie ein Jude sind?"[91]

Jüdischer Humor wird laut Freud von Juden kreiert und erzählt und richtet sich hauptsächlich an Juden und gegen jüdische Eigenschaften und Stereotype. „Ich weiß übrigens nicht, ob es sonst noch häufig vorkommt, daß sich ein Volk in solchem Ausmaß über sein eigenes Wesen lustig macht"[92], schrieb er, womit Freud als erster Selbstironie beschrieb. Nachstehend werden einige der zahlreichen Beispiele aus seinem Buch erwähnt:

Zwei Juden treffen sich im Eisenbahnwagen einer galizischen Station.
„Wohin fahrst du?" fragt der eine.
„Nach Krakau", ist die Antwort.
„Sieh' her, was du für Lügner bist", braust der andere auf. „Wenn du sagst, du fahrst nach Krakau, willst du doch, daß ich glauben soll, du fahrst nach Lemberg. Nun weiß ich aber, daß du wirklich fahrst nach Krakau. Also warum lügst du?"[93]

Der *Schadchen* [Heiratsvermittler] hat dem Bewerber versichert, daß der Vater des Mädchens nicht mehr am Leben ist. Nach der Verlobung stellt sich heraus, daß der Vater noch lebt und eine Kerkerstrafe abbüßt. Der Bewerber macht nun dem *Schadchen* Vorwürfe. „Nun", meint dieser, „was habe ich Ihnen gesagt? Ist denn das ein Leben?"[94]

Ein *Schnorrer* trägt dem reichen Baron seine Bitte um Gewährung einer Unterstützung für die Reise nach Ostende vor; die Ärzte hätten ihm Seebäder zur Herstellung seiner Gesundheit empfohlen.
„Gut, ich will Ihnen etwas dazu geben", meint der Reiche, „aber müssen Sie gerade nach Ostende gehen, dem teuersten aller Seebäder?"

---

88 *Lulav* – der Palmzweig, der mit drei weiteren Pflanzen während des *Sukkot*-Fests gebraucht wird.
89 *Etrog* – die Zitrusfrucht, eine der vier Arten, die an *Sukkot* verwendet werden.
90 *Schammes* – Synagogendiener.
91 Alter Droyanov, *The Book of Jokes and Witticisms* (Hebräisch), Bd. C (Jerusalem: Ahiasaf and Kiryat Sefer, 1951), Anmerkung 3156.
92 Sigmund Freud, *Der Witz und seine Beziehung zum Unbewußten* (Frankfurt a. M., Hamburg: Fischer Bücherei, 1958), S. 91.
93 Ebd., S. 93–94.
94 Ebd., S. 44.

„Herr Baron", lautet die zurechtweisende Antwort, „für meine Gesundheit ist mir nichts zu teuer."[95]

Im Anschluss an die jüdischen Witze geht Freud auf das Wesen der jüdischen Scherzkultur als Kultur der Selbstironie ein, die sowohl den *Goi* (Nichtjuden) als auch den höchsten ihrer eigenen Werte untergräbt. Freud behauptete, dieses einzigartige Merkmal sei das Resultat ständiger Unterdrückung jüdischen Lebens von innen und außen, und erklärte, weshalb einige der besten Witze aus der schwierigen Geschichte des jüdischen Volkes hervorgegangen sind.

Masochistischer Humor ist im Gegensatz zu „herkömmlicher" Selbstironie aggressiv und erniedrigend; Freud verglich ihn mit einer inneren Aggression. Er hob dies vor allem in seiner Diskussion über die Entwicklung des selbsterniedrigenden Humors unter Juden hervor:

> Ein galizischer Jude fährt in der Eisenbahn und hat es sich recht bequem gemacht, den Rock aufgeknöpft, die Füße auf die Bank gelegt. Da steigt ein modern gekleideter Herr ein. Sofort nimmt sich der Jude zusammen, setzt sich in bescheidene Positur. Der Fremde blättert in einem Buch, rechnet, besinnt sich und richtet plötzlich an den Juden die Frage: „Ich bitte Sie, wann haben wir *Jomkipur*?" (Versöhnungstag)
> „Aesoi", sagt der Jude und legt die Füße wieder auf die Bank, ehe er die Antwort gibt.[96]

Freuds Thesen zogen ein ganzes Spektrum an Fachliteratur zum Thema Humor nach sich; die Theoretiker nach ihm stimmten mit seinen Ideen überein und führten sie weiter aus. Unter anderem wurde eine psychologische Erklärung entwickelt, nach der gegen sich selbst gerichtete Aggression für einen echten jüdischen Witz unentbehrlich ist. Es ist so, als ob der Jude seinen Feinden sagte: „Ihr braucht uns nicht anzugreifen. Wir können das schon selbst – und obendrein besser."[97] Eine psychoanalytische Erklärung bezieht das Phänomen Selbstverspottung auf den unterdrückten sozioökonomischen Status der Juden und bekräftigt, dass die Wurzeln von psychologischem Masochismus in der Isolation, der Armut, dem Fehlen von Möglichkeiten und der Bitterkeit des täglichen Lebens der Ghettojuden liegen, ebenso wie in der Unterdrückung und den Vorurteilen, mit denen sie konfrontiert waren.[98]

Es gibt soziologische Studien, die besagen, jüdische Selbstironie sei das Ergebnis von Emanzipierung und der Möglichkeit der Assimilation in die Gastgesellschaft und die nach

---

95 Ebd., S. 44.
96 Ebd., S. 64–65.
97 Martin Grotjahn, *Beyond Laughter, Humor and the Subconscious* (Englisch) (New York: McGraw Hill, 1966), S. 25.
98 Edmund Bergler, *Laughter and the Sense of Humor* (New York: Intercontinental Medical Book Corp., 1956), S. 111.

innen gerichtete Aggression sei das direkte Resultat von Zweischneidigkeit und Ambivalenz.⁹⁹

Anthropologen sind der Ansicht, jüdische Selbstironie hänge mit einer Assimilation zusammen: Der Witzeerzähler, der sich über jüdische Stereotypen lustig macht, verspottet keineswegs sich selbst, sondern die anderen, traditionellen Juden, von denen er sich rückhaltlos abzugrenzen versucht.

Diesem Ansatz nach sollte Selbstverspottung im Kontext eines Identifikationsprozesses mit dem nichtjüdischen „anderen" und als Mittel zum Bruch mit der jüdischen Tradition betrachtet werden. Der jüdische Witzeerzähler kritisiert sein Erbe, indem er sich über den naiven Rabbi lustig macht. Jüdische Selbstironie war demnach typisch für ein Umfeld, in dem Assimilation möglich war und in dem Juden nicht unter unterdrückenden Regimen lebten, in denen ihre Freiheit stark eingeschränkt war.¹⁰⁰ Dieser Aspekt ist eng mit der Art von Abwehrmechanismus verknüpft, die von Anna Freud als „Identifizierung mit dem Angreifer"¹⁰¹ bezeichnet wurde. In anderen Worten ist Selbstverspottung ein Mittel, um die Ablehnung der jüdischen Tradition zu demonstrieren, weswegen es sich mitnichten um Selbstironie handelt.

Dagegen betrachtet ein psychoanalytischer Ansatz jüdische Selbstironie als Abwehrmechanismus, um sich „gegen das Selbst zu wenden", was in der Forschungsliteratur als „intropunitiver Abwehrstil"¹⁰² bezeichnet wird. Nach diesem Ansatz ist selbstverspottender Humor oder Witz eine adaptive Reaktion auf Bedingungen brutaler Unterdrückung ohne jede Möglichkeit zur Flucht. Man nimmt an, dass dieser Humor den Unterdrücker negieren oder ‚schwächen' soll und eher in einer Umgebung von Unterdrückung zu finden ist als dort, wo Assimilation eine Option ist.¹⁰³

Andere Forscher akzeptieren das Argument nicht, nach dem jüdischer selbstverspottender Humor eine Form von Selbstverurteilung darstellen soll, oder einen Versuch, sich mit dem Angreifer zu identifizieren. Sie geben zu bedenken, dass sich lediglich ein kleiner Teil der Witze um Selbsterniedrigung dreht, während viele jüdischen Witze die Juden nur um des Witzes willen aufs Korn nehmen. Die feine Ironie in folgender Geschichte illustriert dieses Argument:

Ein Jude trifft einen Freund, der offenbar stark beunruhigt ist.
„Was ist los?", möchte er wissen.

---

99 Marshall Rosenberg und Colin Shapiro, „Marginality and Jewish Humor", *Midstream*, Bd. 4 (1958), S. 70–78.
100 Samuel Juni, Bernard Katz und Martin Hamburger, „Identification with the Aggression vs. Turning Against the Self: An Empirical Study of Turn-of-theCentury European Jewish Humor", *Current Psychology*, Bd. 14, Nr. 4 (1996), S. 313–328.
101 Anna Freud, „Das Ich und die Abwehrmechanismen", in *Die Schriften der Anna Freud*, Bd. 1, (München: Kindler, 1980), S. 293–304.
102 Juni, Katz und Hamburger, „Identification with the Aggression vs. Turning Against the Self" (Englisch), S. 313–328.
103 Ebd., S. 313-328.

„Naja, weiß du, ich bin letzten Monat erst in ein neues Haus gezogen – ein wunderschönes kleines Haus mit Garten und einem hübschen Hinterhof."
„Und das ist schlecht?", fragt der Freund.
„Nein, das ist es nicht", sagt der andere. „Weiß du, ich gehöre einer orthodoxen *Schul* [Synagoge] an. Letzten Freitagabend hielt der Rabbi eine sehr spannende Predigt. Er hat ausgerechnet, dass sich die Ankunft des Messias innerhalb der nächsten zwei Monate ereignen soll, und ich habe mein neues Haus noch nicht einmal fertig eingerichtet und muss schon wieder gehen."
„Moment mal, warte kurz", versichert der Freund ihn. „Vergiss nicht: Gott hat die Juden vor dem Pharao in Ägypten gerettet und uns vor Haman im Perserreich erlöst. Er wird uns sicher auch vor dem Messias beschützen."[104]

Jüdischer Humor reflektiert die Geschichte der Juden. Er ist ein Spiegelbild ihrer Freude und ihrer Ängste, ihrer Hoffnungen und Enttäuschungen, ihrer leider viel zu kurzen Phasen sozialen und wirtschaftlichen Wohls. Er ist Ausdruck ihrer ewigen Sehnsucht nach einer Welt, in der Gerechtigkeit, Barmherzigkeit, Verständnis und Gleichheit herrschen – nicht nur für sie selbst, sondern für alle Nationen. Er ist Zeichen ihrer Suche nach ewiger Wahrheit.[105] Selbstironie, schwarzer Humor und ironische Sprichwörter waren in jüdischen Lexika vertreten, lange bevor Hitler an die Macht kam, und lebten in den Ghettos, Konzentrationslagern und Vernichtungslagern weiter.

---

104 Eilbirt, „Jewish Humor" (Englisch), S. 178–180.
105 Henry D. Spalding, Hrsg., *Encyclopedia of Jewish Humor* (New York: Jonathan David Publisher, 1979), S. xiv.

Humor und Lachen im Holocaust

Du, der du nie im Ghetto warst, hast kein Recht, uns zu beschuldigen. Wir waren dort![106]

Es ist unbestritten, dass Humor und Lachen immense stärkende und heilende Kräfte besitzen, doch die Frage lautet, ob dieser Nutzen auch mit einem traumatischen Ereignis wie dem Holocaust im Rücken bestehen kann. Ich vertrete den Standpunkt, dass es einige Menschen schaffen, emotional Abstand zu Krisenerfahrungen zu gewinnen, und Humor sogar unter extremen Bedingungen wie im Holocaust als hilfreich erleben.

Unter den alptraumhaften Umständen in den Ghettos und Lagern war Lachen die wahre Rebellion. Die vorherrschenden Bedingungen wie Leid, Verzweiflung, Folter und die absolute Hilflosigkeit vor der Schreckenskulisse, die alles übertraf, was wir uns je ausmalen könnten, hätten das Lachen leicht vollständig auslöschen können. Die Bewohner der Ghettos und Lager nahmen alle Kraft zusammen und wussten, dass sie den Krieg, den das Naziregime gegen sie führte, erdulden mussten. Daher lautete das innere Gebot der Ghettobewohner: „Nicht weinen."[107]

Viktor Frankl schreibt in seinem Buch *…trotzdem Ja zum Leben sagen*:

> Ist es schon erstaunlich genug für den Außenstehenden, daß es im Konzentrationslager so etwas wie Natur- oder Kunsterleben gibt, so mag es noch erstaunlicher klingen, wenn ich sage, daß es dort auch Humor gibt. Freilich: wiederum nur in Ansätzen, und

---

106 Nachman Teitelman, „Current Discussions: Knowledge and Humor" (Jiddisch), Yad Vashem Archives, M.10.AR.1/111 (1942).

107 Moshe Prager, Hrsg., *Out of the Depths I Call* (Hebräisch) (Jerusalem: Mossad Harav Kook, 1955), S. 21.

© Springer Fachmedien Wiesbaden GmbH 2018
C. Ostrower, *Es hielt uns am Leben*,
https://doi.org/10.1007/978-3-658-17385-2_4

wenn, dann natürlich nur für Sekunden oder Minuten. […] Einen Freund und Kollegen, neben dem ich durch Wochen auf der Baustelle arbeitete, dressierte ich nachgerade auf Humor: Ich schlug ihm einmal vor, uns gegenseitig zu verpflichten, täglich mindestens eine lustige Geschichte zu erfinden, und zwar etwas, das sich dereinst, nach der Befreiung und Rückkehr, ereignen könnte. […]
Oft erfanden auch die Kameraden selber derartige drollige Zukunftsträume, indem sie etwa prophezeiten, in Gesellschaft, zum Nachtmahl eingeladen, würden sie sich beim Einschenken der Suppe leicht vergessen können und die Herrin des Hauses darum anbetteln, daß man ihnen die Suppe „von unten" schöpfe. Stellt der Wille zum Humor, der Versuch, die Dinge irgendwie in witziger Perspektive zu sehen, gleichsam einen Trick dar, dann handelt es sich jeweils um einen Trick so recht im Sinne einer Art Lebenskunst. Die Möglichkeit einer Einstellung im Sinne von Lebenskunst, auch mitten im Lagerleben, ist jedoch dadurch gegeben, daß dieses Lagerleben reich an Kontrasten ist, und die Kontrastwirkungen wiederum haben eine gewisse Relativität allen Leidens zur Voraussetzung. […] Es ergibt sich, daß die „Größe" menschlichen Leids eben etwas durchaus Relatives ist, und hieraus ergibt sich weiter, daß auch ein an sich Geringfügiges die größte Freude bereiten kann.[108]

Auf einer Tagung von Yad Vashem mit dem Titel „Jewish Resistance during the Holocaust" [Jüdischer Widerstand im Holocaust] sagte Nachman Blumental Folgendes:

Am Anfang war das gesprochene Wort, das revolutionäre Wort. Sogar vor Hitlers Machtergreifung redeten und scherzten die Juden über ihn. Dies setzte sich im Gang der Ereignisse fort und verschärfte sich noch bis zum Ende seiner Macht.
Es gibt kein effizienteres Mittel im Krieg gegen einen Diktator, der physisch nicht entthront werden kann, als ihn zum Gespött zu machen.
Ein Beleg dafür, wie bedeutsam Witze während der Nazibesetzung waren, ist der Umstand, dass die polnische Untergrundbewegung die Verbreitung von Witzen und Karikaturen über das Hitlerregime als geringfügigen Sabotageakt erachtete. Zu dieser Zeit wurden polnische humoristische Flugblätter in Umlauf gebracht und wenn man bedenkt, wie viele Tote die Veröffentlichung jeder Ausgabe zur Folge hatte, versteht man, welche Bedeutung der polnische Untergrund ihnen beimaß. Ein polnischer Autor bezog sich auf dieses Blatt, als er Humor als eine der Erscheinungsformen von Zivilcourage bezeichnete.
Wir sollten betonen, dass in jeder Ausgabe des Untergrundblattes der Linken im Warschauer Ghetto, der *Morgen Freiheit*, ein oder mehrere Witze unter der Überschrift „Ein politischer Witz" erschien (1941–1942).

---

108 Viktor E. Frankl, *…trotzdem Ja zum Leben sagen: Ein Psychologe erlebt das Konzentrationslager* (München: Kösel, 1977), S. 74–76.

Wir haben sogar politische Gedichte und Karikaturen aus dem Vernichtungslager Auschwitz. Ebenfalls erwähnenswert ist, dass einige Veröffentlichungen der polnischen Untergrundpresse im Warschauer Ghetto gedruckt wurden und junge jüdische Männer und Frauen bei der Verteilung der Blätter halfen.[109]

Die Ghettobewohner versuchten aus einer Reihe an meist positiven Gerüchten, die im Ghetto umgingen, Mut zu schöpfen. Emmanuel Ringelblum hat die Gerüchte aus dem Warschauer Ghetto dokumentiert. Aus seinen Niederschriften ist bekannt, wie geläufig diese unbegründeten Berichte waren und wie belustigend die Ghettobewohner dieses Phänomen empfanden. Sie gaben diesen Gerüchten Namen wie die M.Z. Agentur, basierend auf dem jiddischen Ausdruck „*Mann Zagt*", „Gerüchtemacher", oder die P.I.P. Agentur, aus dem polnischen *pewien idiota powiedział*, was so viel bedeutet wie „ein Dummkopf hat gesagt", oder die N.G.N.G. Agentur, aus dem jiddischen „*Nisht geshtoygn, nisht gefloygn*", etwa „nie gewesen, nie existiert".[110] Nachstehend sind einige Witze aus dieser Zeit aufgeführt:

In der Großen Synagoge wurde eine umfassende Suchaktion durchgeführt, um den Stab von Moses zu finden und damit den Ärmelkanal zu durchqueren.[111]

Die Deutschen traktieren die Juden, weil England keinen Frieden schließen möchte; die Polen traktieren die Juden, weil England sich nicht gut genug für den Kampf gerüstet hat und nun eine Niederlage erleidet.[112]

Ein paar Deutsche besuchen Warschau, sehen die Ruinen und sagen: „Offenbar waren ein paar Piraten hier." [Eine abfällige Anspielung auf die englischen Bombardements von Deutschland, die in den offiziellen deutschen Ankündigungen „Piratenbombardements" genannt wurden.][113]

Die Deutschen unterzeichneten ein Handelsabkommen mit den Russen: Sie würden die Toten liefern und die Russen – die Friedhöfe.[114]

---

109 Nachman Blumental, „Sources for the Study of Jewish Resistance" (Hebräisch) in *Jewish Resistance during the Holocaust: Proceedings of the Conference on Manifestations of Jewish Resistance, Jerusalem, April 7–11, 1968* (Jerusalem: Yad Vashem, 1971), S. 38–39.
110 Emmanuel Ringelblum, *Notes from the Warsaw Ghetto* (Hebräisch) (Jerusalem: Yad Vashem, 1992), S. 17, 31, 43.
111 Ebd., S. 142.
112 Chaim A. Kaplan, *Scroll of Agony: The Warsaw Diary of Chaim A. Kaplan* (Englisch), Hrsg., Abraham I. Katsh (Bloomington, IN: Indiana University Press, 1999), S. 205.
113 Ringelblum, *Notes from the Warsaw Ghetto* (Hebräisch), S. 154.
114 Ebd., S. 309.

Zwei Juden hatten einen Plan, Hitler zu töten. Sie hatten erfahren, dass er jeden Tag zur Mittagsstunde an einer bestimmten Ecke vorbei fuhr, also warteten sie dort mit ihren sorgfältig versteckten Waffen auf ihn.
Um Punkt zwölf Uhr waren sie schussbereit, doch keine Spur von Hitler. Fünf Minuten später, nichts. Weitere fünf Minuten vergingen, aber keine Spur von Hitler. Um 12:15 Uhr gaben sie langsam die Hoffnung auf.
„Meine Güte", sagte einer der Männer. „Ich hoffe, ihm ist nichts zugestoßen."[115]

Moses Greenspan las in einer Anzeige, ein Verlagshaus in Berlin suche einen Korrekturleser, und bewarb sich auf die Stelle.
„Wir beschäftigen hier keine Juden", sagte der Leiter. „Sollten Sie allerdings zu einer Taufe bereit sein, könnte ich in Ihrem Fall vielleicht aber eine Ausnahme machen."
„Oh nein", antwortete Greenspan, „das könnte ich niemals tun."
„Dann verschwinden Sie", keifte der Leiter. „So lange ich am Leben bin, wird in diesem Unternehmen kein einziger Jude angestellt werden."
„Ich warte solange", sagte Greenspan.[116]

Was ist der Unterschied zwischen einer Teilliquidation und einer vollständigen Liquidation des Ghettos?
Antwort: Wenn 10.000 Leute weggebracht werden – aber ich nicht – dann ist das eine Teilliquidation. Wenn ich weggebracht werde – und 10.000 andere zurückbleiben – dann ist das eine vollständige Liquidation.[117]

Israel Kaplan schreibt Folgendes:

Einer der grundlegenden Aspekte jüdischen Lebens, der allgemein geschätzt wurde, war der unvergängliche *kol Yankev*, die geistreiche Wortgewandtheit der Juden: Ausdrücke, Witze, Anekdoten, Wünsche, diverse Meditationen und sprachlicher Erfindungsreichtum – all dies war Balsam für die vergrabenen Gefühle und bekümmerten Herzen. [...] Diesem weitverbreiteten Kreativitätsprozess wurde daher nicht einmal unter den schlimmen Bedingungen der Ghettos und Lager Einhalt geboten.[118]

---

115 Steve Lipman, *Laughter in Hell: The Use of Humor during the Holocaust* (Englisch) (Northvale, NJ: Jason Aronson, 1991), S. 16.
116 Henry D. Spalding, Hrsg., *Encyclopedia of Jewish Humor* (Englisch) (New York: Jonathan David Publisher, 1979), S. 200.
117 Mark Meir Dvorzhetsky, *Jerusalem of Lithuania in Battle and Destruction* (Jiddisch) (Paris: Yidisher Folksfarband in Frankraykh un Yidisher Natsionaler Arbeter-Farband in Amerike 1948), S. 286.
118 Israel Kaplan, *Jewish Folk-Expressions under the Nazi Yoke* (Jiddisch) (Israel: Ghetto Fighters' House, 1982), S. 18–19. Verfasst im Jahr 1949.

Womöglich ist das die Stelle, um einen Abschnitt aus Hitlers Rede vom 30. Januar 1939 zu zitieren:

> Ich bin in meinem Leben sehr oft Prophet gewesen und wurde meistens ausgelacht. In der Zeit meines Kampfes um die Macht war es in erster Linie das jüdische Volk, das nur mit Gelächter meine Prophezeiungen hinnahm, ich würde einmal in Deutschland die Führung des Staates und damit des ganzen Volkes übernehmen und dann unter vielen anderen auch das jüdische Problem zur Lösung bringen. Ich glaube, daß dieses damalige schallende Gelächter dem Judentum in Deutschland unterdes wohl schon in der Kehle erstickt ist.[119]

Professor Gutman übermittelte mir folgendes Zitat: „In der bedeutendsten und bedrohendsten Rede Hitlers, die er im Jahr des Kriegsausbruchs hielt, sprach Hitler darüber, wie die Juden über ihn gelacht hatten. Das zeigt, dass offenbar jeder über ihn gelacht hatte, und das nicht zu knapp. Darüber war er verärgert und eindeutig auch getroffen, was eine Reaktion zur Folge hatte."

Chaim Aron Kaplan schrieb Folgendes in sein Tagebuch, das er im Warschauer Ghetto führte:

> Wenn der Nazismus von dieser Welt verschwinden wird – der gesamte Zeitraum und alle Ereignisse, die darin stattfanden, die daraus hervorgegangen sind – wird der Geschichtsforscher der Zukunft neben der Tragik dieser Ereignisse gleichermaßen Komik und reichlich Material für Spott und Belustigung entdecken. Und das sollte keine Überraschung sein. Tyrannei ist ein psychopathisches Phänomen und Psychopathie ist eine Geisteskrankheit. Die kranke Seele schafft eine Atmosphäre der Komik und des Lachens, die einen zum Weinen bringt; aus ihr entstehen Taten, die im Kern tragisch sind. Aber diese Umstände [...] lösen Lachen aus und bieten Material für theatralische Scherze.[120]

Mark Dvorzhetsky schrieb Folgendes:

> Die Kinder im Ghetto sammelten fleißig Ghettofolklore und unterteilten sie in verschiedene Kategorien.
> Das Ghetto schuf seine eigene Form von Humor, seine eigenen satirischen Witze, seinen eigenen Zerrspiegel.

---

119 Yitzhak Arad, Israel Gutman und Abraham Margaliot, Hrsg., *Documents on the Holocaust: Selected Sources on the Destruction of the Jews of Germany and Austria, Poland and the Soviet Union* (Englisch), Eighth Edition (Lincoln, NE: University of Nebraska Press, 1999; Jerusalem: Yad Vashem, 1996), S. 134–135.

120 Chaim Aron Kaplan, *Scroll of Agony: Diary of the Warsaw Ghetto, September 1, 1939-August 4, 1942* (Hebräisch) (Tel Aviv: Yad Vashem, 1966), S. 240.

Im ersten harten Winter im Ghetto sprach Moshe Olitski[121] auf Jiddisch zur Lehrervereinigung und auf Hebräisch zur „Brit Ivrit" (Hebräische Vereinigung) über jüdischen Humor.
Er sagte: „In Anbetracht der Umstände im Ghetto müssen wir unseren Sinn für Humor erhalten."[122]

Im Ghetto Theresienstadt wurde regelmäßig ein satirisches Wochenblatt unter dem Namen *Salom na patek* (Hallo Freitag) herausgegeben. Viele Jahre danach schrieb Dan Re'im über das Blatt:

> Man konnte nicht anders, als über die sarkastischen Bemerkungen und die dazugehörigen Karikaturen zu lachen. Auch heute noch bringen sie Menschen zum Lachen, solche, denen die Atmosphäre des Ghettos Theresienstadt unbekannt ist, sowie diejenigen, die sie am eigenen Leib erfahren haben, was beweist, dass der schwarze Humor der Redaktion Raum und Zeit überdauert hat. Ihre großartigen Werte leben weiter... eine Mischung aus makabren Sticheleien, die für jüdische Witze typisch sind, in denen der Arme und der mächtige Unterdrücker verhöhnt werden. In bester tschechischer Tradition nach „Der brave Soldat Schwejk" übernahmen sie den wilden Sarkasmus mit uneingeschränkter Schärfe, auch wenn die meisten der Verfasser und Leser von *Salom na patek* kurze Zeit nach der Veröffentlichung von 16 Ausgaben ihre „Endstation" erreichten. Anstelle von verstummenden Todesschreien hinterließen sie ein Zeugnis von andauerndem wildem Gelächter.[123]

Zahlreiche Holocaustüberlebenden hielten in ihren Tagebüchern oder Memoiren fest, wie Humor ihnen dabei half, mit ihren leidvollen Erlebnissen umzugehen:

> So verrückt es auch klingen mag, sogar Auschwitz hatte seine lustigen Seiten. [...] In den Lagern führte Lachen schnell zu Bestrafung oder Tod, doch ein Sinn für Humor war lebenswichtig.[124]

---

121 Moshe Olitski war einer der ältesten Lehrer und Kulturaktivisten im Ghetto. Er war einer der Gründer des ersten hebräischen Gymnasiums in der Diaspora und Gründer und Direktor der Tarbut Grundschule in Wilna. Er war auch im Ghetto aktiv: Er war für die Gründung, Organisation und Leitung von Schulen verantwortlich und unterrichtete die Juden auf Jiddisch und Hebräisch über Humor. Er war scharfsinnig und gewitzt und besaß einen Sinn für Humor, Eigenschaften, die er sich im Ghetto bewahrte. Er wurde 1944 im Ghetto ermordet. Dvorzhetsky, *Jerusalem of Lithuania*, S. 267–268.

122 Dvorzhetsky, *Jerusalem of Lithuania* (Englisch), S. 285-286.

123 Dan Re'im, „'Hello, Friday': Laughing in the Ghetto" (Hebräisch), *Kesher*, Bd. 9 (1991), S. 68–74.

124 Eva Salier, *Survival of a Spirit* (Englisch) (New York: Shengold, 1995), S. 61–62.

Die Redewendung „Was dich nicht umbringt, macht dich stärker" fand hier ihre Bestätigung.
Ich gehörte zu denjenigen, die stärker wurden. Und trotzdem gab es Zeiten, in denen ich mich für einen kurzen Moment danach sehnte, zu sterben oder durch eine furchtbare Krankheit das Bewusstsein zu verlieren. Nichts zu fühlen, an nichts zu denken. Aber die Wirklichkeit schlug mir ins Gesicht. Mein Bewusstsein funktionierte einwandfrei. Ich wurde innerlich stärker. Ich verlor meinen Sinn für Humor nicht; ganz im Gegenteil, durch den zusätzlichen Zynismus und dank des „keine Sorge"-Prinzips wurde er noch verfeinert.[125]

Witzen kam eine große und bedeutende Rolle zu. Von dem Tag an, als die Deutschen in Polen einmarschiert sind, wurden neue Redewendungen geprägt, entstanden Konzepte und Scherze passend zur Lage und Hoffnung auf Veränderung der Situation. Der Humor und die Witze sollten uns nicht nur zum Lachen bringen und uns unterhalten – unter diesen Umständen und während dieser Ereignisse kann einen nichts wirklich belustigen. Die Witze erleichterten eine wachsame und nüchterne Sicht der Geschehnisse und ermöglichten Spott im Angesicht erbarmungslosen Schreckens und unaufhörlicher Gefahr, wodurch sie Schrecken und Angst linderten. Durch sie fühlten wir uns auch in Anbetracht der gewaltigen Stärke und Macht des Besatzers noch als Menschen. Die Witze erinnerten uns an lang vergessene Werte und Grundsätze, sie schenkten uns Mut und lehrten uns Dinge, sie wurden zu Waffen, die den Weg zu offener Rebellion bahnten. Zu Beginn war es ein geheimer Aufstand. Er drückte sich in Sprache aus, in bissigen Kommentaren und Witzen gegen die Deutschen. [...]
Dieser Humor besaß eine festgelegte, wertvolle Aufgabe. Er bot eine Art psychologischen Selbstschutz. Die Welle an Grausamkeiten beeinträchtigte unsere Fähigkeit zu verstehen, was vor sich ging. Es war schwierig, zwischen dem relativen Ausmaß und der Komplexität der verschiedenen Ereignisse und Elemente zu unterscheiden. Alles prasselte als untrennbare gewaltige und furchterregende Masse auf uns ein. Scherzhafte Bemerkungen waren ein Weg, uns über verschiedene Einzelheiten unserer Wirklichkeit lustig zu machen, sie davon zu trennen und über sie zu lachen. Sie ermöglichten uns, jede Situation einzeln zu betrachten und so das ungeheure Ausmaß der gesammelten Last zu verringern.[126]

Das Lachen in den Lagern und Ghettos unterschied sich vom Lachen in Freiheit, da komische Situationen im Kontext zutiefst negativer und schmerzlicher Emotionen entstanden.[127] Die Gefangenen waren sich dieser bedeutsamen Rolle des Humors durchaus bewusst und sahen ihm trotz seiner bitteren, makabren Erscheinungsform freudig entgegen.

---

125 Mina Tomkiewicz, *There Was Life There Too: Pages from Bergen-Belsen* (Hebräisch) (Tel Aviv: Twersky, 1946), S. 85.
126 Halina Birenbaum, *Culture in the Ghettos* (Hebräisch) (unveröffentlicht, 1987).
127 Bohdan Dziemidok, *O komizmie* (Warsaw: Książka i Wiedza, 1967), S. 40.

Menschen mit einem besonders ausgeprägten Sinn für Humor erfreuten sich daher großer Beliebtheit. Ebenso beliebt waren Erzähler und Schreiber von Witzen, Verfasser von Anekdoten und scharfsinnigen Wendungen, Komponisten und Sänger von schwungvollen und bekannten Liedern, Autoren künstlerischer Darbietungen und Karikaturisten.

Eine weitere wesentliche Funktion des Humors in den Lagern bestand in den scherzhaft verpackten saloppen und satirischen Erläuterungen, was häufig besser war als eine lange Erklärung.[128]

Überlebende erzählen von Humor und Lachen im Holocaust[129]

Felicja Karay: Meiner Meinung nach spielten Humor und Satire eine sehr große Rolle. Und ich kann das heute als Überlebende der Konzentrationslager sagen. […] Für mich als Wissenschaftlerin sind die Probleme, die ich erlebt habe, absolut relevant; wenn ich etwas schreibe, dann suche ich neben anderen Aspekten nach Anzeichen kultureller Aktivität. Diese Form von kultureller Aktivität beinhaltet Bereiche des Humors, der Satire etc. Hin und wieder geschah es, dass mir eine Frau sagte: „Was wollen Sie, dass ich Ihnen von den Friedhofsliedern erzähle?" In so einem Fall erklärte ich: „Gnädige Frau, es war ein Friedhof, in Ordnung, aber aus genau diesem Grund, allein aufgrund der Tatsache, dass wir unsere Persönlichkeit irgendwie wahren wollten… Sie wollten uns zu Maschinen machen. Das war ein wichtiger Bestandteil unseres inneren, mentalen Kampfs für unsere menschliche Identität, die Tatsache, dass wir noch immer über Dinge lachen konnten." Daraufhin erwiderte sie: „Ja, aber wenn ich Ihnen erzähle, wie wir dort gesungen haben, dann werden alle glauben, dass es ein ach so gutes Lager war und dass die Deutschen ganz nett waren." Ich antwortete: „Die Deutschen waren nicht nett und es war furchtbar dort. Und trotzdem, in Anbetracht all dessen, verhielten wir uns so wie wir es taten. Und dafür verdienen wir wahrlich Respekt."

Einige sagten auch: „Wenn ich darüber spreche, dass es angeblich so schön war, dann erhalte ich keine Wiedergutmachungszahlungen." Es gab solche, die das sagten. […] Humor war ein wesentlicher Teil unseres geistigen Widerstands. Und dieser geistige Widerstand war kurz gesagt die Voraussetzung für einen Lebenswillen. Das sage ich Ihnen als Exhäftling. Ganz gleich, wie selten er vorkam, wie sporadisch oder wie spontan, er war von großer Bedeutung. Von sehr großer Bedeutung!

---

128 Zenon Jagoda, Stanisław Kłodziński und Jan Masłowski, *Oświęcim nieznany* (Krakow: Wydawn. Literackie, 1981), S. 137–159; idem, „Śmiech w obozie koncentracyjnym", *Przegląd Lekarski*, Bd. 30, Nr. 1 (1973), S. 84–99.

129 Alle Interviews werden größtenteils wortgetreu wiedergegeben mit Ausnahme kleinerer Korrekturen zur besseren Verständlichkeit. Die Lebensgeschichten der Überlebenden sind im Anhang beigefügt.

Szymon Slodowski: Im Ghetto waren sie immer auf der Suche nach Themen, über die wir lachen konnten, sogar, wenn er gar keine gab.

Giselle Sikovitz: Humor ist in Wahrheit eigentlich zusammenhängend. Ich weiß nicht, wie, aber ich glaube, eine große Stärke des Humors liegt in seiner flexiblen Natur, der flexiblen Natur des Geistes, Dinge von einer anderen Warte aus zu betrachten... Ich denke es stimmt, dass man das Leben dadurch anders wahrnimmt, nicht nur die lustigen Dinge, das ganze Leben wird damit leichter... Humor ist in allen möglichen Situationen ein Überlebenswerkzeug... Ich habe ein vom Lachen geprägtes Klima in Erinnerung und ich überlege, an welchen Orten wir uns unterhielten. Hauptsächlich bei der Arbeit. Ich war ein junges Mädchen, wir haben viel gelacht, wir schüttelten uns aus von Lachen im Holocaust, wir hatten viele Gelegenheiten zu reden und zu lachen.

Yehuda Feigin: Sie können schreiben, dass es dort Humor gab, natürlich gab es dort Humor. Ich weiß nicht, wie es in den Lagern war, ich war in keinem, aber dort, wo ich war, haben die Menschen immer gelacht. Man könnte meinen, jemand, der so etwas behauptet, muss verrückt sein oder hat seine fünf Sinne nicht mehr beisammen, aber es war kein Zuckerschlecken... Humor existierte, die Menschen reagierten entsprechend ihrer Weltsicht, genauso wie wir heute eine Sicht auf die Welt haben, einer empfindet alles als unbeschreiblich düster, während der andere Dinge als... es kommt auf die Sichtweise an... Es gab dort Humor, natürlich gab es den... gar keine Frage. Alles andere wäre nicht natürlich, gegen die Natur... Das waren Menschen, ganz gewöhnliche Menschen wie Sie und ich, was denken Sie denn? Ich kenne Leute, die niemals irgendwo [in einem Lager] waren und die nie lachen, daran ändert man nichts. Wenn man damals keinen Sinn für Humor hatte, hat man den jetzt auch nicht. Sie können solchen Menschen einen Witz erzählen, den sie ohnehin nicht verstehen werden, also was erwarten Sie? Das gilt für alles im Leben, er versteht es nicht, es ist ihm „nicht gegeben". Kann jeder singen? Nein! Hat jeder die perfekte Stimmlage? Generell glaube ich, dass im Leben für Menschen mit einem Sinn für Humor... sie lachen häufiger und... das Leben ist für sie etwas leichter, sie nehmen die Dinge nicht so schwer...

Es gibt sarkastische Bemerkungen, wenn jemand einen Sinn für Humor hat, dann drückt er ihn schließlich in guten wie in schlechten Zeiten aus, das kann man ihm nicht nehmen... und es ist unwichtig, wo er sich befindet.

Was ich sagen möchte, man kann keinen Ort benennen und behaupten, dass es dort keinen Humor gab... Es ist egal, wo dieser Ort war, das heißt, es ist unmöglich, irgendeinen Ort zu nennen und zu sagen, dass es dort keinen Humor gab... Wenn man am Leben ist, dann wird jemand mit einem Sinn für Humor auch an diesen Orten Scherze machen, ob das jetzt schwarzer Humor ist oder gewöhnlicher Humor, auf jeden Fall gibt es ihn. Ganz im Ernst, alle, die einen Sinn für Humor hatten, besaßen ihn auch dort.

Esti Shpiner-Lavie: Nur um das klarzustellen, Humor ist etwas Angeborenes. Humor kann man sich nicht aneignen, man kann ihn nicht erlernen. In meiner Familie waren sowohl mein Vater als auch meine Mutter sehr humorvolle Menschen. Humor, nicht im Sinne von Witzen, obwohl meine Mutter Witze erzählt hat, wie auch mein Vater. Ich kann mich an keine Witze erinnern, aber das, was man zu Hause lernt, nimmt man überall hin mit, sogar in den Holocaust. Alles. Ich habe wirklich viele Freunde, mit denen sofort „die Chemie" gestimmt hat, weil wir denselben Sinn für Humor haben. Hätten wir keinen Sinn für Humor gehabt, wäre die ganze Familie begraben worden [...] Wir haben über absurde Dinge gelacht. [...] Rückblickend, nach mehr als 50 Jahren, war Lachen gut für mich? Lachen hat mich begleitet, es war immer da. Wenn ich etwas mit Humor oder Lachen betrachtete [...] zog ich daraus Kraft [...] weil wir über unsere Schwierigkeiten und Probleme, über unsere schmerzhaften Erinnerungen lachen konnten [...] Über Lachen zu sprechen, oder sagen wir über vorübergehende Fröhlichkeit, nicht über Humor, Humor ist etwas anderes, ein anderer Zusammenhang. Aber wenn man in einem schlechten Zustand ist, muss man sozusagen wieder aus dem Loch herauskommen, und wenn man das nicht schafft und immer wieder zurück hineinfällt, lächelt man eben darüber, man lacht darüber, selbst wenn ich so sehr lachen muss, dass ich nicht mehr herausklettern kann. Aber wenn ein anderer wieder ganz zurück in das Loch fällt, dann brichst du in Lachen aus und lachst über ihn, weil wir nun einmal so gestrickt sind. Dieses flüchtige Lachen ist etwas ganz Normales und Alltägliches, wir tragen es immer mit uns herum, genauso wie unsere Sinne – unseren Sehsinn, unseren Hörsinn und unseren Geruchssinn. Wir sprechen hier über Lachen, über einen Sinn für Humor.

Yehuda Garai: Hätte ich länger darüber nachgedacht, hätte ich Ihnen eine ganze Sammlung an allen möglichen Formen von Humor mitgebracht. Wir versuchten, das Elend mit Humor zu vergessen, und auch mit ein wenig Sarkasmus und ein bisschen Zynismus. Ich bin immer noch sehr zynisch. Ich reagiere auf alles mit Zynismus. Zum Beispiel, wenn ich über den Tod meiner Mutter spreche (sie starb in Ungarn, als ich drei Jahre alt war), dann sage ich immer: „Sie hat beschlossen, ihre Ausrüstung abzugeben [ein Ausdruck für die Entlassung aus dem Militär] und auf den Friedhof umzuziehen." [...] Das ist vorgehaltener Humor... schmerzhafter Humor, wenn etwas so sehr wehtut, dass man nicht mehr weinen kann, man kann nur noch lachen, das ist auf jeden Fall meine Art von Humor. Ich beschrieb die Konzentrationslager daher immer als „Pfadfindertreffen". Wieso ich das Wort „Pfadfindertreffen" verwendete? Weil es ein Mischmasch an allen möglichen Leuten war, der dorthin gebracht wurde, also beschreibt es das ganz treffend [...]

Humor ist die Umkehrung von Weinen, nicht dasselbe, sondern das Gegenteil, umgekehrt, so wie das auch Clowns tun: Der Clown weint und als Clown scherzt er über Tragisches. Es gibt eine weitreichende psychologische Erklärung im Zusammenhang mit Abwehrmechanismen. Ein Abwehrmechanismus kehrt Dinge um, das ist eine Umkehr. [...] Humor war immer da, besonders, wenn wir während der Arbeit Zeit hatten. Sie finden Humor überall. Es gibt nichts, was man nicht als Grundlage für Humor nehmen könnte. [...] Es gab alle möglichen Dinge, aber Humor ist in jeder Minute da, das gibt es in jeder Minute, nicht, wenn es die Zeit erlaubt, Humor braucht keine Gelegenheit. [...] Man hätte unmöglich die ganze Zeit nur weinen können und wir kannten es nicht anders von zu

Hause. Ich hatte ein Zuhause, in dem es ständig Humor gab, so sah unser Leben aus, und das ändert man nicht, bis zum heutigen Tag nicht. Ich hatte in meinem Leben seither viele Probleme und jedes Mal bin ich ihnen mit Humor begegnet. Schauen Sie, manche Menschen kommen damit zur Welt, es hängt von der Person oder der Situation ab, oder vom Wesen der Person und der Situation zusammen. Gewiss auch von der Veranlagung, dem Charakter, später der Erziehung, der Macht der Gewohnheit. Wenn man im Leben keinen Sinn für Humor besitzt, hat man ihn einfach nicht. Manche Menschen verstehen keinen Spaß, sie verstehen nicht, dass das, was ich sage, eine Umkehr ist, dass das Humor ist [...] In meinem Fall kommt das von meiner Familie. Er hat sich nicht im Lager entwickelt, aber das Lager hat uns so viele Gelegenheiten geboten zu versuchen, witzig zu sein, weil es so viele tragische Situationen gab, wenn nicht mit Humor, wie sonst? Verstehen Sie, das wäre unmöglich gewesen.

Ein Mensch kann unter so harten Bedingungen nicht durchhalten, wenn [er] immerzu über das Unglück klagt, also muss er es umkehren. Humor ist das genaue Gegenteil. [...] Wir können lachen, aber nicht nur aus Humor. Humor ist eine bestimmte Form von Lachen, kein gewöhnliches Lachen. [...] Humor enthält einen Teil der bitteren Wahrheit, verwandelt sie aber trotzdem in das Groteske, nimmt sie aus dem realen Kontext heraus und setzt sie in einen anderen Kontext, eine andere Dimension. Aber normalerweise hat Humor etwas Negatives, ohne dieses Negative gibt es auch keinen Humor. Humor entwickelt sich aus einer ungewöhnlichen, grotesken Situation, einem Problem, das gelöst werden muss. Das ist offensichtlich – das Problem mit Humor zu lösen, es eine Zeit lang aufzuschieben... Humor ist nicht langfristig gedacht, er ist für den Moment. Wir sind über diesen Moment mit Humor hinaus gekommen; wir sind über die ganze Angelegenheit hinaus gekommen, fertig, etwas hat funktioniert. Wenn jemand die Eigenschaft Humor besitzt, heißt das, dass er sie immer haben wird.

Yaakov Zim: Ich erinnerte mich an das Prinzip in der Malkunst: Dort, wo der dunkelste Schatten auftrifft, ist das Licht am stärksten. Für mich ist Humor mit Ästhetik verbunden, es gibt da eine Art seltsame Einheit. Am wichtigsten für das Überleben – so sehe ich das rückblickend – war wohl die Fähigkeit, als Mensch durchzustehen und unter schrecklichen Bedingungen Mensch zu bleiben, verbunden mit Ästhetik, nicht äußerer, sondern innerer Ästhetik. Wobei, auch mit äußerer Ästhetik: Sauber zu bleiben, ordentlich zu bleiben, das war ein Muss, weil man sonst geschlagen wurde; anders ausgedrückt, sauber zu bleiben, nicht, weil es Pflicht war, sondern aus einem inneren, persönlichen Anspruch heraus. [...] Mein Sinn für Humor funktioniert über paradoxe Umstände. Ich halte Humor oder einen Sinn für Humor ganz und gar nicht für etwas Lustiges. Ein Sinn für Humor ist nämlich nichts Lustiges. Es ist eine Frage, wie man die Welt sieht, eine Frage der Wahrnehmung und Perspektive. [...] Ich erinnere mich noch an diesen Satz: „Humor ist, wenn man trotzdem lacht."

Orna Birnbach: Eine Person mit einem Sinn für Humor ist ein Optimist... Natürlich gab es Humor. Humor existierte, ganz besonders unter Leuten, die schon vor dem Krieg einen

Sinn für Humor hatten, verstehen Sie? Bei den Leuten ohne Sinn für Humor ist das Gegenteil eingetreten: Diese Menschen sind in eine tiefe Melancholie verfallen. Aber diejenigen mit einem Sinn für Humor hatten ihn auch noch vor der Gaskammer, [sogar] auf ihrem Sterbebett, das macht keinen Unterschied, er ist eine Charaktereigenschaft und er half den Menschen definitiv, damit fertig zu werden, ganz gewiss. Ich kann Ihnen zwei Beispiele nennen – meine Eltern. Vater war sehr mutig, ein Held, der meine Mutter und mich aus den „Klauen der Bestie" befreite und rettete. Wenn er nicht gewesen wäre, hätten wir nicht einmal mehr Auschwitz erlebt. Aber er war ein Pessimist, ich habe seine Gene. Er war ein Pessimist, er sah alles durch eine dunkle Brille, im schlechtesten Licht. Er brachte die ganze Familie in Tarnau zusammen, wir hatten eine sehr große Familie, sie waren religiös und er war ganz und gar atheistisch. Nach der ersten *Aktzia*[130], bot er an, die Gasdüse für alle zu öffnen, damit alle in Würde sterben könnten. Er dachte, dass die etwas älteren Leute keine Chance hätten zu überleben, er meinte Leute in den Fünfzigern, heute gelten sie noch als jung, aber er meinte die Leute, die viele Kinder hatten. Sie haben das natürlich abgelehnt und kein einziger von ihnen hat überlebt. Aber das zeigt nun einmal, was für ein Mensch er war. Und Mutter, die von Geburt an gebrechlich, schwächlich und klein war, sie sagte, wenn irgendjemand überleben würde, „dann bin ich es", und genauso war es auch. Sie war in den Gaskammern in Auschwitz und in allerletzter Minute geschah ein Wunder. Sie war stets eine echte Optimistin und sie hat überlebt und er nicht. Sie war so eine mutige, tapfere Heldin. Ich weiß nicht, ob das geholfen hat, aber es half gewiss dabei, damit zurande zu kommen, es half ganz sicher.

Arie Ben-Menachem: Humor half, natürlich. Man hätte die ganze Nacht lang scherzen können, aber was geschehen musste, geschah, und das half bis zu einem gewissen Grad. Im Ghetto [Litzmannstadt] zum Beispiel, wenn jemand einen Sinn für Humor besaß, konnte er mehr ertragen […] Sie sehen, es hat sich gezeigt, dass lachen möglich war, oder auf jeden Fall, alles als Witz oder Satire zu betrachten und darzustellen. Das sage ich, nachdem ich Situationen erlebt habe, die wirklich schwer waren. Ich fand immer jemanden, der lachen oder andere zum Lachen bringen konnte. Wenn wir über den Holocaust sprechen, schauen mich die Leute natürlich an und fragen: „Was redest du da? Wie kannst du ‚Holocaust' und ‚lachen' in einem Atemzug sagen?" Und was mich anbelangt, wenn ich vom Ghetto erzähle, dann gab es da selbstverständlich Witze.

Rina (Risha) Treibich: Ich glaube, dass Menschen mit einem Sinn für Humor besser durchhalten konnten. Ich denke schon. Jetzt [sieht man das] auch bei meiner Cousine. Das liegt bei uns in der Familie, dass wir anderen Spitznamen geben. In den kleinen polnischen Städten, in den jüdischen *Schtetlech*, kannte jeder die anderen unter ihren Spitznamen; jeder hatte irgendeinen Namen, also haben wir das übernommen. Ich weiß noch, wie jemand kam, eine Frau aus Warschau, die so klein und dürr war, dass wir sie, wie nennt man den Todesengel mit der Sense, gibt es da einen Begriff im Hebräischen? Im Polni-

---

130 Zusammentrieb von Juden aus eroberten Gebieten zum Transport in die Vernichtungslager.

schen gibt es einen und so haben wir sie auch genannt. Eines Tages erzählte mir meine Cousine, Kostucha [Sensenmann], so nennt man das, die Arme, sei gestorben, aber sie sah aus wie der Todesengel. Und wir erinnerten uns auch an alle möglichen lustigen Dinge aus der Zeit davor. Natürlich half das.

Nechama Koren: Es gab Humor im Ghetto oder in Auschwitz. Der einzige Unterschied in Auschwitz war, dass sie dort Leute zu den Schornsteinen brachten, aber im Ghetto war es nicht anders, im Ghetto gab es Cholera, Fleckfieber und wer weiß was sonst noch alles. Sie haben keine Ahnung, Sie können sich das nicht vorstellen, bergeweise Witze, es war so lustig. Es war so gut, wenn wir sahen, dass es jemand gerade sehr schwer hatte, gingen wir zu ihm hin und erzählten ihm Geschichten, wir erzählten ihm Witze, um ihn damit aufzuheitern… Ich kann Ihnen sagen, Witze waren unser „täglich Brot", aber es gab so viele Witze, dass sie mir jetzt nicht alle einfallen… Lassen Sie mich eine Sache noch einmal sagen, wir wollten eines nicht: weder Traurigkeit noch Gleichgültigkeit, noch Niedergeschlagenheit, noch in eine Depression verfallen. Die Leute sagten immer: „Sie können mich umbringen, aber nicht meinen Lebensmut: Ich bin ein Jude." Mit „Ich bin ein Jude" meinten sie eigentlich „Ich bin stärker als all die fürchterlichen Dinge, die sie mir antun wollen".

Die Funktion von Humor als Abwehrmechanismus

Was ist ein Abwehrmechanismus?

Der psychologische Begriff „Abwehrmechanismus" wurde von Freud geprägt.[131] Abwehrmechanismen sind automatisierte, psychologische Strategien, unbewusste Schutzmaßnahmen, die eine Person vor äußerem und innerem Druck schützen, indem sie die Realität verzerren. Bei diesem Druck kann es sich um Gedanken, Erinnerungen oder Emotionen handeln, die eine Bedrohung für die Person darstellen oder unerträgliche Angst auslösen. Abwehrmechanismen steuern die Reaktion einer Person auf emotionale Konflikte oder Druck (interner oder externer Art). Für gewöhnlich ist der Person dabei nicht bewusst, dass sie einen Abwehrmechanismus einsetzt. Durch die Abwehr werden unbewusste Gedanken und Emotionen nur indirekt, „verschleiert" geäußert.[132]

Studien, in denen die menschliche Reaktion auf Stress untersucht wird, besagen, dass Anpassung das Resultat eines Bewältigungsprozesses ist.[133] Der Begriff „Bewältigung" bezieht sich auf die geistige Aktivität einer Person zur Anpassung und Wiederherstellung ihres Gleichgewichts, das durch physisches Leiden oder emotionalen Stress und vielleicht auch durch daraus entstandene Gefühle von Wertlosigkeit und Hoffnungslosigkeit zerstört

---

131 Anna Freud, „Das Ich und die Abwehrmechanismen", S. 233; George Vaillant, *Ego Mechanisms of Defense: A Guide for Clinicians and Researchers* (Englisch) (Washington: American Psychiatric Press, Inc., 1992), S. 3.
132 Phebe Cramer, „Defense Mechanisms in Psychology Today: Further Processes for Adaptation" (Englisch), *American Psychologist*, Bd. 55 (2000), S. 637–646.
133 Ebd.

wurde. Diese geistigen Bewältigungstechniken beinhalten bewusste wie auch unbewusste Elemente.[134]

Nachdem wir unter Bedingungen von extremem Stress und Leiden nicht sehr lange leben können, passen wir uns irgendwann – mithilfe von Abwehrmechanismen – an und gewöhnen uns an jede Lage, ganz gleich wie schrecklich, um weiter leben zu können. Mina Tomkiewicz beschreibt dies in ihren Memoiren:

> Zehntausende kamen nach Bergen-Belsen. Sie saßen auf dem Boden, in Zelten, in halbfertigen Baracken und konnten die Massen an Menschen nicht unterbringen. Oft gab es auf dem Boden keinen Platz zum Schlafen, weshalb viele gezwungen waren, Tag und Nacht zu stehen. Diejenigen, die Fleckfieber, Ruhr und die Krätze hatten, waren zusammen mit den Gesunden untergebracht und gemeinsam ergaben sie einen Haufen an ungewaschenen, schmutzigen Körpern. Es gab keinerlei Abstand zwischen den Körpern, keinen Platz; zusammengepfercht und auf den Tod wartend. Den Sterbenden wurden „*Scheißebetten*" in der Nähe der Latrine zugewiesen. Dort, auf den nackten Planken, warteten menschliche Wesen, nach Gottes Bild geschaffen, unter überfüllten Bedingungen mit nahezu keinem Platz, um sich auszustrecken, auf das Ende ihres erbärmlichen Daseins. Und selbst dort, bei den Latrinen, gab es nicht genügend Raum. Sie verließen diese Welt, so wie sie gestanden hatten, entsetzlich zusammengedrängt, ohne jeden Platz für ihre Gliedmaßen. Die Verbliebenen sahen mit Erleichterung zu – jetzt gab es wieder mehr Platz. Sie schliefen auf den Leichen und lehnten sich an ihnen an. Der Tod war irgendwann keine Tragödie mehr. Sie sehnten sich danach. Eine Steckrübe kam dem Tod gleich. Die Bedeutung jedes Besuchs der Latrinen wuchs.
> Sie starben zu Hunderttausenden – zerfressen von Flöhen und Läusen, geschlagen und ausgehungert, bis sie steif waren. In Bergen-Belsen brauchte man keine Gaskammern. Das Krematorium reichte völlig. Die Auslöschung von Menschenleben wurde zu einem normalen Bild.[135]

Peter Fischel aus dem Ghetto Theresienstadt, der mit 15 Jahren in Auschwitz ermordet wurde, schrieb:

> Wir gewöhnten uns daran, früh am Morgen aufzustehen, um sieben. Um zwölf Uhr Mittag und um sieben Uhr Abend standen wir in einer langen Schlange mit Schalen in unseren Händen und warteten darauf, dass sie uns ein bisschen heißes Wasser mit Salz oder mit Kaffeegeschmack gaben, oder vielleicht gäben sie uns auch ein Stück Kartoffel. Es wurde normal für uns, ohne Betten zu schlafen, jeder Person in Uniform zu salutieren, das Laufen auf dem Gehsteig zu vermeiden, oder absichtlich auf dem Gehsteig

---

134 Bruno Bettelheim, „Individual and Mass Behavior in Extreme Situations", *Journal of Abnormal and Social Psychology*, Bd. 38 (1943), S. 412–452.

135 Mina Tomkiewicz, *There Was Life There Too: Pages from Bergen-Belsen* (Hebräisch) (Tel Aviv: Twersky, 1946), S. 138–139.

zu laufen, wir gewöhnten uns daran, grundlos geohrfeigt zu werden, wir gewöhnten uns an Schläge und Hinrichtungen. Wir gewöhnten uns an den Anblick von Menschen, die in ihren eigenen Exkrementen starben. Wir gewöhnten uns daran, leichenbeladene Wagen zu sehen, an Kranke, die sich in Schmutz und Fäkalien windeten, an hilflose Ärzte. Stunde um Stunde gewöhnten wir uns daran zuzusehen, wie tausende hilflose und bedauernswerte Seelen zu uns gebracht wurden, stundenlang sahen wir dabei zu, wie tausende wieder weggebracht wurden.[136]

Laut Viktor Frankl verlief die mentale Reaktion der Gefangenen auf das Lagerleben in drei Phasen: Die erste Phase war die Zeit nach der Aufnahme; die zweite Phase betraf die Zeit, in der man fest in das Lagerleben eingebunden war; und die dritte Phase folgte nach der Entlassung bzw. Befreiung. Die zweite psychologische Phase war charakterisiert durch Apathie, der Abstumpfung des Gemüts und dem Gefühl der völligen Gleichgültigkeit. „Ekel, Grauen, Mitleid, Empörung, das alles hat unser Zuseher in diesem Augenblick eigentlich nicht mehr zu empfinden vermocht. Leidende, Kranke, Sterbende, Tote – all dies ist ein so geläufiger Anblick nach einigen Wochen Lagerleben, daß es nicht mehr rühren kann."[137] Die dritte Phase war die Zeit nach der Befreiung des Gefangenen. „Wir könnten sagen, ob und wieweit dies stimmt, daß der Mensch sich an alles gewöhnen kann; ja, werden wir sagen – aber man frage uns nicht, wie…"[138] Die völlige Ungewissheit der Leben der Gefangenen in den Konzentrationslagern verhinderte die Ausbildung angemessener Abwehrmechanismen, doch Frankl erklärt, die Konzentration auf das Gute und aufs Überleben, oder wie er es nannte, „Ja zum Leben sagen", half den Gefangenen bei der Bewältigung.

Die häufigsten psychologischen Mechanismen unter den Gefangenen waren Verleugnung und Isolierung – emotionale Distanz. Das Ausmaß der Verleugnung war mitunter so extrem, dass sie Emotionen betäubte und dadurch das Ich davon abhielt, externen Objekten (Deutschen und ihren Kollaborateuren) gegenüber empfundene Feindseligkeit öffentlich zu äußern, und somit das Ich beschützte. „Er hat keinen Zweifel, dass er in der Lage wäre, den Transport und all das, was folgen sollte, zu erdulden, da er von Beginn an überzeugt war, diese grausamen und entwürdigenden Erlebnisse passierten nicht ‚ihm' als Subjekt, sondern nur ‚ihm' als Objekt." Ein weiterer Mechanismus war die Identifizierung mit dem Angreifer.[139]

---

136 Anita Frankova und Hana Povolna, Hrsg., *I Have Not Seen a Butterfly Around Here: Children's Drawings and Poems from Terezin* (Englisch) (Prague: Jewish Museum Prague, 2000).
137 Viktor E. Frankl, *…trotzdem Ja zum Leben sagen: Ein Psychologe erlebt das Konzentrationslager* (München: Kösel, 1977), S. 43.
138 Ebd., S. 37.
139 Bettelheim, „Individual and Mass Behavior in Extreme Situations" (Englisch), S. 412–452.

Wolf Adler, *„Arbeit macht frei"*. Moshe Pulaver, *Geven Iz a Geto* (Tel Aviv: Y.L. Peretz-Bibliotek, 1963), S. 189.

Das Hakenkreuz erinnert an einen Fleischwolf, der die Juden zu Tode mahlt.

Wolf Adler, „The Goal." Moshe Pulaver, *Geven Iz a Geto* (Tel Aviv: Y.L. Peretz-Bibliotek, 1963), S. 195.

Hitlers Kopf ist von Schädeln umgeben.

Humor als Abwehrmechanismus

Ein frohes Herz tut dem Körper wohl.

– Sprüche 17:22

Humor gehört zweifelsohne zu den elegantesten und effektivsten Abwehrmechanismen im menschlichen Repertoire. Humor kann auch entstehen, wenn Menschen negative Emotionen wie Trauer oder Angst empfinden. Entdecken Menschen in negativen Situationen humoristische Elemente, erhalten Sie dadurch eine andere Sichtweise auf die Situation und können negativen Emotionen aus dem Weg gehen.[140]

Scharfsinnigkeit, Gekasper oder karikierende Darstellungen unterdrücken oder verbergen das emotionale Tribut, verbannen das Gefühl der Machtlosigkeit und ersetzen es mit einem Gefühl von Ermutigung und Widerstand.[141] Anders ausgedrückt sind Humor und Lachen wichtige Mechanismen zur Bewältigung zahlreicher psychologischer Belastungsproben, denen Menschen in ihrem Leben ausgesetzt sind, und spielen eine wesentliche Rolle für den Schutz der emotionalen und körperlichen Gesundheit. In der Fachliteratur finden sich in der Tat viele Beispiele für die entscheidende Rolle des Humors bei der Stressreduktion und auch für seine tragende Bedeutung für die psychische und physische Gesundheit.[142] Das *Diagnostic and Statistical Manual of Mental Disorders*[143] enthält so zum Beispiel eine Bewertung von Abwehrmechanismen und stufte Humor dabei als höchsten adaptiven Mechanismus ein.[144]

Die Verwendung von Humor in den dunkelsten und traurigsten Momenten des Lebens ist ein Zeichen für eine beginnende Heilung, in der man sich langsam wieder von Schmerz und Depression löst. Es zeigt, dass man wieder am Leben teilnehmen möchte und die Kontrolle zurückerlangt. Der Schmerz verschwindet dadurch zwar nicht, doch

---

140 Herbert Lefcourt und Rod Martin, *Humor and Life Stress: Antidote to Adversity* (New York: Springer-Verlag, 1986), S. 1–14.

141 George E. Vaillant, *Adaptation to Life* (Boston: Little Brown, 1977), S. 117.

142 Norman Cousins, *Anatomy of an Illness* (New York: Norton, 1979); Herbert Lefcourt et al., „Perspective-Taking Humor: Accounting for Stress Moderation", *Journal of Social and Clinical Psychology*, Bd. 14, Nr. 4 (1995), S. 373–391.

143 *Diagnostic and Statistical Manual of Mental Disorders* (Arlington, VA: American Psychiatric Association, 2005), Bd. 4, S. 807–809.

144 Wir bedienen uns vieler Abwehrmechanismen, doch nicht alle helfen uns bei der Bewältigung von Ängsten. Einige Mechanismen sind sogar schädlich und geraten in Konflikt mit unserem natürlichen Verhalten. Menschen, die Mechanismen der Stufe 1 auf der Skala für die Effektivität von Abwehrmechanismen des Diagnostic and Statistical Manual of Mental Disorders anwenden, sind sich ihrer Emotionen, Vorstellungen und der Folgen ihres Verhaltens vollkommen bewusst; sie sind zufrieden mit dem Umgang mit ihren Ängsten und bleiben vollständig in einem emotionalen Gleichgewicht. Menschen hingegen, die Mechanismen der Stufe 7 der dysregulierten Abwehr anwenden, verschließen bei der Bewältigung ihrer zahlreichen Ängste die Augen vor der Wirklichkeit und verlieren den Bezug zu ihr. Man könnte auch sagen, die Mechanismen dieser Stufe haben ihren Zweck gänzlich verfehlt.

Humor kann dabei helfen, Leiden zu verringern und einem Menschen das Gefühl von Macht und Kontrolle in einer Situation vollkommener Hilflosigkeit zu vermitteln.[145] Dabei nähert man sich emotionalen Konflikten und internen oder externen Stressoren über die Hervorhebung der belustigenden oder ironischen Aspekte des Konflikts bzw. des Stressauslösers.[146]

Viktor Frankl schreibt:

> So zerrann eine Illusion nach der andern, die der eine oder andere von uns noch behalten haben mochte. Jetzt überkommt die meisten von uns aber ein irgendwie Unerwartetes: Galgenhumor! Wir wissen, wir haben nichts mehr zu verlieren außer diesem so lächerlich nackten Leben. Während schon die Brause fließt, rufen wir einander mehr oder weniger witzige, auf jeden Fall witzig sein sollende Bemerkungen zu und bemühen uns krampfhaft, vor allem über uns selbst, dann aber auch über einander uns lustig zu machen. Denn, nochmals: es kommt wirklich Wasser aus den Brausetrichtern! [...] In einer abnormalen Situation ist eine abnormale Reaktion eben das normale Verhalten. [...] [U]nd hieraus ergibt sich weiter, daß auch ein an sich Geringfügiges die größte Freude bereiten kann. Wie war es doch beispielsweise, als wir von Auschwitz in eines der Dachauer Filiallager nach Bayern fuhren? Man hatte allgemein angenommen bzw. gefürchtet, der Transport ginge nach Mauthausen. Immer gespannter wurden wir, als sich der Zug jener Donaubrücke näherte, über die er, laut Angabe mitfahrender Kameraden mit jahrelanger Lagererfahrung, nach Mauthausen rollen mußte, sobald er von der Hauptstrecke abgezweigt wäre. Unvorstellbar für den, der so etwas oder etwas Analoges noch nicht selber erlebt hat, war der buchstäbliche Freudentanz, den die Häftlinge im Gefangenenwaggon aufführten, als sie merkten, der Transport gehe – „nur" nach Dachau.[147]

---

145 Allen Klein, *The Healing Power of Humor* (Los Angeles: Tarcher-Putnam, 1989).
146 Vaillant, *Ego Mechanisms of Defense*, S. 259.
147 Frankl, *...trotzdem Ja zum Leben sagen: Ein Psychologe erlebt das Konzentrationslager*, S. 34–35, 40, 75–76.

Karl Schwesig, „Bathing", Gurs Camp. Freundlicherweise zur Verfügung gestellt durch Ghetto Fighters' House Archives, ART 295.

Wenn wir uns Selbstironie bedienen, können Außenstehende an unserem Humor teilhaben, da sie sich nicht bedroht oder verletzt fühlen. Auch Humor als Reaktion auf äußere Gegebenheiten wird von anderen in der Regel positiv aufgenommen. Humor, der sich wiederum gegen Einzelne oder eine Gruppe von Personen richtet, kann unter Umständen die Gefühle der anderen verletzen, da sein Ziel zumeist in Erniedrigung oder Spott besteht. In der Tat wird Humor in Krisenzeiten mitunter nicht gut von Menschen aufgenommen, die im Humor einen Mangel an Feingefühl sehen und Humor als verletzend oder beleidigend auffassen. Woher kommt das? Menschen in Krisen neigen dazu, die Krise in ihr Leben zu integrieren, d. h. sie gleichen ihre Gefühle an die Krisenerfahrung an und sind unfähig, gleichzeitig Humor zu empfinden. Die wenigen, die ihr Leben nicht mit der Krise gleichsetzen, sind in der Lage, über den Humor einen neuen Blickwinkel zu erlangen, der ihren emotionalen Bewältigungsmechanismus unterstützt. Die außergewöhnliche Sichtweise von Menschen mit einem Sinn für Humor erlaubt es ihnen, sich und andere mit einem gewissen Abstand zu betrachten und dennoch beteiligt zu bleiben. Deswegen können diese Menschen zur selben Zeit lachen und die Situation in einem positiven Licht sehen. Die Worte „damals war es nicht lustig" belegen, wie eine zu große emotionale Nähe verhindert, ein Ereignis mit Humor zu betrachten, während eine Distanzierung dies ermöglicht. Humor verändert unsere Emotionen, indem er uns hilft, Glück zu empfinden. Und wenn wir Glück empfinden, verschwinden damit andere Emotionen wie Niedergeschlagenheit, Angst und Wut – zumindest für kurze Zeit –, da es nicht möglich ist, Glück, Wut und Angst zur selben Zeit zu empfinden.[148]

Darüber hinaus hilft Humor dabei, die eigene innere Logik zu erhalten. Die Betrachtung eines Problems mit Abstand ist ein gesunder Weg, sich von dem Problem zu distanzieren. Das liegt daran, dass die eigene Interpretation von Stress nicht nur von äußeren Umständen abhängig ist, sondern auch von der Wahrnehmung des Problems und der Er-

---

[148] Steven Sultanoff, „Using Humor in Crisis Situations", *Therapeutic Humor*, Bd. 9 (1995), S. 1–2.

klärung, die man dafür hat. Unser Blickwinkel auf eine Situation bestimmt unsere Reaktion darauf – ob wir vor einer Bedrohung oder einer Herausforderung stehen. Da jeder Mensch anders auf ein Ereignis reagiert, fällt manchen Menschen der Umgang mit Belastungen offenbar leichter als anderen.[149]

Humor erfüllte im Holocaust diverse wichtige Funktionen, allen voran die Funktion eines Abwehrmechanismus. Ein paar wenige Worte konnten, wenn es die richtigen waren, die Menschen in den Ghettos und Lagern unter tragischen Bedingungen zum Lachen bringen; dieser Humor nahm einen Teil der Last von ihnen und half ihnen, ihre Unruhe trotz anfänglicher Panikreaktionen besser zu kontrollieren.

Die Überlebenden erzählen von Humor als Abwehrmechanismus während des Holocaust

Yanina Brandwajn-Ziemian: Ohne Humor hätten wir uns wohl alle umgebracht. Wir machten in gewisser Weise über alles Scherze, wir lachten über... es ist schwer zu erklären. Ich behaupte, das half uns, selbst unter harten Bedingungen menschlich zu bleiben. Und ich möchte noch nicht einmal sagen, dass ich mich in der allerschlimmsten Lage befand.

Lily Rickman: Wissen Sie, ich dachte die ganze Zeit: Was soll ich Ihnen erzählen? Was soll ich sagen? Denn als mir meine Freundin von dieser Humorsache berichtete, war ich ganz begeistert. Ich sagte, ganz im Ernst, diese Sache hat mich gerettet und hat mir sehr geholfen. Die ganze Geschichte war so grotesk, so surreal. Ich konnte die Wirklichkeit nicht sehen, deshalb flüchtete ich mich dorthin: Ich schuf eine Welt voller Lachen... Für gewöhnlich gab es unter den Mädchen ein paar, die [den Humor] verstanden, denn diejenigen, die ihn nicht verstanden, wandten sich ab und sagten: „Schaut euch doch an, was mit uns geschieht und wie wir aussehen, und ihr habt immer noch gute Laune!" Ich antwortete: „Nein, ich habe keine gute Laune. Ich kann zwischen zwei Möglichkeiten wählen, lachen oder weinen." Und ich hielt es für leichter, darüber zu lachen. Es passiert nicht mir. Es passiert diesem Pferd[150] da, der deutschen Frau. Es erscheint nicht als eine Realität, die dort tatsächlich stattgefunden haben könnte. [...] Ich denke, Lachen und Humor bedeuten, die Dinge nicht in der Erscheinung, in der sie sich uns darbieten, anzunehmen, sondern sie neu einzukleiden, sie in etwas anderes zu verwandeln. Denn es war absurd, die ganze Zeit. Es ist schlicht und ergreifend unvorstellbar, dass sie Menschen so wie uns behandeln konnten. Bis heute bin ich nicht dazu bereit, über manche Momente nachzudenken, wie genau sie sich zugetragen haben. Ich möchte nicht darüber nachdenken. Aus diesem

---

149 Suzanne Kobasa und Mark Puccetti, „Personality and Social Resources in Stress Resistance", *Journal of Personality and Social Psychology*, Bd. 45, Nr. 4 (1983), S. 839–853.

150 Ein Spitzname für die deutsche SS-Frau, die den Befehl über das Frauenarbeitslager Parschnitz, ein Außenlager von Groß-Rosen im Sudetenland, hatte.

Grund sammelt mein Mann Bücher und besitzt den Film *Holocaust* – und ich möchte ihn mir nicht ansehen. Ich habe für Spielberg darüber berichtet und gab an, Humor – die Tatsache, dass ich die beschämendsten Umstände als grotesk wahrnehmen konnte – hätte mir meinem Empfinden nach geholfen, am Leben zu bleiben, so als ob es sich um ein Theaterstück handele, alles geschieht nur in einem Stück und ich bin nur eine Schauspielerin darin. Aber es tat mir sehr leid. Ich sagte: „Es ist ein Theaterstück und ich bin nicht die Hauptdarstellerin. Ich bin nur eine Statistin und das taugt zu nichts. Statisten verdienen immer so wenig."

Sie fragten mich: Welchem Umstand verdanke ich meiner Meinung nach mein Überleben? Vielleicht dachten sie, ich würde Religion oder Glück oder sonst irgendetwas sagen, aber ich sagte, es war der Humor, dass ich alles scherzhaft betrachtet habe, z. B.: „Das passiert überhaupt nicht mir, ich habe nur eine Statistenrolle". Ich dachte wirklich nicht über Wunder oder ähnliches nach, ich dachte nur daran, es nicht ernst zu nehmen, da ich glaubte, selbst darüber entscheiden zu können, welche Bedeutung ich dem beimesse, und ich behaupte, mir hat der Humor geholfen. Ich erschuf das nicht selbst, ich erhielt es von einem anderen Ort und wachte darüber, weil es mir zusagte. Sagen wir einfach, ich erhielt dieses Gefühl, diesen Instinkt, entwickelte ihn weiter und war froh, ihn zu haben. […] Es fiel uns leichter, mithilfe des Humors zurechtzukommen, da wir die täglich aufkommenden Probleme so nicht allzu sehr an uns heranließen. Es gab jeden Tag Probleme. Arbeit war ein Problem. Unser allgemeiner Gesundheitszustand bereitete Probleme. Alles. Wir hatten keine Möglichkeit, uns zu waschen. Der Hunger, der Platzmangel, es gab viele Probleme. Wenn jemand sein Brot aufbewahrte, um es am Morgen zu essen, und es gestohlen wurde – das bereitete uns viele Sorgen.

Meine Erinnerungen an das Arbeitslager waren nicht derart schlimm, sodass ich ihnen im Interview sagte, ich wüsste nicht so recht, worüber ich sprechen sollte, ich hätte keine so fürchterlichen Dinge erlebt. Das stimmt in Wahrheit nicht, aber so kam es mir vor. Ich habe von anderen erfahren, was hier und dort vorgefallen ist, weswegen ich dachte, meine Erlebnisse seien nicht so schrecklich. Ich dachte, ich hätte nichts zu berichten. Wir waren im Arbeitslager [Parschnitz], was hart war, und es gab wenig zu essen, aber nicht, das heißt, all die Dinge, die mir zugestoßen sind, habe ich nicht als so furchtbar wahrgenommen.

Meine Freundin Merry [Miriam Groll], die Sie auch befragt haben, sie geht immer nach Auschwitz und begleitet Gruppen dorthin. Ich fragte sie einmal: „Sag mal, was erzählst du denen?" Sie sagte: „Ich erzähle ihnen zum Beispiel von der Nacht, als wir in den Gaskammern waren." Ich antwortete: „Wir waren in den Gaskammern?!" Sie erwiderte: „Ja, natürlich waren wir in den Gaskammern." Ich fragte: „Wie, wir waren in den Gaskammern?" Es ist tatsächlich eines Nachts passiert, es war sehr traumatisch, bevor sie uns dorthin brachten. Es war *Tischa beAv* [der neunte Av, ein Jüdischer Fast- und Trauertag].

Vor 15 Jahren fing ich an, Treffen zu organisieren. Jedes Jahr am selben Tag treffen wir uns in Yehudits Konditorei, weil sie die besten Kuchen hat. Alle wollten immer Kuchen haben, jetzt haben wir ihn. Man braucht kein Rezept.

Ein Jahr, nachdem sie mir das erzählt hat, sagte ich: „Meiner Meinung nach war da nichts [in den Gaskammern]." Es herrschte Panik in dieser Nacht, wir waren in einem großen Raum. Ich möchte hier nicht ins Detail gehen. Auf jeden Fall sagte irgendjemand plötzlich: „Das ist das Gas." Danach drehten alle durch. Eine Frau, die neben mir lag, sagte zu mir: „Ich werde ‚Doktor' genannt…" (Damals wurde man mit Frau Doktor, Mrs. Doctor, Pani Doctor angeredet, wenn der Ehemann einen Doktortitel hatte oder Arzt war." Sie sagte: „Ich bin aus Pécs. Wenn du am Leben bleibst, sag meinem Mann, was mit mir passiert ist." Darauf antwortete ich ihr: „Was sollte ich ihm denn sagen? Wenn Sie sterben, glauben Sie wirklich, dass ich dann überlebe? Wir werden beide überleben. Wie sollte ich ihm das Ihrer Meinung nach erzählen können? Wie sieht ihr Mann denn aus?" Sie sagte: „Wieso fragst du?" Ich antwortete: „Ich will wissen, ob es sich für mich lohnt, ihm eine Nachricht zu überbringen." Dann meinte sie plötzlich: „Wovon redest du?" Ich sagte: „Überlegen Sie doch einmal. Sie sterben und ich nicht, wie sollte das möglich sein?" Mit einem Mal war die Frau wieder sie selbst und half den anderen, sie hatte sich wieder im Griff, es ergab keinen Sinn, dass sie sterben würde und ich nicht.

Bei einem Treffen waren wir 20 junge Frauen. Ich sagte: „Ich möchte ein Thema aufwerfen und kurz abstimmen. Erinnern sich noch alle an diese Nacht?" Jeder erinnerte sich daran. „Waren wir in den Gaskammern oder nicht?" Zwanzig junge Frauen. Sechzehn stimmten dafür, dass wir in den Gaskammern waren. Nur vier, mich eingeschlossen, d. h. drei außer mir, waren der Auffassung, es wären keine Gaskammern gewesen. Meiner Meinung nach kehrte niemand, der in den Gaskammern war, wieder zurück. Und wenn sie geplant hätten, Menschen zu vergasen, hätten sie nicht die ganze Nacht damit gewartet. Das war meine Meinung. Aber jetzt bin ich mir nicht mehr so sicher, weil die Mehrheit [anderer Ansicht war] […]

Jeder sah das anders. Ich dachte: Sie war nicht in genau demselben Lager wie ich. Jeder Mensch hat eine andere Sichtweise. Das Mädchen, das ich erwähnte, das sagte, sie habe immer Hunger, nun, als man sie um ein Interview bat, sagte sie: „Humor? Ob es Humor gab? Nein, das kann ich nicht. Ich kann nur von der brutalen Wirklichkeit berichten. Ich habe sicher keinen Humor miterlebt." Gestern sprach ich mit einer weiteren Freundin, die, die mit mir im Lager war, und erzählte ihr, dass Sie mit mir über Humor sprechen wollten. Sie sagte: „Welcher Humor?! Du hattest dort Platz für Humor?!" Ich hielt mich an die Freunde, die bereit waren zuzuhören, ja, richtig. Ich glaube, er [Humor] macht das Leben generell erträglicher, unter allen Umständen. […]

Ich wollte zu Beginn keine Wiedergutmachungszahlung. Genau genommen hatte ich nicht den Eindruck, [eine Entschädigung zu verdienen], für das, was ich erlebt habe, weil es andere viel schlimmer als ich getroffen hatten und ich das Gefühl hatte, diejenigen, die mehr erdulden mussten, verdienten sie auch mehr. Ich habe diese sechs Wochen in Auschwitz nicht klar erlebt, ich war wie unter Schock. Und nach neun Monaten im Lager, sah ich sie nicht als… ich sah die Bäume, das Grün. Überall sah ich etwas… daher war ich nostalgisch.

Drei Frauen sind zurück an diesen Ort gereist. Der Rest meinte, sogar bei unserem Treffen: „Wir wollen diesen Ort nicht mehr sehen." Aber ich wollte ihn sehen, weil ich die wunderschönen Berge dort in Erinnerung hatte. Ich wollte diese Berge noch einmal als freier Mensch sehen. Ich nahm meine Enkelin mit. Es ist nicht so, dass ich optimistisch gewesen wäre, aber offensichtlich war es für mich schlicht und ergreifend schwer, die Realität von damals zu akzeptieren, zu glauben, man sei ein Gefangener und konnte nichts dagegen unternehmen, man war voller Läuse und konnte nicht baden und man hatte nur ein einziges Kleidungsstück und hatte Hunger und es war ohne jede Hoffnung. Man brauchte etwas, woran man sich trotz alledem festhalten konnte. Selbstverständlich gab es auch solche, die nicht dazu bereit waren, die sich partout weigerten, sich weigerten, dem Unsinn zuzuhören...

Als meine Freunde hörten, dass Sie mit mir über Humor reden wollen, fragten sie mich: „Was wirst du ihr erzählen?" Ich sagte: „Wisst ihr, ich habe wirklich keine Ahnung." Heute Morgen dachte ich: „Ich habe nichts zu erzählen." Ich schrieb vier Dinge auf, an die ich mich noch erinnern konnte; die Dinge, die ich Ihnen gerade erzählt habe. Aber ich sagte: „Ich habe nichts zu berichten." Aber ich weiß auch, dass mich die ganze Situation dort zum Lachen brachte. Mich führte alles zu witzigen Begebenheiten und lustigen Gedanken. Nichts Besonderes, einfach nur alltägliche Dinge, jeden Tag eine Kleinigkeit. Jeden Tag wurde die Brotration reduziert. Die Zahl der Deutschen, die dort arbeiteten, wurde auch jeden Tag reduziert, sodass wir Scherze darüber machten, wie das Brot die Deutschen imitierte. Wir machten Witze über unsere Essensrationen, unser Wasser, über alles; über die Unfälle und Zusammenbrüche; über alles. Die Dinge ein wenig anders zu betrachten, als sie es in Wirklichkeit waren. Ich sah sie in einem humorvolleren Licht. Ein Mädchen meinte zu mir, ich nehme irgendein Problem im Lager nicht ernst genug. Sie sagte: „Du nimmst das nicht ernst. Wieso lachst du?" Ich fragte sie: „Was willst du denn [von mir], dass ich weine? Wir können uns für eins von beiden entscheiden. Es gibt keinen Mittelweg."

Ruth Sheinfeld: Glauben Sie bloß nicht, so etwas wäre nicht möglich gewesen, glauben Sie nicht, dass es dort in solchen Situationen keinen Humor oder keine Satire gab. Es ist unmöglich, keinen Humor zu besitzen, da er eine Art Selbstverteidigungswaffe ist.

Masha Futermilch: Es gibt ein Sprichwort im Polnischen: Hätte sich der Jude nicht getröstet, hätte er sich erhängt. Es reimt sich auf Polnisch. Es ist nicht auf den Krieg bezogen, aber das ist nicht wichtig; es veranschaulicht jüdischen Humor. Man fand ihn in der gesamten Diaspora. Und Sie sollten wissen, dass die Juden etwas in sich trugen, diesen Überlebensinstinkt.

Ester (Stania) Manhajm: Der eigentliche Sinn der Witze war Realitätsflucht. Es war eine Flucht. Die Leute erzählten häufig Geschichten. Sie erzählten Witze. Ich weiß das jetzt nicht mehr so genau, aber die Leute erzählten Geschichten über alle möglichen Dinge. Sie gingen sämtliche kleinen Tragödien des alltäglichen Lebens durch, um irgendetwas zu finden, nicht in den großen Themen, aber in unserem düsteren Alltag.

Israel Gutman: Es gab eindeutig Humor; das behaupte ich aufgrund meiner eigenen persönlichen Erfahrung als Holocaustüberlebender sowie als Forscher. Humor diente als Munition, das weiß ich, und das nicht nur in den Händen der Juden. Ironie, Lachen und Humor sind die Waffen der Schwachen, neben weiteren. Es gibt einerseits die Obrigkeit, die Macht besitzt und diese brutal einsetzt, und andererseits die Untergebenen, die gezwungen sind, auf Mittel wie Humor zurückzugreifen, deshalb war er bei den Juden so häufig zu finden... Es gibt eine Verbindung zu den osteuropäischen Juden, aber nicht nur zu ihnen...

Ich bin mir beinahe sicher, auch wenn ich es nicht überprüft habe, dass niemand damals die volle Tragweite dieses Phänomens untersucht hat, für die Juden steckte jedoch mehr Stärke im Blick auf die Lächerlichkeit und Komik der Ereignisse als in der damit verbundenen Gefahr... Humor wirkt palliativ... Humor war ein innerer Wegweiser, der den Menschen half zu überleben. Humor ist ein Überlebensmechanismus, der die Menschen vor Verrücktheit oder vollkommener Hoffnungslosigkeit bewahrt. Die Fähigkeit, Dinge mit Humor zu betrachten und auf diese Weise Zugang zu ihnen zu finden, erleichtert den Widerstand und fördert die Ressourcen zur Bewältigung scheinbar unbegreiflicher Brutalität und Angst. Aber manchmal passiert es, dass man die absurden und satirischen Facetten eines Rückschlags wahrnimmt, und genau diese Augenblicke können die schlimmsten Grausamkeiten entmachten.

Halina Birenbaum: Sogar Witze waren Waffen; sie nahmen diesen Themen die Bedeutung. Wir zogen über uns selbst her, wir zogen über die Deutschen her, um die Intensität dieser unfassbaren Ereignisse zu verringern. Wir griffen auf Scherze zurück, um... Es gab eine solch ungeheuerliche Flut an Ereignissen, an Erlassen, die jeden Bereich unseres Lebens in einem derartigen Ausmaß einschränkten; mit jedem Mal neue, entsetzlichere Verordnungen, unzählige Hinrichtungen, die Beschlagnahme unseres Besitzes und Eigentums, unserer Häuser, aus unserem Zuhause vertrieben zu werden, aus der Stadt verbannt zu werden. Nehmt euer Gepäck und verschwindet innerhalb einer Stunde. Sie schlugen uns zu Boden und wenn man nicht wieder aufstehen konnte oder arbeitsunfähig war oder ähnliches, wurde man erschossen und all diese Sachen. In diesen Momenten konnte ein Witz – wie soll ich sagen – einen solchen Vorfall „unterhaltsam" machen, nicht mehr so sehr Teil der Masse an Vorfällen, und ihn aus dem Kontext reißen, sodass wir alle darüber lachen konnten. Mit einem Witz, wie soll ich das ausdrücken, wurde jedes Ereignis wie ein Einzelvorfall behandelt, wodurch es nicht dieses gewaltige Ausmaß hatte, stattdessen [konnten wir] jeden Vorfall getrennt behandeln und darüber lachen.

Alisa Ehrman-Shek: Nun, es ist eindeutig, welchen Zweck Humor erfüllte. Ganz offensichtlich lachten wir anstatt zu weinen, weil alles zu absurd und zu tragisch war, um es zu ertragen zu können, also scherzten wir darüber. Zweifelsohne schöpfte jeder irgendwie Mut daraus. Denn sobald man etwas ins Lächerliche zieht, wird es leichter. Es stimmt, es gab viele Witze und auch sehr amüsante Szenen, wirklich skurril. Wissen Sie, wenn Sie eine bestimmte Grenze überschreiten, wird es einfach nur noch grotesk. Ich weiß nicht mehr, was wir lustig fanden. Es gab etliches, was uns zum Lachen brachte, aber nach 50

Jahren kann ich mich nicht mehr erinnern, was genau. Es gab so viele Witze… Schauen Sie, im Grunde läuft es darauf hinaus: Je härter die Zeiten, desto mehr Humor geht daraus hervor, grundsätzlich. In Zeiten des Friedens, in Friedensperioden, gibt es kaum irgendwelche Witze. Witze entstehen normalerweise nur auf der Grundlage von Nebensächlichkeiten, das stimmt, aber es muss etwas sein, das man kennt. Aber das kommt spontan, es wird aus Verzweiflung geschaffen.

Nechama Chernotsky-Bar On: Natürlich mussten wir hin und wieder lachen, um Hoffnung zu schöpfen. Man kann nicht von morgens bis abends weinen. Es hob unsere Stimmung.

Lila Holtzman: Glauben Sie nicht, wir hätten von morgens bis abends gelacht. Diese Momente waren wie kleine Zufluchtsorte, die uns ganz einfach dabei halfen, diese schreckliche Sache zu überstehen. Andernfalls hätten wir nicht einmal eine Woche durchgehalten. Ein wenig Humor.

Christina Brandwajn (Shulamit Tzadar): Es ist ganz typisch für Menschen, die Schreckliches durchleben, zu lachen, verstehen Sie, damit soll diese furchtbare Sache gelindert werden… Das Ghetto war ein Beweis für die ungemeine Lebenskraft der Menschen; zwischen dem einen Trauma und dem nächsten vergeht gerade einmal eine Minute und sie sind schon dabei zu lachen. Vielleicht trifft sogar das Gegenteil zu. Sie lachten dadurch umso mehr.

Eitan Porat: Verzweiflung konnte man überall finden. Es war unmöglich, diese Sache als Spaß zu bezeichnen, aber wir lachten schon. Ich weiß nicht mehr alles, aber ich kann mich noch genau daran erinnern, wie wir uns vor Lachen über alle möglichen Dinge krümmten, sogar über Unglaubwürdiges, und dann lachten wir, allerdings nicht jeder… Wenn sich jemand umdrehen musste, bedeutete das, dass sich alle auf der gesamten Planke umdrehen mussten: Der eine reagierte weinend darauf, ein anderer wiederum lachte, noch ein anderer war verärgert und wieder jemand anderes fand es amüsant… Diejenigen unter uns, die über solche Dinge lachen konnten, hatten bessere Chancen, am Leben zu bleiben, da wie die Dinge leichter nahmen als der Rest. Nicht leichter, vielleicht bereitete es ihnen innerlich mehr Schmerz als denen, die weinten, aber sie konnten damit besser umgehen. Ich denke, mein Optimismus kam daher, dass ich so viel lachte. Ich habe gelacht und auch geweint.

Genia Wohlfeiler-Manor: Der Humor war für uns in jedem Fall lebenswichtig. Wir mussten eine Art mentalen Schutzschild errichten, der all die Schläge, die uns trafen, abwehrte, wir hatten keine Wahl, wenn wir am Leben oder mehr oder weniger normal bleiben wollten, also mussten wir lachen, vielleicht auch, um die Furcht über das Lachen oder über Lieder zu vertreiben.

Nachum Monderer-Manor: Es fing vor dem Ghetto an und danach, der ganze Plan vollzog sich in Phasen und mit jedem Mal stieg der Druck, und womöglich war das [Humor] unser Rettungsanker… Was hätten wir sonst tun können, wie sonst eine Zuflucht finden sollen?

Natan Gross: Es gab Humor in einem bestimmten Ausmaß, so dass er [uns] eine Rettung war. Die Juden sind als eine Nation von Optimisten bekannt, dabei verwenden wir Humor in Wirklichkeit als Waffe, und diese Waffe kann in zwei Richtungen ausgerichtet werden: als Pfeile an den Gegner und um uns Mut zu machen.

Nechama Koren: Man kann das nicht verstehen, wenn man nicht dort war. Wir haben uns nicht erlaubt, im Ghetto abzustumpfen, wir wollten keine Depression. Wir verbannten Depressionen mit der Macht des Witzes. […] Humor war es, was uns rettete, damit haben wir überlebt. Wie haben die Menschen überlebt? Mit Humor, mit Humor, es waren Humor und unsere Lieder; wir wussten, dass wir morgen schon „dort" sein würden, ja, dass wir tot sein würden. Das Lachen war so makaber, so sehr über uns, über uns selbst. Sie können sich nicht ausmalen, wie uns das zum Weiterkämpfen bewegt hat, wie wir daraus Stärke gezogen haben. Wir kugelten uns vor Lachen, es war unglaublich.

Schwarzer Humor und Galgenhumor

Eines Tages erzählte ich in Auschwitz einem Gefangenen einen derart lustigen Witz, dass er vor Lachen starb. Ohne jeden Zweifel war er der einzige Jude, der in Auschwitz vor Lachen gestorben ist.

– Romain Gary[151]

Schwarzen Humor findet man häufig im Rahmen der Themen, die in den Menschen Angst auslösen: Tod, Krankheit, Krieg etc. Andere mögliche Bezeichnungen wie Galgenhumor oder morbider Humor deuten auf Angst als gemeinsamen Nenner der Auslösesituationen für diese Art des Humors hin.[152] Lachen wir über etwas, das uns Angst bereitet, spielen wir es damit herunter und fürchten es dadurch weniger. Man könnte meinen, der Großteil der Studien über Humor konzentriert sich auf Humor im Zusammenhang mit dem Thema Tod, doch erstaunlicherweise ist das nicht der Fall. Und wenn die Humorforscher schon wenig zur Verbindung zwischen Humor und dem Tod zu sagen haben, dann können Wissenschaftler, die sich mit dem Tod beschäftigen, noch weniger dazu beitragen.

Schwarzer Humor ist ein Hilfsmittel zur Angstreduktion, das mit einem Bewusstsein für den Tod einhergeht, obgleich der Erzähler des Witzes den Tod dabei nicht notwen-

---

151 Romain Gary, *The Dance of Genghis Cohn* (Englisch) (New York: World Publishing Company, 1968), S. 4.
152 Avner Ziv, *Personality and Sense of Humor* (New York: Springer, 1984), S. 50–57.

digerweise direkt angeht. Wir sind in der Lage, über den Tod zu scherzen, da wir die Tatsache zelebrieren, am Leben zu sein. Wir überzeugen uns davon, anders als die Toten zu sein. Wir lachen über die Toten, da uns Lachen dabei hilft, uns ihnen überlegen zu fühlen.[153] Schwarzer Humor ist darüber hinaus ein Weg, die gesellschaftliche Moral der Unterdrückten zu heben, sie mit Elementen des Widerstands gegen ihre Unterdrücker auszustatten und vielleicht den Kampfgeist der Tyrannen zu schwächen. Anders gesagt ist schwarzer Humor eine Art Selbstschutz und emotionale Flucht vor einer brutalen Wirklichkeit.[154] Die besten Beispiele für schwarzen Humor stammen von Menschen, die dem Tod regelmäßig ins Auge sehen, für die ihr Humor nicht nur ein Abwehrmechanismus, sondern auch eine psychische Flucht – eine Flucht vor der harten Realität mithilfe ihrer Vorstellungskraft,[155] oder zumindest zum Zweck einer psychologischen Kompensation[156] ist. Schwarzer Humor, wie auch Hoffnung, ermöglicht es der betroffenen Person, das Unerträgliche zu ertragen und zugleich den Blick darauf zu richten; daher spricht man hierbei auch von einer Form des passiv-aggressiven Widerstands. Schwarzer Humor tritt in zwei Formen auf: Als eine Form von Aggression zum Schutz der Person über einen Angriff auf den Tod an sich; und stärker nach innen gerichtet, indem er der Person ermöglicht, über die belastende Situation zu lachen.[157]

Schwarzer Humor hat folglich noch eine weitere Facette. Er funktioniert nicht nur als Abwehrmechanismus, er kann auch als Angriffsmechanismus gegen den Tod selbst angewandt werden. Jeder normale Mensch kann mittels Humor das ganze Konzept des Todes angreifen. Indem wir den Tod durch unser Lachen herunterspielen, versuchen wir, Kontrolle über das Unkontrollierbare zu erlangen, auch wenn es uns nicht gelingt. Wir alle müssen sterben, doch wenigstens können wir dem Todesengel ins Gesicht lachen. Nehmen wir unserem eigenen Tod die Bedeutung, so schmälern wir die Bedeutung jedes Todes. Das stellt einen wichtigen Abwehrmechanismus dar, der Humor auf eine Ebene mit zwei weiteren Gebieten stellt, die versuchen, Kontrolle über den Tod zu gewinnen: Medizin und Theologie. Wir können die Existenz des Todes zwar nicht leugnen, doch wir können seine Bedeutung leugnen: „Lasst uns essen, trinken und fröhlich sein, denn morgen sind wir tot." Dies verleugnet den Tod nicht, akzeptiert seine Existenz aber als Teil des Lebens, als etwas ähnlich Amüsantes wie andere Aspekte des Lebens.[158] So, wie wir über unsere

---

153 Erdman Palmore, „Attitudes toward Aging As Shown by Humor", *The Gerontologist*, Bd. 11 (1971), S. 1181–1186.

154 Antonin Obrdlik, „Gallows Humor: A Sociological Phenomenon", *American Journal of Sociology*, Bd. 47 (1942), S. 709–716.

155 Arthur Riber, *Lexicon of Psychological Terms* (Jerusalem: Keter, 1992), S. 408.

156 Laut Freud ist psychologische Kompensation einer der grundlegenden Abwehrmechanismen, der Menschen, die unter Makeln oder Behinderungen leiden, hilft, dass diese Defizite nicht ihr Bewusstsein durchdringen. Ebd., S. 541.

157 Vaillant, *Adaptation to Life*, S. 117.

158 James Thorson, „A Funny Thing Happened on the Way to the Morgue: Some Thoughts on Humor and Death and a Taxonomy of the Humor Associated with Death", *Death Studies*, Bd. 9, Nr. 3–4 (1985), S. 201–216.

eigenen Schwächen lachen können, können wir auch über die Tatsache lachen, dass wie sterben müssen. Das stellt einen Schutz für uns dar und versetzt uns in die Lage, ganz gleich wie begrenzt, die Gedanken an unseren eigenen Tod zu kontrollieren.[159]

Ein Beispiel für den Einsatz von Galgenhumor ist die Geschichte eines Jungen von etwa zehn Jahren, der zusammen mit anderen Kindern zur Gaskammer in Auschwitz geführt wurde. Während die anderen Kinder weinten und schrien, brach der Junge in Lachen aus. Ein SS-Mann ging auf den Jungen zu und fragte ihn, weshalb er lache. Der Junge antwortete: „Sie führen mich in den Tod und dafür muss ich mich auch noch hinten anstellen?" Der SS-Mann nahm den Jungen aus der Reihe und damit war der Junge gerettet.[160]

Ota Kraus und Erich Kulka schrieben in ihrem Buch *Death Factory: Document on Auschwitz*:

> Nur in Auschwitz wurden die Gefangenen mit ihren Nummern tätowiert. Wir erinnern uns an unsere eigene Fassungslosigkeit, als wir im November 1942 nach unserer Ankunft in Auschwitz tätowiert wurden. Zu diesem Zeitpunkt hatten wir noch keine Ahnung, was Auschwitz bedeutete, und dieses Stempeln des menschlichen Körpers gab Anlass zu den düstersten Vorahnungen. Einige Tage später bezeichnete einer der älteren Häftlinge die Tätowierung als „Telefonnummer zum Himmel"... Viele der Neuen, insbesondere die Polen, wussten, was ihnen bevorstand und fragten immer wieder: „Gehen wir jetzt zu den Öfen? Werden wir verbrannt?"[161]

Der Holocaustüberlebende Alexander Kulisiewicz beschreibt schwarzen Humor in seinem nachstehenden Zeugenbericht:
> Und dann gab es da noch verschiedene Witze, sozusagen „Lagerwitze". Galgenhumor. Einer ging z. B. so: „Stellt euch vor, wir stünden vor einem Krematorium. Richtig, einem Krematorium. Warum sollten wir uns da Sorgen machen? Morgen werden wir – aufgepasst, mein Freund – ohnehin in einem Stück Seife sein, oder etwa nicht?" Denn damals wussten wir, dass man menschliche Haut etc. zur Herstellung von Seife verwendete. Jedes Lager hatte seinen eigenen Humor. Ein Humor, der nicht von dieser Welt war.[162]

Der Holocaustüberlebende Moniek Kaufman bestätigte ebenfalls die Existenz von schwarzem Humor im Holocaust:

---

159 Melchior Wańkowicz, *Przez cztery klimaty* (Warsaw: PIW, 1972), S. 505.
160 Diese Geschichte wurde mir von einer Frau erzählt, die einen meiner Vorträge zum Thema „Humor als Abwehrmechanismus im Holocaust" besuchte. Der Junge war ein Verwandter der Frau.
161 Ota Kraus und Erich Kulka, *Death Factory: Document on Auschwitz* (Englisch) (Oxford: Pergamon Press, 1966), S. 25, 131.
162 Alexander Kulisiewicz, Zeugenbericht (Englisch), Yad Vashem Archives (YVA), O.3/4171. Englische Übersetzung des Polnischen Ausgangstextes für Yad Vashem.

Wenn sich jemand gewaltsam den Besitz eines anderen aneignen wollte und der andere sich weigerte, seine Uhr auszuhändigen, sagten die Leute mit einem zynischen Lächeln: „Verstecke sie, oh ja, verstecke sie besser, denn du kommst ja ohnehin ‚in die Traufe'." Vielleicht war es gerade dieses Lächeln, das die Panik vor der Situation verdeckte, aber der Überlebenswille übernahm immer dann, wenn das Gehirn nicht mehr funktionieren wollte.

In seiner Geschichte „This Way for the Gas, Ladies and Gentlemen" schrieb Tadeusz Borowski Folgendes:

Jeder von uns läuft nackt umher. Die Entlausung war endlich vorüber und unsere gestreiften Anzüge wieder zurück aus den Behältern mit Zyklon B-Lösung, ein effizientes Mittel zum Töten von Läusen in Kleidung und von Menschen in Gaskammern. [...] Und doch laufen wir alle nackt umher: Die Hitze ist unerträglich. Das Lager war vollständig abgeriegelt. Kein einziger Gefangener, keine einzige Laus kann sich durch das Tor schmuggeln. [...]
...die Stunden sind nicht enden wollend. Wir können uns nicht einmal unserer üblichen Zerstreuung hingeben: Die breiten Straßen zum Krematorium sind leer. Seit einigen Tagen nun sind immer neue Transporte eingetroffen. [...] „Und was ist, wenn es keine weiteren ‚Krematransporte' mehr gibt?", sage ich boshaft. [...]
„Hör auf, Unsinn zu reden", Henris ernsthaftes speckiges Gesicht bewegt sich rhythmisch, sein Mund voller Sardinen. [...] „Hör auf, Unsinn zu reden", wiederholt er, während er mit Mühe herunterschluckt. „Ihnen können die Leute nicht ausgehen, sonst verhungern wir in diesem verdammten Lager. Wir alle leben von dem, was sie mitbringen."[163]

Im berüchtigten Konzentrationslager Treblinka, in dem Gefangene eingesetzt wurden, um die vergasten Leichen ins Krematorium zu tragen, sagten Gefangene zu Mitgefangenen, die zu viel aßen: „Oj, Moishe, iss nicht so viel" Denk an diejenigen unter uns, die dich einmal tragen müssen!" Und Faulpelze bezeichnete man als „Kinderexperten".

Auch in Treblinka klangen die traurigen Worte des Trostes für Freunde, die man hinterließ, so: „Komm schon, Kopf hoch, alter Mann. Wir sehen uns eines Tages in einer besseren Welt wieder – in einem Schaufenster als Seife." Die übliche Antwort auf diese letzten Worte lautete: „Richtig, aber während sie aus meinem Fett Toilettenseife machen werden, wirst du zu einem Stück billiger Waschseife!"[164]

---

163 Tadeusz Borowski, *This Way for the Gas, Ladies and Gentlemen* (Englisch) (New York: Penguin Books, 1976), S. 29–31.
164 Fritz Hillenbrand, *Underground Humour in Nazi Germany, 1933–1945* (Englisch) (New York: Routledge, 1995), S. 80. Es wurde nie ein Beweis gefunden, der das Gerücht, dass die Nazis Fett von ermordeten Juden zur Seifenherstellung verwendeten, bestätigte.

Rachel Auerbach schrieb in ihrem Buch *The Streets of Warsaw*:

> Zwei jüdische Polizisten unterhielten sich. Der eine teilte dem anderen mit, ein gewisser polnischer Transport vom Umschlagplatz hätte einen hohen Anteil an Schwachen, Alten, Gebrechlichen und vielen Frauen mit Säuglingen und sei deswegen keinen Pfennig wert.
> Der andere erwiderte, sie seien auf das Leder aus […]
> Offenbar handelte es sich dabei um eine „scherzhafte" Anspielung auf das Gerücht, die Haut der Leute aus dem ein oder anderen Transport würde zu Schuhleder verarbeitet. Des Weiteren waren im Warschauer Ghetto während Aufstellungen Witze im Umlauf, wobei Leute einander begrüßten: „Wir sehen uns in einer Konserve", was eine Anspielung auf Gerüchte war, nach denen die Deutschen jüdisches Fleisch zu Essen verarbeiteten…[165]

Der Gelehrte Jacek Leociak schrieb:

> Nehmen wir einmal die dantische Metapher eines Abstiegs durch die Höllenkreise, dann würde zum Kreis des Ghettos des Grotesken definitiv Rachel Auerbach den Weg weisen. Ihre Erzählungen zeichnen ein groteskes Bild des Ghettolebens, ein bewusst eingesetztes Schema der Autorin, das konsequent eingehalten wird. Allen Beispielen gemein ist die große formale Bandbreite, die lähmende Angst mit teuflischem Lachen vereint. Das Ghetto, wie Auerbach es skizziert, ist fremdartig auf eine Weise, die seine Fremdheit mit Schrecken durchzieht, da die Welt, die uns bis zu diesem Zeitpunkt so vertraut zu sein schien, anders und verzerrt wirkt… Dieses Schema des Grotesken hat den Anschein eines Versuchs, über diese Erlebnisse, die jenseits jeder Ausdrucksmöglichkeit liegen, Zeugnis abzulegen […].
> Straßenbeobachtungen, die sie mit ein paar Federstrichen notiert hat, klingen gleichermaßen grotesk. Sie beginnt ihren Bericht über zwei Vorfälle, die sie auf der Straße beobachtet hatte: „Zwei Grotesken. Eine absolut großartig, makaber", (Ring, I/641, S. 7). Im ersten Fall handelt es sich um eine Leiche, die man an der Ecke der Smocza- und Gęsia-Straße sehen kann, im zweiten um den Fehler eines „Fängers" (ein Straßenbettler, der Essen von Passanten ergattert), der einen Mann mit einem verbundenen Arm in einer Schlinge angreift, weil er dachte, der Mann trage ein Päckchen mit Essen. Die Autorin erzielt eine komische Wirkung, indem sie die Überraschung auf beiden Seiten darstellt: Die Verwunderung des „Fängers", als er den Verband sieht und die des verletzten Mannes, der vor Schmerzen aufschreit. Das Groteske liegt folglich in der Wirklichkeit selbst und ist nicht das Produkt von Fantasie oder künstlerischer Kreativität.[166]

---

[165] Rachel Auerbach, *In the Streets of Warsaw: 1939–1943* (Hebräisch) (Tel Aviv: Am Oved, 1954), S. 107, 343. In der Forschung findet sich für keines der beiden Gerüchte ein Beleg.

[166] Jacek Leociak, *Text in the Face of Destruction: Accounts from the Warsaw Ghetto Reconsidered* (Englisch) (Warsaw: Zydowski Instytut Historyczny, 2004), S. 204.

Emmanuel Ringelblum schrieb in sein Tagebuch:

> Mitte November, 1941. Die ersten Frosteinbrüche waren bereits da, und die Leute zittern bei der Vorstellung über die bevorstehende Kälte. Der furchterregendste Anblick ist der erfrierender Kinder. Kleiner Kinder, barfuß, mit nackten Knien und zerrissener Kleidung, die auf der Straße stehen und stumm weinen. […] Erfrorene Kinder sind immer mehr ein gängiges Phänomen. […] Menschen bedecken die toten Körper erfrorener Kinder mit den reizenden Plakaten für den Kindermonat, auf denen der Schriftzug „Unsere Kinder, unsere Kinder müssen am Leben bleiben – Ein Kind ist das Allerheiligste" zu sehen ist. So drücken die Menschen ihren Protest gegen das Versagen von CENTOS[167], die Kinder in einem Zentrum unterzubringen und damit vor dem sicheren Tod auf der Straße zu bewahren, aus.[168]

Folgende Tagebuchaufzeichnungen aus Theresienstadt stammen von Alisa Ehrman-Shek:

> 2. November 1944
> Sie entsorgen die Container mit Asche weiterhin nach Zahlen; angeblich werden sie ins Reservoir[169] entleert. Sie sind dabei, eine Schwimmbrücke zu bauen, um die Traktorüberquerungen zu erleichtern. Aus dem Kolumbarium fährt eine Autoschlange [mit den Ascheladungen] heraus. Die Frühschicht: Kinder ab acht Jahren, die Nachmittagsschicht: alte Menschen über 65. Heute haben wir schon darüber gelacht, wir konnten nicht anders, sonst wären wir tot.

> 8. November 1944
> Während des Transports der Container mit Asche sagen zwei Neunjährige: „Wenn Oma ankommt, klaue ich sie."[170]

Die Überlebenden erzählen von schwarzem Humor

Joseph Bau: Es gab noch einen Witz: „Sobald ich höre, dass sie vorhaben, mich zu töten, trinke ich ein paar Tropfen Parfum; ich möchte einmal eine Toilettenseife werden." Solche Sachen, die Leute sagten so etwas wirklich… Einmal kam mein „Mitbewohner" in meiner Pritsche nachts von der Arbeit für die Deutschen zurück und anstatt „Gute Nacht" zu sagen, schrie er: „Hey du, Kadaver, beweg dich!"… Es gab dort wirklich viele Witze. Ein Witz war sehr situationsbezogen: „Eintritt durch das Tor, Ausgang über den Schornstein."

---

167 Ein jüdischer Wohlfahrtsverband in Polen. Die Hauptorganisation für Waisen.
168 Emmanuel Ringelblum, *Notes from the Warsaw Ghetto: The Journal of Emmanuel Ringelblum* (Englisch) (New York: McGraw-Hill, 1958), S. 233–234.
169 Der Fluss Eger, der Theresienstadt durchquert.
170 *Terezin Journal*, Beit Terezin Archives, 2., 8. November 1944 (Hebräisch).

Rina (Risha) Treibich: Viel Humor handelte vom Tod oder zog den Tod ins Lächerliche. Es gab nur eine Bitte und das war eine Kugel in die Schädelbasis, sodass es nur eine Sekunde dauern würde… Später dann, in Birkenau, stand ein wirklich netter Spruch geschrieben, *Arbeit macht frei*[171], [...] worauf wir im selben Geiste „in Krematorium Drei" [hinzu reimten]. Wir standen oft da und beobachteten, was aus dem Schornstein kam, wir lachten sogar darüber. Und wir waren uns alles andere als sicher, dass uns nicht das gleiche Schicksal erwartete. Natürlich gab es Humor, wir besitzen makabren Humor und jüdischen Humor, [...] Verhöhnungen. Vielleicht ist das nicht gerade nett, aber es gab uns offensichtlich die Kraft, bei klarem Verstand zu bleiben. Wir haben Witze erzählt, wir haben gescherzt.

Moshe Oster: Als wir in Auschwitz ankamen, wussten wir nicht, was uns erwarten würde. Als wir die Deutschen fragten, wohin wir gebracht würden, sagten sie uns, in eine Fabrik, die Gummi herstellt – in der Nähe von Auschwitz befand sich eine Fabrik, die Buna-Werke [Auschwitz-Monowitz Konzentrationslager], die Gummi produzierte. Einer der Gefangenen meinte: „Ja, du wirst zu Gummi verarbeitet." Von der Auffahrt aus konnte man das Krematorium sehen, schwarzer Rauch stieg aus dem Krematorium auf und wir fragten: „Und was ist das?" Er antwortete: „Hier, Kollegen, ihr habt keine Ahnung, was das ist, das ist die großartigste Technik auf der ganzen Welt. Schaut her, ihr tretet durch diese Tore ein und durch den Schornstein wieder aus."

Nechama Koren: Am meisten lachten wir über die Toten. Die meisten Witze wurden über die Leichen gemacht. Wenn im Ghetto Leichen mit Zeitungen [bedeckt] auf der Straße lagen, wurden diese Witze noch immer erzählt. Einer ging vorbei und zog einen Schuh aus, dann kam eine weitere Person und nahm sich etwas anderes und [hinterließ] die Leichen ohne irgendetwas, so wie Gott sie geschaffen hatte – das war der Ghettohumor. In Auschwitz wusste jeder, dass sie ins Krematorium kommen würden; sie lachten dann und sagten: „Moishe, was wird der morgige Tag bringen?" „Entweder hängen sie mich [oder] töten mich." Das war die Antwort darauf und diese Antwort betrübte einen nicht. [...] Wir lachten über den Tod, wir erfreuten uns am Tod, wir lebten mit dem Tod, alles war mit dem Tod. Wir lachten wirklich über alles, es ist unfassbar. Jiddisch ist eine Sprache voller Humor, wodurch sie uns die Kraft gab, das alles durchzustehen. Ohne diesen sarkastischen Humor hätten wir es nicht geschafft [...] Dass ich hier bin, verdanke ich Mengele, er hat mich immer wieder gerettet und mich nicht in den Tod geschickt.

Eitan Porat: Es gab viel, viel zu den Toten; ich erinnere mich noch an alles, worüber wir immer gescherzt haben, wir scherzten darüber, dass die Leichen alle nackt blieben, dass wir ihnen die Schuhe ausziehen mussten, dass wir Kleidungsstücke von ihnen ergatterten und uns darüber lustig machten, sogar ein Paar Schuhe, die ersten Holzschuhe, die ich je

---

171 Diese Worte standen auf dem Schild über den Eingängen einer Reihe von Nazi-Konzentrationslagern, u. a. auch in Auschwitz I.

hatte. Ich weinte aber auch sehr viel, weil es mich noch nicht ganz kalt ließ. Als ich nach Auschwitz kam, stahlen die Kapos[172] meine Schuhe, ich wollte meine Schuhe nicht hergeben. [...] Als später dann diese Dinge passierten, war es eine Art Wunder oder Vergnügen, so etwas von einer Leiche wegnehmen zu können. [...] Sie wollten einmal jemanden hängen, aber er ist gestorben, bevor sie dazu kamen, ihn zu hängen. Darüber mussten wir lachen, wir kugelten uns vor Lachen. Man bestrafte Leute, indem man sie auspeitschte – manchmal war er nach dem ersten Hieb bereits tot und sie schlugen weiter auf einen toten Mann ein, über solche Sachen haben wir uns vor Lachen ausgeschüttet. [...]

Im Winter, wenn es kalt war, meinten die Leute oft, sie beneideten all diejenigen, die im Krematorium in der Hitze arbeiteten. [...]

Mein Vater war ein sehr optimistischer Mensch, also lachte man zum Beispiel darüber, dass ihm seine Goldzähne gezogen wurden, wir lachten darüber [und sagten]: „Wie [ulkig] du aussiehst", und er konnte so nicht essen, was uns wieder etwas zu lachen gab, und es tat so weh, es war so belastend. Wenn ich heute darüber nachdenke, war das die größte Tragödie, denn nur, weil ihm gleich am Anfang die Zähne gezogen wurden, zogen sie ihn schon bei der ersten Selektion heraus. Trotz allem lachten wir häufig, da wir dabei zusahen, wie diese Leute ankamen, die mit den Goldzähnen, und wir machten Späße über die Spitznamen, die man ihnen gab, Boxer, Ringer, weil sie zu Boden gerungen wurden, um ihnen die Goldzähne zu ziehen.

Chaim Rafael: Sie brachten uns zu einer Rampe, um die Juden zu empfangen, die aus Ungarn kamen. [...] Wenn die Lokomotive den Zug schob, wusste ich, dass etwa 3.000 Juden kamen, um zu sterben. Ich bin in einem traditionellen Haushalt, einem jüdischen Haushalt aufgewachsen, ein normales Zuhause mit Religion und brennenden Kerzen und alle gehen am *Sabbat* in die Synagoge. Dort sagten sie dann im sephardischen Gebet: „Gesegnet ist, der den Hunger der Hungernden sättigt", woraufhin ich hinzufügte „und die Juden in den Tod führt". Wir hatten dort [in Auschwitz] die besten Rationen, jede Menge [der] besten Sachen, und ich saß immer da und lachte.[173] „Esst, Leute." Wir bereiteten Eier zu und fühlten uns wie wohlhabende Leute. „Bring uns dieses oder jenes." Ich gab ihm manchmal ein Stück Wurst oder so, wir hatten das beste Essen. Hin und wieder machten wir ein Omelett mit 20 Eiern und sagten dann: „Freunde, esst auf und wartet nur, was für ein Feuer wir machen werden." Ja, genau. „Esst und wartet nur, was für ein Feuer wir machen werden." Wieso? Wenn wir dick sind, dann brennt durch uns der *Muselmann* besser, weil wir gut brennen werden, wir helfen dabei, verstehen Sie? Man kam an einen Punkt, an dem man [sein Schicksal] akzeptierte. [...]

Am nächsten Tag sprach mich derselbe Kapo an: „*Zimno*" – kalt, *zimno*, sehr kalt, und er fragte mich: „Wann wird es wieder warm?" Ich antwortete ihm: „Da drin wird es

---

172 Gefangene in den Nazi-Konzentrationslagern, die von den SS-Wachen eingesetzt wurden, um Zwangsarbeiten zu überwachen oder administrative Aufgaben im Lager zu übernehmen. Sie waren häufig genauso brutal wie ihre SS-Gegenstücke.

173 Chaim war ein Mitglied des „Kommando Kanada". Siehe Anmerkung 227, Seite 323.

sehr warm werden, und für alle Juden im Krematorium. Heiß im Krematorium. In den Flammen wird mir warm werden." Ha, ha, ha! Alle lachten. Er gab mir ein Stück Brot oder vielleicht auch ein wenig Suppe. Er ruft Tadek, er ruft zu einer weiteren Gruppe von Polen: „Schaut euch unseren Spaßvogel an!" Ich sage: „Es ist ‚zimno', alle Juden ab ins Krematorium", und wieder gibt er mir eine Scheibe Brot. Weil ich den Klassenclown spielte, überlebte ich.

Felicja Karay: Ich spreche nicht von den makabren Scherzen, mit denen sich Leute begrüßten... Es gab in Warschau einen berühmten Witz, eigentlich nicht nur in Warschau: Zwei Juden treffen sich und der eine isst ein Stück parfümierte Seife. Der andere Jude fragt ihn: „Moishe, wieso isst du parfümierte Seife?" Moishe antwortet: „Wenn sie Seife aus mir machen, rieche ich wenigstens gut." Meine Güte, so etwas gab es da.

Nachum Monderer-Manor: Es gab einen makabren Humor, wenn die Leute sagten: „Hier geht es ins Grab und dort ins Regal", was so viel hieß wie es ist egal, wohin du gehst, du gehst auf jeden Fall in ein Grab. Mit „Regal" meinten sie Seife. Das war typisch. Ich habe Wendungen gesammelt, die von den Gefangenen häufig gebraucht wurden. Das waren gängige Wendungen im KZ Plaszów[174]: *Himmelkommando* – ein Ausdruck für den Gang zum Krematorium oder den Aufstieg zum Himmel über den Schornstein; oder das Wort „Schornstein" – „zum Schornstein gehen" – in den Tod gehen – „Versuchskaninchen" – jemand, der experimentellen Tests unterzogen wurde; „Autobahn", „Hauptstraße" oder „motorisierte Schuppen" für die Läusestraße; „tropische Früchte" – Gemüse, das man normalerweise Tieren verfüttert und das die Grundlage für unsere Suppe war; „Vitamine" – Gemüsesorten wie Rüben, die harntreibend wirken; „Beton" – ein Spitzname für hartes Brot; „Aufführung" – öffentliches Hängen, Auspeitschen etc.; „Luxustod" – ein natürlicher Tod. Im KZ Buchenwald bezeichnete „Zahltag" die Schlange von Leuten, die sich jeden Freitag vor dem Filmhaus bildete, um dort 25 Peitschenhiebe für „Sünden", die man unter der Woche begangen hatte, zu erhalten; und im Ghetto Litzmannstadt verwendete man den Ausdruck „Kadaversuppe" oder „Verstorbenensuppe" für die trübe, faulige Suppe.

---

174 Plaszów war zu Beginn ein Zwangsarbeiterlager und wurde schließlich im Januar 1944 zu einem Konzentrationslager. Gegründet wurde es im Herbst 1942 in einem Vorort von Krakau auf dem Gelände zweier jüdischer Friedhöfe, eines weiteren Grundstücks im Besitz einer jüdischen Gemeinde und eines Gebiets, aus dem zuvor Polen vertrieben worden waren.
Während der Liquidation des Ghettos Krakau im März 1943 wurden rund 8.000 der Ghettojuden nach Plaszów verlegt. Anfang Juli 1943 wurde ein eigenes Lager für nichtjüdische Polen aufgebaut. Die Zahl der Gefangenen im Lager schwankte und erreichte von Mai bis Juni 1944 ihren Höhepunkt mit 22.000–24.000 Gefangenen. Schätzungsweise 8.000 Menschen wurden in Plaszów ermordet. Am 14. Januar 1945 wurden die letzten Gefangenen aus Plaszów nach Auschwitz geschickt. Der SS-Offizier Amon Göth, einer der Kommandanten des Lagers, wurde 1946 in Krakau zum Tode verurteilt.

Orna Birnbach: In Plaszów hatten wir keine Seife. Wenn Leute über Seife redeten, sagten sie immer: „Wartet nur, wenn wir nach Auschwitz kommen, machen sie Seife aus uns." In Plaszów wussten wir, wie ich bereits erwähnte, schon über Auschwitz Bescheid und dort hieß es oft: „Ja, wartet nur ab, dort haben wir bestimmt Seife. Das ist der Ort der personalisierten Seifenindustrie..." Laut den Forschern ist das nicht wahr – ich weiß es nicht, aber die Witze darüber waren wahr... Natürlich gab es Humor, allerdings keinen normalen Humor, er war makaber, schwarz, auch in Auschwitz, wirklich äußerst makaber... Ich weiß noch, wie ich einen Cousin von mir, etwa 18 oder 19 Jahre alt, vor der zweiten *Aktion* traf, als wir unsere Papiere stempeln lassen mussten, um im Ghetto bleiben zu können, stempeln, und wenn man keinen hatte, wurde man deportiert. Ich fragte: „Ijuo, hast du deinen Stempel bekommen?" „Sicher doch, zum *Himmelkommando*" – also das Todeskommando. Und er musste tatsächlich weg, er ging wirklich.

Ester (Stania) Manhajm: Ich rede von Plaszów, so um Ende 1943, als sie das Lager auf dem Friedhofsgelände errichteten. Dort sind viele abscheuliche Dinge passiert, z. B. wenn wir während eines Appells im Regen standen, während wir gegen die Kälte mit unseren Füßen auf und ab stampften, dann geschah es nicht selten, dass ein Knochen herausragte und wir sagten: „Das ist dein Großvater; das da ist dein Onkel." Wir wussten nicht, auf wessen Grab wir da herumtrampelten. Das war auch eine Form von Galgenhumor. [...] In Auschwitz, wo der der Hochofen aus roten Ziegeln bestand, kratzten die älteren Frauen oft ein wenig von den Ziegeln ab, um es als „Rouge" für ihre Gesichter zu verwenden, damit sie nicht zu blass aussahen. Eine von ihnen malte sich damit einmal wie ein Clown an und wir mussten alle lachen. [...] Es ist makaber... Wenn sie sahen, wie der Rauch aus dem Krematorium in Auschwitz aufstieg, sagten sie: „Vielleicht sehen wir uns in einer Wolke wieder." [...] Wenn man jung ist, will man über irgendetwas lachen, egal was! Als die Männer nach Plaszów kamen, wurde ihnen nur ein Streifen, mitten über ihren Kopf, rasiert, der Bereich hier in der Mitte [deutet auf den Bereich] und das nannten wir dann „Läuseparade" – die Läusestraße, ein freier Pfad eigens für die Läuse. Das wurde gemacht, um sie davon abzuhalten wegzulaufen. [...]

Ein anderes Beispiel, das man sich erzählte, war, wie zwei Juden sich auf dem Weg in die Gaskammer begegnen und der eine zum anderen sagt: „Pass auf, das wird großartig, Roosevelt hat eine Rede gehalten."[175] Das war eine der Floskeln dafür, dass es besser werden würde. Roosevelt hat eine Rede gehalten. Jetzt gerade fällt mir nicht mehr ein, aber es gab dort Witze.

Arie Ben-Menachem: In der Strohfabrik, in der ich arbeitete, nähte eine jüdische Frau mit letzter Kraft Strohschuhe, während neben ihr ein Gebiss lag. Der Aufseher kam vorbei

---

175 Rubinstein, der Spaßvogel und Faxenmacher des Warschauer Ghettos, prägte diese Wendung nach Präsident Roosevelts Ansprache vom 15. März 1941 in Washington, in der er den Ländern, die an Großbritanniens Seite gegen Nazideutschland kämpften, Unterstützung durch das Leih- und Pachtgesetz zusagte. Für weitere Informationen zu Rubinstein siehe Kapitel 13.

und fragte sie: „Macht dir das nichts aus, dass deine Zähne neben dir liegen?" „Das sind nicht meine, die gehören meinem Mann und der ist zu Hause. Ich befürchte, dass es mein Brot essen würde, also habe ich sie mitgenommen..."

Yehuda Feigin: Sie nannten das „schwarzen Humor". Ich weiß noch, als ich ein Kind war und die Leute durch die Unterernährung alle möglichen Furunkel und Läsionen bekamen, begrüßten sich manche mit: „Hoffen wir, dass wir im neuen Jahr einen Furunkel unter dem Arm bekommen." Der Gedanke dahinter war, dass man bis zum nächsten Jahr am Leben bleiben sollte, lebendig, auch mit einem Furunkel. Hauptsache am Leben.

Lev Braverman: Der Humor war so sarkastisch, heute können wir das sagen; es war schwarzer Humor, der schwärzeste, tiefschwarz – regelrecht beißend. Menschen stehen im Graben, d. h. sie warten darauf, erschossen zu werden, und eine Mutter sagt zu ihrem fünf oder sechs Jahre alten Kind [auf Jiddisch]: „Moishele, zieh dich schnell aus. Hast du die Deutschen nicht gehört? Wie stehe ich denn jetzt da? Wieso brauchst du so lange, um dich auszuziehen?"

Selbstironie

Eine der komplexesten und reifsten Formen des Humors ist die Ironie. Ironie bezeichnet zwei Konzepte oder Ereignisse, die kombiniert das Gegenteil des erwarteten Resultats bedeuten oder offenbaren, zum Beispiel: „Hupen Sie, wenn Sie Ruhe und Frieden lieben."[176]

Ironie erfordert abstraktes Denken und komplexe intellektuelle Aktivität auf Seiten des Erzählers und auch des Zuhörers. Ironie kann sich auf eine Situation, eine andere Person (als Aggressionswaffe) oder in Form von Selbstironie auch auf die eigene Person beziehen.[177] Wie auch Galgenhumor oder schwarzer Humor erfüllt Selbstironie als Abwehrmechanismus eine der Funktionen des Humors.[178] Man darf dabei nicht vergessen, dass Selbstironie auch eine Form von Macht darstellt – nur wer selbstsicher ist, kann seine Schwächen zeigen. Sich zu seinen Schwächen zu bekennen ist sogar der beste Beweis für die Größe des Menschen, der mit diesen Schwächen öffentlich umgehen kann.

Nachdem die grausame Realität des Ghetto- und Lagerlebens die Menschen ununterbrochen in Stress versetzte, klammerten sich die Juden an die Witze über sich selbst, um ihre harte Wirklichkeit in ein Objekt des Lachens zu verwandeln, und setzten Selbstironie als Verteidigungsmunition gegen Anfälle von Verzweiflung ein.

---

176 Brian Luke Seaward, *Managing Stress: Principles and Strategies for Health and Well-Being* (englisch) (Sudbury, MA: Jones and Bartlett, 2009), S. 264.
177 Avner Ziv, *Jewish Humor* (New Brunswick: Transaction Publishers, 1998), S. 53–54.
178 Ebd.; idem, *Personality and Sense of Humor*, S. 58–64.

Ein Jude verfällt im Schlaf abwechselnd in Lachen und Schreien. Seine Frau weckt ihn auf. Er ist wütend auf sie. „Ich habe geträumt, jemand hätte an die Wand gekritzelt: Schlagt die Juden! Nieder mit rituellen Schlachtungen!"
„Worüber hast du dich dann so gefreut?"
„Begreifst du nicht? Das bedeutet, dass die gute alte Zeit wieder zurück ist! Die Polen haben wieder das Sagen!"[179]

Simon: Und, was gibt es Neues heute?
Nathan: Ich habe endlich etwas Neues. Ich habe gerade einen brandneuen Naziwitz gehört. Was bekomme ich dafür, wenn ich ihn erzähle?
Simon: Weißt du das immer noch nicht? Sechs Monate im KZ.[180]

Ein zeitgenössisches jüdisches Gebet:
Herr, mache mich zum höchsten Mann,
Falls nicht, zum Stellvertreter dann,
Damit ich mich selbst bezahlen kann.[181]

Müll darf nicht aus dem Ghetto entfernt werden. Ein jüdischer Verwalter stellt sich beim deutschen Kommissar vor und bittet um Erlaubnis, den Müll zu entsorgen. Weil der Jude das Büro des Kommissars betritt, ohne ihn mit einem zum Hitlergruß ausgestreckten Arm zu grüßen, wird der Kommissar wütend und jagt den Juden hinaus. Nach ein paar Tagen wird der jüdische Verwalter erneut beim Kommissar vorstellig. Der Kommissar ist überzeugt, dass ihn der Jude nun mit ausgestrecktem Arm begrüßen wird, und in der Tat kommt der Jude mit ausgestrecktem Arm herein. Der Kommissar ruft dem Juden daraufhin zu: „So ist es richtig, Jude, wie du deinen Arm zum Hitlergruß ausstreckst."
„Nein, Herr Kommissar", antwortet der Jude, „ich wollte Ihnen lediglich zeigen, wie hoch jetzt der Müllberg ist."[182]

Moniek Kaufman schrieb Folgendes in seinen Zeugenbericht:

> Zur Zeit, als ich (in Litzmannstadt) ankam, sah ich zahlreiche Todesanzeigen und eine große Zahl an vom Hunger geschwollenen Juden mit dem „Entengang". Es gab sogar eine Redewendung im Ghetto:

---

179 Ringelblum, *Notes from the Warsaw Ghetto* (englisch), S. 79.
180 Nachdruck von *Let Laughter Ring* (englisch), S. 109, © 1946, von Felix Mendelsohn, herausgegeben von der Jewish Publication Society of America, mit Erlaubnis des Verlegers.
181 Shimon Huberband, „War Folklore: Jokes and Word Play" (englisch), YVA, M.10.AR.1/109, S. 49.
182 Ebd., S. 51.

„Vor dem Krieg aßen wir Enten und liefen wie Pferde; jetzt essen wir Pferdefleisch und laufen wie Enten."[183]

Auch Chaim Aron Kaplans Tagebuch enthält Selbstironie:

Der Führer fragt Frank[184]: „Welche Übel und Mißgeschicke hast du über die Juden Polens gebracht?"
„Ich entzog ihnen ihren Lebensunterhalt; ich beraubte sie ihrer Rechte; ich errichtete Arbeitslager, und wir lassen sie dort Fronarbeiten leisten; ich habe ihren ganzen Reichtum und Besitz gestohlen." Aber der Führer ist mit all diesen Maßnahmen nicht zufrieden.
Daher fügt Frank hinzu: „Außerdem habe ich Judenräte[185] und jüdische Selbsthilfegesellschaften errichtet."
Der Führer ist zufrieden und lächelt Frank zu. „Du hast mit den Judenräten ins Schwarze getroffen, und die ‚Selbsthilfe' wird ihr Untergang sein. Sie werden vom Erdboden verschwinden!"[186]

Eine ähnliche Version findet sich in Ringelblums Aufzeichnungen:

Horowitz [Hitler] fragte den örtlichen Generalgouverneur [Hans Frank], was er den Juden alles angetan habe. Der Gouverneur zählte eine Reihe von Gräueltaten auf, doch keine davon genügte Horowitz. Zum Schluss erwähnte der Gouverneur zehn Punkte: Er fing an: „Ich habe eine Jüdische Soziale Selbsthilfeorganisation gegründet." „Das reicht, Sie müssen nicht mehr sagen!"[187]

---

183 Moniek Kaufman (englisch), YVA, M.49/1311.
184 Hans Frank, Generalgouverneur des besetzten Polen, verantwortlich für die Ausbeutung und Ermordung hunderttausender polnischer Zivilisten sowie für die Deportation und Ermordung polnischer Juden. Er wurde der Kriegsverbrechen und Verbrechen gegen die Menschlichkeit schuldig gesprochen, zum Tode verurteilt und 1946 hingerichtet.
185 Jüdische Räte, die innerhalb der jüdischen Gemeinden im Nazi-besetzten Europa auf deutschen Befehl hin eingerichtet wurden.
186 Chaim A. Kaplan, *Buch der Agonie: Das Warschauer Tagebuch des Chaim A. Kaplan*, Hrsg., Abraham I. Katsh (Frankfurt a. M.: Insel Verlag, 1967), S. 243.
187 Ringelblum, *Notes from the Warsaw Ghetto* (englisch), S. 55.

Die Überlebenden erzählen von Selbstironie

Daniel Chanoch: Ich behaupte immer, das Leben ist ein Witz, [wenn auch] nicht immer ein besonders guter. Ich habe einen B.A.-Abschluss – „Bachelor of Auschwitz". Ich denke, das hat mir sehr viel Lebenskraft gegeben, auch jetzt noch. Ich war in der Lage, darüber zu sprechen, was viele nicht konnten und auch nie können werden.

Lily Rickman: Das erste Mal, das ich damit [mit solchen Dingen] etwas unkonventioneller umging, war, als sie in Auschwitz unsere Haare abschnitten. Das war furchtbar. Wir gingen unter die Dusche und wieder heraus. Es ging alles so schnell. Wir wussten nicht, was das zu bedeuten hatte, und so schnell, wir hatten keinen Moment Zeit, darüber nachzudenken. Und nachdem sie mir meine Haare abgeschnitten hatten... plötzlich sah ich ein paar meiner Freundinnen, die ich schon sehr lange kannte. Man konnte sie nicht wiedererkennen und dann fing ich an zu lachen. Ich weiß nicht, viele haben geweint. Sie weinten um ihre langen Haare und dann fing ich an zu lachen und sie fragten mich: „Was ist mit dir los, bist du von allen guten Geistern verlassen? Worüber lachst du?" Ich antwortete: „Das ist mir noch nie passiert, ein kostenloser Haarschnitt, mein ganzes Leben lang noch nicht." Richtig, das sagte ich: „Mir wurden noch nie kostenlos die Haare geschnitten." Und ich weiß noch, sie schauten mich an, als sei ich verrückt geworden. Ich fing an, ihnen Fragen zu stellen: „Wer hat dir die Haare geschnitten?" Ich war immer bei Misha, er war mein Friseur zu Hause. Ich sagte: „Ich war gar nicht bei ihm", als ob ich keinen Termin bei ihm bekommen hätte...

Danach geschahen ein paar wirklich schlimme Sachen, aber es war so, als ob das nicht mir passierte. Als ob das nicht zu mir durchdrang. [...]

Wir wussten nichts über Auschwitz, gar nichts. Wir hatten noch etwas Hoffnung, als wir in Auschwitz ankamen und das Schild „*Arbeit macht frei*" sahen. Viele verstanden kein Deutsch, aber ich schon, weshalb ich dachte, dass es sich tatsächlich um ein Arbeitslager handelte und wir es irgendwie schaffen würden. Dass wir nackt waren, brachte mich zum Lachen. Zu Beginn war das unvorstellbar, vor einem Mann, also legten alle Mädchen ihre Hände hier hin [deutet auf ihre Brust]. Ich hatte einen großen Busen und sagte die ganze Zeit, ich wüsste nicht, was ich bedecken sollte, meinen Busen mit einer Hand oder unten mit einer Hand. Ich hatte echte Schwierigkeiten damit. Ich wollte beide Bereiche verdecken, aber zwei Hände waren einfach nicht genug. [Es war] wie ein Witz. Und ich dachte: Mein Gott, was geschieht hier mit uns? Was soll ich verdecken? Ich denke nicht, dass das ein Scherz war, aber ich hatte das Gefühl, es wie einen Scherz zu betrachten.

[...]

Wir besaßen nur eine Unterhose und wenn wir die im Winter wuschen, gefror sie, und wenn man sich dann hinsetzte, war sie nass. Das heißt, man konnte sie auf keinen Fall waschen. Oftmals fragte ich Freunde: „Weißt du das vielleicht noch, ich kann mir kein Datum merken, wann habe ich meine Unterhose zuletzt gewechselt? Ich kann mich nicht mehr erinnern." Und man hatte nur eine, man konnte nichts wechseln. Sie sagten dort häufig: „Es bereitet mir Probleme, mich anzustellen." Ich meinte: „ich habe auch Probleme, und zwar mit meiner Unterwäsche – welche Farbe ich als nächstes tragen soll." Ich wollte nicht darin leben. Anders gesagt, wir lebten in der Wirklichkeit. [...]

Sie brachten uns in ein Arbeitslager [Parschniz]. Es lag im Sudetenland. Es war ein wunderschöner Ort – Berge, Grün, wohin man schaute, wirklich herrlich. Als wir von draußen darauf blickten, sagte ich: „Genau das wollte ich. Ich wollte immer hierher zurückkehren, selbstverständlich nicht unter denselben Umständen." Und dann dachte ich auf einmal daran, dass ich Mitglied in einer zionistischen Jugendbewegung gewesen war und wir immer sangen „Der Zug eilt durch die Berge". Ich sagte, das passe perfekt dazu [zu dieser Aussicht]. [...] Alle, die den Text kannten, sangen ihn daraufhin.

Ich hatte ein Georgettekleid, dunkelblau mit feinen Nähten bis hier [deutet über ihre Knie]. Es war ein tolles Kleid für Feierlichkeiten oder fürs Theater, aber nicht für dort. Und was passierte – die ganzen Läuse kamen herein und man bekam sie kaum noch heraus. [...] Wir wollten [unsere Haare] bedecken, also nahmen wir [ein Stück Stoff] von unseren Kleidern, wenn es lang genug war, um es um unsere Köpfe zu binden. Als unsere Haare dann wieder etwas gewachsen waren, gab ich gut auf dieses Stück Stoff acht, es war wahrscheinlich längst nur noch ein Fetzen. Und ich sagte: „Ich nähe den Stoff wieder an [das Kleid], damit es die richtige Länge fürs Theater hat. Denn so ist es nicht wirklich angemessen." [...]

Diese ganze Situation, wie sie uns in diese Züge drängten, wie Vieh. Im Zug war es grauenvoll. Als wir in Auschwitz ankamen, rannte jeder zum Fenster, um irgendetwas zu erkennen, aber das war unmöglich. Das Fenster hatte Läden, ein kleines Fenster. Auch ich wollte sehen, wo wir waren. Dann fragte mich eine Freundin: „Was möchtest du denn unbedingt sehen?" Ich antwortete: „Ich möchte ganz einfach den Schaffner sehen, weil ich keine Fahrkarte habe, ich will sehen, wann er hereinkommt." [...] Jedes Mal, wenn sie anfingen, uns zu schlagen, mussten wir wegrennen. Ich fragte diese Freundin dann immer: „Weißt du, wie viele Meter wir gerannt sind?" Sie fragte: „Wieso ist das so wichtig für dich?" Ich antwortete: „Wichtig, wichtig. Ich weiß, da sind hundert Meter, zweihundert Meter, ich will wissen, wie viel ich gelaufen bin. Ich muss meine Leistung kennen." Es gab auch solche, die meinten: „Sie hat den Verstand verloren, sie spinnt", aber einige lachten auch. Sicher gab es da welche. Ich hatte Freunde, die auch witzelten, ich war nicht der einzige Kasper, jeder machte mit und trug dazu bei und das machte das Leben um einiges leichter, erheblich leichter. Ich spaßte mit denjenigen, die es hören wollten. Nicht jeder wollte das. [...]

Oder als meine Haare wieder länger wurden. Ich hatte nie zuvor Locken und als sie wieder anfingen zu wachsen, hatte ich auf einmal Locken. „Hey, sie haben mir eine Dauerwelle gemacht." Und ich dachte die ganze Zeit darüber nach, ständig, und über die Länge. Ich sagte: „Ich kann die Länge nicht messen, weil sie jetzt gelockt sind." Meine Haare waren vielleicht gerade einmal einen Zentimeter lang und ich dachte die ganze Zeit nur: Wie soll ich sie tragen? Das heißt, wie lang oder kurz? Ich lachte darüber, wie ich aussah.

Es war gut, dass wir keinen Spiegel hatten. Ein Mädchen besaß einen Spiegel. Was heißt, einen Spiegel – sie hatte etwas Zerbrochenes gefunden, etwas Kleines. Im Gegenzug für ein Stückchen Brot oder so etwas ließ sie uns einen Blick hineinwerfen. Einmal überlegte ich, das zu tun, aber ich sagte mir dann, nein, ich werde dafür kein Brot opfern. Ich besprach mit einer Freundin die Möglichkeit, für ein Stück Brot gemeinsam in den Spiegel zu schauen. Ich sagte: „Wieso, ich bin so hübsch in meinem festlichen Kleid und mit meinen Locken, weshalb sollte ich dafür bezahlen?" Ich sah das nicht ein. Es sollte gemeinschaftlich sein, jeder die Hälfte, aber ich war nicht dazu bereit, mit meinem Brot zu bezahlen. [...]

Ein paar Leute hielten Séancen ab und fanden immer irgendein Datum heraus, den Tag unserer Befreiung. Und dann kam dieser Tag, ohne dass wir befreit wurden. Die Leute hörten auf, daran zu glauben. Sie sagten: „Wir machen da nicht mehr mit; schau doch, wir sind über diesen Tag hinaus." Ich erwiderte: „Aber ihr habt nicht nach dem Jahr gefragt! Ihr habt nicht gefragt, also kann man ihr auch nicht die Schuld geben. Das ist ganz einfach ein Missverständnis." Und dann fingen sie an zu lachen. Ich spaßte mit denjenigen, die es hören wollten. Nicht jeder wollte das. [...]

In Auschwitz gab es nicht genügend Platz auf dem Boden und plötzlich nahm sie mir meine Decke weg, oder so. Ich sagte: „Gib mir meine Decke wieder." Sie wachte auf und murmelte: „Welche Decke?" Ich sagte: „Meine Daunendecke. Gib mir meine Daunendecke zurück." [...]

Als wir 16 Jahre alt waren [vor dem Krieg], gingen ein paar von uns, vier Mädchen, zu einer Wahrsagerin. In unserem religiösen Umfeld sollten wir uns von solchen Dingen fernhalten. Als ich 18 war, gab es zwei oder drei Burschen, die um mich warben und mich heiraten wollten. Und sie sagte damals: „Du wirst heiraten, aber was auch geschieht, du wirst nicht vor 1945 heiraten, und dann wirst du zwei Kinder bekommen." Das sagte sie zu mir. Ich kam heraus und begann zu lachen. Ich sagte: „Wovon redet sie nur – ich kann heiraten, wann ich will! Eine Schande, das Geld für sie verschwendet zu haben." Später dann, im Lager, wenn jemand die Hoffnung langsam aufgab und wir glaubten, niemals wieder nach Hause zu kommen, sagte ich immer: „Ich heirate 1945. Hier ist es unmöglich, zu heiraten, also muss das bedeuten, dass wir befreit werden. Jeder, der nicht nett zu mir ist, wird nicht zu meiner Hochzeit eingeladen. Alle, die sich zu benehmen wissen, dürfen kommen, werden am Leben bleiben und zu meiner Hochzeit eingeladen werden." [...]

Die meisten Witze waren über uns selbst, Selbstironie und viel Humor über die Juden allgemein, um zu lachen und Witze zu erzählen, viele Witze; viele Witze aus der Zeit vor dem Krieg; [...] nachts, wenn uns langweilig war. Was taten wir dann? Wir erzählten uns Witze. Einmal zählten wir, wie oft wir die gleichen Witze gehört hatten.

Chana Tentzer: Auf Polnisch sagt man: „Hätte er sich nicht aufheitern können, hätte er sich erhängt." Im Polnischen gibt es so ein Sprichwort; hier ist es dasselbe. [...] Als sie uns in Auschwitz die Haare abschnitten, gaben wir nicht auf. Wir sagten uns: „Wenn ich einen Kopf habe, werde ich auch wieder Haare bekommen."

Rina (Risha) Treibich: Am Morgen waren wir gerade in die sogenannte „Sauna" gegangen [das Abfertigungsgebäude für die Juden, die bei der Selektion bestanden hatten]. Das erste Mädchen war aus Plaszów und war recht groß. Sie müssen wissen, diejenigen unter uns, die aus Plaszów kamen, waren nicht ausgehungert oder in einem schlechten gesundheitlichen Zustand, als wir [in Auschwitz] ankamen. Sie ging hinein, ihr wurde der Kopf rasiert und vier von uns brachen in Lachen aus, woraufhin sie, die Arme, zu weinen begann. Sie hatte einen solch großen runden Kopf, das hat uns einfach zum Lachen gebracht. […] Wir waren zu fünft, meine Cousine war die Älteste, dann war es 1944, sie war 26 Jahre alt und das Mädchen mit dem runden Kopf war 24. Danach kamen ihre Schwester und ich, wir waren beide 20 Jahre alt, und die Jüngste war 19. Sie scherten ihr den Kopf, ließen aber einige ihrer seitlichen Locken stehen und ein paar Haare hier und dort, sie sah aus wie ein chassidisches Kind, also mussten wir erneut lachen.

[…] Als wir das Lager betraten, kam mein Freund aus dem Sonderkommando[188] […] zu mir; sie wurden eineinhalb Jahre vor uns nach Auschwitz gebracht und als sie von meiner Ankunft hörten, kamen sie zu mir. […] Er sagte zu mir: „Bring deine Haare in Ordnung, sie sind ganz durcheinander." Ich hatte einen rasierten Kopf. […]

Eine Freundin von mir aus Litauen war in Stutthof [im KZ] und sie erzählte, wenn sie dort beobachten konnte, wie die Läuse von den Köpfen der Leute herunterfielen, verfiel sie in schallendes Gelächter.

Esti Shpiner-Lavie: Als die Leute mit den Zügen in Auschwitz ankamen, stellten sie uns in einer Reihe auf; keiner wusste, was geschah. Wir standen in einer Schlange, damit sie unsere Köpfe scheren konnten. Ich war zuerst dran, danach Mutter, dann meine Schwester. Als ich zurückkam, sagte ich: „Ich fühle mich nackt ohne Haare, wie ein gerupftes Huhn." Ich glaube, alle um mich herum bekamen dann dieses Bild im Kopf und dachten bei unserem Anblick an gerupfte Hühner; das kam wirklich an. Ich möchte nicht behaupten, dass das [meine Worte] Lachen ausgelöst hat, aber ganz sicher das ein oder andere Lächeln. Sie nahmen es alle mit Humor. Es gab sonst nichts, womit wir uns hätten vergleichen können. Also lachten wir über uns selbst. […]

In unserer Freizeit waren wir meistens mit den Läusen beschäftigt. Wir waren voller Läuse. Es wurden Witze über die Läuse gemacht, aber was für welche… Wir saßen zu acht an einem Arbeitstisch, vier auf jeder Seite. Ich steckte meine Hand unter meinen Arm und holte ein paar Läuse aus meiner Achselhöhle, so etwa, legte sie auf den Tisch und sagte: „Wer möchte ein paar von meinen Läusen?" Die anderen Mädchen gaben ihre eigenen Läuse dazu. Verstehen Sie? Das waren unsere Witze.

Genia Wohlfeiler-Manor: Wir lachten darüber, wie wir aussahen. Sie nahmen uns alles weg; wir wurden erbarmungslos geschlagen; sie zogen uns unsere Kleidung aus und

---

188 Jüdische männliche Gefangene, die aufgrund ihres jungen Alters und guten Gesundheitszustands ausgewählt wurden, um Leichen aus den Gaskammern oder Krematorien zu entsorgen. Einige übernahmen diese Arbeit, um ihren eigenen Tod hinauszuzögern; einige dachten, sie könnten dadurch Freunde und Familie beschützen; und einige handelten aus reiner Gier nach zusätzlichem Essen oder Geld heraus. Die Männer wurden zu dieser Arbeit gezwungen, wobei die einzige Alternative der Tod in den Gaskammern oder die sofortige Erschießung durch eine SS-Wache war.

rasierten uns schließlich; und zum Schluss warfen sie uns alle möglichen zerfetzte Lumpen zum Anziehen hin, die allesamt nicht passten. Es war Winter, es war sehr kalt und sie gaben uns Kleidung – ausgerechnet Sommerkleidung. Dicke Frauen bekamen kurze, elegante Sommerkleider. Manchmal gaben sie einem ein Kopftuch, manchmal auch einen verzierten Hut mit einer Schleife. Am Ende mussten wir alle lachen, weil es wie eine Maskerade aussah, wie ein *Purimfest*[189]. Wir hatten keinerlei Unterwäsche oder Unterrock oder Strümpfe, nur ein Kleid – zum Teil mit Chiffon.

Erna Schonherz-Eisenberg: Das Kleid, das ich erhielt, war sehr kurz. [...] Statt richtiger Schuhe gaben sie mir Holzschuhe. Wie soll man in diesen Holzschuhen laufen können? Das war unmöglich. Aber es gab wirklich sehr komische Situationen; als wir herauskamen, [...] waren wir [wie] für *Purim* verkleidet. Und die Leute haben gelacht, natürlich haben sie gelacht, sogar dort. Schauen Sie, wir lachten das erste Mal, als wir durch eine Tür eintraten und in einem Stück wieder herauskamen. Wir dachten, wir kommen da niemals wieder heraus. Auch über so etwas lachten wir.

Yehuda Garai: Wir machten auch Witze über uns selbst. Wenn man sich über sich selbst lustig machen kann, bedeutet das, man kann die ganze Angelegenheit bereits mit Humor betrachten; anderenfalls hält man nicht durch. Und diejenigen, die aus allem eine Tragödie machten, erkannten später die Tragödie in dieser Tragödie. [...] Ich war genau 16, als ich in Birkenau (Auschwitz II) ankam, das war mein Geburtstagsgeschenk! [...] Später sah ich, wie ein Mann einige Küchenutensilien aus seiner Tasche holte – und ein Mann neben ihm fragte, ob er auch noch die Schlüssel zu seinem Auto und Lagerraum hätte, weil er die jetzt brauchen würde. Es gab Humor, es gab Humor, ich kann mich nicht mehr in allen Einzelheiten daran erinnern, aber er war da, er hat uns die ganze Zeit begleitet. Zum Beispiel, wenn sich jemand einnässte, schrien sie ihn an: „Wieso wechselst du deine Kleidung nicht?" Solche Sachen. Was soll ich sagen? Das begleitete uns fast bis zum Schluss. Am Ende waren wir schon *Muselmänner*[190], da hatten wir nicht länger den Antrieb, um Witze zu machen.

Unsere neuen Kleider hatten keine Taschen. Wir ließen unsere Taschen im Umkleideraum zurück. Auf einmal fing ein Mann an, um seine Brustgegend herum und an all den anderen Stellen, an denen sich normalerweise Taschen befinden, zu fühlen und sagte: „Wo habe ich nur meine Zigaretten?"... Da waren keine Zigaretten, da war nichts. Dann begann er plötzlich, herumzutasten und sagte: „Ich weiß nicht, wo ich meine Zigaretten hingetan habe. Würden Sie mir vielleicht das goldene Feuerzeug borgen?" Alles Mögliche in der Art – das ist Humor. [...] Wir aßen zum Beispiel immer Unkraut. Einer meinte, er würde

---

189 *Purim* ist einer der fröhlichsten und lustigsten Feiertage im jüdischen Kalender. Er erinnert an die Zeit, als das jüdische Volk im Perserreich vor der Vernichtung gerettet wurde.

190 *Muselmänner* – eine unter Gefangenen der Konzentrationslager verbreitete Bezeichnung für Häftlinge, die aufgrund von Erschöpfung, Hunger oder Hoffnungslosigkeit dem Tode nah waren.

dieses Unkraut nicht essen, denn es gefiel ihm nicht, als er es dort im Schaufenster gesehen hatte, und er wäre sich sicher, dass Kapitzer's – die bekannteste Bäckerei in Pécs, meiner Stadt – so etwas niemals anbieten würde. Ja, solche Sachen gab es da. Und dieses Unkraut war voller Dreck, voller Staub, oder was das war. Was für eine Wahl hatten wir? […] So war das dort. Einer kam einmal, nachdem ihm etwas zugestoßen war. […] Sein Verband musste gewechselt werden. Ein anderer brachte neues Verbandsmaterial und sagte: „Der passt aber nicht zu diesen blauen Streifen." […] Verstehen Sie? Das ging so weiter, bis zum Schluss.

Wenn jemand sagte: „Geh dich waschen und vergiss nicht die parfümierte Seife", dann war das Humor. Man konnte das gleiche mit Humor tun, da die Seife RIF hieß, […] die kleinen Seifenstückchen, um die sich die Leute stritten, das stand für „Reines Jüdisches Fett" [auf Jiddisch] oder etwas ähnliches.

Ester (Stania) Manhajm: Sie haben uns nie Kleidung zum Wechseln gegeben, aber eines schönen Tages malten sie Streifen auf all unsere Kleidung. Sie können sich also vorstellen; wir schauten einander an und erfanden alle möglichen Bezeichnungen: Du siehst aus wie ein Clown und dergleichen.

Nechama Chernotsky-Bar On: Der Winter brach ein. Sie gaben mir Schuhe, ohne zu prüfen, ob sie für einen Menschen geeignet waren, und sie waren es nicht. […] Hin und wieder passierten also lustige Dinge, z. B. wenn eine breit gebaute Frau etwas erhielt, in das ihre Hand kaum hineinpasste. Ich bekam Schuhe, die kurz davor waren, auseinanderzufallen. Ich kam damit irgendwie zurecht, solange es ging, und schaffte das bis zum Ende des Sommers. Aber als dann der Winter kam, fielen die Schuhe vollends auseinander. Anfangs hielt ich sie noch mit einem Stück Stacheldraht zusammen, aber schließlich gehörte ich auch zu den schuhlosen, barfüßigen Gefangenen. Dazu sagte man dort „*barvasa*" oder barfuß. Natürlich gab es auch schon Frost und Schnee. Ich hatte beim Laufen fürchterliche Schmerzen in meinen Fußsohlen.

Ich erzählte den Frauen in unserem *Schtetl* immer von diesem einen Nichtjuden, einem Säufer, der jedes Mal, wenn er in einem Schaufenster eine Schnapsflasche sah, das Fenster einbrach und die Flasche herausnahm, weil alles, was er wollte, Schnaps trinken war. Er wurde von allen „*Peleh mit di fleshlech*" (Peleh mit den Flaschen) genannt und er ging genauso wie ich, auf Zehenspitzen, weil er groß und schmal war und barfuß lief, im Winter und im Sommer, und seine Füße müssen auch geschmerzt haben. Er erinnerte mich an mich selbst, wie ich mit wunden Füßen auf Zehenspitzen lief. Ich sagte oft zu den Mädchen: „Seht her, wie ich laufe, genau wie Peleh mit den Flaschen." Und dann lachten sie immer. […] Wir sprachen oft darüber, wie ich mich in meinem Ballkleid wie „Peleh mit den Flaschen" bewegte… das ja „so wunderbar geeignet war", um Gräben auszuheben. Eines der Mädchen freundete sich mit einem polnischen Aufseher an und fragte ihn, ob er ein Paar Schuhe organisieren könne. Sie sah sehr polnisch aus. Er besorgte ihr ein Paar Schuhe. Können Sie sich vorstellen, was für welche: Schuhe aus Pappe, die dazu verwendet wurden, um die Toten zu begraben! Sie brachte sie mir und ich trug sie einige Tage lang. Dann regnete es und die Schuhe zerfielen mir an den Füßen. Eines Tages brachte sie mir etwas Neues: Überschuhe für Schuhe mit Absätzen. Diese Dinger wurden früher in Polen hergestellt. Aber wie sollte ich die an meinen nackten Füßen tragen? Und sie hatten so eine Öffnung für den Absatz. Wir grübelten und grübelten – all die anderen Mädchen dachten gemeinsam mit mir nach – und sie sagten: „Wir brauchen zwei Karotten, die wir in diese Löcher stecken können, dann kannst du darin laufen." Aber woher sollten wir eine Karotte bekommen? Es gab da eine Frau, die Mutter eines der Mädchen, die in der Küche arbeitete. Wir gingen zu Golda und sie gab uns zwei Karotten, die wir dann in die Überschuhe steckten – und das funktionierte hervorragend. Alle Mädchen freuten sich, dass ich Schuhe hatte. Das war gut. Dann, nach einigen Tagen, [lacht] wurden die Karotten weich und ich fing plötzlich an zu humpeln. [...] Mit meinen Überschuhen und den Karotten ging ich die ganze Zeit gespreizt. [...] Schließlich musste ich sie wegwerfen. Natürlich haben wir gelacht. Was blieb uns denn anderes übrig? Weinen? Es hatte doch schon in Tränen geendet.

Marishah Entes-Fialko: Meine Schwester [Rachel] erhielt einen chassidischen Mantel, voller Kerzenwachs. Als sie ihn zum ersten Mal sah, fing sie an zu witzeln: „Oj, ich bringe euch den Messias. Ihr werdet sehen, ich bringe euch den Messias." Einmal, da war es schon Winter und es regnete, glaube ich, und unser Zelt brach ein, sagte sie scherzhaft: „Seht ihr? Ich habe euch doch gesagt, der Messias kommt; er kommt gerade aus dem Himmel zu uns herunter. Ich habe es euch gesagt, das liegt nur daran, dass ich den Mantel bekommen habe, nur deswegen kommt der Messias. Er wird in Kürze hier sein. Er kommt her, er ist gleich da, nur noch einen Moment. Er klopft schon an die Decke." Das war in den Arbeitslagern. [...]

Als wir in diesen Lagern waren, sagten sie einmal, sie brächten uns zur Entlausung – zur Desinfektion gegen die Läuse. Dafür gab es eine Dusche, oder so ähnlich. Ich glaube, wir wurden dort mit dem Zug hingebracht. Wir kamen dort an und zogen unsere Kleidung aus. Die Kleidung sollte dann in einen Spezialofen, der war aber nicht warm genug, weswegen die Läuse einfach herauskrabbelten. Und es gab auch nicht genügend Wasser, [...] also zogen wir die Kleider am Ende mit noch mehr Läusen wieder an. Jemand meinte daraufhin: „Die Läuse tanzen auf uns – da steigt eine Riesen-Sause." [...]

Bevor wir in die Lager kamen, verstanden wir noch nicht genügend Deutsch. Ich arbeitete zum Beispiel für einen guten Deutschen und er fragte mich auf Deutsch: „Wo ist hier die Toilette?" Zu Hause sagte meine Mutter immer zu mir: „Du suchst schon nach einer neuen *Toilette* (Du möchtest dich neu einkleiden)?" Als mich dann der Deutsche fragte: „Wo ist hier die Toilette?", sagte ich: „Toilette, Toilette" (Kleidung, Kleidung). Meine Freunde denken immer noch daran und lachen darüber. Unter diesen Freunden befand sich auch eine, die bereits Deutsch sprach und verstand. Damals holten sie eines der Mädchen von uns weg und töteten sie, aber das ist eine ganz andere Geschichte. Wir dachten, sie würden uns alle umbringen. Dieses Mädchen fiel auf die Knie und bettelte: „Lieber Zahlmeister" auf Deutsch, „*hut rachmanus*" (habt Mitleid) auf Jiddisch. Es war schrecklich und wir dachten, sie würden uns gleich umbringen, aber wir mussten trotzdem lachen. Und er fragte: „Wieso lacht ihr?"

Lila Holtzman: Bei dem Humor handelte es sich meistens um Selbstironie. Er richtete sich gegen uns selbst, gegen Vorkommnisse, Umstände, unmittelbare Situationen, was auch immer uns gerade zustieß [...]. Zuallererst einmal waren wir noch sehr jung und nicht mit Politik vertraut. In der großen Katastrophe, die über uns einstürzte, hatten wir weder Zeitungen noch ein Radio. Wir bekamen unsere Nachrichten über „*jedna pani powiedziala*" (eine Frau hat gesagt) und über „*Radia Tuches Agentur*" (Radio Hintern Agentur). Lachen war eher lokal begrenzt, es war sehr eng mit dem verbunden, was wir durchmachten, sogar mit unserem Äußeren, mit dem, was man uns zu essen vorsetzte, und dem Zustand des Tellers.

Christina Brandwajn (Shulamit Tzadar): Meine Mutter war eine Frau Doktor. In anderen Worten, die Frau eines Doktors. Bis zu diesem Zeitpunkt hatte sie nie irgendetwas gearbeitet, doch als man sämtliche Mitarbeiter des Krankenhauses abgezogen hatte, zwangen sie die Ehefrauen der Ärzte, die Arbeit zu verrichten, z. B. die Böden zu wischen und so etwas. Wie viele Witze darüber gemacht wurden! Sie lachte darüber. Sie nannte sich selbst „*klozetowa*" (die Putzfrau). Sie empfand das nicht als etwas Furchtbares, im Gegenteil, sie lachte darüber. Ja, tatsächlich, statt darüber zu weinen.

Yanina Brandwajn-Ziemian: Es gab viel Selbstironie, viele Späße über uns selbst, über die Dinge, die wir taten. Es gibt da eine Geschichte über eine dämliche Frau: Ein Arzt lebte mit einem Freund und seiner Frau zusammen. Morgens – bevor sie ins Krankenhaus gingen – schälten die beiden Männer für ihr Essen immer die Kartoffeln. Das ganze Haus lachte über die Frau, weil sie um acht Uhr noch immer im Bett lag, während sie bereits saubermachten und die Kartoffeln schälten, bevor sie gingen. Wir machten uns darüber so lustig, das können Sie sich nicht vorstellen, das ganze Haus lachte darüber. Im Prinzip machten wir aus jeder Situation einen Witz. Wir machten Spaß. Wieso denn nicht? Wie soll man denn sonst leben? Schauen Sie, wenn ich sage: „Ich werde sterben, ich werde sterben", dann ist man schon tot, bevor man stirbt. Sie müssen wissen, es gab viele Leute, die starben, weil sie das sagten, bevor ihre Zeit gekommen war, weil sie nicht über sich lachen konnten, wir mussten das…

Yaakov Zim: Ich kann Ihnen sagen, wir waren praktisch nackt, weil die Läuse all [unsere Kleidung] zerfressen hatten. Es waren so viele, sie konnten uns geradezu nackt ausziehen. [...]
   Ich nenne Ihnen mal ein kurzes Beispiel für etwas, das zu Witzen oder scherzenden Bemerkungen führen konnte. Einmal erhielt ich zum Beispiel für eine Sache – ich gehe jetzt hier nicht ins Detail, wie ich für eine Tat die Todesstrafe erhielt und noch gerettet wurde – eine Arbeitsstrafe mit einer Strafgruppe in einer Fabrik, die aus Kohle Benzin herstellte. Im Arbeitslager Blechhammer saß oder stand ich den ganzen Tag lang in einer Grube voller Kohlenstaub und holte das Zeug aus der Grube heraus. Ich kehrte natürlich schwarz zurück. Ich versuchte, das Positive an der Situation zu sehen. Anders gesagt, „Besser wie ein Schornsteinfeger aussehen, als aus einem Schornstein herauszukommen".

Das enthielt bereits humoristische Elemente, auch ohne tatsächliches Lachen oder ohne andere, die darüber lachten. Verstehen Sie? Man kann das auch persönlichen Humor in Verbindung mit innerer Ästhetik nennen.

Lev Braverman: Oder als sie Yudka auf den Kopf geschlagen hatten und er zu bluten anfing, sagte er: „Jetzt bin ich Rotkäppchen." Er lachte auch darüber, das machte es leichter für ihn.

Itka Slodowski: Die meisten Witze waren natürlich über uns selbst. Wenn zum Beispiel eine Frau oder ein Mann sich kaum noch auf den Beinen halten konnte, hieß es: „Sie/er sieht wie eine Todesanzeige aus."

Humor über Essen

Humor über Essen war in den Ghettos und Lagern weit verbreitet. Meiner Ansicht nach übernahm diese Art des Humors ebenfalls die Funktion eines Abwehrmechanismus: Essen und Rezepte wurden mit einer anderen Wirklichkeit assoziiert, von der die Gefangenen nur träumen konnten. Die für diese Studie befragten Holocaustüberlebenden gaben an, dass humorvolle Unterhaltungen über Essen die Rolle eines Abwehrmechanismus gegen den sie ständig plagenden quälenden Hunger einnahm. Die zahlreichen Rezepte, die zwischen den Gefangenen ausgetauscht wurden, erfreuten sich mit ihrem Bekanntwerden immer größerer Beliebtheit, ebenso wie Geschichten über die große Vielzahl an Gerichten und Speisen, die die Gefangenen in ihrer Fantasie verzehrten.

Nein, wir hatten keine Angst vor dem Tode. Deutlich erinnere ich mich, wie Kameraden, in deren Blocks Selektionen für die Gaskammern erwartet wurden, nicht über diese sprachen, wohl aber mit allen Anzeichen von Furcht und Hoffnung über die Konsistenz der zu verteilenden Suppe.[191]

Die Überlebenden erzählen von Humor und Essen

Yehuda Feigin: Es gab viel Humor über Essen. Worüber spricht ein Mensch? Über das, was er nicht hat! Allen voran war das Essen. Denn wonach sucht jedes Tier, ohne Ausnahme? Nicht nach Diamanten oder Häusern, sondern nach Nahrung.

Lily Rickman: Die jungen Frauen im Lager überlegten, eine Gruppe von ihnen zur Aufseherin zu schicken, um ihr zu erklären, dass wir nicht genügend Essen bekamen, dass

---

191 Jean Amery, *Jenseits von Schuld und Sühne: Bewältigungsversuche eines Überwältigten* (Stuttgart: Klett Cotta, 2000), S. 42.

sie unsere Portionen vergrößern sollten, dass es zu wenig war. Aber das half nichts. Wir erklärten es ihr, doch sie konnte uns nicht helfen. Also baten wir um mehr Essensportionen. Sie erklärte uns, das sei unmöglich, die Deutschen hätten auch Schwierigkeiten und nicht ausreichend zu essen, es gäbe eine Zuteilung des Essens und sie wüsste, dass es nicht genug sei, aber sie hätte keine Wahl. Wir waren sehr niedergeschlagen. Wir wussten nicht, was wir tun sollten. Also sagte ich: „Es gibt eine Möglichkeit. Wenn wir eine Lupe auftreiben könnten, würde das unsere Portionen ganz einfach vergrößern. Wo bekommen wir eine her?" [...]

Es gab alle möglichen Grüppchen, die Abwehrmechanismen um sich herum errichteten. Da waren diejenigen, die den ganzen Tag lang Rezepte austauschten. Sonntags mussten wir immer in unseren Schlafpritschen bleiben. Durch die Pritschen wurden Rezepte herumgereicht – wie viel Zucker, wie viel Mehl, wie viel von diesem oder jenem. Eine Mitgefangene neben mir gab mir viele Rezepte, doch mit einem Mal kippte ihre Stimmung und sie wollte nicht länger mitmachen. Sie fragten mich, ob ich wüsste, was mit ihr los sei und ich antwortete: „Ich glaube, ihr ist der Kuchen verbrannt." [...]

Wir sprachen auch über Essen. Wenn wir eine Scheibe Brot und ein wenig Käse und Marmelade hatten, dann redeten wir darüber und sagten Sachen wie: „Ich habe meinen Nachtisch aufgegessen", „Wie weit bist du?" „Bei meinem Hauptgang!" „Jetzt schon?" Obwohl man in Wirklichkeit alles in einem Bissen aufessen konnte. Solche Sachen. Als wir alle großen Hunger hatten, sagte eine junge Frau, sie sei „verhältnismäßig hungrig". Sie war Lehrerin und ich fragte mich ständig: „Was bedeutet ‚verhältnismäßig'?" Sie wollte ihren Gedanken einfach nicht gestatten, sich der Tatsache, dass wir Hunger litten oder Ähnliches, hinzugeben. Wir belächelten diese Frau ein wenig, wir lachten nicht direkt, aber ihr Verhalten war für uns nur schwer zu glauben. Einmal bekamen wir ein bisschen Margarine und sie rieb sich einen Teil davon in ihr Gesicht. Ich fragte sie: „Sag mal, welche Gesichtscreme benutzt du? Ich sehe dich jeden Tag. Raus mit der Sprache, welche Marke verwendest du?" [...]

Auf dem Boden des Suppentopfes war immer ein wenig Kartoffel und Fleisch, aber wir bekamen nur den wässrigen Teil. Wenn sich irgendetwas Festes in unsere Portion verirrte, mussten wir es teilen. Eine Freundin fragte mich einmal: „Sag mal, woran musst du bei diesem Stück Kartoffel denken?" Ich antwortete: „An einen Badeanzug. Darüber, wie ich darin schwimmen und die Kartoffelstückchen herausholen könnte." Und diese Gedanken über Badeanzüge kamen mir tatsächlich in den Sinn. Die Essenstöpfe waren riesig und ich dachte – wenn ich nur hineinspringen und die Kartoffeln herausholen könnte! Solche Gedanken. Die Gedanken beschäftigten mich wirklich, mit dem Badeanzug, und dem Umstand, dass wir immer Suppe ohne feste Bestandteile erhielten.

Arie Ben-Menachem: Es gab da noch die ganzen Scherze über das Essen, zum Beispiel die Suppe. Der größte Teil unserer Ernährung bestand aus Suppe und der größte Teil der Suppe bestand aus Wasser. Alle sagten, die Suppe war dafür verantwortlich, dass wir mitten in der Nacht aufstehen und Wasser lassen mussten! Und so weiter, und so fort. Aber die Suppe war das Hauptthema unserer Witze, Sprüche und sogar Lieder.

Yehuda Garai: Zum Beispiel kochten wir ständig und das allein war schon eine Form von Humor: Wir luden uns alle gegenseitig zu einem Fest ein oder für die Zeit nach den Lagern und beschrieben die Speisekarte und wie wir das Essen zubereiten würden. Wir kochten und nahmen dann Änderungen vor – mach das nicht so, sondern anders, und wir diskutierten darüber. Das war das Gesprächsthema; Essen war das Thema aufgrund des Hungers. Der größte Teil des Humors drehte sich ums Essen.

Ester (Stania) Manhajm: Wir versuchten ständig, zu lachen. Wir flüchteten aus dem Moment, wann immer möglich. Wir waren jung und verliebt und so weiter und suchten einfach nach einer Gelegenheit, etwas Albernes zu sagen. Dicke Suppe – über dieses Thema lachten wir auch häufig. Wir „aßen" sehr viel. Wir „aßen" im Lager, fragen Sie mich nicht. Das war Teil des makabren Humors. Alle erzählten davon, was sie zu Hause immer gegessen hatten. Ein Mädchen sagte: „Meine Mutter und ich nahmen immer 20 Eier, ein Kilo Zucker und ein Kilo Mandeln für eine Torte." Und ich dachte nur: „Grundgütiger, bei mir zu Hause wurden auch Torten gebacken, aber ich weiß, dass man dafür keine 20 Eier nimmt!" Solche Sachen. Die Leute steuerten Rezepte bei, die überhaupt nicht zu gebrauchen waren.

Miriam Groll: Ich hatte schließlich keinerlei Erfahrung; ich konnte nicht kochen. Ich wusste noch nicht einmal, wie man ein Omelett zubereitet. Trotzdem gab es derart absurde Rezepte; wie um alles in der Welt hatte ich die mit 19 Jahren glauben können? Ich nenne Ihnen mal ein Beispiel für ein Rezept. In Ungarn wurde Eiweiß mit einem speziellen, kuppelförmigen Instrument [aufgeschlagen]. Es sah aus wie eine umgedrehte Kuppel, die in einer solchen Form geöffnet war, und wir verwendeten das zum Schlagen von Eischnee. Ein Mädchen erzählte einmal von ihrem Rezept für eine wirklich außergewöhnliche Kreation, die großartig aussah und schmeckte, und allen lief schon bei dem Gespräch darüber das Wasser im Mund zusammen. „In Ordnung, leg los, wir haben alle Stift und Papier bereit", und dann fingen wir an zu schreiben. Zuerst kamen die Mengenangaben – daran erinnere ich mich nicht mehr so genau. Das Wichtigste war der Teig, den wir in eine Tortenform brachten. Wir machten Notizen, wir schrieben mit, als ob das wichtig wäre, als ob wir wirklich einen Ofen und die ganzen Zutaten hätten und das tatsächlich zubereiten könnten! Und die Fragen zwischendurch erst: Macht man das zuerst oder kommt das erst später?… Dann musste man ihn vorsichtig herausholen, herausholen und die Decke abtrennen, die Form entfernen, ihn mit Schlagsahne füllen, mit Eiscreme und Früchten und wer weiß was sonst noch verzieren. Wenn ich heute darüber nachdenke, ist mir klar, dass es unmöglich wäre, so etwas zu backen, weil die Form so niemals gehalten hätte! Die Stabilität kommt von der Decke, nicht vom Boden, aber wir glaubten alles, wir glaubten das. Dutzende, dutzende Rezepte, vielleicht waren ein paar davon auch etwas realistischer, aber sogar als wir im Lager waren, behielten wir stets unseren Optimismus und lachten ständig. Wir lachten oft. Und wenn ich jetzt oder bei anderen Gelegenheiten über diese Zeit nachdenke, kann ich kaum fassen, welch unrealistischen Dinge wir damals hinnahmen. Vielleicht taten wir das, um Hoffnung zu schöpfen. Es war zum Beispiel wirklich wichtig, dass wir, wenn wir bei der Arbeit zusammen saßen und uns Geschichten erzählten, auch Rezepte austauschten.

Lila Holtzman: Unser größter Spaß bestand darin, Rezepte auszutauschen. Wir waren jung, aber Frauen, die ein wenig älter als wir waren, die vor dem Krieg geheiratet hatten oder junge Hausfrauen waren, tauschten Rezepte aus. Wir befanden uns alle inmitten dieser schrecklichen Hungersnot und womöglich stillten diese Rezepte den Hunger ein wenig. Haben Sie davon schon gehört? Sie tauschten Rezepte untereinander aus. Manchmal diskutierten sie darüber: Die eine gab an, mehr Petersilie zu nehmen, und die andere erzählte, sie verwende mehr Zwiebeln. Wenn unsere Mägen knurrten und wir noch einen Bissen Brot bekamen, waren wir froh. Aber das hängt wahrscheinlich mit dieser Erfahrung zusammen, alles wurde positiv aufgenommen.

Itka Slodowski: Damals [im Ghetto] hatten wir weder Fleisch, noch Fisch oder Zucker. Wir pflanzten Gemüse an. Wir versuchten, jedes verfügbare Fleckchen Land zu nutzen. Dann hatten wir noch Kraut – zum Beispiel Rübenblätter. Daraus kochten wir ein Fleischgericht. Wir sagten dazu Fleisch. So war das, verstehen Sie? „Na, was gibt es bei dir heute zu essen?" Das fragten wir einander bei der Arbeit. Rübenblätter waren „Fleisch", später dann nahmen wir immer die Kaffeebohnenschalen, die man vor dem Mahlen entfernt und die „*tussim*" genannt wurden, und machten die besten Kuchen daraus: Ein wenig Mehl aus den Bäckereien mit Sand vermischt, was wir dann aßen. Das war eine Symphonie der Geschmacksnerven und wir sagten immer: „Das, das ist ein Honigkuchen und das ist eine Zitronentarte und das hier – das ist eine Torte, das da ist etwas anderes." Wissen Sie, die ungenießbaren Dinge, die wir aßen, wir holten das Beste aus ihnen heraus und lachten darüber. Wir verwandelten Dinge ganz einfach. Und bei der Arbeit erzählte dann jede davon, was sie gegessen hatte und wie sie es zubereitet hatte.

Eitan Porat: Wir lachten sehr viel über Essen. Ich kann mich noch genau daran erinnern, wie wir uns vor Lachen kringelten, wie wir uns über alle möglichen unplausiblen Phänomene vor Lachen nicht mehr halten konnten. Nicht alle, es gab auch solche, die man nie zum Lachen bringen konnte. Wir lachten auch über die Tagträume, die wir über Essen hatten, d. h. wir stellten uns alle vor, wir seien Köche und Konditoren, das machte uns allen Spaß, als ob wir in einer Fantasiewelt lebten: Wir bereiteten alle möglichen Sachen mit einer solchen Leidenschaft zu, als wären wir in einem Traum. Meistens Backwaren – kein Fleisch – Backwaren, weil die besser sättigten.

Lev Braverman: In Auschwitz gaben sie uns zum Essen hin und wieder Fleisch – wenn man das überhaupt Fleisch nennen konnte; viele glaubten oder wussten, dass es Katzen- oder Hundefleisch war – kleine Stückchen in einer dünnen Suppe. Es gab aber auch religiöse Menschen unter uns, die das nicht aßen... Nichts von dem Essen war koscher, sie aßen, was sie konnten, aber das Fleisch rührten sie nicht an. Was taten wir also? Auch dann, wenn es Fleisch gab und wir nicht wussten, was es war, erzählten wir ihnen: „Heute gibt es wuff-wuff-wuff", oder: „Heute gibt es miau-miau-miau." Daher [sagten sie]: „Igitt! Nimm das weg!" Sie gaben uns das Fleisch, wir gaben ihnen ein Stück Brot, wir tauschten Essen gegen Essen. Aber das warme Essen, das Fleisch, das uns so sehr half, das die Nichtreligiösen bekamen, das war der größte Teil. Es gab also diese Art von Humor, wenn wir jeden Morgen oder Nachmittag Suppe bekamen – man konnte das kaum als Suppe bezeichnen, da es im Grunde nur Wasser mit einem Stückchen von einer Nudel war, oder einer Erbse, einem Stückchen Fleisch, ein paar fauligen Kartoffelstücken – wie dem auch sei, wir sagten „wuff-wuff-wuff", „miau-miau-miau" und sie tauschten ohne zu Zögern mit uns. Wir machten dort über alles Scherze.

Giselle Sikovitz: Selbstverständlich redeten wir über Essen und das führte immer zu Lachen, weil jeder erklären wollte, wie man ein bestimmtes außergewöhnliches Gericht zubereitet. Wir verbrachten Stunden mit Unterhaltungen über die Feste, wie es dort war, was wir aßen, wie man das zubereitete, als ob wir diese Sachen sofort selbst kochen könnten. Für mich war es großartig, dass wir so etwas tun konnten.

Halina Birenbaum: Es gab da zum Beispiel diesen Witz – heute erzählt man ihn sogar in Israel, ich habe alle möglichen [Variationen] davon gehört, aber zum ersten Mal hörte ich ihn im Warschauer Ghetto. Ich wette, die Leute wissen nicht mehr, dass er womöglich dort erfunden wurde: Als es nichts zu essen gab, machten die Leute Essen aus nichts – wie soll ich sagen, sogenannte „Delikatessen" – z. B. Koteletts aus Karotten, aus Rübenblättern, was auch immer man noch bekommen konnte [...] Einmal lud jemand ein paar Freunde ein und servierte ihnen solche Koteletts. Es gab keinen Strom, also standen dort Kerzen, diese weichen Kerzen. Es gab fünf Koteletts und vier Gäste, vier Personen und ein Kotelett war übrig. Die Gastgeber boten jedem Gast das Kotelett an, aber jeder sagte nur „Nein, nein, nein", und gab vor, es nicht haben zu wollen. Plötzlich erlosch die Kerze für eine Minute und als sie wieder angezündet wurde, hielt eine Hand eine Gabel, die im Kotelett steckte, und die vier anderen Hände [hielten ihre Gabeln], die in der Hand mit dem Kotelett steckten! Jeder wollte das letzte Kotelett. Diesen Witz hörte ich das erste Mal im Ghetto.

Fishel Kozlovski: Ein Jude sagte zu mir an einem Montag: „Einen *gutten Schabbes*" [guten Sabbat]. „Was ist los?", fragte ich. „Wieso ‚guten Sabbat'?" „Weil ich das Brot für den Sabbat schon gegessen habe." Es stellte sich heraus, dass das Brot immer für acht Tage ausgegeben wurde und die Leute konnten sich einfach nicht beherrschen. [...]

Im Ghetto Litzmannstadt verteilten sie Pferdefleisch, einen Pferdefleisch-Tscholent [traditioneller Sabbat-Eintopf] – und es gab einen Witz darüber, dass sie den Tscholent in den Ofen der Bäckerei stellten. Der Ofen brach zusammen, er fiel komplett auseinander. Wieso? Weil die Pferde wild geworden waren.

Die aggressive Funktion von Humor 5

Aggression ist ein Überbegriff für eine Vielzahl von Handlungen, u. a. für Angriffe, feindseliges Verhalten und weitere. Aggression ist ein instinktiver Impuls, für gewöhnlich eine Reaktion auf Angst oder Frustration. Da der Ausdruck von Aggression zu Zerstörung führen kann, wurden in allen Gesellschaften gesetzliche Verbote des Ausdrucks von Aggression aufgestellt. Nachdem es jedoch am besten ist, ungefährliche Mittel zum Ausdruck dieses Impulses zu finden, schaffen alle Gesellschaften Mechanismen, um Aggression auf eine gesellschaftlich akzeptable Weise auszudrücken. Wie zuvor bereits erwähnt betrachtete Freud Humor als ein Instrument zum gesellschaftlich akzeptablen Ausdruck unbewusster und inakzeptabler Impulse. Man könnte auch sagen, Humor ist eine Art Druckventil.[192] Während des Holocaust wurden Humor und Lachen zu einer Notwendigkeit und zu einem Sprachrohr für die Wut und Verbitterung der Juden.[193]

Eine weitere Quelle für Gelächter, die es in den Lagern gab, bestand in den Finten und Plänen, welche die Gefangenen ausheckten, wobei sie zwei Ziele verfolgten: Selbstverteidigung und Kriegsführung gegen das deutsche Regime. Eine erfolgreiche List hob die Moral, wurde zum Gegenstand unbeschwerter Geschichten und führte zu Lachen, gemischt mit Verachtung für die Naivität und den Primitivismus der verhassten Vollstrecker.[194]

---

192 Avner Ziv, *Personality and Sense of Humor* (New York: Springer, 1984), S. 4–5.
193 Ruth Rubin, *Voices of a People: The Story of Yiddish Folksongs* (Philadelphia, PA: Jewish Publication Society of America, 1979), S. 425.
194 Zenon Jagoda, Stanisław Kłodziński und Jan Masłowski, *Oświęcim nieznany* (Krakow: Wydawn. Literackie, 1981), S. 137–159.

Die aggressive Funktion von Humor manifestiert sich u. a. in Humor aus einem Gefühl der Überlegenheit oder Frustration.

Aggressiver Humor aus einem Gefühl der Überlegenheit

Aggressive, vulgäre oder zynische Scherze sind für den Zuhörer unterhaltsam, da sie die Sexualität oder Feindseligkeit, die in jedem einzelnen von uns verankert ist, sublimieren und darüber Befriedigung erreicht wird. Andererseits kann die aggressive Funktion von Humor auch mit der Überlegenheitstheorie erklärt werden: Da der Humor aggressiver Natur ist und er der Person in Not erlaubt, sich als ihrem Feind überlegen zu empfinden, schafft aggressiver Humor eine Möglichkeit, die innerlich angestaute Aggression freizusetzen und das Selbstwertgefühl zu stärken.[195]

Die Menschen in den Lagern bildeten eine heterogene Gruppe aus allen sozialen Schichten. Juden mit einem jeweils vollkommen anderem kulturellen, sozialen oder Bildungsstatus bzw. -hintergrund teilten plötzlich dieselbe Unterkunft und dasselbe Schicksal. Der Kulturschock äußerte sich häufig in aggressivem Humor, mit der Absicht, ein Gefühl von Überlegenheit zu erreichen. Das Lachen in den Ghettos und Konzentrationslagern diente zur Sublimierung von Angst, Apathie und Panik und bot eine Ausdrucksmöglichkeit für feindselige Emotionen und den Wunsch nach Rache. Lachen in den Ghettos und Lagern war die Waffe derer, deren Leben vollkommen in den Händen der Unterdrücker lag; der Menschen, die keine Macht zur Rebellion oder zum Widerstand besaßen. Humor gegen Hitler und seine Handlanger gab ihnen die Freiheit, Rache und Verachtung Ausdruck zu verleihen, was ihn in den Augen der Juden zu einer wirksamen Waffe erhob. Aggressiver Humor vermittelte den jüdischen Opfern den Eindruck, dem deutschen Vollstrecker überlegen zu sein.

> Plötzlich entstand in der jüdischen Karmelickastraße ein großer Aufruhr: ein psychopathischer Nazi verlangt, daß jeder Vorübergehende ihm zu Ehren den Hut zieht. Viele liefen davon, viele versteckten sich, viele wurden für ihr Zuwiderhandeln festgenommen und verprügelt, und viele platzten vor Lachen. Die kleinen „Frechdachse", die wahren Herren der Straße, sahen, was vor sich ging und belustigten sich ungemein, indem sie dem Nazi den Willen taten und ihm auf eine Weise ihren Respekt bezeugten, die den „großen Herrn" in den Augen aller Passanten zum Gespött machte. Sie liefen ihm an die hundertmal über den Weg, um ihn zu grüßen, wobei sie stets ehrerbietig den Hut lüfteten. Sie scharten sich zusammen, setzten ein ehrfurchtsvolles Gesicht auf und zogen dabei dauernd die Hüte. Manche verzogen dabei keine Miene, während ihre hinter ihnen stehenden Freunde sich das Lachen nicht verbeißen konnten. Dann traten sie ab und machten wieder anderen Platz, die wiederum ihre Häupter vor dem Nazi ent-

---

195 Sigmund Freud, *Jokes and Their Relation to the Unconscious*, Hrsg., James Strachey (New York: W. W. Norton, 1960), S. 115, 242–243.

blößten. Das Gelächter nahm kein Ende. Jeder der jungen Spaßvögel richtete es so ein, daß er mehrere Male dem Nazi eine tiefe Verbeugung machen konnte. Das war nicht alles. Der Pöbel bekam Wind von dem Gaudium und veranstaltete zu Ehren des Nazis eine geräuschvolle Demonstration, die überall ein freudiges Echo auslöste. Das ist die jüdische Rache![196]

Der „Große Mann" [Hitler] wollte beim Schneider einen Maßanzug in Auftrag geben. Der erste Schneider erklärte, der Stoff reiche lediglich für ein Jackett aus; der zweite, den er fragte, behauptete, es sei genügend Stoff für einen kompletten Anzug; der jüdische Schneider sagte, er könne drei Anzüge aus dem Stoff schneidern, denn „für sie ist er ein großer Mann, aber nach unseren Standards ist er sehr klein".[197]

Frage:
Horowitz [Hitler], Moishele [Mussolini] und der Mann aus Stahl [Stalin] befanden sich in einem Konferenzraum, als plötzlich eine Bombe einschlug. Wer wurde gerettet?
Antwort:
Die Menschheit.[198]

Man erzählt sich, eine große Gruppe von Aschkenasen [Deutschen] erhielt bei ihrer Ankunft im Himmel, in den sie als freie Menschen einkehren wollten, die Antwort, dass lediglich neun von ihnen Einlass durch die Himmelspforte gewährt würde, da laut offizieller Regierungsmitteilung nur neun Deutsche an diesem Tag gestorben seien.[199]

Ein Witz handelt von einem Juden, der Auto fährt. Als er zum Hitler Platz[200] kommt, ruft er laut „Amen!"[201]

Hitler sollte ein Irrenhaus inspizieren. Die Bewohner wurden zuvor genauestens unterrichtet. Als Hitler die Reihe entlang ging, schrie jeder Verrückte mit zum Hitlergruß erhobenem Arm: „Heil Hitler!" Der letzte Mann stand jedoch nur stramm da.
„Weshalb grüßen Sie mich nicht?", brüllte Hitler.
„Ihre Exzellenz verstehen das falsch", kam die höfliche Antwort.

---

196 Chaim A. Kaplan, *Buch der Agonie: Das Warschauer Tagebuch des Chaim A. Kaplan*, Hrsg., Abraham I. Katsh (Frankfurt a. M.: Insel Verlag, 1967), S. 181–182.
197 Emmanuel Ringelblum, *Notes from the Warsaw Ghetto* (hebräisch) (Jerusalem: Yad Vashem, 1992), S. 118.
198 Ebd., S. 145.
199 Ebd., S. 147-148.
200 Das Verb *platzen* existiert sowohl im Deutschen als auch im Jiddischen.
201 Emmanuel Ringelblum, *Notes from the Warsaw Ghetto* (englisch) (New York: Schocken Books, 1974), S. 68.

„Ich bin nicht verrückt. Ich bin der Wachmann."[202]

Nach der Flucht von Höss schickte Hitler ihm einen Brief, in dem er schrieb: „Ich vergebe Ihnen Ihren Verrat, ich vergebe Ihnen Ihre Flucht, ich vergebe Ihnen alles außer einer Sache – dass Sie mich nicht mitgenommen haben."[203]

Als Goebbels einmal sehr schlimme Kopfschmerzen bekam, ließ er heimlich nach einem jüdischen Arzt schicken, der ihm riet, seinen Kopf zu durchtränken.
„Was meinen Sie mit ‚meinen Kopf durchtränken'?"
„Tauchen Sie Ihren Kopf dreimal ins Wasser und tauchen Sie zweimal wieder auf."[204]

Hitler, Göring und Goebbels treffen sich im „Kaiserhof" zum Essen. Sie einigen sich darauf, jeder ein Hühnchen zu bestellen, doch Göring bestellt für sich zwei.
Aber wie so oft waren die Augen größer als der Magen und daher bleibt am Ende ein Hühnchen übrig.
Was nun? Sie einigen sich, dass die erste Person, die an ihrem Fenster vorbei liefe, hereingewunken würde und das Hühnchen bekäme.
Nach kurzem Warten kommt ein Mann vorbei. Er wird hereingebeten und es stellt sich heraus, dass er Jude ist!
„Du widerlicher Lump", sagt Hitler zu ihm. „Wir haben uns darauf geeinigt, dass du dieses Hühnchen bekommen sollst, allerdings nur unter der Bedingung, dass wir alles, was du dem Hühnchen antust, auch dir antun werden. Brichst du eine Keule ab, brechen wir dir ein Bein; reißt du einen Flügel ab, kostet dich das einen Arm; und drehst du dem Hühnchen die Kehle um, erwartet dich das gleiche Schicksal. Und nun iss; das Hühnchen gehört dir, du jüdisches Schwein!"
Der Jude rührt sich einen Moment nicht von der Stelle, nimmt dann das Hühnchen in die Hand und drückt ihm einen dicken Schmatzer auf sein Hinterteil.

Hitler und Göring fuhren einmal durch die Gegend. Als sie ein Dorf durchquerten, überfuhren sie ein Schwein. Göring hielt es für angemessen, den Bauern zu finden und sich bei ihm dafür zu entschuldigen. Er war sehr lange weg und wurde außerordentlich gastfreundlich behandelt. Bei seiner Rückkehr fragte Hitler, weshalb es so lange geblieben war. „Nun ja, in dem Haus wurde nach meiner Nachricht sehr viel gefeiert", antwortete Göring, „also musste ich schließlich mit ihnen feiern."

---

202 Steve Lipman, *Laughter in Hell: The Use of Humor during the Holocaust* (englisch) (Northvale, NJ: Jason Aronson, 1991), S. 88.
203 Shimon Huberband, „War Folklore: Jokes and Word Play" (englisch), YVA, M.10.AR.1/109, S. 36.
204 Mark Meir Dvorzhetsky, *Jerusalem of Lithuania in Battle and Destruction* (jiddisch) (Paris: Yidisher Folksfarband in Frankraykh un Yidisher Natsionaler Arbeter-Farband in Amerike, 1948), S. 256.

„Was haben Sie ihnen denn erzählt?"
„Dass das Schwein tot ist."[205]

Felix Mendelsohns Buch *Let Laughter Ring* enthält eine Sammlung von Witzen über Hitler und Goebbels. Nachstehend sind einige von ihnen aufgeführt:

Hitler, Goebbels und Göring wollten in den Himmel eintreten, doch Petrus, der Himmelspförtner, wies sie ab. „Ihr habt so viele furchtbaren Taten auf der Erde begangen, ihr dürft nicht eintreten." Die drei hochrangigen Nazis kehrten mit gesenkten Köpfen und Tränen in den Augen um. Sie begegneten einem alten Mann mit einem großen Sack, der sich nach dem Ursprung ihres Missmuts erkundigte. Nachdem er ihre Leidensgeschichte angehört hatte, bot der alte Mann ihnen an, sie in seinem Sack hineinzuschmuggeln. Ohne zu wissen, dass es sich bei ihrem Wohltäter um Moses handelte, nahmen sie das Angebot dankbar an.
Als Moses die Himmelspforte erreichte, sprach Petrus: „Hallo, alter Mann! Was hast du denn in deinem Sack?" „Du überraschst mich", erwiderte Moses. „Du solltest wirklich der letzte sein, der mir so eine Frage stellt."
„Ich hätte es wirklich besser wissen müssen", sagte Petrus mit einem Lächeln. „Meine Erfahrung sollte mich längst gelehrt haben, wenn ein alter Jude einen großen Sack auf dem Rücken trägt, enthält der Sack ausnahmslos ein paar Lumpen."

Adolf Hitler war verärgert über die lustigen Geschichten, die über ihn erzählt wurden. Er wandte sich mit seinem Zorn an einen Vertrauten, der glaubte, man müsse dagegen etwas unternehmen. Er teilte dem Führer mit, er besäße Informationen darüber, dass es sich bei dem Urheber dieser Geschichten um einen gewissen Juden, Robert Freimann, handelte. Um dieser Angelegenheit ein Ende zu bereiten, ließ Hitler Freimann in die Kanzlei bringen und schloss sich dort mit ihm ein.
Hitler wiederholte daraufhin einen Witz, dessen Urheberschaft Freimann bestätigte. Hitler erzählte anschließend zwei weitere, noch beißendere Witze und Freimann übernahm wieder die Verantwortung dafür. Der Führer begann zu toben, sprang von seinem Stuhl auf und schrie: „Wie kannst du es wagen, derart unverschämt zu sein? Weißt du denn nicht, dass ich der Diktator von Millionen von Deutschen bin?"
„Für diesen Witz", so Freimann, „bin ich nun wirklich nicht verantwortlich."[206]

Eines Tages besuchte Hitler ein Irrenhaus. Er schritt auf und ab und fragte die Patienten: „Wisst ihr denn nicht, wer ich bin? Der Führer. Ich besitze die gesamte Macht. Ja, ich bin sogar beinahe so mächtig wie Gott…"

---

205 Kathleen Stokker, *Folklore Fights the Nazi: Humor in Occupied Norway 1940– 1945* (englisch) (Madison, WI: University of Wisconsin Press, 1997), S. 7, 56.
206 Nachdruck von *Let Laughter Ring* (englisch), S. 110-145, © 1946, von Felix Mendelsohn, herausgegeben von der Jewish Publication Society of America, mit Erlaubnis des Verlegers.

„Mach Sachen", murmelte ein Patient. „So fing es bei mir auch an."[207]

Ein deutscher Jude sagte einmal, er würde Hitler gerne in einen Kronleuchter verwandeln. Als er nach einer Erklärung für diesen ungewöhnlichen Wunsch gefragt wurde, antwortete der deutsche Jude: „Wenn Hitler ein Kronleuchter wäre, könnte ich zusehen, wie er tagsüber hängt, abends brennt und morgens ausgelöscht wird."

Hitler war äußerst beunruhigt darüber, dass ihm Lloyd's of London eine Lebensversicherung verweigerte, und um herauszufinden, ob sein Ende nahte, entschloss er sich, die berühmte Berliner Wahrsagerin Frau Emilia von Alstadt aufzusuchen.
Die Dame las in der Hand des Führers, wobei ihr Gesicht Skepsis verriet.
„Es tut mir leid, aber Sie haben sehr undeutliche Linien, daraus kann ich nicht viel erkennen", sagte sie. „Eine Sache kann ich allerdings sehr deutlich sehen."
„Welche?", fragte Hitler.
„Bitte nehmen Sie mir das jetzt nicht übel", fuhr die Dame fort, „aber ihre Handfläche verrät mir, dass Sie an einem jüdischen Feiertag sterben werden."
„An einem jüdischen Feiertag!", schrie Hitler. „An welchem Feiertag?"
„Das geht aus Ihrer Hand nicht hervor", sagte die Wahrsagerin, „aber ich nehme an, jeder Tag, an dem Sie sterben werden, wird zu einem jüdischen Feiertag erklärt werden."

Goebbels und Hitler befanden sich in einer hitzigen Diskussion über die Frage, ob die Worte „Katastrophe" und „Unglück" dieselbe Bedeutung hätten. Hitler war der Ansicht, sie bedeuteten dasselbe, wohingegen Goebbels behauptete, es handele sich um unterschiedliche Konzepte. Sie einigten sich, dass die erste Person, die sie sahen, entscheiden solle.
Als sie den Eingangsbereich der Kanzlei verließen, hielten sie einen Fremden (rein zufällig ein Jude) an und stellten ihm ihre Frage. „Es gibt einen immensen Unterschied zwischen den beiden Worten. Nehmen wir einmal an, dieser Korridor, in dem Sie jetzt stehen, bricht ein und sie mit ihm. Das wäre eine Katastrophe – aber kein Unglück."[208]

Goebbels, der Propagandaminister der Nazis, wurde zu einer Besichtigung des Jenseits eingeladen. Zuerst durfte er den Himmel besichtigen. „Was für ein hübscher, ordentlicher, sauberer Ort, aber so langweilig und fade", kommentierte Goebbels.
Anschließend wurde er in die Hölle geführt. „Welch wunderbarer Ort!", sagte er entzückt. „Schaut nur, welch einen Spaß hier alle haben, wie sie sich den Bauch vollschlagen und sich betrinken, Karten spielen und den nackten Frauen hinterher schauen, die ihnen die Getränke servieren..." Nach seinem Tod verlangte Goebbels seinen sofortigen Einlass in die Hölle. Zu seinem Erstaunen wurde er mit Peitschenhieben begrüßt und direkt in ein Bad aus siedendem Pech gesteckt.

---

207 Lipman, *Laughter in Hell* (englisch), S. 95
208 Mendelsohn, *Let Laughter Ring* (englisch), S. 110–145.

„Was soll das?", schrie Goebbels Satan, den Herrscher über die Hölle, an. „Bei meinem letzten Besuch hast du mir etwas völlig anderes gezeigt!"
„Stimmt", antwortete Satan mit einem diabolischen Grinsen. „Alles nur Propaganda, Dr. Goebbels!"[209]

Die Überlebenden erzählen von aggressivem Humor auf der Basis von Überlegenheit

Halina Birenbaum: Die Deutschen marschierten in Warschau ein und überall riefen sie: „Juden raus und Deutsche herein!", Und so kamen sie auch zum jüdischen Friedhof [...]

Marishah Entes-Fialko: In einem fahrenden Zug erspäht ein Jude einen SS-Mann, der nach Juden sucht, die sich verstecken. Der Jude stürmt zur Toilette, um sich dort zu verstecken, er tut, was er tun muss, und der Deutsche sucht derweil weiter. Schließlich klopft er an die Toilettentür, der Jude antwortet nicht. Er versucht, die Tür zu öffnen, und ruft dabei: „SS." Der Jude antwortet: *„Der drek, ess alain."* (Den Dreck kannst du allein essen.)

Arie Ben-Menachem: Es heißt, Marschall Göring habe zehn Kilo abgenommen. Ganz offenbar hat er sich versehentlich ohne seine Medaille gewogen. [...]
Was ist ein „reiner Arier"? Das war der Witz: Ein reiner Arier ist blond wie Hitler, groß wie Goebbels und muskulös wie Göring.

Luba Daniel: Ich weiß noch, dass es schon Hitlerwitze gab, bevor wir überhaupt im Ghetto waren. Lassen Sie mich überlegen. Man erzählte immer die Geschichte, in der Hitler, Göring und Goebbels eine Mitfahrgelegenheit suchten. Ihr Auto war liegengeblieben oder so ähnlich und dann kommt ein Bauer mit einem Pferd und einem Wagen vorbei. Sie fragen ihn, ob er sie mitnehmen könne, und der Bauer nimmt sie mit. Sie sind nicht in Uniform und Göring sagt: „Ich bin Göring!" Der zweite sagt: „Ich bin Goebbels!" Der Bauer dreht sich um und sagt: „Wenn ihr mir jetzt weismachen wollt, dass der dunkle Jude da hinten Hitler ist, werfe ich euch alle drei raus!" Ich erinnere mich an diese Geschichte noch aus der Zeit, bevor wir ins Ghetto kamen.

Nachum Monderer-Manor: Wenn ich jetzt so darüber nachdenke, gab es alle möglichen politischen Witze über das Schlachtfeld, über die Deutschen. Ich weiß noch den einen über den Juden, der zu Hitler ging und sagte, dass man Margarine aus Scheiße herstellen könne; kennen Sie den nicht? Also gibt ihm Hitler Ansehen, Labore, Ressourcen, Schutz, alles. Der Jude schuftet immer weiter und Wochen vergehen – Wochen, Monate, Jahre. Hitler sagt zu ihm: „Beeile dich!" Und der Jude erwidert: „Bald, bald!" Irgendwann hat Hitler

---

[209] Fritz Hillenbrand, *Underground Humour in Nazi Germany, 1933–1945* (englisch) (New York: Routledge, 1995), S. 35.

genug und sagt: „Ich muss wissen, wie weit du bist!" Der Jude sagt: „Man kann sie schon verstreichen, aber sie stinkt noch."

Lily Rickman: Im Arbeitslager, nach Auschwitz, trugen die SS-Leute Uniform. Es gab eine hoch gewachsene SS-Frau, eine große Frau, und aus irgendeinem Grund nannten wir sie „Pferd". Ich sah in ihr nie die Kommandantin, sondern immer das „Pferd". [Wir sagten oft] „das Pferd galoppiert" und alle möglichen Sachen, die man über ein Pferd sagen kann. Wenn etwas passiert war, fragte irgendjemand immer „Was ist passiert?" „Das war das Pferd, das war das Pferd." Es gab alle möglichen Sprüche, die auf Pferde bezogen waren. Das führte dazu, dass ich mich vor ihr nicht so sehr fürchtete. Sie hatte diesen schauderhaften Blick, als ob sie einen damit töten könnte. Einmal fragte mich eine Freundin: „Worüber denkst du nach?" Ich antwortete: „Ich überlege, wie ich auf den Rücken des Pferdes komme!"… Dann mussten wir lachen, wir konnten nicht anders.

Felicja Karay: Mir ist das aber aufgefallen, zumindest in den vier Lagern, in denen ich war, dass der Inhalt des Humors viel mehr auf die *Prominenten* [Elite] zielte als auf die deutsche Besatzung, als auf die Deutschen. Ich kann das, glaube ich, sehr leicht erklären: Die *Prominenten* liefen die ganze Zeit durch das Lager und direkten Kontakt hatten wir vornehmlich mit ihnen.

Ruth Sheinfeld: Teilweise stammte dieser Humor – natürlich war das makabrer Humor – von Menschen, die buchstäblich auf der Schwelle zum Tod waren, und er richtete sich nicht nur gegen die Deutschen oder, sagen wir die Polen. Er richtete sich auch gegen die wohlhabenden Juden, gegen diejenigen, die reich wurden, und gegen solche, die mit der Gestapo kollaborierten.

Genia Wohlfeiler-Manor: Es waren vor allem die vulgären Leute, die im Lager schnell aufstiegen. Es hieß immer, dass Scheiße nach oben steigt, „Scheiße steigt immer nach ganz oben". […]

Es gab Witze, ich kann Ihnen sagen, wir haben so sehr gelacht… Es gab Witze über den Leiter des Ordnungsdienstes (die jüdische Polizei), Spira. Er war ein sehr primitiver Kerl, dümmlich, der kein Polnisch verstand. Er erhielt eine höhere Stellung und wurde Kommandant der jüdischen Polizei, sodass er sich auf einmal für so großartig hielt, dass er anfing, im fürchterlichsten Jargon Polnisch zu sprechen. […]

Nachum Monderer-Manor: Verstümmeltes Polnisch. […]

Genia: Sein [Polnisch] war voller Fehler, was sehr lustig war. Sie lachten im Ghetto über ihn. […]

Nachum: Sie verwendeten sogar sein Vokabular… Allerdings muss man jedes Wort übersetzen, um das zu verstehen, anderenfalls geht die Pointe verloren. Im Polnischen sind die Wörter für „Alter" und „Jahrhundert" identisch und anstatt zu sagen „Ich habe eine siebzehn Jahre alte Tochter", sagte er: „Ich habe eine Tochter aus dem siebzehnten Jahrhundert." [...] Lauter solche Sachen, sie wurden zu Redewendungen... verstümmeltes Polnisch wurde zu einem geflügelten Wort. [...]

Genia: Nun ja, Sie dürfen nicht vergessen, dass dort alle möglichen Leute waren, das war ein Schmelztiegel der jüdischen Gesellschaft. Plötzlich waren wir – aus gutem Hause, verwöhnte Kinder, wohlerzogene Mädchen, denen die Verwendung von Vulgärsprache strikt untersagt war – mit allem möglichen Gesindel und plumpen, vulgären Leuten konfrontiert. Was soll ich Ihnen sagen? [...] Auf einmal kamen wir in Kontakt mit diesen Leuten der untersten Gesellschaftsschicht. Das waren galizische Juden, die gegen den polnischen Kongress waren. Sie nannten uns „Tzentuza" nach der Russischen Währung Tscherwonez und wir nannten sie „Kopinoky" nach den Kopeken. Das war wie mit ethnischen Schimpfnamen wie „*Tschach Tschach*" [für Israelis nordafrikanischer Abstammung] oder „*Wus Wus*" [für aschkenasische Juden] – das ist genau das gleiche, eine perfekte Analogie dazu.

Ester (Stania) Manhajm: Ich weiß nur noch, dass der Kopf des O.D. (Ordnungsdienst) ein sehr ungebildeter Mann namens Spira war. Er konnte kaum Polnisch, aber er wollte die Sprache trotzdem sprechen. Als er das Kabarett eröffnete, wollte er sagen, dass er eine Truppe eingeladen hat. Auf Polnisch heißt Truppe *trupa*, wohingegen *trupiarka* die Bezeichnung für einen Leichenwagen ist. Und er sagte: „Ich habe eine *trupiarka* aus Warschau eingeladen." Alle lachten. Wenn er Exerzieren üben wollte, sagte er „*zgnij kolano*". Das Wort *zgnij* bedeutet so viel „verrotten". Er schrie „*zgnij kolano*" statt „*zegnij*". Statt „Hinknien" schrie er „eure Knie sollen alle verrotten". [...]

Aggressiver Humor als Reaktion auf Frustration

Aggressiver Humor erleichtert den Ausdruck von Feindseligkeit und macht eine Reaktion auf viele Frustrationen möglich, während man die Möglichkeit eines Angriffs ohne Strafe genießt. Aggressiver Humor umfasst ein breites Spektrum an Ausprägungen: vom direkten „Schlag" bis hin zum raffinierten Wortspiel.[210] Nachfolgend sind einige Beispiele aufgeführt:

Rumkowski[211] legt sich hin und schläft den Schlaf eines Arbeiters. Siehe da, seine erste Frau Madam Feiga erscheint ihm im Traum. „Feiga, meine Liebe", sagt der alte Mann,

---

210 Ziv, *Personality and Sense of Humor*, S. 4–14.
211 Mordechai Chaim Rumkowski (1877–1944), Vorsitzender des Judenrates im Ghetto Litzmannstadt. Er gilt als einer der kontroversesten Vorsitzenden eines Judenrates, da er häufig mit den Deutschen kooperierte und die Juden seines Ghettos mit diktatorischer Schärfe behandelte. Rumkowski und seine Familie wurden am 30. August 1944 nach Auschwitz deportiert und

„welch eine Schande, dass du bereits gestorben bist und nicht mehr das Glück hattest, deinen Mann in seiner jetzigen Stellung als König und Kaiser von Israel zu sehen."
„Und wenn du König bist, bin ich dann nicht – Königin?", fragt sie. „Aber es gibt doch keinen König ohne eine Nation und keine Königin ohne eine Nation; habe ich dann nicht auch eine Nation?"
Der alte Mann grübelt eine Weile und ruft dann plötzlich aus: „Ich verspreche dir, meine holde Königin! Ich werde mein Volk langsam aber sicher zu dir schicken, damit du dort Königin über zahlreiche Menschen der israelischen Nation sein kannst." Er legt sein Versprechen ab und hält es![212]

Weshalb sandte Rumkowski den Befehl aus „Niemand darf seine Bleibe am siebten Tage verlassen?" – Weil er beweisen wollte, wie das Ghetto aussähe, sollte es noch ein weiteres Jahr bestehen.[213]

Was wir am meisten befürchteten, ist eingetreten. Wir hatten eine Vorahnung, daß uns ein Ghettoleben erwartete…, nicht jedoch hatten wir geglaubt, daß die Schicksalsstunde so bald schlagen würde. Und plötzlich – eine entsetzliche Überraschung! Am Rüsttag des Sabbats… gingen wir im jüdischen Viertel zu Bett und erwachten am nächsten Morgen in einem geschlossenen jüdischen Ghetto, einem Ghetto in jeder Hinsicht.

In den Morgenstunden des Sabbats wurde an allen offenen Stellen, wo wegen der Straßenbahnverbindungen keine Mauern errichtet worden waren, eine drei Mann starke Wache postiert. Sie erlaubten Juden, die den „Schandfleck" trugen, nicht, ins arische Viertel hinüberzugehen. So haben wir also „volle bürgerliche Rechte" bis zu dem Umfang erhalten, daß wir im Staate Polen eine jüdische Polizeimacht haben, ein Gedanke, dessen Verwirklichung die jüdischen Autonomisten jeder Generation aus ganzem Herzen und aus ganzer Seele ersehnten.[214]

Mark Dvorzhetski schrieb über einen Brigadegeneral im Ghetto Wilna namens Weisskopf, der half, Juden gegen eine Bezahlung von zehn Goldrubeln aus dem Gefängnis zu befreien. Rabbiner befreite er als gute Tat ohne Bezahlung. Er befreite erfolgreich hunderte Juden und als er reich wurde, fing er an, sein Geld zu spenden. Am Ende wurde er von den Deutschen entführt und in Ponarien erschossen. Man erzählte sich über Weisskopf folgenden Witz:

---

    dort ermordet. Einige Historiker halten Rumkowski für einen Kollaborateur und Verräter. Andere sind der Ansicht, er unternahm einen ernsthaften, wenngleich mangelhaften Versuch, so viele Juden wie möglich zu retten.

212 „Documents: From the Abyss", *Dapim: Studies on the Shoah* (hebräisch) (1951), S. 143–144.
213 Ebd., S. 138. In der Bekanntmachung Nr. 278 vom 4. Juni 1941 verkündete Rumkowski das Verbot, von neun Uhr Freitagabend bis acht Uhr Samstagabend (Sabbat) das Haus zu verlassen.
214 Kaplan, *Buch der Agonie*, S. 266.

Der Verband der Schriftsteller verkaufte Karten für seinen I. L. Peretz Ball zur Einrichtung eines Hilfsfonds für Schriftsteller. Sie fragten Weisskopf, ob er eine Karte für den I. L. Peretz, ein jiddischer Schriftsteller[215], kaufen wolle. „Armer Kerl", murmelte er, „ich wusste nicht, dass er bedürftig ist. Schicken Sie ihn zu mir, dann gebe ich ihm eine angemessene Spende."[216]

Frank hat befohlen, daß die Juden Krakaus am Versöhnungstag des Jahres 5701 ihre Geschäfte öffnen müssen.
An einem Tag im Jahr erlaubt er den Juden, Geschäfte zu machen.[217]

Der einfühlsame Deutsche: Eines Tages sah ein Deutscher, wie ein Jude damit kämpfte, ein Pferd zu kontrollieren, das einen mit Kohle überladenen Wagen zog. Er hielt den Fahrer dazu an, einen Teil der Kohle vom Wagen zu werfen, um es dem Pferd leichter zu machen.[218]

Ein Polizeichef kam in die Wohnung einer jüdischen Familie und wollte einige Dinge mitnehmen. Die Frau erklärte weinend, sie sei eine Witwe mit Kind. Der Polizist sagte, er würde nichts mitnehmen, wenn sie erraten könne, welches seiner Augen das künstliche sei. Sie schätze das linke als das künstliche Auge ein. Dann wurde sie gefragt, woher sie das wusste. Sie antwortete: „Weil das menschlicher aussieht."[219]

Ein Jude sprach ein kümmerliches Gebet an *Rosch ha-Schana*. Auf die Frage, weshalb er nicht besser betete, antwortete er: „Das Gebet passt zum Jahr."[220]

Das Problem mit uns Juden ist, dass sie uns wieder nicht kennen und wir wieder Ausweise benötigen. Wenn ich ein Foto von mir gemacht habe und meinen Ausweis vorzeigen kann, erkennen sie mich dann?[221]

Einen Schein für Brot, einen Schein für Sonderwünsche, einen Schein für Nachrichten, für das Geschäft und jetzt auch noch einen Ausweis... Wie viele Papiere brauche ich denn, damit sie mich töten können?[222]

---

215 I. L. Peretz (1851–1915), ein berühmter hebräischer und jiddischer Schriftsteller.
216 Mark Dvorzhetsky, *Jerusalem of Lithuania* (jiddisch), S. 256–257.
217 Kaplan, *Buch der Agonie*, S. 243.
218 Ringelblum, *Notes from the Warsaw Ghetto* (hebräisch), S. 31.
219 Ringelblum, *Notes from the Warsaw Ghetto* (englisch), S. 84.
220 Ebd., S. 66.
221 Ghetto Fighters' House Archives, Schriftstück Nr. 197311 (englisch).
222 Ebd.

Zuerst „befreiten" uns die Deutschen von unserem Besitz (Steuern und Strafzahlungen), dann „befreiten" sie uns von unserer Freiheit (Ghettos) und am Ende – sogar vom Leben (Deportationen). Für all diese Gefallen sind wir ihnen zu Dank verpflichtet. Aber sie haben einen Nachteil; sie erreichen einen zu schnell, einer nach dem anderen. Ich, zum Beispiel, würde es vorziehen, wenn sie mich erst in etwa 40–50 Jahren vom Leben „befreiten". Wozu die Eile? Doch die Deutsche wollen vor Kriegsende noch fertig werden.[223]

Zwei Juden werden zum Galgen geleitet. Auf dem Weg dorthin reden sie über Politik.
– Welch eine Freude das Leben ist. Es ist wahrlich großartig!
– Verflucht sollst du sein! Sie werden uns hängen und du sagst immer noch, es sei großartig?
– Was für ein Narr du doch bist! Hätte er Kugeln, würde er uns dann hängen?[224]

Zwei Häftlinge sprechen miteinander, wobei der eine in bezug auf einen dritten – der eben zu den „Arrivierten" gehört – bemerkt: „Den da hab ich noch gekannt, wie er bloß Präsident des größten Bankhauses von ... war; jetzt spielt er sich hier auf den Capo hinaus."[225]

Mina Tomkiewicz beschreibt die Essenz des sarkastischen Humors mit den Worten: „Wir verhöhnen die Deutschen, doch unsere Verachtung steht im Schatten verbitterter Traurigkeit. Ihr Sieg über uns ist endgültig, absolut."[226]

Die Überlebenden erzählen von Humor aus Frustration

Eitan Porat: Der Hauptauslöser für das größte Gelächter und den größten Neid im Lager [Auschwitz] [...] war das „*Scheisskommando*", das Kommando, das die Scheiße, entschuldigen Sie den Ausdruck, die Fäkalien, transportierte. Es gab keine öffentlichen Toiletten mit Abfluss; stattdessen gingen Menschen mit Durchfall zu den Gruben. Anschließend kam dann das *Scheisskommando*, sammelte alles ein und trug es kilometerweit an einen Ort, wo es gelagert wurde – sogar daraus wollten die Deutschen Energie erzeugen. Und wir lachten jedes Mal darüber; zuerst einmal stanken sie zum Himmel! Aber sie galten als die reichsten Gefangenen, weil sie tonnenweise Diamanten und Gold und Goldzähne suchten und fanden, sie durchwühlten das Zeug ständig, die aus dem Kommando. Darüber

---

223 Halina Birenbaum, *Culture in the Ghettos* (hebräisch) (unveröffentlicht, 1987), S. 6.
224 Nachman Teitelman, „Current Discussions: Knowledge and Humor" (jiddisch), YVA, M.10. AR.1/111.
225 Viktor E. Frankl, *...trotzdem Ja zum Leben sagen: Ein Psychologe erlebt das Konzentrationslager* (München: Kösel, 1977), S. 104.
226 Mina Tomkiewicz, *There Was Life There Too: Pages from Bergen-Belsen* (hebräisch) (Tel Aviv: Twersky, 1946), S. 122.

konnte man weinen und lachen, weinen und lachen: Die teuersten Diamanten befanden sich in der Scheiße. Das *Scheisskommando* tauchte seine Hände dort hinein, weil man diese Sachen verkaufen und dafür Essen kaufen konnte – Essen für einen Diamanten.

Israel Kaplan: Gegen Ende wurde jemand gefragt, warum Hitler keinen Frieden wollte, warum er sich nicht ergab. Daraufhin sagten die Juden: „Das ist wie mit einem Mann, der stundenlang auf einem Wagen mitfährt, weil er die Fahrt nicht bezahlen kann. Also bleibt er dort Stunde um Stunde, lässt die Zeit an sich vorüberziehen.

Rina (Risha) Treibich: Bei mir befand sich einer, der leicht behindert war. Er hatte irgendwie die Mai-Selektion in Plaszów überstanden (er richtete damals die Borsten in der Bürstenproduktionshütte) und so sprachen wir miteinander: „Wenn ich nach dem Krieg Amon Göth in die Finger bekomme, was werde ich dann mit ihm anstellen? Ich werde ihm Krebs in das eine Bein und Tuberkulose in das andere spritzen. Dann behandle ich das Bein mit dem Krebs, ich heile es wieder und infiziere es dann mit Tuberkulose und so weiter, bis er irgendwann stirbt." Das waren unsere Scherze.

Itka Slodowski: Es gab viele Witze über Rumkowski. Zunächst einmal durfte man keine Witze über ihn machen, also sagten die Leute immer [...]: „Soll er doch zur Hölle fahren, unter der Erde begraben sein. Und was wächst dann aus der Erde? Noch mehr solcher Rumkowskis." Verstehen Sie, wie wir dachten?

Fishel Kozlovski: Es gab dieses Wortspiel auf Jiddisch über die Reden des Präsidenten, von Rumkowski. Er sagte: „Ich habe viel Arbeit für euch und ich habe auch Essen." Aber durch die Betonung klang es wie: Ich habe Arbeit für *euch* und Essen für *mich*. Das war der Haken an der Sache. Es stimmte, es war wirklich so. Das ist wahr.

Miriam Groll: Es gab eine sehr interessante Sache in Trautenau (Trutnov)[227]. Sie waren so bösartig. Die Fabrik, in der wir arbeiteten, [...] lag mehrere Kilometer vom Lager entfernt. [...] Wenn das Wetter gut war, nahmen wir den Zug zur Arbeit; an *Jom Kippur*, *Rosch ha-Schana*, an Feiertagen fuhren wir mit dem Zug, weil sie wussten, dass viele unter uns religiös waren. Wenn es regnete oder schneite, wenn es kalt war, dann gingen wir zu Fuß, verstehen Sie? Aber hier und da bot sich die Gelegenheit für einen Scherz. Wenn wir merkten, dass der Himmel bewölkt war, z. B. nachts, dann fragten wir: „Wie sieht es morgen aus, zu Fuß oder mit dem Zug?" Manchmal liefen wir im Regen los und plötzlich klarte es auf, dann sagten wir im Spaß: „Jetzt haben die Deutschen ein Problem, wie geht es weiter?"

---

227 Ein Arbeitslager für Frauen, ein Außenlager des Konzentrationslagers Groß-Rosen.

Die Sexuelle Funktion von Humor

Sexueller Humor

Das Ziel von sexuellem Humor besteht darin, sexuelle Gefühle hervorzurufen; zwischen dieser Form von Humor und skatologischem Humor liegt nur ein schmaler Grat. Da sich sexueller Humor auf Geschlechtsverkehr bezieht und skatologischer Humor auf Fäkalien, kann unter Umständen eine Person eine bestimmte Art von Humor als sexuell und sogar romantisch wahrnehmen, während eine andere Person dies als skatologisch und vulgär empfindet. Vulgäre Scherze können allgemein als Test begriffen werden, um die Einstellung der Zuhörer zum Thema Sex zu ermitteln.[228]

Obwohl sexueller Humor weit verbreitet ist, behandelt keine der klassischen Humortheorien diesen Bereich. Freud war der erste, der hervorhob, dass eine der grundlegenden Funktionen von Humor darin besteht, ein Bewusstsein für das Thema Sex zuzulassen. Humor ist eine Methode, um unbewusste Impulse auf eine gesellschaftlich akzeptable Weise auszudrücken. Nach diesem Ansatz handelt es sich bei Humor um einen Vorgang, der Sublimierung beinhaltet und dessen Hauptfunktion die Äußerung sexueller und aggressiver Impulse darstellt.[229] Lacht man über einen „unanständigen" Witz, löst sich dadurch nicht nur emotionale Energie, man erhält dadurch auch die Möglichkeit, Vergnügen aus verbotenen Gedankengängen zu ziehen. In der Theorie steigt mit der Menge unterdrückter sexueller Gefühle auch das Vergnügen durch sexuelle Scherze.

---

[228] Alleen Nilsen und Don Nilsen, *Encyclopedia of 20th-Century American Humor* (Phoenix, AZ: Oryx Press, 2000), S. 112.

[229] Sigmund Freud, „Humor", *International Journal of Psychoanalysis*, Bd. 9 (1928), S. 1–6.

Ähnlich wie bei Humor, insbesondere bei sexuellem Humor, ist auch das Thema Sex nach wie vor ein Tabuthema, das bislang noch nicht ausreichend erforscht wurde. Umstände, die in den Ghettos und Lagern zu sexuellem Humor und Lachen führten, unterscheiden sich grundlegend von entsprechenden Reaktionen im „normalen" Leben, unter normalen Umständen. Der sexuelle Humor in den Lagern behandelte Sexualität nicht indirekt, sondern direkt und unverhohlen. Demnach verwundert es auch nicht, dass die Überlebenden bei der Debatte um sexuellen Humor unmissverständlich auf seine ästhetischen Merkmale verwiesen: Obszönität, Rohheit und das Makabre. Ausdrucksformen sexuellen Humors sind ihnen besonders in Bezug auf vulgäre Lieder und obszöne Witze in Erinnerung. Die meisten Überlebenden, die dieses Thema ansprachen, lachten, einschließlich derer, die während des Gesprächs die unanständigen Lieder anstimmten. Einige lachten aus Vergnügen, während andere wiederum aus Verlegenheit lachten, doch alle merkten an, dass ihnen diese Sprache fremd war und weiterhin ist. Ein paar unter ihnen sagten einfach: „Das war ein wirklich widerliches Lied."

Die Gefangenen erfanden des Weiteren vulgäre Bezeichnungen für alltägliche Ereignisse, u. a. „die Tittenparade" – Frauen, die zu den Bädern marschierten; und „das Penisspektakel" oder „Penisschau" – Männer, die zu den Bädern marschierten. „Wenn ihr nicht mit den Burschen schlaft, schlaft ihr mit den Würmern." Und „Das ist keine Seife, es zersetzt sich nicht" sagte man zu jungen Mädchen.[230] Mina Tomkiewicz beschrieb die Einstellung zu Sex im Lager in ihrem Tagebuch:

> Hin und wieder fand man zur Kontrollzeit Männer in den Baracken der Frauen vor. Ein Skandal brach los. Die Deutschen sperrten die Männer vorübergehend ein und befahlen ihnen am darauf folgenden Tag, durch das gesamte Lager zu marschieren. Die Zuschauer wurden angehalten, die Gesetzesbrecher zu verhöhnen. Einige lachten unter deutschem Befehl, bis sie beinahe platzten.
>
> [...] Die Ankunft der *Sephardim* [Juden aus Spanien/dem Nahen Osten] sorgte für ein erneutes Interesse. [...] Die Jugendlichen kamen wieder zu sich. [...] Es wurde poussiert und geschäkert, Pärchen fanden zueinander, Intrigen wurden ausgeheckt und überall wurde Klatsch und Tratsch verbreitet. Die Spanier waren noch nicht so geschwächt und am Ende ihrer Kräfte, wie wir es waren. Daher wandten sie sich dem Kokettieren und Liebeleien zu. Diese neue, lebendige und heißblütige Energie – die Spanier hatten keine drei Jahre des Ghettolebens hinter sich – verstummte nicht in einem Jahr des Leidens, Hungerns und der Erniedrigung im Lager und dieses Verlangen wollte gestillt werden. Es stimmt, das sexuelle Leben in unserem Lager hatte nahezu vollkommen aufgehört zu existieren. Die Leute waren zu ausgezehrt, zu niedergeschlagen, zu schwach. Körperliche Stärke gehörte der Vergangenheit an. Dazu kam, dass Männer und Frauen gemeinsam duschten und gemeinsam die Latrinen benutzten. Die sexuelle Spannung verschwand und die Situation verlor ihren Reiz. Männer urinierten im direkten Blick-

---

230 Zusammengetragen und aus dem Polnischen ins Hebräische übersetzt vom Gesprächsteilnehmer Nachum Monderer-Manor.

feld der Frauen und die Frauen zogen sich vor den Männern aus, ohne jegliche Absicht, Aufmerksamkeit zu erregen. Es gab kein Schamgefühl mehr und keinerlei Tendenzen, eine sexuelle Beziehung einzugehen. Die *Sephardim* waren jedoch vollkommen anders. Sie waren voller Vitalität und Wagemut [...], gingen mit schäkernden Bemerkungen nicht sparsam um, doch sie fanden dafür unter uns keine Abnehmer; die Zahl an „Kunden" war ganz sicher sehr gering und kaum merklich.

Jeden Abend, jede Nacht konnten wir aus den Latrinen gebrochenes Gesäusel durchklingen hören und schallendes Gelächter aus den Latrinen. Offenbar diente die Latrine als ein Zufluchtsort und Versteck, an dem sexuelle Beziehungen eingegangen wurden.[231]

Menasze Hollander beschrieb, was er in den Familienbaracken in Skarżysko-Kamienna miterlebte:

Hier lebte eine ausgewählte Gruppe von verheirateten Paaren, die einen hohen Preis zahlten, damit man ihnen einen Platz in diesen Baracken zuwies. In den meisten Fällen waren es keine echten Paare. Attraktive alleinstehende junge Frauen, allein auf der Welt, die aus Majdanek oder anderen Lagern, die liquidiert worden waren, hergebracht wurden, barfuß und in Lumpen, und zu einem Kaufobjekt wurden, „Cousinen" der Lagerelite. Für ein Stück Brot, ein Paar Schuhe oder ein Kleid taten sie alles, was ihre Beschützer von ihnen verlangten. Die meisten Mädchen hatten keine andere Wahl. Wenn sie dem Willen des *Prominenten* nicht gehorchten, hatten sie nichts außer Hungersnot, Elend und nicht selten Tod zu erwarten.[232]

Laut Felicja Karay wurden im Lager auch viel Klatsch und Tratsch verbreitet, was ihren schwierigen Umständen dort eine zusätzliche Würze gab.[233] In Rudolf Vrbas und Alan Bestics Buch *Ich kann nicht vergeben* wird folgendes Ereignis geschildert:

Jemand brüllte: „Ins Bad!" Wir wurden in eine düstere Baracke getrieben, in der es durchdringend nach Desinfektionsmittel roch.
„Ausziehen!"...
Anschließend ging es wieder nach draußen ins Freie, wo wir gerade noch sahen, wie unsere Kleider weggebracht wurden. Zitternd sah ich mir meine Umgebung zum ersten Mal richtig an.
Überall um mich herum Baracken, schäbige Baracken aus Holz. Baracken, Stacheldraht und sonst nichts. Kein Baum, kein Strauch. Trostlosigkeit. Majdanek versuchte nicht einmal, sich einen Anstrich von Zivilisation zu geben.

---

231 Mina Tomkiewicz, *There Was Life There Too: Pages from Bergen-Belsen* (hebräisch) (Tel Aviv: Twersky, 1946), S. 53, 102–103.
232 Felicja Karay, *Death Comes in Yellow: Skarżysko-Kamienna Slave Labor Camp* (englisch) (Amsterdam: Harwood Academic, 1996), S. 114.
233 Ebd., S. 189-190.

Aber was ich sah, war nicht annähernd so niederschmetternd wie die Geräusche, die zu hören waren. Aus den anderen Abschnitten drangen Schreie zu uns herüber, das Geräusch von Schlägen, gelegentlich ein Schuss. Wir sahen Häftlinge hektisch herumrennen, immer nur einen Sprung vor Stock oder Kugel, und in unserer zitternden, nackten Gruppe sank die Moral, bis der Tod unser ganzes Denken beherrschte.

Trotzdem hatte ich immer noch das Gefühl, es schaffen zu können, obwohl ich jetzt wusste, dass meine Chancen nur hauchdünn waren. Aber überall um mich herum sah ich Männer, die aufgegeben hatten, Männer, die keinen Lebensmut mehr besaßen.

Und dann ereignete sich in dieser düsteren, vom Tod beherrschten Atmosphäre eins der wundervollsten Beispiele für tragikomischen Mut, das ich je erlebt habe. Neben mir stand Ignatz Geyer, den ich zu Hause unter der absolut unpassend klingenden Kurzform seines Namens, „Nazi", gekannt hatte. Gemeinsam waren wir den Mädchen hinterhergestiegen, „Nazi" mit spektakulärem Erfolg.

Auch er war sicher, dass er sterben würde, und er behielt Recht damit, er wurde wenig später umgebracht. Aber er war entschlossen, in Würde zu sterben. Er war entschlossen, sich von ihnen nicht vollständig erniedrigen zu lassen.

Er sah sich um und sagte grinsend: „Was habt ihr alle bloß für mickrige Schwänze!"

Eine Bewegung ging durch die Reihen. Jemand lachte. Die gedrückte Stimmung hellte sich ein klein wenig auf.

„Was haltet ihr davon", fuhr „Nazi" fort, „wenn wir sie vergleichen? Wollen wir sehen, wer von uns den größten hat?"

Vielleicht war es lächerlich. Vielleicht war es kindisch. Sicher war es nicht gerade fein. Aber es bewirkte, dass unser Humor, der schon so gut wie tot gewesen war, wieder zum Leben erweckt wurde.

Nur zur Information – „Nazi" gewann. Mit einem breiten Grinsen blickte er auf sein preisgekröntes bestes Stück herab und sagte: „Was für eine Schande, dass du nie wieder zum Einsatz kommen wirst. Aber immerhin hast du kein schlechtes Leben gehabt!"[234]

In der nachstehenden Selektion beschreibt Ka-tzetnik eine Aufführung in Auschwitz:

> Aus allen Blocks, aus jeder Richtung strömten Blockchefs, Händler, Krankenwärter, Köche aus den Lagerküchen, Schreiber – die *Prominenten* des Lagers, Arm in Arm mit ihren Piepeln[235] – in Richtung des Theaters…
> Offenbar bekam ein Gefangener vor dem Theatergelände den überwältigenden Erfolg zweier Sänger auf der Bühne mit. Mit einem Mal erschien er auf der Bühne…
> Und fürwahr, der Sänger wusste, was den Deutschen gefiel. Es war ein gefühlvolles Lied über eine „süße Kleine – oh ja, mit zwei tollen Titten – oh ja" und all den winzigen Details darüber, wie man mit so einer „Kleinen" umgehen muss, damit „jeder auf seine Kosten kommt".

---

234 Rudolf Vrba, *Ich kann nicht vergeben* (Frankfurt a. M.: Schöffling Co., 2010), S. 113–114.
235 Junge Männer, die sexuelle Dienste für die Kapos anboten.

Ein echter Hit. Genau das Richtige. Der gesamte Block stimmte direkt in den Refrain mit ein:

Oh ja, ich hab ein Schätzchen – hoch, hoch , hoch mit euch.
Ein Schätzchen für mich ganz allein – hoch, hoch, hoch mit euch.
Und immer, wenn ich sie vernasche – hoch, hoch, hoch mit euch.
Dann fließt der Saft wie Wein – hoch, hoch, hoch mit euch.
Lasst uns froh und heiter sein…[236]

Die Überlebenden erzählen von sexuellem Humor

Felicja Karay: Es gab auch derbe Scherze, aber viel weniger davon. Das erotische Element kam kaum vor, außer in Skarżysko, einem Lager mit Männern. Nur unter Frauen – so gut wie nie. Nie. […] Aha, „Cousinen, Cousinen", das hatte eine große Auswirkung. Lassen Sie mich das kurz erklären: Menschen, die Hunger litten, hatten keinen Sinn mehr für Erotik, weil Essen wichtiger war. Diejenigen allerdings, die genügend zu essen hatten – und solche gab es in jedem Lager – erzählten sich vulgäre Scherze. Das gab es zweifellos in jedem Lager. Ich spreche hier noch nicht einmal von einem Lager wie Auschwitz, in dem das mit einhundertprozentiger Sicherheit vorkam. Aber sogar in anderen Konzentrationslagern. Es hab zweifelsohne schmutzige Witze. In welchen Kreisen? Zuallererst unter den privilegierten Juden, die nicht hungerten, und zweitens unter denjenigen, die einen engeren Kontakt zum Frauenlager hatten. […] Im Übrigen gab es in Auschwitz ein Bordell. Nicht für die Gefangenen, sondern für die SS-Männer und die Wachen. […] Schon allein die Tatsache, dass es so etwas dort gab, provozierte hier und da derbe Witze, ohne jeden Zweifel. Aber ich kann Ihnen keine konkreten Beispiele nennen. Ich war nicht an diesem Ort. Ich weiß das nur von anderen Leuten oder weil ich darüber gelesen habe.

Rina (Risha) Treibich: Wir verwendeten derben Humor, weil wir im Grunde wussten, dass es keine Hoffnung gab, dass wir jeden Moment, jeden Tag oder Monat [sterben könnten] und es gab keine Hoffnung. Es ging dabei nur darum, die Leute aufzumuntern und wir erlaubten uns eine Menge, schließlich könnten wir morgen schon tot sein. Also wieso nicht?

Nachum Monderer-Manor: Als ich damit anfing, das Material zu sammeln, stellte ich plötzlich fest, dass das meiste davon, gut, vielleicht nicht das meiste, aber da gab es sehr viel Vulgärsprache und derbe Ausdrücke – und auf Polnisch klingt das wirklich schlimm. […] Ich erinnere mich an schmutzige Lieder. Die Verwendung derber Ausdrücke könnte vielleicht ein Abwehrmechanismus gewesen sein, denn die Leute redeten so nicht zu Hause.

---

236 Ka-Tzetnik 135633, *Piepel* (englisch) (London: Anthony Blond, 1961), S. 153, 161.

Marishah Entes-Fialko: Es gab Scherze. Mir fällt zufällig gerade ein Witz ein, der wirklich nicht nett war, aber es war ein Witz, der die Runde machte. [...] Die Männer sagten: „Statt euch zu den Schlangen zu legen" – es war klar, dass sie uns ohnehin töten würden – „kommt her, legt euch zu uns".

Als wir in das KZ Stutthof kamen, führten sie eine gynäkologische Untersuchung durch und schauten in die Vagina; wir konnten das nicht einordnen. Ich wusste nicht, was das sollte. Wir waren Mädchen von 18, 19 Jahren. Ich verstand nicht, warum, wieso, weshalb. Als wir danach zu den Baracken gingen, [traf ich] ein paar Leute aus meiner Heimatstadt und zwei weitere Frauen, die Schwestern waren... Sie waren nicht viel älter als ich. Eines nachts fingen die Schwestern an zu schreien: „Oh nein, ich bin keine Jungfrau mehr, obwohl ich nicht gesündigt habe!" Ich dachte nur: „Was redet sie da? Was meint sie nur?" Es gab dort tausende erwachsene Frauen. Eine sagte zu mir und meiner Schwester: „Mariashenka, Ruchala, hört nicht auf sie!" Darüber mussten die Leute fürchterlich lachen.

Arie Ben-Menachem: Der Vorsitzende des Judenrates, Mordechai Rumkowski, hatte vor zu heiraten – und er heiratete im Ghetto, er war ein älterer Herr. Eigentlich war er viel jünger, aber er wirkte auf uns wie ein alter Mann – er wurde auch der „Älteste" genannt, er war über 60 – und er plante seine Hochzeit mit einer jungen Anwältin, die deutlich jünger als er war. Danach kursierten Witze über seine Hochzeit. Unter anderem erzählte man sich, die Deutschen würden ihm ein Geschenk überreichen, ein Hochzeitsgeschenk in Form einer Pistole, und dann könnte er sagen: „Stehen bleiben oder ich drücke ab!"

Orna Birnbach: Wir hörten nirgendwo so verdorbene Sprache wie in Plaszów. Dort befand sich der Bodensatz der sozialen Schichten aus Krakau; wie sie sprachen, solche schmutzigen Witze – sehr schmutzig, mit lauter Stimme – es war einfach grauenhaft.

Skatologischer Humor

Der Begriff „skatologisch" leitet sich aus dem griechischen „skato" ab, was so viel wie „Kot" oder „Exkrement" bedeutet. Dementsprechend bezieht sich skatologischer Humor charakteristischerweise auf Körpervorgänge auf der Toilette, wobei es in vielen Kulturen als unhöflich oder als Tabubruch gilt, öffentlich darauf Bezug zu nehmen. Sexueller und skatologischer Humor beschäftigen sich mit denselben Körperteilen, weshalb sich ihre Zwecke überschneiden. Skatologischer Humor rührt von dem Tabu, das mit biologischen Notwendigkeiten verbunden ist, und erzielt seine Wirkung aus dem Schock über die Vernehmung öffentlicher Äußerungen zu diesen Vorgängen.

Zu den häufigsten Auslösern für skatologischen Humor gehören folgende Elemente: das Groteske an Darmentleerungen und Urinierungsvorgängen, Kontakt mit Fäkalien, das Bewusstsein über die öffentliche Ausführung einer privaten Funktion, die Beobachtung dieser biologischen Funktionen, Konzentration auf den Hintern anstelle des Gesichts und die Zerwühlung von Kleidung. Skatologischer Humor entfernt das Beiwerk, mit dessen

Hilfe das Selbst die Kontrolle über sein Erscheinungsbild zu wahren versucht: Kleidung, Privatsphäre, Heimlichkeiten und Selbstbeherrschung. Skatologischen Humor findet man vermehrt in Gesellschaften, in denen Individualismus zu den kulturellen Werten gezählt wird, und weniger in Kulturen, in denen dem Individuum nicht so viel Bedeutung zukommt, da die eigene Identität in diesem Fall durch Gesellschafts- oder Stammesbeziehungen bestimmt wird.[237]

Nachdem die SS den Latrinenbereich für gewöhnlich nicht betrat, entwickelte sich dieser zum gesellschaftlichen Treffpunkt der Gefangenen, an dem sie reden, handeln, scherzen, tratschen und vor allem Gerüchte erfahren und verbreiten konnten. Daher stammt auch der Ausdruck „*Radia Tuches Agentur*" – Radio Hintern Agentur.

Joseph Bau beschreibt die Latrine im Lager Plaszów in humorvoller Manier:

Das spirituelle und kommerzielle Zentrum des Lagers: die Latrine. [...] In der Mitte der Latrine befand sich ein langer Trog, darüber ein Leitungsrohr und mehrere Hähne, die manchmal defekt waren. Morgens vorm Appell, oder abends nach der Arbeit versammelten sich alle Lagerinsassen hier. Leute wuschen ich, mindestens zwei an jedem Wasserhahn, während andere in der Schlange warteten. Sechzig Personen saßen herum und tauschten inmitten von Stöhnen und Flatulenz die neuesten Nachrichten und Witze aus. Ihnen gegenüber warteten die „*kibitzer*"[238] ungeduldig darauf, dass die anderen mit ihrem Gerede und ihrem Stuhlgang fertig wurden.
In der Latrine konnte man Bekannte treffen und wichtige Angelegenheiten erledigen; man konnte Brot gegen Zigaretten oder Zucker tauschen. [...] Ab und zu stürmte die jüdische Polizei mit Peitschen bewaffnet oder die SS mit geladenen Waffen die Latrine, um die Trödler rauszuwerfen... Dann eilten alle in einem heillosen Durcheinander auseinander... Einige rannten halbnackt und tropfend nass davon und versuchten, während sie planlos umherirrten, ihr Gesicht mit den Händen zu trocknen... Andere wieder rannten ziellos durch die Gegend und hielten dabei ihre Hose fest, während sie weiterhin flüssigen Durchfall produzierten... Die „Händler" suchten ebenfalls das Weite, wobei sie unter den Flüchtigen noch Ausschau nach ihren letzten Kunden hielten – die Kunden, die etwas von ihnen gekauft hatten, aber nicht mehr bezahlen konnten.[239]

Tomkiewicz schrieb Folgendes in ihr Tagebuch:

Ich ging dort entlang und schaute mich dabei um. Die öffentlichen Toiletten amüsierten mich schon länger. Die dutzenden rundlichen Hinterteile der älteren und jüngeren Frauen mit ihren unterschiedlichen Größen und Formen lösten in mir ein Gefühl von

---

237 Nilsen und Nilsen, *Encyclopedia of 20th-Century American Humor*, S. 261.
238 Ein Außenstehender, der anderen (oftmals ungefragt und aufdringlich) Ratschläge oder Kommentare erteilt.
239 Joseph Bau, *Dear God, Have You Ever Gone Hungry?* (englisch) (New York: Arcade, 2000), S. 139–140.

Stolz aus – ich bin nichts Geringeres als eine Heldin aus einer Geschichte von Erich Maria [Remarque] oder Henri [Barbusse]. Sämtlicher Klatsch und Tratsch fand seinen Ursprung in dieser ehrwürdigen Einrichtung, ebenso wie alle wichtigen Handelsgeschäfte, die dort getätigt wurden. [...]. Nehmen wir beispielsweise eine Szene, die uns sogar jetzt noch in schallendes Gelächter versetzt: Neben der Latrine war eine lange Schlange, in der jeder es eilig und eine schwache Blase hatte. Alle verließen ihre Pritsche immer erst in letzter Minute, wenn sie es kaum noch „halten" konnten und es die „Gefahr eines Unfalls drohte". Unsere Verdauungssysteme neigten stark zu Durchfall, was an den halb gekochten Blättern in unserer heißen „Suppe" aus Unkraut lag und uns in den Wahnsinn trieb. In jedem Lager gab es nur drei Latrinen, eine davon war ständig außer Betrieb und eine weitere bis oben hin voll. Jemand hat einmal ausgerechnet, dass es „einen Mangel an 3.000 Toilettenstunden pro Tag" gäbe. Die Leute in der Schlange waren sehr leicht reizbar – und das aus gutem Grund. Jeder verfluchte die Glücklichen, die es „noch rechtzeitig geschafft hatten", doch die drinnen dachten nicht länger an die draußen, die „in Not" waren. Ein wenig so, als wäre man auf der Marszałkowska Straße [eine Hauptstraße] in Warschau. „Wie lange brauchst du noch?"
„Willst du vielleicht, dass ich dir eine Zeitung oder einen Roman reiche?"
„Er verhält sich wirklich unerhört."
„Das ist eine unmögliche Situation!"
„Mach hinne, wir können nicht mehr..."
Derjenige, der drinnen sitzt, verteidigt sich gegen die zahlreichen Anschuldigungen, die ihn eine nach der anderen erreichen: „Ich bin hier nicht zum Feiern! Ich brauche mehr als eine Sekunde für ‚mein Geschäft'... In mir herrscht das totale Chaos." Andere sagen nichts und verharren einfach in stoischer Stille – das sind diejenigen, die sich beeilen, am längsten zu warten.[240]

Die Überlebenden erzählen von skatologischem Humor

Rina (Risha) Treibich: Wir hatten Latrinen, natürlich, aber was heißt das schon? Wissen Sie, von dem Augenblick an, als wir im Lager ankamen [...] gab es keinerlei Raum für Privatsphäre. Wir mussten vor allen anderen baden, unseren Stuhlgang verrichten und urinieren. Es gab eine Reihe, wir saßen dort und unterhielten uns. Ich habe auch ein wenig gelacht. Ich sagte: „Mein Kaffeehaus in Auschwitz, in Birkenau, war in der Latrine." Alles fand dort statt: Getratsche, Informationsaustausch, Tauschgeschäfte, einfach alles.

Orna Birnbach: Unser einziger Kontakt [mit Frauen, die an anderen Orten arbeiteten], fand in der Latrine statt; diese Toilette war unser Treffpunkt. Und die Frauen, die deutschen Frauen, die uns bewachten, waren fast noch schlimmer als die Männer. Sie waren

---

240 Mina Tomkiewicz, *There Was Life There Too: Pages from Bergen-Belsen* (hebräisch) (Tel Aviv: Twersky, 1946), S. 35, 149-150.

wirklich der Abschaum der deutschen Gesellschaft, [...] aus Bordellen, aus der Unterwelt. [...] Aber sie hatten Angst, sie kamen nicht rein, weil es dort so furchtbar stank und sie ja trotz allem diese sauberen, hygienischen Deutschen waren. Sie standen draußen, also hatten wir die Gelegenheit, uns zu treffen, zu tratschen, Geschichten zu erzählen, Informationen weiterzuleiten, Nachrichten zu überbringen, uns einander zu umarmen. [...] Wir verbrachten viel Zeit dort in den Latrinen, wir wollten ganz einfach nicht weg. Und die Witze erst – dein Hintern sieht so oder so aus! Es gab kein Toilettenpapier und wir bekamen in Plaszów immer noch unsere Periode. In Plaszów menstruierten wir noch, in Auschwitz hörte das auf, vollständig. Darüber gab es auch makabre Scherze.

Nechama Chernotsky-Bar On: Der Toilettenbereich war für alle. Da war eine große Grube und darüber befanden sich lange Planken, auf denen alle saßen. Dafür gab es einen Namen unter den Gefangenen: R.T.A. – *„Radia Tuches Agentur"*, da das der Ort war, an dem man Neuigkeiten erfuhr. [...]

Lila Holtzman: Richtig, R.T.A. Es gab da kein Schamgefühl – wenn alle in einer langen Reihe sitzen und sich Witze erzählen. [...] Auf Polnisch gab es dafür einen anderen Namen: J.P.P. – *"jedna pani powiedziała"* (eine Frau hat gesagt).

Nechama Chernotsky-Bar On: Wenn gerade keine SS-Männer in der Nähe waren, standen wir zusammen und unterhielten uns und malten uns aus, wie es nach der Befreiung sein würde; dass wir zu einem Onkel in Amerika oder irgendeinem anderen Onkel gehen würden, der für uns das Bett machen würde, und wir würden dann sagen: „Das ist nicht nötig. Ein bisschen Stroh auf dem Boden genügt völlig." Und wenn wir in das Badezimmer gingen, würden sie uns fragen: „Ist da noch Toilettenpapier?" Und wir würden daraufhin antworten: „Wir brauchen kein Toilettenpapier, wir können uns einfach ein Blatt von einem Busch pflücken." So etwas eben, allein darüber zu sprechen war lustig.

Lily Rickman: Nachts war unser einziges Licht das im Toilettenbereich. Wir waren mit polnischen Mädchen untergebracht, die bereits drei Jahre dort gewesen und in einem besseren Zustand als wir waren. Sie stahlen Faden und hatten mehr Essen; sie bastelten sich Stricknadeln aus Eisenstücken und gaben uns Arbeit im Tausch gegen eine Portion Suppe oder Brot oder etwas anderes. Also musste man sich entscheiden: Entweder konnte man nachts schlafen oder stricken und etwas zu essen bekommen. Irgendwann entschied ich mich dafür zu stricken. Wir strickten Socken. Wir schliefen zu zweit in einem Bett und meine Freundin fragte mich: „Sag mal, wieso hast du dich eigentlich entschieden, die ganze Nacht lang zu stricken, um zwei Portionen Suppe mehr zu bekommen, und nicht wie ich dafür zu schlafen?" Ich antwortete: „Weil man dort in den Latrinen die besten Witze überhaupt hört!" Irgendjemand erzählte dort immer Geschichten. Es gab immer eine Art Gerücht, das wir hier oder da gehört hatten... alle möglichen Dinge. Einige waren ermutigend, andere weniger. Wenn es eine entmutigende Nachricht gab, redeten wir darüber. Wer wusste schon, wann der Krieg enden würde und was danach sein würde? Ich fragte:

„Wo hast du das gehört?" Sie sagte: „In den Latrinen." Ich sagte: „Sie war außer Betrieb und deswegen stinken die Witze zum Himmel! Das kann nicht wahr sein. Das stinkt doch zum Himmel."

Ester (Stania) Manhajm: Die Latrine war z. B. ein guter Ort für Witze. Ich gebe Ihnen noch ein weiteres Beispiel für die Situation. Wir waren in der Latrine und wuschen unsere Wäsche, als plötzlich ein Kommandant hereinkam. Wir stellten die Wäscheschale schnell über das Loch in der Toilette und setzten uns darauf. Er platze rein und schrie: „Achtung!" Dann sagte er: „Weiterscheißen." Alle, die da waren, gingen anschließend mit einem nassen Hintern wieder raus, weil sie auf der nassen Wäsche gesessen hatten. Darüber mussten wir natürlich alle lachen. [...] Das war vielleicht ein Bild, [...] ich muss schon wieder lachen.

In Plaszów schlief ich auf der zweiten Etage der Pritsche. Auf der dritten Etage schlief ein junges Mädchen mit seiner Mutter und neben ihnen schlief eine Freundin von mir. Einmal sah meine Freundin, wie das Mädchen plötzlich ihre Essensschale schnappte und in sie urinierte, weil sie nicht genügend Zeit hatte, um herunterzukommen. Und meine Freundin nahm dann die Schale und leerte sie vollständig über dem Kopf des Mädchens aus! Die Mutter fragte: „Was machst du mit meiner Tochter?" [...] Ich kann mich nicht mehr erinnern, was sie geantwortet hat, aber alle mussten furchtbar über diese Geschichte lachen.

Eitan Porat: Oft urinierten sie hundertmal pro Nacht in einen Eimer. Den Eimer nannten alle „Kibbel" [ein im Bergbau verwendeter Eimer aus Eisen] und wenn sie zum Urinieren nach draußen rannten, erfroren sie oft in der Kälte. Deswegen mussten sie lachen und sagten: „Es war so kalt, dass er aufhörte zu urinieren." Er erfror und wir lachten darüber, dass er nicht länger urinierte. Alle, die lachen konnten, taten es und diejenigen, die es nicht konnten, eben nicht.

Yehuda Garai: In Birkenau herrschte der gleiche Humor [wie im Ghetto] und der gleiche Humor in der Latrine. [...] Wir kamen in der Latrine zusammen – das war der Ort, an dem Neuigkeiten und all die neuen Witze verbreitet wurden. [...] Für gewöhnlich gingen wir am frühen Morgen, wenn es noch dunkel war, zu den Latrinen und dort waren etliche Leute auf diesen Betonplatten [sitzend], man konnte das nicht einmal als Sitze bezeichnen – so etwas wie eine lange Planke mit Löchern darin. Eigentlich sollte da auch ein Netz sein, damit man nicht hineinfallen konnte, aber an manchen Stellen befand sich keines und dort fielen die Leute manchmal hinein. [...] Solche Sachen passierten ständig. Das ist zwar kein Humor, aber die Leute haben gelacht. Das ist nicht wirklich Humor, es ist eine andere Art des Lachens. [...] Die Leute bekamen Durchfall und was für einen Spitznamen erfanden die Leute dafür? „Der Polizist macht seine Runde!" Das war der Ausdruck für Durchfall: „Der Polizist macht seine Runde. Er hat den Verkehr in die andere Richtung umgeleitet!" Solche Sachen, wissen Sie, wie ich meine? Es ist schwer zu erklären, aber so lief das dort.

Die soziale Funktion von Humor

Es fällt uns leichter, mit Freunden zu lachen als mit Fremden. Humor agiert als eine Art Schmierstoff für soziale Interaktionen, indem er zu sozialen Prozessen beiträgt und z. B. den Gruppenzusammenhalt stärkt, Spannung innerhalb einer Gruppe reduziert und eine positive Atmosphäre schafft. Jeder Ausdruck von Humor ist einzigartig und abhängig vom jeweiligen soziokulturellen Hintergrund der Gruppenmitglieder. Demnach muss bei einer Humoranalyse auch der soziokulturelle Kontext, in dem der Humor stattfindet, berücksichtigt werden.[241] Lachen verstärkt sich, wenn mehr als eine Person daran beteiligt ist, und Einzelpersonen haben häufig einen höheren Anreiz, in das Lachen der Gruppe einzustimmen, um zu zeigen, dass sie „dazu gehören".[242]

Henri Bergson ist der Ansicht, „[w]ir würden die Komik nicht genießen, wenn wir uns allein fühlten. Offenbar braucht das Lachen ein Echo. […] Unser Lachen ist immer

---

[241] Avner Ziv, *Personality and Sense of Humor* (New York: Springer, 1984), S. 40–53; Howard Leventhal und Martin Safer, „Individual Differences, Personality and Humour Appreciation: Introduction to Symposium", in Antony Chapman und Hugh Foot, Hrsg., *It's a Funny Thing, Humour* (New York: Pergamon, 1977), S. 335–350; Charlene Bainum, Karen Lounsbury und Howard Pollio, „The Development of Laughing and Smiling in Nursery School Children", *Child Development*, Bd. 55, Nr. 5 (1984), S. 1946–1957; Walter Duncan und Philip Feisal, „No Laughing Matter: Patterns of Humor in the Workplace", *Organizational Dynamics*, Bd. 17 (1989), S. 18–30.

[242] Kimberly Neuendorf und Tom Fennell, „A Social Facilitation View of the Generation of Mirth Reactions: Effects of a Laugh Track" (englisch), *Central States Speech Journal*, Bd. 39 (1988), S. 37–48.

das Lachen einer Gruppe."²⁴³ Bergson sieht in Humor und Lachen eine sozialkorrektive Wirkkraft, da man damit Menschen bestrafen und dazu zwingen kann, sich akzeptierten gesellschaftlichen Normen zu unterwerfen.

Die jüdische Sängerin und Pianistin Fania Fenélon war Mitglied des Mädchenorchesters in Auschwitz und überlebte so den Krieg. In der Einleitung zu Fenélons Buch schrieb Marcelle Routier:

> Im abgeschlossenen Halbdunkeln sitzen drei Frauen um einen polierten Eichentisch…
> Fania, eine zentrale Figur im Musikblock, ein Katalysator, eine Person mit schonungslosem Erinnerungsvermögen; die anderen beiden wissen, dass sie fast nichts vergessen hat…
> Fania Fenélon ist die kleinste der drei Frauen… eine Vitalität, die ihre Freunde dankbar anerkennen.
> „Du hast uns da durchgebracht, wenn du nicht gewesen wärst…"
> Ihre Sätze verstummen zum Ende, so viel muss gar nicht erst ausgesprochen werden.
> „Du hast uns zum Lachen gebracht…"
> […]
> „Wir haben gelacht, als hätten wir den Verstand verloren."
> Anny grenzt die Beobachtung ein: „Ja, wir konnten noch lachen – im Orchester!"
> Dieses lebensrettende Lachen bringt sie nun etwas zum Nachdenken: Heute fragen sie sich, ob es gerechtfertigt war. Irene wendet sich an mich: „Wir lachten und wir machten Musik. Ein Orchester in einem Konzentrationslager – das muss auf Sie unglaublich wirken."²⁴⁴

Der Humor und die Witze, die während des Holocaust gebräuchlich waren, müssen in ihrem jeweiligen Kontext begriffen werden. Die Gefangenen wurden von der krankmachenden Lageratmosphäre vereinnahmt, weswegen der Sinn für Humor aus ihrem früheren Leben nicht länger eine Rolle spielte. Die Lagerwitze waren rau, unverfroren und manchmal sogar beleidigend. Im Allgemeinen nahmen neue Gefangene diesen neuen Sinn für Humor erst nach einer Phase der Eingewöhnung an. Der Humor einiger Gefangenen, die erst kürzlich im Lager angekommen waren, besaß diese Schärfe oder Schroffheit nicht. Ein Ereignis, das in den Augen der Lagerveteranen komisch war, erlebten die neuen Gefangenen als grauenerregend und abscheulich, woran die allmähliche Anpassung der Gefangenen an die Brutalität der Lager ersichtlich wird. Aus den lebhaften Erzählungen und der verwendeten Sprache der Lagerälteren konnten die neuen Gefangenen Informationen darüber ableiten, wie man überlebte, welche Normen für das gemeinsame Zusammenleben in der pathologischen Lagerwelt galten und wie man die neue Lebensrealität

---

243 Henri Bergson, *Das Lachen: Ein Essay über die Bedeutung des Komischen* (Hamburg: Felix Meiner, 2011), S.15–16.

244 Fania Fenélon mit Marcelle Routier, *Playing for Time* (englisch) (New York: Syracuse University Press, 1977), S. vii–viii.

am besten verarbeitete. Darin bestand die didaktische Bildungsfunktion des Humors im Lager; ein erfolgreicher Witz konnte lange Erklärungen ersetzen und die Situation besser veranschaulichen als zahlreiche Einzelheiten.[245]

Bau beschreibt, wie sich seine Freunde über ihn lustig machten:

> [...] Ich lebte in ständiger Furcht vor Kommandant Göth[246]. Ich war mit den Nerven so sehr am Ende, dass es schon genügte, seine Stimme zu hören, sei es nur dumpf durch eine geschlossene Tür hindurch oder aus der Entfernung, und der letzte Tropfen Blut wich mir aus dem Gesicht. Wenn er sich in der Nähe befand oder jemand sagte, er sei auf dem Weg, wurde ich kreidebleich, meine Lippen wurden eisig, mein Herz hörte auf zu schlagen und mein Rücken fühlte sich wie ein Ameisenhaufen an. Noch Stunden danach hatte ich Kopfschmerzen. Einmal kamen Schreiber aus den anderen Räumen in mein Büro, um mich zu warnen, dass Göth vor Ort war und er mit großer Wahrscheinlichkeit meinen Schreibtisch aufsuchen würde. Ich sackte innerlich zusammen und erwartete unter eindringlichen Todesvisionen die schicksalhafte Ankunft. Als diese Warnungen immer häufiger vorkamen, tröstete mich Greenberg mit diesem Ratschlag: „Erstens war Göth schon seit zwei Wochen nicht mehr im Lager. Und zweitens machen sie sich über dich lustig, weil es schon ausreicht, wenn sie sagen, er kommt, damit du dich wie das Jahrhunderträtsel benimmst und bleich wie ein Gespenst wirst. Sie demonstrieren das Phänomen nur mit allzu großen Freuden jedem Skeptiker."[247]

Die Lager setzten sich, wie wir wissen, heterogen zusammen, d. h. eine große Bandbreite an Menschen teilte dasselbe Schicksal miteinander. Viele Überlebende, die für diese Studie befragt wurden, merkten an, dass diejenigen Gefangenen, die mit Bekannten oder Freunden aus ihrer Heimat im Lager ankamen oder in den Lagern Freundschaften schlossen, sich den Gegebenheiten leichter anpassten. Teil einer Gruppe zu sein brachte viele Vorteile mit sich; ein Einzelgänger hatte es sehr viel schwerer, sich alleine durchzuschlagen. Des Weiteren fand man in Gruppen, in denen die Mitglieder sich untereinander wohl fühlten, häufiger Humor und Witze.

---

245 Zenon Jagoda, Stanisław Kłodziński und Jan Masłowski, *Oświęcim nieznany* (Krakow: Wydawn. Literackie, 1981), S. 137–159.

246 Amon Göth, SS-Offizier und Kommandant des Konzentrationslagers in Plaszów. Nach dem Krieg wurde Göth an Polen ausgeliefert, wo er durch das Oberste Nationale Tribunal Polens in Krakau vor Gericht gestellt wurde. Gegen ihn wurde wegen des Massenmordes an den Juden Anklage erhoben und die Todesstrafe verhängt, woraufhin er in Krakau gehängt wurde. Robert Rozett und Shmuel Spector, Hrsg., *Encyclopedia of the Holocaust* (englisch) (New York: Facts on File, 2000), S. 246.

247 Joseph Bau, *Dear God, Have You Ever Gone Hungry?* (englisch) (New York: Arcade Publishing, 2000), S. 118–119.

Die Überlebenden erzählen von sozialem Humor

Rina (Risha) Treibich: Es war wichtig, einer Gruppe anzugehören. Eine auf sich gestellte Person war verloren […] Man konnte nicht alleine lachen.

Lily Rickman: Jedes Mal hatte ich andere Freunde. Ich schloss mich jedes Mal anderen an, weil es fünf [Personen pro Gruppe] sein mussten; das Brot wurde immer für fünf Personen ausgeteilt. Und wenn man auf eine bestimmte Sorte stieß – das bedeutet, wenn man die fünfte war und da schon vier zusammen gefunden hatten, dann diskriminierten sie einen regelrecht. Deswegen […] suchte ich nach Leuten, die umgänglich waren, eher zum Teilen bereit und sich einander mehr halfen. Und wir sind tatsächlich heute noch eng miteinander befreundet. Und auch Menschen mit einem Sinn für Humor, die gerne lachten.

[…] Sie verstand es entweder oder nicht. Manchmal lachte sie eine halbe Stunde später und wir sagten: „Na endlich hast du es verstanden. Morgen erzählen wir dir noch einen Witz, für den hast du dann eine Woche, um ihn zu verdauen." […] Ich hielt Ausschau nach anderen Leuten, die ebenfalls nicht nur die harte Realität sahen, wie: Jetzt sind wir hier und wir werden sterben.

Miriam Groll: Wir redeten viel. Es gab viele Witze, sehr viele. […] Auch wenn wir in der einen Minute noch traurig waren, wenn uns jemand etwas Lustiges erzählte, vergaßen wir für einen kurzen Moment, wir vergaßen unsere Probleme. Wir feierten auch Geburtstage. Wir waren so eine kleine Gruppe – fünf, sechs.

Yehuda Feigin: Wenn man mit anderen Leuten zusammen war, und es war egal, ob das im Ghetto oder im Lager oder in Auschwitz war, nach einem Moment der Stille […] lebte man darin, man lebte immer mit anderen Menschen zusammen, man war nicht allein. […] Und wenn jemand einen Sinn für Humor hatte, dann kam der auch dort zum Vorschein. […] Ich war schon immer ein Mensch, der Lachen in Gesellschaft liebt. […] Alles, was man sagt, kann man mit Humor ausdrücken. Es gab etliche Dinge – und so war das damals.

In den schlimmen Momenten, wie in jeder Situation, ob das jetzt während eines Krieges oder zu Friedenszeiten ist, oder wenn jemand deprimiert ist und sich niemandem öffnet und nichts mehr möchte, dann ist das eben so, er bleibt ruhig und lacht nicht. Aber in Gruppen findet man immer Humor. […] Auch wenn es dort kein Theater und keine professionellen Bühnenkünstler gab, so gab es doch im Alltag Komiker und mehr braucht es nicht. Es gibt immer einen. In jeder Gruppe, unter allen Umständen, gibt es da immer einen…, die Sorte, die fröhlicher ist, und die Sorte, die trauriger ist, den Klugen und den Narren.

Aharon David Kurtz-Adar: Es ergibt Sinn, dass in einer Gruppe von Menschen, die beisammen sitzt, alle Spaß haben und alle möglichen Scherze machen.

Die Intellektuelle Funktion von Humor

Humor ist eine Art amüsantes Spiel, das einen an Kindertage erinnert. Er ermöglicht die vorübergehende Befreiung von den Fesseln des rationalen Denkens und erlaubt uns so, uns an Wortspielen, Bedeutungsverzerrungen und Verletzungen der Gesetze des Logischen zu erfreuen. Er bietet uns folglich intellektuelle Freiheit. Humor lässt uns daneben eine Denkweise annehmen, die von konventionellen Gedankengängen abweicht, er lässt uns absurde Situationen unterhaltsam empfinden und Probleme auf unkonventionelle Art und Weise lösen.[248]

> Eine Nazifrau betritt eine Metzgerei in Berlin. Sie sieht sich skeptisch um und fragt anschließend: „Ist das hier eine rein deutsche Metzgerei oder eine widerliche jüdische?" „Gute Frau", spricht der Metzger. „Wie können Sie so etwas nur denken? Selbstverständlich ist das hier eine rein deutsche Metzgerei – hier kaufen nur Schweine ein!"

Auf Jiddisch gibt es, ähnlich wie in anderen Sprachen, endlose Möglichkeiten für humoristische Wortspiele. Die Holocaustliteratur weist eine Vielzahl an intellektuellen Humorbeispielen auf, von denen viele auf Jiddisch sind:

---

248 Avner Ziv, *Personality and Sense of Humor* (New York: Springer, 1984), S. 79–81.

In Lublin verlangten sie [die Deutschen], dass die Juden singen „*Lomir zich iberbeten*" [Wir bitten dich um Vergebung (Gebet zu Gott)], also sangen die Juden: „*Lomir zei iberleben*" [Lasst uns sie überleben].[249]

Es gab drei Währungen im Ghetto: „*harteh*", (hart auf Jiddisch), d. h. Golddollar; „*waicheh*", weich – Papierdollar; und „*ganswaicheh*", ganz weich – nutzloses Geld.[250]

Obmann, der Vorsitzende des Judenrates, wurde „Lobmann" (Schwindler) genannt, und den Judenratern – die Mitglieder des Judenrates – wurde der Spitzname „Judenreiter" gegeben, oder „Judenverräter".[251]

Unter den neuen Deutschen ist nichts heiliger als der Führer, aber für uns ist er ein *Verführer*.[252]

Ich erzähle Ihnen den scharfsinnigsten aller Witze: „Ausch-witz"![253]

Rumkowski lobte in einer öffentlichen Rede seine Feuerwehrmänner mit den Worten: „Sie wachen Tag und Nacht." Jemand aus der Menge schrie: „Wann schlafen sie?" „Wenn es brennt", antwortete ein anderer.[254]

Mark Dvorzhetski schrieb über einen Anwalt mit dem Namen Muszkat – ein Mitglied der jüdischen Polizei des Ghettos Wilna und ein „Fachmann für Witze und Feuilletons" über das Ghettoleben. Er zitierte die verschiedenen Aussagen des Anwalts:

Einige Leute im Ghetto glauben an den Deismus, andere wiederum an den Theismus. (Thea war die Polizistin, die einen außerordentlich großen Einfluss auf Jacob Gans[255] hatte, da er die „Lebensbescheinigungen" ausstellte. Ihre Empfehlung darüber, ob Gans

---

249 Emmanuel Ringelblum, *Notes from the Warsaw Ghetto* (hebräisch) (Jerusalem: Yad Vashem, 1992), S. 33.
250 Ebd., S. 294. Abraham Gancwajch war Leiter des Office to Combat Usury and Profiteering im jüdischen Viertel von Warschau, welches auch „die Dreizehn" genannt wurde und direkt der Gestapo unterstellt war.
251 Ebd., S. 309.
252 Chaim A. Kaplan, *Buch der Agonie: Das Warschauer Tagebuch des Chaim A. Kaplan*, Hrsg., Abraham I. Katsh (Frankfurt a. M.: Insel Verlag, 1967), S. 176.
253 Zenon Jagoda, Stanisław Kłodziński und Jan Masłowski, *Oświęcim nieznany* (englisch) (Krakow: Wydawn. Literackie, 1981), S. 137–159.
254 Nachman Blumental, *Words and Proverbs from the Holocaust Period* (jiddisch) (Tel Aviv: I.L. Peretz, 1981), S. 255.
255 Gans war der Kommandant der jüdischen Polizei und Vorsitzender des Judenrates im Ghetto Wilna.

für eine Person eine solche Bescheinigung ausstellen sollte, bedeutete für diese Person Leben oder Tod.)
Eine weitere Redewendung lautete: „Im Ghetto finden sich die ‚Enten' [diejenigen, die den fürchterlichen Gerüchten glaubten] schneller mit der Situation ab als die ‚Gänse' [falsche Friedensversprechungen von Gans]."[256]

Manchmal ist der Humor subtil, ironisch und äußerst bitter:

Es gab einen Vorfall während des Massakers der Juden aus Kelmė, Litauen. Als alle am Graben aufgereiht standen und in die Läufe der Maschinengewehre starrten, bat der Rabbi der Stadt, Daniel [Movshovitz], den befehlshabenden deutschen Offizier darum, einige Worte an seine Schützlinge zu richten. Der Offizier gestattete es ihm unter der Bedingung, sich kurz zu fassen. Der Rabbi begann, ruhig und behaglich über die Heiligung des Namens Gottes zu sprechen, so als ob er unter normalen Umständen zu seinen Schülern predigte. Als er immer weiter sprach, schrie ihm der Deutsche zu, er solle zum Ende kommen. Der Rabbi wandte sich an die Juden, die über den Todesgräben standen und fuhr fort: „Hier sind wir nun alle, mitten in der Situation, über die ich just sprach, *Kiddusch HaSchem*. Also geratet nicht in Panik, wir müssen unserem Schicksal ruhig begegnen." Dann wandte er sich an den Deutschen: „Ich bin fertig. Sie können anfangen."[257]

Auch Rachel Auerbachs Buch enthält Beispiele für intellektuellen Humor:

Mithilfe von Galgenhumor, ein Humor, den sich die Juden bis zur letzten Minute ihres Lebens bewahrten, erfanden die Juden verschiedene Versionen der Akronyme, die von deutschen Unternehmen verwendet wurden. Ich kann mich nicht mehr an alle erinnern, aber ein Beispiel ist das Unternehmen KOL, das am Anfang stand. In Wirklichkeit hieß es Karl, Oschmann, Leszczyński GmbH, aber die Juden witzelten darüber, dass es „Verschwörung, Täuschung und Fälschung Mischkonzern" (*kombinacja*, *oszustwo* und *lipa* auf Polnisch) heißen sollte. Noch besser, sie tauften das Unternehmen Walter C. Többens um in Warschau Trupów (Leichenschauhaus) oder den Warschauer Zentralfriedhof für die Trupów-Toten. Das beste Beispiel von WCT war *wezma ciebie też* – sie werden dich auch holen.

Ein Spaßvogel sagte scherzhaft, SSD, die Initialen des wertvollsten Stempels, der sich auf einer Arbeitsbescheinigung befinden konnte, der Stempel des Sonderdienstes

---

256 Mark Meir Dvorzhetsky, *Jerusalem of Lithuania in Battle and Destruction* (jiddisch) (Paris: Yidisher Folksfarband in Frankraykh un Yidisher Natsionaler Arbeter-Farband in Amerike, 1948), S. 256. Erklärungen wie im Original.

257 Zvi A. Brown und Dov Levine, *History of an Underground: The Combat Organization of the Kovno Jews in the Second World War* (hebräisch) (Jerusalem: Yad Vashem Publications, 1962), S. 52.

(Hilfspolizei, später unter der SS), sollte für *schowaj się dobrze* – such dir ein gutes Versteck – stehen.

Über die Schilder auf der Fassade jedes Bahnhofs mit der Aufschrift „Deutschland siegt in allen Fronten" scherzten die Polen „Deutschland liegt in allen Fronten" oder „Deutschland siecht in allen Fronten". Klara Segałowicz erinnert sich, eine andere Variante dieses Wortspiels auf Polnisch gehört zu haben, das im Ghetto gemeinsam mit den eingeschmuggelten Nahrungsmitteln und Päckchen eingeschleust wurde.[258]

Die Überlebenden erzählen von intellektuellem Humor

Ruth Sheinfeld: Es gab zwei Juden im Ghetto, Kohn und Heller, die eine Art Straßenbahn mit Pferden organisierten, sie sah wie ein Eisenbahnwagen mit Pferden aus. Man nannte sie die „*Kohnhellerka*" nach den Besitzern Kohn und Heller. Jetzt müssen Sie wissen, dass es in Warschau tonnenweise Läuse gab und Menschen an den Krankheiten, die durch die Läuse verursacht wurden, starben. [...] Die Leute starben in Massen an Typhus. Es gab diesen einen bekannten polnischen Autor historischer Romane, Józef Ignacy Kraszewski, der einen Roman mit dem Titel *chata za wsią* [Eine Hütte hinter dem Dorf] verfasst hat [...]. Was machten die Ghettobewohner nun daraus? Sie wandelten den Titel ab und nannten diesen Pferdewagen *chata ze wszą*. Das ist mir noch in Erinnerung. Auf Polnisch klingt das fast gleich, es reimt sich mit dem Buchtitel, bedeutet allerdings „eine Hütte mit Läusen". Sie gaben dem Wagen diese Bezeichnung, weil er voller Läuse und daher ein sehr gefährliches Fortbewegungsmittel war.

Christina Brandwajn (Shulamit Tzadar): „Bis bald in Trawniki und Piaski." Das waren zwei Lager. Aber Trawniki bedeutet auch „Rasen" und Piaski bedeutet auch „Sand". Und das war die echte Botschaft – wirklich sehr makaber.[259]

Ester (Stania) Manhajm: Es gab Witze über aktuelle Ereignisse. Im Ghetto wurden uns zum Beispiel Arbeitsbereiche zugewiesen, die in R, Z oder W eingeteilt waren. R stand für Rüstung, Z für Zivil und W für Wehrmacht. Und was sagten die Leute dafür? Es ist ein Wortspiel. Z, W und R standen für *zestrzelony*, eine Kugel aus einem Gewehr abfeuern; *wystrzelony*, eine zum Tode verurteilte Person hinrichten; und *rozstrzelany*, ebenfalls das Töten durch Erschießen – drei Arten der Hinrichtung. Das auch.

Shmatta heißt so viel wie Lumpen. Daneben ist *shmatta* aber auch ein Ausdruck für ein leichtes Mädchen. Ein Vertreter des Ordnungsdienstes (jüdische Polizei) wollte, dass wir

---

258 Rachel Auerbach, *In The Streets of Warsaw: 1939–1943* (hebräisch) (Tel Aviv: Am Oved, 1954), S. 111–112, 149.

259 Das Wortspiel suggeriert die Vorstellung, man werde im Sand vergraben sein und Gras werde über einem wachsen.

unsere Baracken schrubben und sagte auf Polnisch: „Auf die Knie, *shmattas*, nehmt das in die Hand." Wir konnten uns alle vor Lachen über die Konnotation kaum noch halten.

Luba Daniel: Der größte Hit war von Yankele Verbovski [...] Auf Jiddisch gibt es eine Wendung, *ojszien di fis*, was eine umgangssprachliche Bezeichnung für „sterben" ist, wörtlich übersetzt aber „die Füße (her-)ausziehen" bedeutet. In den großen Produktionsbetrieben in Kauen wurden wunderschöne Stiefel hergestellt. Im Laufe des ersten Winters wurde [Fritz] Jordan [Verantwortlicher für jüdische Angelegenheiten in der deutschen Zivilverwaltung in Kauen] an die Front geschickt. Er kam, um sich von allen, mit denen er gearbeitet hatte, zu verabschieden. „Yankele, mach's gut", sagte er. Yankele antwortete ihm auf Jiddisch: „Herr Offizier, Sie sollten in Frieden gehen und in Frieden wieder zurückkehren. Was für schöne Stiefel Sie da haben. Wie großartig sie an Ihren Füßen aussehen. Wenn Sie nur einmal Ihre Füße aus den schönen Stiefeln ziehen könnten", in anderen Worten, er solle sterben. Wir alle kugelten uns vor Lachen und er sagte sogar: „Danke, danke, danke." Er verstand es nicht. Das ist reines Jiddisch. Umgangssprachlich bedeutet es sterben. Aber all die anderen verstanden es. Diejenigen, die es verstanden – und er war nicht der einzige – konnten sich das Lachen kaum verkneifen und wussten nicht, welchen Ausdruck sie aufsetzen sollten. [...]

Ich kann mich noch an den ersten Witz erinnern, der im Ghetto umging. Ich wette, dass 90 Prozent der Leute, die mit mir im Ghetto waren, sich nicht mehr daran erinnern können. Der oberste Chef im Ghetto Kauen war ein deutscher Offizier namens Jordan und der erste Witz, der damals entstand, ging so: „Was haben das Ghetto Kauen und Palästina gemein? Beide haben einen Jordan [den Fluss Jordan]." Das war der erste Witz im Ghetto.

Nachum Monderer-Manor: Eine Mutter gibt ihrem Kind etwas zu essen und das Kind fragt: „Mama, wer sind die schlimmsten Menschen, die wirklich schlimmsten Menschen auf der ganzen Welt?" Die Mutter sagt [auf Jiddisch]: „*Ess, ess mein kind*" – es klingt so, als sagte sie „die SS, mein Kind". Jedes Mal, wenn jemand einem anderen etwas zu essen gab, sagte er/sie: „*Ess, ess mein kind*."

Eine Gemeinschaft bezeichnete einen Produktionsbetrieb oder eine kleine Fabrik. Einmal sah ich plötzlich ein Schild, auf dem stand: „*asher yatzar Gemeinschaft*". Ich wusste nicht, was das bedeutete, bis mir eine religiöse Person erklärte, dass es einen Segen gibt – „*asher yatzar otanu*" –, den religiöse Menschen nach dem Toilettengang und beim Verlassen der Toilette aufsagen: „Gesegnet seist du, oh Herr... der du uns erschufest (*asher yatzar*), mit Körperöffnungen..." So etwas. Und vor dem Krieg sagte die Leute zu Toilettenpapier auch „*asher yatzar papier*". [...] Die Gemeinschaft wurde auch als „*asher yatzar Gemeinschaft*" bezeichnet und jeder wusste ganz genau, was damit gemeint war.

Fishel Kozlovski: Es gab eine Geschichte zu [Hans] Biebow – einem Deutschen mit Befehl über das Ghetto Litzmannstadt – der zum Ende hin vor den Juden eine Ansprache hielt. Ihre Taktik war, uns nichts zu erzählen, damit wir freiwillig in den Zug stiegen. Biebow begann seine Rede damit, uns vom Vormarsch der Russen zu erzählen, und da sie furchtbar grausam wären, würden sie uns schreckliche Dinge antun. Aus diesem Grund wollten uns die Deutschen beschützen und uns an einen sicheren Ort, zu Produktionsbetrieben, bringen. In einer seiner Reden sagte er: „Kein einziges Haar auf eurem Kopf wird euch gekrümmt werden." Und die Juden sagten: „Unser ganzer Kopf wird rollen!" […]

In den großen Städten gab es Straßensänger. […] Wenn er fertig war, bat der Sänger um Spenden. Er sagte dann: „Werfen Sie Ihre Spende dem Armen hin, dort im vierten Stock!" Aber auf Jiddisch klang das, als ob sie den armen Kerl *aus* dem vierten Stock werfen würden. […]

Wir sollten Gräben ausheben. Der Aufseher sagte: „Grabt mit all eurer Kraft, grabt voller Energie, grabt tiefer! Das ist eure Zukunft." Natürlich wollte er sagen, dass wir etwas zu essen bekämen, wenn wir gruben.

Franya Sheinhartz: Mein Bruder saß im Gefängnis uns ich schickte ihm immer Essen über das Rote Kreuz. Einmal schrieb ich auf die Tasche, dass alle Kartoffeln gefroren waren. Nur eine blieb übrig und das sei ich. Gleichzeitig musste ich lachen.

Statistische Zusammenfassung der Aussagen und der humoristischen Vorfälle

9

Funktion	Art	Anzahl der Aussagen	% der Aussagen
Abwehrmechanismus	–	41	9,8
	Selbstironie	118	28,3
	schwarzer Humor	63	15,1
	Humor über Essen	30	7,2
Summe für die Funktion als Abwehrmechanismus		**252**	**60,4**
Aggression	–	9	2,1
	Humor als Mittel zur Durchsetzung von Überlegenheit	38	9,1
	Humor als Reaktion auf Frustration	19	4,6
Summe für die aggressive Funktion		**66**	**15,8**
Sexualität	sexueller Humor	25	6
	skatologischer Humor	23	5,5
Summe für die sexuelle Funktion		**48**	**11,5**
Summe für die soziale Funktion		**27**	**6,5**
Summe für die intellektuelle Funktion		**24**	**5,8**
Gesamtsumme		**417**	**100**

© Springer Fachmedien Wiesbaden GmbH 2018
C. Ostrower, *Es hielt uns am Leben*,
https://doi.org/10.1007/978-3-658-17385-2_10

Aus dieser statistischen Zusammenfassung geht hervor, dass unter den für diese Studie befragten Holocaustüberlebenden die Funktion von Humor als Abwehrmechanismus am häufigsten vertreten war, insbesondere die Untergruppen Selbstironie und schwarzer Humor. Der Ausdruck von Humor in einer sozialen Funktion war eher selten, was sich womöglich dadurch erklären lässt, dass Menschen für gewöhnlich häufiger im Beisein von Freunden lachen als mit Fremden. Demzufolge fand der Großteil des sozialen Humors, den die Befragten berichteten, unter Freunden statt – und das war unter den Befragten eine Minderheit.

Die seltensten Aussagen zu Humor waren diejenigen im Zusammenhang mit einer intellektuellen Funktion. Intellektueller Humor, der hauptsächlich auf Wortspielen beruht, wird innerhalb einer homogenen Personengruppe mit einem gemeinsamen Hintergrund, einer gemeinsamen Erfahrung und/oder Mentalität erzeugt. Je heterogener eine Gruppe ist, desto seltener findet man unter den Gruppenmitgliedern intellektuellen Humor. Daher wurden Beispiele für intellektuellen Humor von den Befragten selten erwähnt und eher in den Ghettos als in den Lagern erlebt.

Humoristische und satirische Lieder

Das Lied wird geboren, wenn die Seele zittert.

– Gogol

Yaakov Gelman sagte folgende Worte über Poesie, die während des Holocaust verfasst wurde: „Die Juden starben weiter mit einem Lied und einem Gedicht auf den Lippen."[260]

Nahman Blumental schrieb: „Es ist erstaunlich, wie viele Lieder in dieser Zeit geschrieben wurden – alle möglichen Lieder: [...] fröhliche Lieder und solche voller Trauer, ernste, religiöse Lieder und unbeschwert frivole."[261]

Während des Holocaust wurden zahlreiche Gedichte und Lieder geschrieben; dennoch wurde Liedern im Holocaust allgemein und solchen humoristischer oder satirischer Natur insbesondere bislang keine nennenswerte wissenschaftliche Aufmerksamkeit zuteil. Felicja Karay schrieb dazu:

> Erstaunlicherweise [...] berichten nur sehr wenige Quellen über jedwede Art kultureller Aktivität im Lager. Ein Mangel an Quellen ist allerdings kein Beweis dafür, dass es keine gab. Tatsächlich war es so, dass jeder Gefangene, der geistig gesund bleiben wollte, für die schwere Last, unter der er litt, von Zeit zu Zeit ein Ventil benötigte. [...] Eine unendliche Vielzahl an Strophen wurde komponiert, über die Jahre vergessen und ging schließlich verloren. Ehemalige Gefangene erzählten in ihren Berichten nichts darüber, da sie befürchteten, Geschichten über gemeinschaftliches Singen könnten zu einer

---

260 Yaakov Gelman, „The Transformation of the Folk Song in the Ghettos and Camps" (hebräisch) in Ezra Lahad, Yechiel Sheintuch und Zvi Shner, Hrsg., *The Literary Creation in Yiddish and Hebrew in the Ghetto* (hebräisch) (Israel: Ghetto Fighters' House, 1985), S. 54.

261 Nahman Blumental, „Songs and Melodies in the Ghettos and Camps", *Yad Vashem News* (hebräisch), 29. Juli 1954, S. 2.

harmloseren Auffassung der Schrecken des Lagerlebens führen. [...] Zusammengedrängt in ihren dunklen Baracken in bitterkalten Nächten des härtesten Winters sangen die jungen Frauen [...] Damit waren die spontanen Gemeinschaftsgesänge geboren.[262]

Aus den Gedichten und Liedern, die in den Ghettos und Lagern verfasst wurden, sprechen Stimmen aus allen Schichten des jüdischen Volkes im Holocaust: ihre Gedanken, Hoffnungen und ihre Verzweiflung sowie ihr Schrei nach Rache. Ein großer Teil der lyrischen Werke, die während des Holocaust entstanden sind, wurde nie niedergeschrieben, sondern mündlich weitergetragen. Einige Beispiele wurden in den Ghettos zwar in Schriftform festgehalten, doch im Lager riskierte jeder, bei dem Gedichte, Lieder oder Schriften gefunden wurden, sein Leben. Trotz alledem wurden die Gedichte innerhalb weniger Tage in Umlauf gebracht und erreichten anschließend – auf äußerst umständlichem Wege – weitere Ghettos und Lager. Die Komponisten gerieten häufig in Vergessenheit, doch die Worte lebten für die Menschen in den Ghettos und Lagern als Volkslieder weiter. Singen wurde zu einem wichtigen Bestandteil des Lebens und die Juden sangen sowohl während der Arbeit als auch zu Ruhezeiten. Die Lieder ließen sie zu einer Einheit werden und stärkten ihre jüdische Standfestigkeit und Entschlossenheit, auch noch in den schwierigsten Zeiten.

Viele der Lieder drückten eine Weigerung aus, die grausame Realität zu akzeptieren, einen Glauben an Erlösung und an ein bitteres Ende für Hitler und sein Regime. Lieder enthielten oft Texte wie: „standhaft bleiben", „die letzte Stunde naht", „morgen geht die Sonne wieder auf" und „die Stunde des Bösen hat geschlagen". Neben den Liedern, die auf den Straßen umgingen, gab es auch Gedichte, die von den Verfassern in kleinen, privaten Kreisen im Ghetto vorgetragen wurden.[263]

Die Volkslieder, die von den Juden während des Holocaust geschrieben wurden, entstanden unter Bedingungen von äußerstem Leid und größter Armut, Erniedrigung und Schrecken, Überlebenskämpfen, Heldentum und Tod. Die Lieder begleiteten die Holocaustjuden überall hin – auf ihrem Weg zur Arbeit oder während sie für Suppe Schlange standen, auf ihrem letzten Weg zur Vernichtung oder auf ihrem Weg in den Kampf. Auch im Angesicht von Zerstörung und Tod schreckten die Juden nicht davor zurück, Lieder zu schreiben. Moshe Prager bezeichnete dies als eine Art von „Poesiewahn", wobei die Verfasser in der Regel anonym blieben.[264] Die Texte und Melodien stammten aus der Fe-

---

262 Felicja Karay, *Death Comes in Yellow: Skarżysko-Kamienna Slave Labor Camp* (englisch) (Amsterdam: Harwood Academic, 1996), S. 134.

263 Mark Meir Dvorzhetsky, „Steadfastness in Daily Life in the Ghettos and Camps" (hebräisch), in *Jewish Resistance during the Holocaust: Proceedings of the Conference on Manifestations of Jewish Resistance, Jerusalem, April 7–11, 1968* (Jerusalem: Yad Vashem, 1971), S. 135–136; Gelman, „The Transformation of the Folk Song in the Ghettos and Camps" (hebräisch), S. 57.

264 Moshe Prager, Hrsg., *Out of the Depths I Call* (hebräisch) (Jerusalem: Mossad Harav Kook, 1955), S. 9, 13; Shmerke Kaczerginski, „Folkore of the Ghetto" (hebräisch) in Ernst Horwitz, *From the Straits: Songs from the Ghettos* (Tel Aviv: General Federation of Hebrew Workers in Eretz Israel, the Center for Culture, Tel Aviv, 1949), S. 7.

der gebildeter wie auch einfacher Leute, bekannter wie auch anonymer Personen und beschrieben die tagtägliche Vernichtung der Juden durch die unterdrückenden Nazis.

Die Fragen, die in diesem Buch bezüglich der Wahrscheinlichkeit von Humor im Holocaust gestellt werden, lassen sich auch auf die Lieder übertragen. Wie fanden die Juden die moralische Stärke, über die tragischen Ereignisse, die sie durchlebten, zu singen? Wieso erloschen die Quellen für Inspiration nicht unter den abscheulichen Bedingungen, die dort herrschten? Prager sah in den Liedern eine Möglichkeit, Mut zu schöpfen und Trost zu finden, und vielleicht geben uns seine folgenden Worte eine Antwort auf unser Rätsel:

> Dass Juden im Exil während Schwierigkeiten und Problemen häufig Trost suchen, ist hinlänglich bekannt, während ihres Leidens in der Diaspora, mit der Gewissheit und dem Vertrauen darauf, dass all dies wieder vorüber gehen würde… Wir wissen über die übliche Taktik des leidenden Diaspora-Juden Bescheid – er lächelt durch seine Tränen hindurch, lacht im Angesicht von Zorn und Wahn des Feindes, verwandelt sein Ungemach und seinen Schmerz in einen Quell für Scherze [...] Während Massen an Juden einem solchen Völkermord gegenüber standen, während der Kampf um das Recht auf Leben tobte – das war der Moment, als das Lied der Zuversicht durchbrach.[265]

Auch der Dichter Jizchak Katzenelson[266] setzte sich in seinem bedeutenden Werk „Großer Gesang vom ausgerotteten jüdischen Volk" mit diesen schmerzlichen Ungewissheiten auseinander. In Yaakov Gelmans Beitrag „The Transformation of the Folk Song in the Ghettos and Camps" analysierte er ein Gedicht von Katzenelson. In seiner Analyse hebt Gelman den Kampf zwischen dem Wunsch, Ereignisse durch Poesie auszudrücken, und dem Verstummen, das aus der tiefen Verzweiflung und dem immensen Schmerz herrührt, hervor.

Sing!
„Du, sing! greif die zerhackte, deine nackte Harfe, singe doch
Schmeiß ins Gewirr der Saiten deine Finger für ein Lied
Sing schmerzgebrochne Herzen. Sing diesem Europa noch
Den großen Abgesang von seinem allerletzten Jid"

---

265 Prager, Hrsg., *Out of the Depths I Call* (hebräisch), S. 19.
266 Jizchak Katzenelson (1886–1944), Dichter und Bühnenautor. Er schrieb auf Hebräisch und Jiddisch. In Lodsch eröffnete und leitete er bis zum Ausbruch des Zweiten Weltkriegs eine jüdischen Schule. Seine Frau und zwei seiner Söhne starben in Treblinka. Im Mai 1943 wurde er auf der arischen Seite von Warschau gefangen genommen und ins Lager Wittel in Frankreich gebracht, bevor er im April 1944 mit seinem noch lebenden Sohn nach Auschwitz geschickt wurde, wo beide starben. Während des Krieges führte Katzenelson Tagebuch und verfasste eine Vielzahl tragischer und ironischer Gedichte sowie zahlreiche Kinderlieder und -reime, die voller Leben waren. *Encyclopedia of the Holocaust* (hebräisch) (Tel Aviv: Yad Vashem and Sifriat Poalim, 1990), Bd. E, S. 1105–1106.

> Wie kann ich singen, aus zertretner Kehle kommt kein Laut
> Greul über Greul: nur ich blieb übrig, ich allein
> Wo blieb mein Weib, wo unsre beiden Vögelchen, mir graut
> Ich hör ein Weinen – meine ganze Welt ist voll Gewein.

Der Dichter wechselt in den ersten acht Strophen des Lieds zwischen Bitten und Dichtung:

> Sing IHM hoch oben seines letzten Jidden letztes Lied: Der Jud
> Gelebt, krepiert und ohne Grab vom Wind verweht"

Und die verstörende Frage taucht erneut auf:

> Wie soll ich singen mit erhobnem Haupt.

Am Ende des inneren Kampfes beschließt der Sänger zu singen:

> Kommt, ihr Verdorrten, aufgerieben und zermahlt, lauft los!
> Macht einen Kreis um mich! Rück weiter, rück!
> Komm, Opa! Oma, Mama mit dem Kindchen aufm Schoß
> Nun seid ihr Dünger, Knochenmehl und Seifenstück
>
> Ich muss euch alle nochmal anschaun. Grade drum
> Kommt alle, denn ich muß euch spüren. Ich muß ja und ich will
> Mein Volk sehn, ausgerottet, letzter Blick, versteinert, stumm
> Ich singe ... gib die Harfe her ... ich spiel![267]

Dvorzhetski schrieb:

> Während dieser Zeit des Schreckens und des Leids, der Tage düsterer Verzweiflung und der Tage aufkeimender Hoffnung, suchten die Menschen im Ghetto Ausdruckswege und Ermutigung in Liedern. Dies gilt für alle Ghettos und Konzentrationslager. Im Verborgenen, in den Ghettokellern, in den Zwangsarbeitsfeldern – dort brachen die Ghettolieder zum ersten Mal hervor; was die Komponisten anbelangte, einige waren Überbleibsel der Literaturszene, doch die meisten unter ihnen waren anonyme Verfasser, deren Worte, wenngleich arm an literarischer Erfahrung, mit ihrer schonungslosen Simplizität ein Ventil für die Emotionen der Ghettobewohner boten, für die Qualen des einzelnen und der vielen, für die Enttäuschung und den Trost, für die Verzweiflung und Hoffnung, für die Angst des Verurteilten vor dem Tod und für den Ruf nach Wider-

---

267 Jizchak Katzenelson, Wolf Biermann, *Dos lied vunem ojsgehargetn jidischn volk. Großer Gesang vom ausgerotteten jüdischen Volk* (Köln: Kiepenheuer und Witsch, 1994), S. 49; Gelman, „The Transformation of the Folk Song in the Ghettos and Camps" (hebräisch), S. 55.

stand und Vergeltung. Viele der Lieder verbreiteten sich wie ein Lauffeuer durch das Ghetto, von Versteck zu Versteck, von Dachboden zu Dachboden, und waren schon bald vielen bekannt. Es gab auch Lieder, die heimlich von Ghetto zu Ghetto und von einem Konzentrationslager in ein anderes übermittelt wurden.[268]

Da die vorliegende Studie auf die psychologischen Funktionen von Humor im Holocaust begrenzt ist, werde ich all jene Gedichte und bekannten Lieder miteinbeziehen, die einen humoristischen oder satirischen Unterton besitzen und von Juden in den Ghettos und Lagern vorgetragen oder gesungen wurden. Einige der in diesem Kapitel untersuchten Werke wurden erstmals in Kabaretts und Theatern aufgeführt, von wo aus sie in die Straßen des Ghettos weitergetragen und daraufhin von der Öffentlichkeit aufgegriffen wurden.

Mary Berg führte im Warschauer Ghetto ein Tagebuch, in dem sie auch über satirische Lieder schrieb:

10. Dezember 1942. Inmitten dieses riesigen Alptraums finden wir etwas Vergnügen. Der bekannte Designer Tadeusz R. hat einige lustige Plakate angefertigt, die in den Räumen der männlichen Gefangenen hängen. Adam W. und ich haben einige satirische Lieder geschrieben, die sich mit verschiedenen Aspekten unseres gemeinsamen Lebens befassen, mit den Frauen, die sich in der Küche zanken, mit unseren Eindrücken der Luftangriffe und mit unserem patriotischen Verbundenheitsgefühl mit verschiedenen amerikanischen Ländern. In Ehren unserer „Nation an KZ-Häftlingen" aus Bürgern verschiedenster entfernter Länder, in denen diese Bürger nie gewesen waren, wurde sogar eine Hymne komponiert.[269]

Humoristische Lieder als Abwehrmechanismus

Die Lieder, die während des Holocaust geschrieben wurden, sind nicht nur eine Chronik des Tragischen, sondern vielmehr ein Werkzeug, das die Juden in ihrem Überlebenskampf einsetzten. Die humoristischen Lieder erfüllten zweifellos die Funktion eines Abwehrmechanismus; sie halfen den Juden, ihre Gefühle von Wehmut zu bewältigen, und stellten einen Ausdruck für den Geist des Widerstands im Ghetto dar. Die Lieder hoben die Moral, erwärmten die Herzen und gaben dem Kampf um Leben und Freiheit eine Stimme.

Folgende Worte wurden im Warschauer Ghetto zu einer chassidischen Melodie gesungen:

---

268 Mark Meir Dvorzhetsky, *Jerusalem of Lithuania in Battle and Destruction* (jiddisch) (Paris: Yidisher Folksfarband in Frankraykh un Yidisher Natsionaler Arbeter-Farband in Amerike, 1948), S. 257.
269 Mary Berg, *Warsaw Ghetto: A Diary* (englisch) (New York: L.B. Fisher, 1945), S. 206.

Lasst uns fröhlich sein und scherzen,
Wir werden Hitlers Tod noch erleben.[270]

In diesen dunklen Tagen sangen viele Mordechaj Gebirtigs[271] berühmtes Lied „Unsere Stadt brennt", das er vor dem Holocaust komponierte. Gebirtig empfand es jedoch als seine Aufgabe, ein neues Lied zu schreiben, das der wachsenden Verbitterung in ihm einen Riegel vorschieben und die Moral der Juden im Ghetto, zu denen auch er zählte, heben sollte und eines Tages auch zeitgeschichtlich bedeutsam wäre. Daher schrieb und komponierte Gebirtig am 2. Oktober 1940, inspiriert von der glühenden Leidenschaft der chassidischen Melodien, das Lied „Momente des Vertrauens". Mit diesem neuen Lied versuchte er, den Ghettojuden Mut zu machen und ihren Widerstand und ihre Verachtung für den Unterdrücker zu wecken. Es war äußerst gewagt und mutig, den anderen im Jahr 1940 zu versprechen, dass das Ende des Krieges nahte und Hitlers Ende schon bald bevorstand, wie es einst auch beim bösen Haman der Fall gewesen war. Das Lied sollte Hoffnung wecken, um den Juden dabei zu helfen, das Leid zu ertragen, da am Ende Gerechtigkeit und Güte siegen würden. Der Text des Lieds schuf zweifelsohne Optimismus und hellte bis zu einem gewissen Grad die düstere Stimmung im Ghetto auf.[272]

Momente des Vertrauens
Juden, kommt, seid fröhlich!
Ich hoff', es dauert nicht mehr lang:
Der Krieg wird schon bald enden,
Ihr Ende ist ganz nah.
Fröhlich, nur nicht sorgen
Und nicht umher betrübt,
Habt Geduld, Vertrauen –
Und nehmt's mit Liebe hin.
Nur Geduld, Vertrauen

---

270 Steve Lipman, *Laughter in Hell: The Use of Humor during the Holocaust* (englisch) (Northvale, NJ: Jason Aronson, 1991), S. 137.

271 Mordechaj Gebirtig (1877–1942), ein in Krakau geborener jiddischer Komponist, der sein ganzes Leben lang als Tischler arbeitete, auch noch nachdem er berühmt wurde. Er schrieb politische Lieder, die voller Mitgefühl für die Armen waren, sowie bekannte Kabarettlieder. Seine Lieder wurden im Rahmen von Theaterproduktionen, bei Konzerten, im Radio und bei Massenveranstaltungen aufgeführt. Sogar Straßensänger und die breite Masse sangen seine Lieder. Sein berühmtes Lied „Unsere Stadt brennt" wurde als Reaktion auf ein Pogrom von 1936 in der polnischen Stadt Przytyk geschrieben. Während des Krieges wurde das Lied zur Hymne des jüdischen Untergrundwiderstands in Krakau. Das Stück wird weiterhin häufig bei Holocaustgedenkfeiern auf der ganzen Welt vorgetragen. Gebirtig wurde zusammen mit seiner Frau und seinen zwei Töchtern getötet. Siehe *Encyclopedia of the Holocaust*, Bd. B, S. 245.

272 Shoshana Kalisch und Barbara Meister, *Yes, We Sang! Songs of the Ghettos and Concentration Camps* (New York: Harper & Row, 1985), S. 18–19.

Gebt es nicht aus der Hand
Unsre alten Waffen,
Die uns zusammen halten.
Feiert, tanzt für den Henker,
Ich hoff', es dauert nicht mehr lang –
Es war einmal ein Haman –
Sein Ende erwartet ihn.

Feiert, tanzt für den Henker,
Leiden kann ein Jude,
Selbst die schwerste Arbeit
Wird uns nicht ermüden.
Weg von hier? So sei es!
Solang auch ihr es seid
Doch es ist vergeblich,
Denn hier wird es nicht rein.
Waschen? Gut, so sei es!
Kains roter Fleck,
Das Blut aus Abels Herzen –
Das wäscht sich nicht da weg.
Jagt uns aus unseren Bleiben, Schneidet unsere Bärte!
Juden, kommt, seid fröhlich! –
Sie sind bald in der Erde![273]

Dies ist ein weiteres Lied, das die Menschen zum fröhlich sein auffordert und auch im Warschauer Ghetto gesungen wurde:

Ja, ja, bei uns muss jeder fröhlich sein:
Denk nicht an morgen, hab keine Sorgen
Lacht das Herz, lachen wir,
Weint das Herz, lachen wir,
Bei uns muss jeder fröhlich sein...[274]

Im Ghetto Wilna sangen die Juden ein Lied, das von Itzik Feffer geschrieben und von Avraham Teitelbaum vertont wurde. Die Realität des Ghettolebens gab dem Lied eine neue Bedeutung, was eine große Bekanntheit des Liedes zur Folge hatte:

---

[273] Text und Musik von M. Gebirtig, Krakau, 2. Oktober 1940. Shmerke Kaczerginski, *Lider fun di Gettos un Lagern* (englisch) (Elmhurst, IL: L. Berson, 1997), S. 542.

[274] Ruth Rubin, *Voices of a People: The Story of Yiddish Folksong* (englisch) (Philadelphia, PA: Jewish Publication Society of America, 1979), S. 425.

Trauer steht unsrem Gesicht nicht
Trauer steht unsrem Gesicht nicht,
Kummer wird nur Schmerz entfachen;
Weinen? Soll der Feind ein wenig!
Meine Freunde, lasst uns lachen!
Meine lieben Freunde, lasst uns lachen, lasst uns lachen!

Im harten und blutigen Kampfe,
Im hellen Lichte unsrer Mühen,
Wo Kugeln keine Ziele haben –
Dort bringt Lachen uns zum Glühen!
Dort ist Lachen, dort ist Lachen!

Hört die alte Welt zerbrechen,
Als über ihr die Nacht einbricht –
Lasst uns lachen, lasst uns lachen,
Lachen hilft uns in der Pflicht!
Im Kampfe lachen, lachen hilft uns in der Pflicht!

Trauer? Steht unsrem Gesicht nicht!
Kummer? Wird nur Schmerz entfachen!
Weinen? Weinen? Soll der Feind ein wenig!
Meine Freunde, lasst uns lachen!
Meine lieben Freunde, lasst uns lachen, lasst uns lachen![275]

Die Transporte der Juden aus Wilna in estnische Lager für Schwerstarbeit begannen am 6. August 1943. Die meisten Juden waren überzeugt, sie würden in Wahrheit in Vernichtungslager gebracht werden. Im Laufe der Aktion kam es zu einer bewaffneten Auseinandersetzung zwischen den jüdischen Widerstandskämpfern des Ghettos und der Gestapo.

Jüdisches Lachen
Der Tod steht uns direkt vor Augen,
Ich fühle seinen Atem nah!
Generationen, alte Generation
Erinnerten sich nie so sehr daran.

Bei jedem Schritt lauert Gefahr,
Sehen wir den Schrecken von Paneriai,

---

275 Text von Iztik Feffer. Theodore Bikel, Frieda Enoch und Robert De Cormier, *Rise Up and Fight! Songs of the Jewish Partisans* (englisch) (Washington, DC: United States Holocaust Memorial Museum, 1996), Stück 9.

Und wir, wir lachen ihn an –
dem Tod, direkt ins Gesicht.

Refrain
Jüdisches Lachen
Trägt so viel Schmerz in sich.
Wenn Weinen nicht helfen kann,
Lachen wir, so viel es geht.
Das Herz mag weinen, mit Not erfüllt sein,
Das Gesicht eine Fratze und schwarz!
Und wir, wir lachen
So lange es unser Schicksal ist!

Und nun haben wir einen neuen Grund:
Sie schicken uns nach Estland.
Die Mächtigen versichern uns: nur zur Arbeit,
Doch unsere Furcht ist groß.
Lange genug haben sie uns hinters Licht geführt!
Das Fass voll Leid ist übergelaufen.
So lasst uns lachen, so lange
Es unser Schicksal ist!

Die Welt weiß Bescheid
Und auch unser schlimmster Feind,
Diese Sorgen, können sie ertragen werden,
Dann verfliegen sie wie Rauch.
Wenn das Messer des Lachens an deiner Kehle liegt,
Wird Gerechtigkeit am Ende siegen!
So lasst uns lachen so lange
Es unser Schicksal ist.

So lacht, lacht, Brüder,
So lange ihr einen Pulsschlag habt.
Verbergt euren Schmerz in euch,
Auch wenn er brennt und pocht,
Lasst euer Lachen laut ertönen,
Man kann hoffen, die Zeit wird kommen
Wenn du lachen wirst
Aus deinem tiefsten Herzen![276]

---

276 Text von Rikle Glezer, Ghetto Wilna. *Songs Never Silenced* (englisch). Basierend auf *Lider fun di Getos un Lagern*. Bearbeitung und Arrangement von Velvel Pasternak; englische Über-

Das folgende Lied wurde von jüdischen Zwangsarbeitern auf ihrem Marsch zur Arbeit gesungen. Sie wussten nur allzu gut, dass sie ihr Weg häufig in die Arme des Todes führte:

> Blick dem Feind ins Gesicht – und lache!
> Bleibe aufrecht,
> Marschiere weiter, lasst uns Schwung hineinbringen![277]

Das nächste Lied „In Honor of the Manufacture of Rhymes in the Ghetto" [Zu Ehren der Reimefabrik im Ghetto] wurde im Ghetto Kauen von Lerke Rosenblum geschrieben, die darin auf humorvolle Weise den Wahn der Ghettobewohner, Lieder zu komponieren, beschrieb:

> Tumult und wüste Horden
> Das Ghetto reimt wie wild geworden,
> Vom Morgen bis in die Nacht hinein,
> Jeder rühmt sich, ein Dichter zu sein.
>
> Auf dem Flugplatz in Brigaden
> Erwarten wir der Muse Gnaden.
> Ganz gleich, wie viele Taschen kommen –
> Wär doch nur mein Gedicht vollkommen.
>
> Jeden Tag eine neue Konstellation.
> Jeder sucht die nächste Komposition.
> Talent fließt allen durch die Hand,
> Es haftet wie Efeu an der Wand.
>
> Den Ärzten in ihrem Krankenhaus
> Sind Scham und Hemmung nicht ein Graus.
> Jeder mit Stift, wo er auch steht,
> Getrieben zu schreiben, wann immer es geht.
>
> Fort mit Bandagen, Pinzette und Messer
> Fort mit der Klemme, „Das wird nicht mehr besser."
> Ist hier auch ein Talent in Sicht?
> „Keineswegs, ganz sicher nicht."

---

setzung des jiddischen Ausgangstextes von Lawrence Berson (Owings Mills, MD: Tara Publications, 2003).

277 Prager, Hrsg., *Out of the Depths I Call* (hebräisch), S. 23. Hebräische Übersetzung des jiddischen Ausgangstextes für Yad Vashem.

Im Gebäude auf dem Flugplatz,
Klingen Verse Satz um Satz,
Reime entstehen zu jeder Zeit –
Nirgendwo sind Gedichte weit.
[…]

Meine Herren, die Gefahr ist groß
Sagt euch von der Feder los!
Reimschmiede, unterbrecht die Lieder!
Legt die Arbeit des Dichters nieder!

Erspare mir deinen lauten Protest,
Sie sind recht furchtbar, das steht fest.
Reichlich Talent mag hier schon sein,
Doch dieser Geschmack ist sicher nicht mein.[278]

Einige der ermutigenden und Trost spendenden humoristischen Lieder, die zur Zeit des Holocaust geschrieben wurden, erfüllten neben der Funktion als Abwehrmechanismus auch noch eine aggressive Funktion. Folgendes Beispiel veranschaulicht dies:

Wieso sollten wir weinen?
Wieso sollten wir weinen, wieso sollten wir trauern,
Wir werden Frank[279] noch das Totengebet sprechen.
Lasst uns fröhlich sein und scherzen
Wir werden Hitlers Tod noch erleben.

Lasst uns einander trösten und unsere Sorgen vergessen,
Die Würmer werden noch an Hitler nagen.
Die Feinde, die uns nach Treblinka führen,
Werden noch in der Erde versinken.

Gemeinsam werden wir noch, Arm in Arm,
Mit Gottes Hilfe auf den Gräbern der Deutschen tanzen.[280]

---

278 Shmerke Kaczerginski, *Lider fun di Getos un Lagern: Takstn On Maladias Gazamlt* (englisch) (New York: CYCO, 1948), S. 202–204. Englische Übersetzung des jiddischen Ausgangstextes für Yad Vashem.
279 Hans Frank, Gouverneur des Generalgouvernements.
280 Rubin, *Voices of a People* (englisch), S. 432. Englische Übersetzung des jiddischen Ausgangstextes für Yad Vashem.

Lieder mit schwarzem Humor

Durch die Ghettos und Lager zog sich ein Gefühl von Verachtung. Die Menschen, die in den Ghettos lebten, verwendeten Lieder, um ihre Unterdrücker – sowohl den inneren als auch den äußeren Feind – zu verhöhnen, und hörten damit auch nicht auf, als sie dem Tod schon ins Gesicht blickten. Die hämischen Lieder sprachen ihnen aus tiefster Seele und spendeten neben großer Stärke auch noch Trost. Die sarkastischen Lieder behandelten nichts weniger als die reine Existenz von Leben im Ghetto: das alltägliche Leben; die Juden, die sich durch eine bestimmte Stellung korrumpieren ließen; den Judenrat, der von den Nazis eingerichtet wurde und sich häufig zu einem Instrument für Selbstunterdrückung entwickelte; und natürlich die Nazis selbst.[281] Der gesamte Inhalt des nächsten Liedes stammt aus einer langen Liedzeile, die im Vernichtungslager Janowska in Lemberg geschrieben und vertont wurde.

> **Mit dem Tod anstoßen**
> Wir sitzen gemeinsam auf dem Hügel aus Sand
> Und stoßen mit dem Tod an,
> Wir lachen über Menschen edler Abstammung
> Und arbeiten an den Tagen zwischen den Feiertagen.
>
> Wir haben unsere Nächsten bereits verloren,
> Wir bewahren ihre Bilder eng an unseren Herzen,
> Wir leben als wären wir wiedergeboren,
> So wie ein Lagerinsasse es nun mal kann.
>
> Wir stoßen mit dem Tod an
> Und kauen auf schimmeligem Brot,
> Wir zählen die Tage bis zur Befreiung
> Am Tor des geschlossenen Zauns.[282]

Im Ghetto Litzmannstadt wurde ab August 1942 ein riesiger Wagen zum Transport von bis zu 30 Leichen pro Ladung eingesetzt. Dieser Wagen hinterließ einen solch tiefen Eindruck bei den Menschen, dass der Komponist ein altes Lied mit dem Titel „Der Wagenfahrer" als Anspielung auf den Wagen, der die Leichen transportierte, hernahm. Die beiden Chaims, die im Lied erwähnt werden, sind Chaim Rumkowski, der jüdische „Älteste", „Herrscher über Leben und Tod", und Chaim Paciorkowski, der Wagenfahrer.

---

281 Prager, Hrsg., *Out of the Depths I Call*, S. 22, 24.
282 Text von Helena Grin. Die Komponistin, bei der es sich um die Ehefrau des jüdischen Autors Yerakhmiel Grin handelte, wurde im Lager ermordet. Kaczerginski, *Lider fun di Getos un Lagern* (englisch), S. 257. Englische Übersetzung des hebräischen Ausgangstextes für Yad Vashem.

Die beiden Chaims berieten sich untereinander
und teilten das Königreich unter sich auf.
Ich werde Herrscher über das Leben sein
und du bist für den Wagen verantwortlich.
Gib dem Pferd die Peitsche,
zieh sie ins Grab,
denn niemanden kümmert es.
Meine einzige Sorge gilt meiner Familie und meinen Kindern, die ich an meiner Seite behalten möchte.[283]

Der nachstehende Auszug zu schwarzem Humor stammt von Alexander Kulisiewicz, einem Überlebenden des Konzentrationslagers Sachsenhausen:

Und später wurden verschiedene Lieder geschrieben, zum Beispiel dieser Tango, den sich zuvor kein menschliches Ohr angehört hätte. Er hieß „Leichenträgertango". Man sang ihn zu einer typischen Tangomelodie mit Klavier- und Gitarrenbegleitung...

Dieses Deutschland ist eine solche Schande,
Foltert das Volk, jetzt schon seit vier Jahren und länger,
Leichen knistern im Krematorium,
Dort ist es warm, dort ist es angenehm,
Denn einer brät den anderen,
Und keiner von ihnen ist ein Metzger oder ein Bäcker.
Also in den Ofen hinein, nicht trödeln,
„Immer langsam und sicher und froh!"

Ein weiteres Lied:

Der erste Tritt und du fühlst keinen Schmerz,
Das Gesicht eingeschlagen – das ist keine Last,
Der dritte Tritt ist ein schlechter Scherz,
Nach dem vierten – wird deine Hose nass!
Vier große Schläger treten im Takt auf dich ein,
Spucke sechs deine Zähne aus, wenn sie zum Ende kommen.
Auf deinem Bauch tanzt derweil das siebte Bein,
Es trampelt, du hast den Gipfel der Freude erklommen![284]

---

283 Gelman, „The Transformation of the Folk Song in the Ghettos and Camps" (hebräisch), S. 69–71.
284 Alexander Kulisiewicz, Zeugenbericht (englisch), Yad Vashem Archives (YVA), O.3/4171. Englische Übersetzung des polnischen Ausgangstextes für Yad Vashem. Alexander Kulisiewicz war ein talentierter Sänger, Liedermacher und Bühnenmusiker, der in über fünf Jahren

Humoristische Lieder über Essen

Hungersnöte waren ein weit verbreitetes Phänomen. Daher ist es nicht verwunderlich, dass sie sich in Liedern, die während des Holocaust geschrieben wurden, wiederfanden. Ein Hunger leidender Jude in Transnistrien[285] sang das nachstehende Lied:

> Magen, Magen, du bist eine Qual! Besitze ich und gebe doch nicht?
> Denn du sogleich wieder vergaßt,
> Dass ich erst gestern etwas aß.[286]

Im folgenden Lied scherzt ein anonymer Komponist über seinen Hunger in einem Nazi-Arbeitslager:

> Wir hetzen, wir trampeln aufeinander herum –
> Wir schlagen uns und wir fluchen,
> Rasend vor Hunger, frierend und zitternd!
> Ich singe immer, nur eine Sache:
> Nur meine Pfeife, mein Brot und meine Suppe.
> Verstohlene Blicke in die Schüsseln der anderen –
> Oh, er hat etwas Gutes erwischt![287]

Im Ghetto Kielce tröstet sich ein ausgehungerter Liedermacher mit folgendem Lied über die angeblich herrschende Gleichheit:

> Reich oder arm,
> Das macht keinen Unterschied –
> Alle müssen sie anstehen
> Für ein wenig „Brühe"![288]

Gefangenschaft im KZ Sachsenhausen nahe Berlin 54 Lieder komponierte. Er erlangte Bekanntheit für die Zusammenstellung und Erhaltung der umfangreichsten Sammlung von in KZs komponierten Musikstücken.

285 „Jenseits des Flusses Dnister" – eine künstlich geschaffene geografische Bezeichnung für den Teil der Ukraine, der 1941 von deutschen und rumänischen Truppen erobert wurde. Der Großteil der Juden, die die Massaker in Bessarabien und Bukowina überlebt hatten, sowie politische Gefangene und Juden, die sich den herrschenden Zwangsarbeitsbestimmungen entzogen hatten, wurden dorthin deportiert. Man geht von insgesamt 150.000 Deportierten aus, wobei deutsche Quellen die Zahl eher auf 185.000 schätzen.

286 Prager, Hrsg., *Out of the Depths I Call* (hebräisch), S. 22. Hebräische Übersetzung des jiddischen Ausgangstextes für Yad Vashem.

287 Ebd.

288 Ebd.

Das nächste Lied wurde in einem der Vernichtungslager geschrieben und behandelt auf spöttische Art und Weise die Frage aller Fragen: Was werden wir essen? Ein Teil des Spotts richtet sich dabei nach innen:

> Hier im Lager, kannst du dir das vorstellen?
> Das Gerede darüber geht immer weiter, hört nie auf.
> Von den großen Leuten bis zu den kleinen,
> Von ‚A' bis ‚Z'.
> Über Krümel, über Kohl, über Suppenrationen,
> Über Kartoffeln mit Schale, über Brot in ganzen Laiben,
> Über Marmeladenberge, über Käse, so viel man möchte,
> Unsere Gesichter leuchten beim Gedanken an genug![289]

Das folgende Lied wurde von Hirsch Albus (1925–1944) im Ghetto Litzmannstadt komponiert. Es trägt den Titel „Oj Kartoffel" – ein Lied über die Liebe und Leidenschaft für eine Kartoffel. Trotz seines humoristischen Tonfalls kann man sich dem tiefen Schmerz, den das Lied transportiert, nicht entziehen. Neben einer Beschreibung der bitteren Hungersnot im Ghetto erhält der Leser Informationen über das Verhalten der Mitglieder der jüdischen Polizei den hungernden Kindern des Ghettos gegenüber und zudem über die Haltung des Komponisten zu selbigen. Hirsch Albus starb in Auschwitz.

> Oh Kartoffel, du mein Lebensziel!
> Nach dir sehne ich mich, von dir träume ich viel,
> Auf dich warte ich schon einen sehr langen Winter,
> Denn mit dir ganz allein kann vergehen mein Hunger!
> Ich habe geträumt, nur an dich gedacht;
> Nach dir verzehrte ich mich, Tag und Nacht…
> Ich warte so lange in Hoffen und Bangen,
> Ach so viele Tage, dass du stillst mein Verlangen
> Zum Ghettotor, zum Markt von Bałuty[290] –
> Mein Herz hofft so sehr, dass alles jetzt gut wird!
> Sie bringen Kartoffeln: oh Frauen, oh Maiden!
> Vergessen der Schmerz, wir müssen nicht länger leiden!…
>
> Sie bringen Kartoffeln! Und Leute groß und klein,
> Sie starren und gaffen nur ungläubig drein!
> Sie bringen Kartoffeln, gold und makellos,
> Sie scheinen so edel, trocken und groß…

---

289 Ebd. Hebräische Übersetzung des jiddischen Ausgangstextes für Yad Vashem.
290 Bałuty – das Viertel in Litzmannstadt, in dem das Ghetto errichtet wurde.

Doch die ‚Sonderpolizei'
Gibt sie nur sehr spärlich frei,
Und wir sind hilflos in ihrer Gewalt,
Und starren, die Hände zu Fäusten geballt...

Oh Kartoffel, du mein Lebensziel,
Nach dir sehne ich mich, von dir träume ich viel,
Habe ich dich erst mal erspäht auf dem Wagen,
Plagt mich der Hunger, knurrt mein Magen!
Habe ich dich in einem Topf entdeckt,
Zittern Hand und Löffel, ist mein Hunger geweckt.
Wie ist es nur möglich, sag mir, oh Welt,
Dass eine Kartoffel mehr wert ist als alles Geld?
Ist eine Kartoffel das höchste Ziel im Leben,
Sollten wir ihr dann Körper und Geist hingeben?

Kleine Kinder auf den Wegen,
Von ihrem Hunger hinaus getrieben,
Jagen dem Wagen hinterher,
Und hoffen, ihr Magen bleibt nicht leer.
„Etwas zu essen!", fängt eins an zu brüllen.
Doch solche Wünsche sind nur schwer zu erfüllen...
Eine Hand reckt sich ängstlich dem Schatz entgegen,
Und greift die Kartoffel, ohne zu überlegen
Vom Wagen, dem sie jagen hinterher,
Damit ihr Magen bleibt nicht leer...
Ein plötzlicher Schlag! Der Stock saust hernieder,
Und der „Sonder" brüllt und schlägt zu, wieder und wieder,
„Herr Sonder", fängt das kleine Kind an zu weinen,
Doch er sagt „Du Dieb, dir mach ich gleich Beine!
Kartoffeln willst du also haben?

Geh, trag die Scheiße, bring den Dreck in den Graben –
Glaubst du, du kannst dich im Ghetto satt essen?
Deine Freiheit von gestern kannst du vergessen!"...
Der „Sonder" donnert, das kleine Kind plärrt.
„Du gehörst ins Czarnieckiego Gefängnis gesperrt,
Schweig still, du Bengel! Nicht noch ein Wort!"
Und damit zog das Kind hinfort.

Oh Kartoffel, du mein Lebensziel,
Nach dir sehne ich mich, von dir träume ich viel –

Wann kommt die Zeit, dauert es noch lang,
Bis ich eine Kartoffel genießen kann?…[291]

Die Überlebenden erzählen von humoristischen Liedern als Abwehrmechanismus

Lily Rickman: Ein paar unter uns konnten Lieder schreiben und so saßen einige von uns sonntags beisammen und schrieben zahlreiche Lieder über die Kommandantin, die wir „das Pferd" nannten. Ich erinnere mich an keine Lieder, aber ich weiß noch, dass dort andere Worte zur Melodie gesungen wurden, es war die Melodie von „Tscherly Karscherly" […] – irgendetwas über die Wurst, die wir bekamen, oder das Brot, das wir bekamen. Sie [schrieben] Lieder über diese Dinge und jeder machte mit, indem er ein Wort hier und da hinzufügte, und anschließend fingen wir an zu singen. Statt Essen waren sie ein Nachtisch. Lieder zum Nachtisch. […] Manche nahmen berühmte Reden und änderten eine Zeile, um sie auf unsere Verhältnisse zuzuschneiden – wie wir aussahen, wie wir ohne Diäten dünn wurden. Die Scherze gingen meist auf unsere eigenen Kosten, Selbstironie.

Rina (Risha) Treibich: Eine andere gute Sache dort waren die Leute aus Kleinstädten, die jiddische Lieder sangen. Es waren lustige Lieder. Ich erinnere mich, dass meine Mutter diese Lieder immer sang. Uns blieb nicht viel Hoffnung, weshalb das offenkundig irgendwie eine Art Schutz darstellte.

Felicja Karay: Ich weiß noch, welche Gedichte ich dort vortrug. […] Ich trug beispielsweise Gedichte von Tuwim[292] vor. Zum Beispiel „Vogel-Radio" – dieses Gedicht ist zum Teil humorvoll, aber viel Humor wird dort zusätzlich durch die Imitation verschiedenster Geräusche ausgedrückt; „Der tanzende Sokrates" – ein weiteres sehr bekanntes Gedicht von Tuwim; oder „Die Lokomotive". Wenn ich recht überlege, schaffen alle drei Gedichte trotz ihrer Unterschiede eine besondere Atmosphäre und enthalten humoristische Bestandteile. „Sokrates" hat auch eine satirische Facette. Es entsteht Lachen aus der ursprünglichen Wirklichkeit des Gedichts und es entsteht Lachen aus anderen Wirklichkeiten. Ich weiß noch, wenn wir zusammenkamen, sei es nur in kleinen Gruppen, sang einer und ein anderer erzählte eine Geschichte. Auf gewisse Weise haben diese Lieder und Gedichte mein Leben gerettet, weil mich die Leute im Lager dank ihnen ein wenig besser kennengelernt

---

291 Prager, Hrsg., *Out of the Depths I Call* (hebräisch), S. 62–63. Hebräische Übersetzung des jiddischen Ausgangstextes für Yad Vashem.
292 Julian Tuwim (1894–1953) war ein jüdischer polnischer Lyriker und einer der bedeutendsten lyrischen Poeten der polnischen Literatur. Tuwim studierte Jura und Philosophie in Polen. Er verbrachte die Jahre während des Zweiten Weltkrieges in Rumänien, Frankreich, Portugal, Brasilien und ab 1942 in den Vereinigten Staaten. Viele seiner Werke wurden in die hebräische Sprache übersetzt, insbesondere seine Gedichte für Kinder.

haben, ein „*policjant*"²⁹³ hier und ein anderer da [...] [Ich genoss es] persönlich sehr, wenn wir uns am frühen Abend versammelten, um zu singen und zu reden. Die einen hatten ein Talent zum Witze erzählen, die anderen hatten ein gutes Gedächtnis für alle möglichen Hits der beliebten Warschauer Nachtclubs und konnten [...] Stimmung machen. Es gab Momente, in denen das Balsam auf unserer Seele war. Zum Beispiel, wenn wir über Joanna²⁹⁴ sangen. Ich weiß das noch bis zum heutigen Tag [Karay singt auf Polnisch]. Wir lachten alle, wenn wir dieses Lied sangen.

Es gab auch noch die sehr humorvolle Hymne von Hasag²⁹⁵. [...]

Hasag ist unser Vater,
er ist der Beste von allen,
er verspricht uns vor allem
lauter glückliche Jahre.

In Leipzig man ein Paradies auf Erden hat,
Brot und Butter und Gemüsesalat,
Luxuswohnungen statt einem Loch,
saubere Pritschen, vier Etagen hoch,
Toiletten und Duschen zu jeder Zeit
Und für jede Frau – ein Häftlingskleid!

Refrain
Denn der Kommandant, der will,
dass hier nur Ordnung herrscht,
zu Beruhigung der Nerven,
bevor wir uns verwandeln,
in Büchsen von Konserven...²⁹⁶

Und Sie können mir glauben, jede einzelne Frau, die dort im Lager war, kennt das bis heute in und auswendig. Es ist verblüffend. Wenn ich älteren Frauen begegne, muss ich nur anfangen, dieses Lied zu singen, und sofort stimmen sie ein und singen mit mir mit.

Halina Birenbaum: In Auschwitz befahlen sie uns zu singen, während wir zur Arbeit marschierten. Es gab ein polnisches Lied, das wir immer sangen [Birenbaum singt in Polnisch], und später änderten sie es in etwas Satirisches, über den Tod in Auschwitz.

---

293 Ein Polizist oder Aufseher, der Einfluss im Lager besaß.
294 Die Lagerälteste im Lager Hasag-Leipzig.
295 Das Lager Hasag-Leipzig in Deutschland war ein internationales Frauenlager, ein Außenlager des KZs Buchenwald.
296 Felicja Karay, *Wir lebten zwischen Granaten und Gedichten: Das Frauenlager der Rüstungsfabrik HASAG im Dritten Reich* (Köln: Böhlau, 2001), S. 132.

Marishah Entes-Fialko: Als sie uns in die Zugwaggons steckten, trennten sie uns von unseren Eltern, wir fuhren weg und mussten natürlich weinen. Dann stand auf einmal ein Junge auf, Yashka, ein nett aussehender Bursche, und sagte: „Mädels, wenn irgendeine weint, werfe ich sie sofort raus, durch dieses winzige Fenster da!" Ich hatte Angst vor ihm und er sagte zu mir: „Du, du weinst am meisten, Mariashka, also ist dir hoffentlich klar, dass ich dich gleich [aus dem Fenster] rauswerfe!" Ich wusste, dass er mich nicht heraus werfen würde, aber wir konnten darüber ein wenig lachen und danach sang er etwas.

Itka Slodowski: Ich habe ein Lied [Slodowski singt auf Jiddisch]: Tzipele, Tzipele bekam zwei Kartoffeln und sie wollte für ihren Mann etwas Großes daraus machen. Also arbeitete sie und arbeitete, doch das führte zu nichts, denn die Kartoffel war voller Wasser.

Giselle Sikovitz: Wir hatten ein Lied, das wir dort sangen. Wir hatten es irgendwo gelernt, ich glaube in Auschwitz. Ich weiß den Text nicht mehr genau, aber der Refrain ging so: „Hose und Schuhe sind zerrissen, der Wind pfeift durch sie hindurch." Jemand muss das in Auschwitz geschrieben haben und wir sangen es dann. Es war sehr komisch.

Die aggressive Funktion von Humor in Liedern

Humoristische Lieder veranschaulichten auch die aggressive Funktion von Humor, die sowohl aus Gefühlen der Überlegenheit als auch aus Frustration Ausdruck fand und als Ventil für den Hass, den man dem Feind gegenüber hegte, diente. Humoristische Lieder erfüllten, ähnlich wie andere hier bereits untersuchte Ausdrucksformen von Humor, den Zweck eines Katalysators für Bekundungen von Ärger oder Verbitterung.

Das leidenschaftliche und humorvolle Lied „Mein Traum" wurde im Mai 1941 von Mordechaj Gebirtig komponiert. Neben ermutigenden Worten weist das Lied auch aggressiven Humor auf:

> **Mein Traum**
> Letzte Nacht hatte ich einen süßen Traum,
> Und noch immer ist mein Herz erfreut,
> Endlich Freiheit! Der Frieden bricht ein!
> Frieden auf der ganzen Welt.
>
> Auf allen Straßen klingen Lieder,
> Alt und Jung tanzen Hand in Hand,
> Massen voller Menschlichkeit
> Stimmen ein, alle sind frei.
>
> Süße Freiheit, süßer Friede,
> Die Feinde von gestern, die Freunde von heute,

Am meisten freuen sich die Juden
An ihrem höchsten Feiertag.

Wie in Zeiten des Messias,
Ist Mensch zu Mensch nun gut und sanft,
Welch' Ketten sind das, die da klirren –
Und plötzlich ist ein Bild erschienen!

Vor mir hinter Eisengittern
Ein übles Monster liegt in Ketten;
Wild und hungrig seine Fratze,
Sein wunder Körper ganz geschunden.

Männer, Frauen, kleine Kinder,
Zieh'n am Käfig aus Eisen vorüber,
Spucken und zischen voll Häme und Spott
Ins schaurige Antlitz des Schreckgespensts.

Sie alle rufen „Schande! Schande!"
„Er hat unsere ganze Welt vergiftet.
Er soll, wie einst der Sünder Kain,
Auf ewig von allen geächtet sein."

Im Traum erschien mir dieses Bild
Und ich hoffe inständig,
Dass dieser schönste meiner Träume
Bald schon Wirklichkeit sein wird.[297]

Aggressiver Humor richtete sich nicht ausschließlich gegen den deutschen Vollstrecker. Oftmals wurden Lieder geschrieben, die das Ghettoleben und die höherrangigen Juden, die Befehle der Deutschen ausführten und ein Leben in Überfluss und Verschwendung führten, verspotteten.

Einige der Lieder waren mit Anspielungen und Symbolen gespickt.[298] So ist zum Beispiel das hebräische Wort „*ya'aleh*" das erste Wort in einem liturgischen Gedicht, das den Titel „*Ya'aleh Tachnuneinu*" (Möge unser Gebet in den Himmel auffahren) trägt und in einigen jüdischen Kongregationen die *Slichot*-Gebete (Beichtgebete) an *Jom Kippur* einleitet. Doch im Ghetto Kauen, später auch im Ghetto Wilna, bezeichneten die Worte all diejenigen, die auf Kosten anderer Juden zu Macht gekommen waren und an die sich

---

297 Sinai Leichter, *Anthology of Yiddish Folksongs*, Bd. 5 (hebräisch, jiddisch und englisch) (Jerusalem: Magnes, 1987), S. 283.
298 Prager, Hrsg., *Out of the Depths I Call*, S. 10.

die Ghettojuden mit ihren Hilfegesuchen wenden mussten. Im Laufe der Zeit entwickelte sich der Ausdruck zu einem Synonym für sämtliche jüdischen Funktionäre unter den Deutschen, wie: den Judenrat, die jüdische Polizei, Kapos und die Lagerältesten.[299] Avrom Akselrod[300] machte in einem lyrischen Gedicht, das er im Ghetto Kauen schrieb, von dieser Art der Anspielung Gebrauch:

> Sagt mir, oh sagt mir, ihr Ghettojuden,
> wer spielt hier im Ghetto die erste Geige?
> Und welcher der *ya'ales*
> erteilt Befehle, als wär er König?
>
> Tumbala, tumbala, spiel Ghettojude
> Spiel mir ein Lied der oberen Juden –
> Über all die Bosse und Aufseher,
> die hier im Ghetto zu Ruhm gelangten.
>
> Welcher der Oberen kann den Schein ausstellen
> und die Erlaubnis erteilen, dein Leben zu retten?
> Und wie viel wirst du zahlen
> für eine einfache Arbeitsbrigade?[301]

Das folgende Lied über Rumkowski wurde von David Zysman[302] komponiert, als er im Ghetto Litzmannstadt war.

Rumkowski

König Rumkowski ist heute äußerst glücklich!
Denn er schuf ein Ghetto einzig für euch.
Jetzt ist er der Herrscher über euch all die Juden,
Ihr solltet über die Neuigkeit jubeln.
Seht, wie unser kleines Ghetto floriert,

---

299 Nachman Teitelman, „Current Discussions: Knowledge and Humor", YVA, M.10.AR.1/111; David Roskies, *Against the Apocalypse: Responses to Catastrophe in Modern Jewish Culture* (Cambridge, MA-London: Harvill Press, 1984), S. 187.

300 Avrom Akselrod war im Ghetto Kauen ein äußerst bekannter Dichter und Liedermacher, der insbesondere für seine zynischen, komischen und realistischen Darstellungen des Elends und der gelegentlichen Freuden des Ghettoalltags Bekanntheit erlangte.

301 Roskies, *Against the Apocalypse* (englisch), S. 187.

302 David Zysman wurde in Litzmannstadt geboren, wo er arbeitete und über den „Grünen Ort" schrieb. Unter seinen Freunden hieß er „der Poet". Im Jahre 1943 wurde er ins Hasag-Lager in Częstochowa deportiert und schrieb dort mit seinen Freunden weiter. Er organisierte einen Kunstliteratur-Vereinigung, die sonntags vor anderen Häftlingen Aufführungen veranstaltete. Von Częstochowa wurde er nach Buchenwald überstellt, wo er seine Aufführungen fortführte.

Gelbe Bänder[303], Generäle, Beamte, uniformiert.
Demonstranten und Stiefel auf den Straßen,
Der Rat der Ältesten hat all meine Marken,[304]
All meine Leute wurden dank mir satt.
Seht, wie unser kleines Ghetto floriert!
Jetzt fahre ich in einem Wagen mit weißen Pferden,
Die Leute verneigen sich, sobald sie mich sehen.
Das war mein Wunsch, so sollte es sein.
Behelligt mich nicht, stellt keine Fragen,
Was ich mir wünsche, gewähre ich mir.
Und jetzt müsst ihr nur noch eines erfahren,
Ich schwöre feierlich bei meinen grauen Haaren,
Dass schon in ein paar kurzen Jahren
Das Leben im Ghetto ganz nett sein wird.
Zucker und Mehl sollt ihr alle haben,
Und jeder von euch wird im Wohlstand sich laben,
Oder – es ist dann keiner mehr hier.
Alle gehen taub vorbei, überhören den Ghettoschrei,
Lebende Tote auf den Treppen,
Die träge die Füße die Stufen rauf schleppen;
Das Ghettoleben faul und hässlich,
Alle sind bleich und fahl und schwächlich.
Wenn der letzte Vorhang fällt,
Werden bald Geschichten herumerzählt
Von einem Ghetto voller Angst und Hunger,
Sogar die Treppen werden sich bald beklagen,
Sie knarren und können die Last nicht mehr tragen,
Sie fragen: „Wann ist das nur alles vorüber?"
Und die Stiefel tanzen freudig umher,
Sie tanzen und lachen und glänzen so sehr,
Ja, das Leben im Ghetto ist ganz nett,
Der Rat der Ältesten stiehlt uns die Marken,
Und alle von uns sind rund und satt,
Seht, wie unser kleines Ghetto floriert!"[305]

---

303 Eine Anspielung auf die gelben Armbinden, die von den Mitgliedern der jüdischen Polizei in Litzmannstadt getragen wurden.

304 Spezielle Essensgutscheine, die im Ghetto Litzmannstadt an die Juden mit den besten Beziehungen verteilt wurden.

305 Ruta Pups, Hrsg., *Songs from the Ghetto: A Collection* (jiddisch) (Warsaw: Yiddish Book, 1962), S. 60. Englische Übersetzung des jiddischen Ausgangstextes für Yad Vashem.

Im Ghetto Litzmannstadt sammelte Aba Goldberg zwei Notizbücher mit Gedichten, Humoresken und Zeichnungen, mithilfe derer die Existenz des Ghettos und sein Elend mit Humor und von einem satirischen sowie gesellschaftskritischen Blickwinkel aus beschrieben werden. Nachstehend werden einige Lieder von Marek Fogelbaum aufgeführt, die in Aba Goldbergs Sammlung vertreten waren und die aggressive Funktion von Humor aus Frustration erfüllen.[306]

7700 – Brief an Herrn Reingold[307]
Ich richte dies Gedicht und Schreiben an Exzellenz in euren Ehren
Und hoffe, Sie können ein paar Momente der Aufmerksamkeit für mich entbehren.
Ich hinterließ es beim Portier, so wie man es soll,
Am Hause mit der Nummer „sieben, sieben, Doppelnull". Beim Mau-Mau heißt zweimal sieben gleich doppelt so viel ziehn,
Und zur Tür mit zweimal Null geht selbst der Kaiser zu Fuß hin.
Geben Ihnen diese Zahlen eine Bedeutung preis,
Jage ich Ihnen hinterher und ende doch nur mit Sch...
So adressiere ich diesen Brief erneut an Sie, Exzellenz,
Vielleicht ist es ja diesmal nicht umsonst.[308]

Ein frommer Wunsch
Das beste Pferd werd ich ihm bringen,
Zeigt er mir im Ghetto nur eins von diesen Dingen:
Nur einen Polizisten, der keine Bestechung verlangt,
Nur einen in „intelligentsia kitchen" mit Verstand,

Geschäfte geordnet und sauber, voller Ruhe,
Von zwei Passanten einer mit richtigen Schuhen,
Kooperativen ohne Dreck, Schlamm und Ruß, Helena Rumkowska kommt vorbei – zu Fuß!
Geteilte Unterkünfte ohne Gerangel und Fluchen,
Küchen ohne Angst vor NIK-Besuchen,
Gerechte Verteilung aller Produkte,
Und kein Vorratsverwalter, der sich das Beste raussuchte,
Inaktive „Karavanen", niemand, der sein Leben verliert,

---

306 *Notebooks from the Łódź Ghetto*, Ghetto Fighters' House Archives. Mein Dank gilt dem ehemaligen Direktor der Archive Yossi Shavit für die großartige Hilfe und den Hinweis auf diese Quelle.
307 Zygmunt Reingold, jüdischer Polizeikommissar und einer der Verantwortlichen der Abteilung für Essensverteilung im Ghetto Litzmannstadt.
308 *Notebooks from the Łódź Ghetto* (englisch), S. 14. Englische Übersetzung des polnischen Ausgangstextes für Yad Vashem.

Endlich ein Platz beim Mittwochskonzert,
Jemand erhält schließlich aus reiner Kühnheit,
Eine Audienz bei Eurer Hoheit, der ältesten Jüdin,
Küchenrationen ohne Natron und Säure,
Saubere Toiletten und Treppen ohne Fäule,
Den Magen, um jeden Tag rote Beete zu verdauen,
Tragt euch ein, Ratsküche, „Heute gibt es Kaldaunen",
Ein Feuerwehrmann, der ein Feuer zu löschen weiß,
Einer, der nicht das Brot seiner Brüder verspeist…[309]

Die Brücke
Über die Brücke zieht die erwählte Nation,
Ziehen jeder Beruf und jede Profession:
Gehen die Fleischer, die Schwindler, die Bäcker herüber,
Schreiten stolze junge Ärzte und Bestatter hinüber,
Alte Plutokraten unter den Scharen,
Vorbei an Betrügern mit ihren „Waren",
An Frauen aus ihrer „häuslichen Küche",
An gespitzten Ohren und Leuten, die schnüffeln,
Chassidische Juden und jüdische „*mehessen*"[310].
Vorsitzende von Ghettoausschüssen,
Parteimitglieder und Zionisten,
Verschiedene Sorten von Idealisten.
Ich laufe nach Hause in der Dunkelheit
Seufze leise: Ach Gott, ich wäre bereit,
Dich zu ehren, zu loben und ewig zu preisen
Würdest du diese Brücke… heute einreißen.[311]

An Herrn Gertler[312] **– ein Gesuch in Versform**
Nun muss ich schon eine ganze Weile,
Husten und keuchen so sehr,
Und immer länger im Bette bleiben,
Jede Woche mehr und mehr.

---

309 Ebd., S. 16. Englische Übersetzung des polnischen Ausgangstextes für Yad Vashem.
310 Eine abfällige Bezeichnung für einen zum Christentum konvertierten Juden.
311 Ebd., S. 18. Englische Übersetzung des polnischen Ausgangstextes für Yad Vashem.
312 David Gertler, Leiter der Sonderabteilung – die Spezialeinheit der jüdischen Polizei im Ghetto Litzmannstadt (März 1942–Juli 1943) – und zuständig für die Abteilung für Vorräte im Ghetto. Als Gertler Leiter der Sonderabteilung war, unterstand die Abteilung der Gestapo und der Kripo. Siehe Michal Unger, *Last Ghetto: Life in the Łódź Ghetto, 1940–1944* (Jerusalem: Yad Vashem, 2005), S. 202, 514–518.

„Schwindsucht!", meinte einer dann,
„Das ist keine Seltenheit hier."
Und so bestellte ich widerwillig
Einen Arzt zu mir.

Erst ließ er sich bezahlen,
Dann klopfte er und horchte,
Untersuchte meine Brust und
Blickte noch besorgter.

„Ist Ihnen dran gelegen,
Zu genesen und überleben,
Verschreibe ich Ihnen dieses:
viel Nahrung zu sich zu nehmen!"

Als der Doktor dies gesagt,
Fuhr hohles Lachen durch meine Rippen –
Mit lauter Stimme sprach ich
Durch weiße, bleiche Lippen:

„Womöglich ist Herr Doktor
So freundlich, mir zu sagen,
Wo ich das Essen finde
Zu lindern meine Klagen?!"

Der Doktor dann sogleich:
„Sie sind voller Verdruss!
Das ist nicht meine Soge,
Mich kümmert nur Ihre Brust!

Ich schreibe die Rezepte
Für alle Kranken und Schwachen.
Doch Sie müssen selbst sich
Die Medizin beschaffen.

Ich sage Ihnen nur dieses:
Sie können einen nicht vermeiden,
Wollen Sie die Medizin,
Um zu heilen Ihr Leiden.

Drum warten Sie nicht länger,
Stellen Sie sich gleich vor

Beim Herren Gertler,
Ghettodirektor."

Dieser Rat schien sehr sinnvoll,
Und so fragte ich nicht viel
Und ich machte mich auf,
Auch wenn ich fast umfiel.

Dann kam mir der Gedanke,
Dass es ganz ratsam sei,
Hätte ich ein paar Behälter
Für die Medizin gleich dabei.

Und so nahm ich einen Eimer
Für die flüssigen Arzneien,
Nur falls unter den Mitteln
Marmelade und Honig seien.

Vier Laken, eine Schaufel,
Auch eine Schnur ist nicht fehl,
Nur zur Vorsicht mitgenommen,
Für etwas Zucker und Mehl.

Auch einen Pott nahm ich mit,
Sowie auch ein Säckchen –
Vielleicht hat Herr Gertler
Für mich ja auch noch ein Päckchen.

Als ich dann träumend los ging –
Ward ich von Angst ergriffen!
Dass all diese Träume
Gleich in heiße Luft verpuffen!

Denn, ganz offen gesprochen,
Gertler mag es, zu zechen,
Und ist auf Besuche wie meinen
Sicher nicht gut zu sprechen.

Denn wenn einer so beleibt ist
Und der andere so mager,
Dann kann man oft schwer nur
Verstehen einander.

Doch wenn alles vorüber,
Wird er mich nicht verletzen.
Ich hoffe doch sehr,
Er weiß Reime zu schätzen.

Kann ich in sein Heiligstes
Endlich vordringen,
Werden meine Worte an Gertler
In etwa so klingen:

Drei Jahre bin ich Ihnen
Als Untertan treu
Und nie gab es Betrug,
Was Sie sicher sehr freut.

Nie stahl ich oder klaute,
Oder ließ mich bestechen,
Ergriff nie einen Knüppel,
Beging nie ein Verbrechen.

Ich trug nie die besten
Der Stiefel oder Kleider,
Von der Schmuggelware
Bekam ich nie was, leider.

Ich esse meinen Teil nur,
Die Rationen und nicht mehr,
Keine Verwandte in der Küche,
Oder beim Gemüsehändler.

Ich bestehle keine Bäcker,
Nehm von den Feldern keinen Kohl,
Ich lebe nur von Suppe,
Ohne Zusatz, gleichwohl.

Von der großen Fleischerei
Wollte ich kein Fleisch zum Kochen,
Ich hoffte nur zur Genesung
Auf ein paar kleine Knochen.

Durch Zufall traf ich dort
Auf Direktor Rozenson[313],

---

313 Rozenson war der Leiter der Fleischerei der Nahrungsmittelabteilung im Ghetto Litzmannstadt.

Er sagte: „Komm morgen
Für einen Knochen, mein Sohn!"

Um die Erde zu bebauen
Ging ich zum Rate hin
… und bekam einen Meter,
Wo? Auf Marysin[314].

Doch bevor ich ihn nehme,
Um hinüberzugehen,
Möchte ich den Herren Gertler
Doch noch einmal sehen.

Vielleicht wird er beim Anblick
Eines so schwachen Kranken
Das Gedicht, das ich schrieb,
Mir wenigstens etwas danken.

Einen Augenblick später,
Von meinem Schicksal berührt,
Wird mein Gesuch vielleicht
Ja aus Mitleid erhört.

Er wird mich womöglich,
Auch wenn ein Auge weint,
Verjagen, doch – so Gott will –
Mit einem Essensschein![315]

Bewerbung um Arbeit
Im Schreibtisch des Rates, an ihn adressiert,
Sind Bewerbungen und Anfragen archiviert.
Oft war Langeweile mit dabei,
Und so schmückten sich alle mit Prahlerei.

Der erste sprach: „Wer kann das übertrumpfen?
Einen halben Doktor von drei Instituten.
Wer unter euch ist ähnlich qualifiziert?
Ich bin sicher, dass jeder gegen mich verliert."

---

314 Friedhof.
315 *Notebooks from the Łódź Ghetto* (englisch), S. 39–46. Englische Übersetzung des polnischen Ausgangstextes für Yad Vashem.

Die zweite Bewerberin schrieb überzeugt,
„Dass ein Studium mit Titel zu nichts wirklich taugt.
Ich erkläre einfach dem geschätzten Rat,
Dass mein Mann einst war ein bekannter Bürokrat.
Akzeptieren Sie nun diese Situation,
Denn ich besitze die beste Qualifikation."

Der dritte Bewerber ließ dann verlauten:
„Alles Unfug, was Sie hier gerade behaupten!
Ich vertrete einen Kranken, wie Sie sagen!
Der Rat muss diesem Juden Rechnung tragen!
Bei allem Respekt, doch Sie müssen verstehen,
Diese Stelle ist nun mal für mich vorgesehen."

Die vierte Bewerberin nun erklärt:
„Mehr als all die anderen ist sie das Geld wert!
Die anderen übertrifft sie mit Leichtigkeit…"
Doch der fünfte Bewerber stand schon bereit:

„Ich bin hier der größte Pessimist,
Diese Bewerbungen taugen doch alle zu nichts.
Wir sollten die ganze Debatte beenden,
Denn wir alle werden im Mülleimer enden."

Der sechste Kandidat spricht nun auch:
„Dieses leere Gerede ist nur Schall und Rauch!
Auch wenn mein Chef ein Eintänzer war,
Hat er die beste Aussicht auf ein ‚Ja',
Sie haben Hände, Kopf und Verstand,
Doch er besitzt Beine und hat noch etwas erkannt.
Der Schlüssel zur Festung, das weiß auch der Rat,
Ist nicht Kopf, noch Verstand, doch ein starkes Rückgrat."[316]

Die Wäscherei
Für jedermann hier
Entsteht Gefahr durch Schmutz.
Drum beschloss der Rat
Eine Wäscherei zum Schutz.
Ist der Zutritt
Auch schwer zu erhalten,

---

316 Ebd., S. 86. Englische Übersetzung des polnischen Ausgangstextes für Yad Vashem.

Sind die Leute doch trotzdem
Kaum noch aufzuhalten.
Hygiene ist wahrlich
Ganz sicher bewährt,
Doch, Juden, ich denke,
Es wär' nicht verkehrt,
Würdet ihr nicht Kissen,
Decken und Leinen,
Sondern euer Gewissen
Vom Schmutz befreien.[317]

Das Konzert
Die ganze Taylors' Street Hall ist noch vor fünf gefüllt,
In den Lärm der gedrängten Besucher gehüllt.
Damen, Duftwolken, die sich verbreiten,
Wie in der Lodzer Philharmonie zu Vorkriegszeiten.
Wohlgenährte sonnen sich im Rampenlicht,
Die vornehmen Kreise der Oberschicht,
Die Ghettoelite, die Crème de la Crème.
Die Kapelle beginnt mit Bizets „l'Arlésienne".
Damen, die anmutig ihre Körper bewegen,
Und zur Musik ihre geschulte Meinung abgeben:
„Verehrter Pan Stasio, großartig ist dieser Ryder[318]"
„Beigelmann[319] kann besser die ‚jiddischen Lieder'!"
Die Zeit vergeht heiter, die Uhr tickt bereits,
Zwei Dirigenten arbeiten, abwechselnd mit Müh' und Schweiß,
Eine bloße Hand, in der anderen der Stock im Takt.
Danach Bronka Rotsztal mit „Chaconne" von Bach.
Alles läuft gut, die Musik erhebt sich und treibt,
Nur manchmal schallen Misstöne von draußen herein:
Durch sanfte Holzbläser vom Piano getragen
Hört man den „Totentanz" von Liszt durch das Ghetto jagen.
Nichts anderes würde die Freuden des Tages noch stören,
Nach Bronka konnte man die Menge jubeln hören.
Doch nun zum Hauptpunkt des Programms:
Die „Rede des Vorsitzenden" vom Podium aus.

---

317 Ebd., S. 15. Englische Übersetzung des polnischen Ausgangstextes für Yad Vashem.
318 Teodor Ryder, Pianist, Komponist und Dirigent. Vor dem Krieg dirigierte er das Municipal Philharmonic Concert von Lodz. Im Ghetto dirigierte er das Symphoniekonzert des Ghettos.
319 David Beigelman, Geiger und Komponist. Im Ghetto dirigierte er das ghettoeigene Symphoniekonzert und fungierte als musikalischer Leiter des Avantgarde-Theaters.

Musik ging dieser bedeutenden Szene voraus,
Und so griffen seine Worte das Thema auf:
Harmonie bei der Arbeit, Instrumente und Frohsinn...
Musikalisch betrachtet... Klänge ohne jeden Sinn.
Die Rede, wenngleich kurz, schloss angemessen:
„Keine Kartoffeln mehr übrig, kein Gemüse zu essen."
Er verabschiedete sich und verließ die Szene,
Stieg in seinen Wagen mit royaler Miene.
Die Tür fiel zu. Das Pferd zog hinfort.
Comedia finite... Und alle verließen den Ort.[320]

David Beigelman. Mit freundlicher Genehmigung der Ghetto Fighters' House Archive, 2978.

Professor Teodor Ryder. Mit freundlicher Genehmigung der Ghetto Fighters' House Archive, 30910.

---

320 *Notebooks from the Łódź Ghetto* (englisch), S. 94. Englische Übersetzung des polnischen Ausgangstextes für Yad Vashem.

Moszek Sanek[321] – Schriftsteller, Komponist und jiddischer Humorist – schrieb über die „Elite" im Ghetto Litzmannstadt. Seine Lieder erfüllen darüber hinaus das Kriterium für aggressiven Humor aus Frustration.

Die „Ghettoelite"
Im Litzmannstädter Ghetto
Geht das Leben seinen Gang,
Doch es geht nicht gerecht zu
Zwischen Juden dann und wann.
Die Masse kämpft ums Überleben,
Sie frieren und leiden Hunger,
Doch die Ghettoelite
Lebt ein wahres Wunder.

Refrain
Die Ghettoelite
Sticht aus der Menge heraus.
Breite Schultern, dicke Backen,
Dem Geizhals geht nie was aus.

Im Litzmannstädter Ghetto
Erhält ein Mann seine Ration,
Eine Art Diät
Der Herren der Allokation.
Auf der Karte des Pöbels
Essig, Natron und Salz,

Und für die Elite
Mehl und Zucker und Schmalz.

Die Ghettoelite…

Das Litzmannstädter Ghetto
Wird von ihnen verwaltet,
Was den Tag für uns andere
Voller Arbeit gestaltet.

---

321 Moszek Sanek (1904–1970), ein Einheimischer aus Lodz. Er war ein jiddischer Schriftsteller, Komponist und Humorist, der Lieder und Berichte über das Leben im Ghetto Litzmannstadt veröffentlichte. Als das Ghetto im Jahr 1944 liquidiert wurde, schickte man ihn nach Auschwitz und von dort aus in weitere Arbeitslager. Nach der Befreiung verbrachte er mehr als ein Jahr in DP-Lagern in Süddeutschland und emigrierte anschließend nach Israel.

Unsere Mütter, sie arbeiten
Bei Tag und bei Nacht,
Und in der Ghettoelite
Wird gezecht und gelacht.

Die Ghettoelite...[322]

Ein weiteres Beispiel für aggressiven Humor auf der Grundlage von Frustration bietet Katzenelsons Gedicht „Das Bankett", worin die extravaganten Feste im Namen der Bedürftigen beschrieben werden – doch während die Besucher der Feierlichkeiten sich amüsieren, sterben die bedürftigen Juden den Hungertod.

Das Bankett[323]

I
Im Keller liegt eine Welt der Finsternis,
Oben im Flur brennt Licht,
Die Kellerbewohner sollen sich freuen –
Sie werden sich dort köstlich amüsieren.
Hunger erfüllt den Keller,
Doch die Menschen starren nach oben –
Und die Kellerbewohner werden singen:
Dort oben findet ein großes, üppiges Bankett statt...

Der Klang von Geschirr, das aneinander klirrt,
Die lärmenden Töne einer großen Gästeschar,
Und die Kellerbewohner werden entdecken,
Dass dort gespeist und getrunken wird.

Die Leute essen und trinken auch noch!
Die Menschen schweigsam und schmallippig,
Und die Kellerbewohner sollen sich freuen:
Wie gut alles ist, so gut, oh so unglaublich gut!

---

322 Prager, Hrsg., *Out of the Depths I Call* (hebräisch), S. 65.
323 Die jiddische Originalversion von „Das Bankett" wurde von Prof. Yechiel Sheintuch aus Katzenelsons handschriftlichen Aufzeichnungen rekonstruiert. Das Lied wurde am 1. Mai 1941 im Warschauer Ghetto geschrieben. Der Dank der Autorin gilt Professor Sheintuch für diese Information sowie für weitere Informationen, die er mir im Rahmen dieses Forschungsprojekts bereitgestellt hat.

Sie speisen dort schon seit Einbruch des Abends,
Und auch beim Ball, der später beginnt –
Erscheinen Sie doch bitte alle beim Bankett,
Das ganze Komitee, niemand soll dort fehlen.

Die reichen Herrschaften des Hauses,
Alte und junge,
Würden sich auch sehr freuen
Über Almosen
Für die armen Leute.

Sehr wichtige Gäste verkehren dort auch,
Angesehene Herren geben sich die Ehre –
Und die Kellerbewohner rufen vor Freude aus:
Die Leute speisen und trinken dort.

II

Vater, Vater, bitte stirb nicht,
Sieh doch – ein heller Blitz hat von oben eingeschlagen;
Horch: Sie öffnen dort oben die Flaschen,
Die Gäste trinken nun Wein.

Keine Angst, es wird kein Gewehr abgefeuert,
Das ist ein Korken, der aus der Flasche platzt;
„Zum Wohl", rufen sie und die anderen antworten
Auf jedes geleerte Whiskeyglas.

Bitte wende deinen Blick nicht ab,
Schaue nicht mit Trauer drein –
Sie speisen dort in unserem Namen
Und jeder Tropfen dort fließt für uns.

Mutter, verliere das Bewusstsein nicht,
Oben brennt Licht, lausche den Klängen dort:
Die Klaviermusik hallt durch die Luft,
Dort oben tanzen sie wild umher.

Freude muss im Keller herrschen... Oh, mein Junge,
Mein Sohn, lass deine Augen keine Tränen weinen –
Die feinen Damen und Herren sollen tanzen
In einem Kreis, die Männer mit den Frauen.

III
Weine nicht, mein Sohn,
Überwinde den Wunsch zu weinen... die Sonne geht wieder auf –
Es gibt doch so viel Licht dort oben,
Die Tänze gehen schwungvoll weiter.

Bitte, oh Mutter, ich flehe dich an, nicht ohnmächtig werden,
Mutter, oh meine arme, unglückselige Mutter!
Dort oben tanzen sie für unser Wohl,
Das Fest wird nur für uns gefeiert...

Die Finsternis ist spürbar hier im Keller,
Wir erfreuen uns schweigend, still und stumm;
Die Gäste sind bereits an den Kartentischen
Und lehnen sich dort im Flur zurück...

Oh mein Sohn, mein Kind, oh sei stark,
Lass keinen Schatten deine Augen verdunkeln –
Dieser da besitzt nur Neunen,
Während der andere dort Asse hält...

Bange nicht, mein Sohn... wenn einer verliert
Und ein anderer gewinnt...
Das Spiel ist blind,
Das Spiel folgt blindem Schicksal...

Der eine stirbt den Hungertod,
Während der andere nicht verrotten musste,
Nicht jeder kann es schaffen
Und das Gewinnerblatt erhalten...

Eine Niederlage ist nicht töricht,
Ein Gewinn ist nicht Neues –
Es ist nicht ihr Spiel,
Doch es ist hoffnungslos für uns!

Vater, oh Vater, gehe nicht von hier,
Mutter, oh bitte stirb nicht vor deiner Zeit!
Junge, öffne die Augen, schau dich genau um –
Da findet ein stürmisches Spiel statt, voller Energie!

Im Keller liegt eine Welt der Finsternis,
Der Flur ist hell und rein –
Hier im Keller – Horch! Etwas ist geschehen!
Jemand ist in die Grube gefahren…

Die Finsternis ist spürbar hier im Keller,
Ein anderer starb dort und noch einer mehr –
Doch dort oben spielen sie noch immer dieses ermüdende Spiel.

Die Finsternis ist spürbar hier im Keller,
Eines Jungen Leben erlischt wie eine brennende Kerze,
Oben setzt sich das Spiel weiter fort,
Es setzt sich fort, was auch geschehe!

Ein Spiel ohne Gnade,
Die Spieler greifen an: „Va banque! Va banque!"
Im Keller ein graues Dämmern.
Jetzt dauert es nicht mehr lang –

Die Sonne fängt bald an zu scheinen
Für die Menschen, für absolut jedermann,
Und ein Lichtstrahl wird durchdringen
Und in den kalten, verrotteten feuchten Keller treffen.

Der Lichtstrahl wird seine Anmut offenbaren –
Doch die Sonne dort oben
Macht für einige Leute eine Ausnahme…

IV
Endlich ging die Sonne auf,
Und durchflutete das Haus mit Licht,
Nur den Keller ließ sie aus
Und tat so, als gäbe es ihn nicht.

Doch weshalb? Und wie konnte sie wissen,
So früh am Tage,
Dass im grauen Keller keine einzige Seele noch am Leben war?

Die Sonne ging vor Stunden auf
Und wird ihr Licht noch lange Zeit ausstrahlen,
Der Keller ist im Schatten versunken,
Die Sonne wird nicht einmal in seine Richtung blicken.

Der Rat ist siebenmal besser
Als die Sonne, so viel besser!
Der Rat weiß,
Was ihm obliegt zu tun.

Und sehet! Der Ratsvorsitzende reckt seinen Kopf
In den Keller, den ehrwürdigen Kopf!
Er gibt zehn Goldmünzen,
Wunderbar... wenn auch schrecklich spät!

Vater ist schon von uns gegangen,
Mutter ist langsam verstorben,
Der Junge hat nicht durchgehalten,
Bis er ein Stück Brot bekommen konnte...

Die ganze Nacht hindurch, die ganze Nacht lang
Freuten sie sich vergeblich in Stille,
Das Bankett dort oben fand vergeblich statt,
Und das Kartenspiel war umsonst.

V
Als die Nacht einmal mehr einbrach,
Aus den Höhen des Himmels hereinbrach –
Herrschte völlige Stille im Keller,
Und der Himmel brach in klangloser Stille ein, ganz allein.

Klare, reine Luft von oben
Strömte nicht durch die Fester hinein,
Die Menschen dort hatten nichts gegessen,
Sie hatten den Wein nicht leer getrunken.

Keiner fing dort an zu tanzen,
Kein einziger dort spielte Karten,
Dort gab es nichts mit Licht zu erhellen,
Noch jemanden, der es spüren könnte.

Im Keller herrscht nicht länger Freude,
Niemand sich zu freuen, niemand mehr zu quälen;
Niemand zu hoffen, niemand zu feiern,
Im Keller herrscht der Tod.[324]

---

[324] Jitzchak Katzenelson, *Final Writings 1940–1944* (hebräisch) (Tel Aviv: Ghetto Fighters' House und Hakibbutz Hameuchad, 1956), S. 26–31.

„Vitamine", das von G. Shenker im Ghetto Kauen verfasst wurde, ist ein weiteres Gedicht, das an den öffentlichen Funktionären, die ihre jüdischen Untergebenen diskriminierten, scharfe Kritik übte.

Vitamine
Ein armer Jude wartet an der Wand mit einer Frage,
Er wartete schon eine sehr lange Weile in der Arbeitsbörse,
Ein anderer kommt herein und reicht seine Hand,
Er muss nicht warten wie der Jude an der Wand.

Oj all jene, die Vitamine haben, Kinder –
Heute ist das für sie besser, als mit Geld zu handeln.
Man bekommt Holz und Wohnungen, man ist versorgt,
Die beste Brigade und jede Menge Lizenzen.
Ja. Ja, besser als Geld.
Hat man Vitamine,
Ist man ganz oben.

Meine Wohnung ist kalt, die schlechteste im Ghetto.
Ich bat um Brennstoff, die Antwort war „Nichts".
Die Tochter meines Nachbarn, jung, hübsch und stolz,
Heute brachte sie drei Pfund Holz mit nach Hause.

Oj all jene…

Lasst mich in eine Brigade, frage ich gleich;
Jetzt können wir nicht, schade, dass du warten musstest.
Doch Miriam kennt den Beamten –
Sie kam sogleich mit einer Karte in der Hand heraus.

Oj all jene…

Herein kam ein Mädchen mit einem großen Abszess,
Der Doktor bestand darauf: Dein Zustand ist nicht ernst.
Aus der Ferne ruft er: Bitte, Madam Frenk.
Er muss sie nicht untersuchen, er kennt ihre Krankheit bereits.

Oj all jene…[325]

---

325 Kaczerginski, *Lider fun di Getos un Lagern* (englisch), S. 196.

Humoristische und satirische Lieder

Laut David Roskies handelt es sich beim folgenden Gedicht „Meine Schuhe sind zerfetzt", geschrieben von einem unbekannten Verfasser im Ghetto Wilna, um ein perfektes Beispiel für Satire mit frustrationsbasiertem aggressivem Humor. Dieses Lied wurde während des ersten Winters der deutschen Besatzung geschrieben, als die Deutschen Pelzmäntel und Pelzkragen konfiszierten, um sie den Soldaten an der Front zu schicken.

Im Oktober 1941 stellte das deutsche Arbeitsamt „*Scheinim*" aus – gelbe Arbeitsgenehmigungen, mit denen jüdische Facharbeiter aus dem Ghetto I außerhalb des Ghettos arbeiten durften. Die Deutschen versprachen, dass sie für den Besitzer, seine Frau und Kinder bis zum Alter von 16 Jahren einen „Lebenspass" darstellten. Die Ghettobewohner ahnten, dass die Deutschen eine *Aktzia* planten und begannen aus diesem Grund, überall nach diesen *Scheinim* zu suchen. Lediglich 3.000 wurden erstellt, wohingegen sich 28.000 Juden im Ghetto befanden, was bedeutete, dass 16.000 der sichere Tod erwartete. Männliche und weibliche Arbeitskräfte gaben Wildfremde als ihre Ehepartner und Kinder an und verkauften all ihr Hab und Gut, um eine Genehmigung erwerben zu können. Nach wenigen Tagen begannen die Deutschen mit ihrer Festnahme und erschossen etwa 5.000 Ghettojuden in Ponar. Nach einer Weile kündigten sie einen neuen Befehl an: All diejenigen, die keinen gelben Pass besaßen, benötigten ein rosafarbenes Schutzzertifikat, um im Ghetto bleiben zu können. Der Judenrat verteilte diese Genehmigungen an alle, die im Ghetto eine wesentliche Funktion innehatten.

> Weh mir,
> Meine Schuhe sind zerfetzt,
> Mein Kragen ist abgerissen,
> Und ich bin bald erfroren.
> Tanz, komm tanz ein wenig mit mir.
> Oh, ihr elendigen kalten Winde,
> Ihr kommt sicher aus Sibirien.
>
> Gelbe Pässe, rosa Pässe
> Jede erdenkliche Farbe.
> Wann werde ich wohl endlich
> Meine Frau Zlate wieder nach Hause bringen?
> Tanz, komm tanz ein wenig mit mir,
> Besitzt du einen gelben Pass,
> Dann heirate ich dich stattdessen.
>
> Brot nach Zentimetern gemessen
> Und Holz nach Dezimetern,
> bereitgestellt vom Judenrat,
> Dem Judenrat des Ghettos.
> Tanz, komm tanz ein wenig mit mir.

Besitzt du einen gelben Pass,
Dann heirate ich dich stattdessen.[326]

Die allen bekannte Melodie stammte von einem beliebten Hochzeitslied aus der Vorkriegszeit. Der einzigartige Klang und Text erzeugte eine Kulisse der Harmonie und des vertrauten Wohlbefindens, das man empfindet, wenn man tanzt, bis die Schuhe abgenutzt sind. Damit reagierte das Ghetto mit einem Lied des Feierns, der Festlichkeiten und der Freude auf den totalen Zusammenbruch von Zuneigung, Familie, Sicherheit und nicht zuletzt des Lebens. Es verwandelte einen Hochzeitstanz in eine *danse macabre*. Die Spannungen zwischen den Erinnerungen an die Vergangenheit und dem Schrecken der Gegenwart waren kaum noch erträglich. Mit der Verarbeitung dieser Spannung in einem Gesang konnte der Dialog in einer Welt, die auf die niederträchtigsten Grundzüge reduziert worden war, aufrechterhalten werden.[327]

Roskies sah in den Ghettodichtungen zwei wesentliche Funktionen (ob tatsächlich auf den Straßen dargeboten oder nicht): Die aktuelleren Lieder versorgten die nach Neuigkeiten dürstende Öffentlichkeit mit redaktionellen Kommentaren über die Vorfälle von Machtmissbrauch, wohingegen die Klagelieder und Reimgeschichten Massensterben und Hungertode zu einem ständigen Kommentar über die biblische und mittelalterliche Vergangenheit erhoben.

Einige behaupten, die Juden hätten bekannte Melodien in Ermangelung neuer Klänge verwendet, während andere die Auffassung vertreten, die Funktion der bekannten Melodien hätte darin bestanden, ihnen das Erlernen der neuen Worte zu erleichtern.[328] Ein Beispiel für den Einsatz von aggressivem Humor zur Durchsetzung von Überlegenheit ist das humoristische Lied von Leyb Rozental über die Existenz des Ghettos, vorgetragen von der Schwester des Verfassers, Chayele Rozental, in der ersten Aufführung des Ghettotheaters.[329] Aufgrund der Privilegien, die die jüdische Polizei im Ghetto genoss, suchten die anderen Bewohner ihre Freundschaft.

So spielt die Liebe
Wer sagt, man kann Liebesspiele in Palästen haben,
Doch im Ghetto ist es eine Schande?
Ich habe mich bis über beide Ohren verliebt
Und es geschah mit einem einfachen Polizisten.

---

326 Roskies, *Against the Apocalypse* (englisch), S. 188.
327 Ebd., S. 188-189.
328 Ebd., S. 205.
329 Leyb Rozental (1916–1945), ein Einheimischer aus Wilna und ein bekannter Theatermusikkomponist. Über die Umstände seines Todes existieren widersprüchliche Versionen. Einer Version nach wurde Rozental nach der Liquidierung des Ghettos im Jahr 1943 ins KZ Dautmergen gebracht, wo er ermordet wurde. Eine andere Version besagt, dass Rozental 1945 zusammen mit dem Komponisten Kasriel Broydo nahe Kaliningrad in die Ostsee geworfen wurde (siehe Anmerkung 74 unten). Siehe Horwitz, Hrsg., *From the Straits*, S. 60.

Das ist Avrem'l, oj gesegnet sollen seine Knochen sein,
Er ist ein Wächter am Tor,
Er nimmt allen Mädchen die Päckchen weg,
Doch meine Sachen rührt er nicht an.

Er nennt mich „Schöne". Er nennt mich „Meine Süße",
Ich werde über dich wachen wie über meinen gelben Pass,
Ich sorge dafür, dass du *mezies*[330] trägst,
Wenn du nur mein sein möchtest.

Jeden Abend kommt er in mein Zimmer,
Er ist die ganze Woche beschäftigt.
Also verwöhne ich ihn mit Buchweizenkuchen,
Die ich selbst für ihr gebacken habe.

Wir gehen spazieren von der Rudnitsker Straße bis zur Komnitsker Straße[331]
Und von der Komnitsker hin und zurück,
Er deutet mit dem Finger auf das Haus meiner Freundinnen
„Oj! Basken hat wirklich einen Glückstreffer gelandet."

Nur wenn Gott so will und auch meine Familie das möchte,
Kann vielleicht etwas arrangiert werden und dann –
Werden die Nachbarn meines Zimmers einstürmen
Mit zweiunddreißig Männern.[332]

Kasriel Broydo[333] komponierte ein Lied, das man im ganzen Ghetto sang. Der Refrain ging wie folgt:

Vielleicht wird ein Wunder geschehen
Vielleicht wird ein Wunder geschehen
Es stimmt, es ist schwer zu sagen

---

330 Handel, Geschäft; hier ist Kleidung gemeint, die der jüdische Polizist über seine Verbindungen zu einem guten Preis erhält.
331 Die beiden „Hauptstraßen" im Ghetto Wilna.
332 Kaczerginski, *Lider fun du ghettos un lagern* (englisch), S. 334.
333 Kasriel Broydo (1907–1945), ein Einheimischer aus Wilna, Komponist, Liederschreiber und Schauspieler. Er spielte in mehreren jüdischen Truppen und führte bekannte Eigenkompositionen auf. Broydo war äußerst aktiv im Theater des Ghettos Wilna. Mitten in seiner Arbeit an einer Aufführung wurde er in ein Arbeitslager in Estland geschickt. Von dort aus wurde er nach Deutschland überstellt und im Januar 1945 nahe Kaliningrad gemeinsam mit Hunderten anderer Juden, einschließlich Leyb Rozental, in die Ostsee in den Tod geworfen (siehe Anmerkung 70). Siehe Horwitz, Hrsg., *From the Straits*, S. 60.

Es ist schwer, die Last zu ertragen
Doch vielleicht wird ein Wunder geschehen.[334]

Die Überlebenden erzählen von der aggressiven Funktion humoristischer Lieder

Chaim Rafael: In Buna [Buna-Monowitz/Auschwitz III] […] sangen wir. Zu Beginn waren wir ein Kommando von, sagen wir, 80 Leuten. Acht, zehn Kilometer, mit einem Kapo, der wollte, dass wir wie Soldaten liefen, dass wir Marschlieder sangen und rechts-links liefen, ein Lied nach dem anderen. […] Und uns gingen die Lieder aus! Wie viele Lieder gibt es denn, Marschlieder auf Griechisch? Es gibt Liebeslieder, es gibt Bouzouki-Lieder, aber absolut keine Marschlieder. Einmal dachte sich jemand ein Lied aus, ein Feuerwehrmännerlied. Glücklicherweise hatte dieser Bursche Köpfchen. Und so liefen wir und sangen [Rafael singt auf Griechisch], es ist ein Lied über Menschen, die sich beklagen und Geld wollen. Wir verwendeten diese Lieder nun also dazu, mit dieser Melodie, um auf sie zu schimpfen und alle möglichen albernen Dinge [Rafael singt auf Griechisch]. „Sorgt euch nicht, Freunde, wir kommen hier bald raus, ihr werdet sehen." Sie amüsierten sich köstlich! Und wir sangen: „Wenn du in Rauch aufgingest!", auf Griechisch. Sie laufen also und sind zufrieden und wir lachen die ganze Zeit, wir lachen, verstehen Sie? Das hat uns gerettet. Er wollte, dass wir singen, verdammt, wie viele Marschlieder kann man denn kennen? Ich kannte nur eines. […] Dieses Lied hat uns wirklich gerettet, das war das Lied der Feuerwehrmänner. Es rettete uns für mindestens zwei oder drei Kilometer, mit einer langen Liste an Flüchen, die sie nicht verstanden. Und wir lachten über diese Dummheit!

Rina (Risha) Treibich: Wir sangen auf Polnisch, über einen von ihnen, den wir hassten – wie würden Sie das übersetzen? „Lieber Meister, wann wird dein Ende kommen? Schließlich werden auch Leute an der Front gebraucht." […] Ein langes Lied über eine allgemeine Sitzung in seinem Zimmer mit einem üppigen Mahl. Er ist außerordentlich zufrieden mit sich, da er gute Soldaten hat, die für ihn kämpfen. […] Die zweite Strophe beginnt mit „Nach deinem Tod graben sie dir ein langes, tiefes Grab".

Halina Birenbaum: Es gibt da ein Kindergedicht von Julian Tuwim. Er schrieb sogar recht viele Kinderreime, aber dieses Gedicht wurde auch ins Hebräische übersetzt. Ich glaube, es heißt „Die Lokomotive". Es ist ein langes Gedicht, das ich immer vortrug, und ein paar Leute bastelten daraus eine satirische Version über den Judenrat […] Das Original ging in etwa so: „Sie befand sich dort […] Im Bahnhof stand eine gewaltige, heiße Lokomotive, der Schweiß lief ihr herunter", und hier änderten sie es in: „Er befand sich auf der Żydowska Straße, der Judenrat", […] und sie fügten hinzu, dass auch er gewaltig und heiß

---

334 Dvorjetski, *Jerusalem of Lithuania* (jiddisch), S. 71.

ist. Später im Gedicht heißt es, der Zug hat eine Lokomotive, die 40 Wagen zieht, [...] und dann wird aufgezählt, was sich in jedem von ihnen befindet. In der Parodie wird erzählt, der Judenrat beinhalte 40 Räume und in jedem Raum säße dieser oder jener – derjenige, der stiehlt, und derjenige, der das Beutegut befördert [...]. Ich weiß nicht, wer das Gedicht umgeschrieben hat, wer die Parodie der Lieder verfasst hat, aber es ging so [Birenbaum liest und übersetzt aus ihren handschriftlichen Notizen]: „Auf der Żydowska Straße befand sich der große Judenrat – gewaltig, der Schweiß läuft ihm herunter, mit bestimmt 40 Räumen und so vielen Beamten darin, jeder von ihnen ein prima Kerl. Jeden Tag bringt er Brot nach Hause, einen ein-Kilo-Laib Brot!" Das ist alles, es ist eigentlich ein Reim, verstehen Sie? „Durch die Mauern, an den Wachen vorbei, durch die Kanalisation hindurch, direkt ins Ghetto hinein." So ging die Parodie über den Zug und seine Route.

Itka Slodowski: Die Küchenarbeiter waren alle dick, sie aßen wirklich gut. Darüber gab es auch ein Lied. Sie nannten die Frau, die das Essen ausgab, „Pani Wydzielacka" – Frau Suppenserviererin – auf Polnisch „die Frau, die das Essen austeilt".

> Frau Suppenserviererin,
> Geben Sie auch noch Butter hinzu
> Damit nicht jeder servierten Suppe der Geschmack fehlt.
> Frau Suppenserviererin,
> Das war nur ein Witz,
> Schöpfen Sie etwas tiefer
> Etwas dicker.
> Frau Suppenserviererin,
> Es schickt sich nicht, sich selbst das Beste zu nehmen
> Unser Präsident wird dafür sorgen, dass Sie nur noch Abbrucharbeiten durchführen.
> Frau Suppenserviererin,
> Sie sind fett, wie abstoßend,
> Unser Präsident wird dafür sorgen,
> Dass Sie nur noch Dachrinnen reinigen.

Rachel Kurtz-Adar: Sie müssen wissen, jeder bekam bei der Arbeit Suppe. Dort wurde Suppe verteilt und einige schrieben ein Lied über die Frau, die die Suppe austeilte. Sie servierte die Suppe mit ihrer Schöpfkelle, gab jedem seine Suppe und sie schrieben ein Lied darüber, dass sie tiefer schöpfen sollte, damit die Suppe ein wenig dicker wäre. Es gab ein ganzes Gedicht darüber, wie sie die Frau anbettelten. Das zweite Gedicht, an das ich mich erinnere, war über Rumkowski. Chaim Rumkowski schuf *a geto mit a dieta*, ein Ghetto auf Diät. Er gab uns Kleie und alle möglichen... Gerste und denkt dabei, er wäre so gerecht. Das war ein ganzes Gedicht.

Felicja Karay: Hier [deutet auf ihr Buch *Wir lebten zwischen Granaten und Gedichten*] haben Sie ein Beispiel für ein Gedicht, das die *prominenten* Frauen kritisierte, die Essen stahlen und das Essen so ungerecht verteilten. [...] Es geht so: Womit haben wir das verdient? Die Suppe flieht vor uns. Sie teilen keine vollen Schüsseln aus. Sie nehmen jedes schmackhafte Stückchen heraus. Ich erinnere mich bis zum heutigen Tage noch an die Melodie:

> Womit haben wir verdient,
> dass die Suppe vor uns flieht?
> Volle Schüsseln seh'n wir wohl nie,
> jeden Krümel vertreiben „sie".
> Doch nichts geht verloren in der Natur,
> die Suppe hilft ihnen zur guten Figur –
> die Hüften voll und rund,
> die Wangen rot und gesund! Drum fragen alle,
> groß und klein:
> Wird das nun endlich anders sein?[335]

Es ist wirklich seltsam, dass ich so viel aus den Lagern vergessen habe, mich aber dennoch bis zum heutigen Tag an diese Lieder erinnere!

Die sexuelle Funktion in humoristischen Liedern

Der Holocaustüberlebende Lieba Tiefenbrunn, der Plaszów, Auschwitz und Stutthof überlebte, gab in seinem Zeugenbericht an, er und seine Freunde hätten sich häufig im Waschraum in Plaszów versteckt, um sich auszuruhen. Maria Chilowicz, die Frau von Wilek Chilowicz, Chef der jüdischen Lagerpolizei, war berüchtigt für ihre Grausamkeit und schikanierte die Gefangenen. Das nachstehende Gedicht wurde von der Gefangenen Matilda Zibner aus Krakau verfasst, wofür sie zur Strafe 24 Stunden lang ohne Essen in ihrem Bunker stehen musste:

> Wohin eilst du, mein Mädchen?
> Wie ein Torpedo, geschmeidig, geschwind,
> Urin soll es sein, in die Latrine hinein
> So rasch rast das Mädchen
> Mit ihrem Extrageschenk
> Und von oben und von unten auch,
> Wie sie auf dem Brett, die es zurückhält
> Frauen, zweihundertsechs –
> Eine für das große Geschäft und eine für die Jauche,

---

335 Zeugnis von Henryka Wolfe-Karmel (YV, 0-33 / 18520-33), in Karay, *Wir lebten zwischen Granaten und Gedichten*, S. 137.

Die anderen wedeln nervös das Kleid,
In grässlichem Schlamm und glitschiger Schmiere.
Die ochsenartige Marianna hat Aufsicht,
Hält eine kraftvolle Rede:
„Sie scheißen in Raten, diese Flittchen und Dirnen,
Diese venezianischen Mösen, ihre miese, dreckige Welt."
Bitte machen Sie schnell, Entschuldigung, haben Sie etwas Mitleid,
– Hört auf zu drängeln, Panna Marianna scheißt gerade.
Ist das Loch jetzt frei, oder ist die Peitsche langsam,
Oder John's Maus kroch in ihr „Geschäft" etc.[336]

Die Überlebenden erzählen von der sexuellen Funktion humoristischer Lieder

Ester (Stania) Manhajm: Ich war zu der Zeit siebzehneinhalb Jahre alt. Als ich dieses Lied hörte, begann ich zu zittern, da mir eine derart vulgäre Sprache nicht vertraut war. Ich wurde als braves Mädchen aus gutem Hause erzogen, mit den Grundsätzen polnischer Mädchen mit polnischen Manieren. Diese obszönen Lieder zu hören! [Manhajm singt auf Polnisch und übersetzt]:

Laute Schreie auf dem Friedhof[337]
Die Leichen ficken sich dort gegenseitig
Eine Leiche küsst den Arsch der anderen
Sie schreit, es würde wehtun, doch er macht weiter.

Es war fürchterlich. So etwas ging im Lager um. Irgendjemand sang das dort. Das hat mich so sehr entsetzt, dass ich mich immer noch daran erinnere.

Rina (Risha) Treibich: Wir ließen uns Lieder einfallen, es gab ganz viele. In Plaszów gab es zum Beispiel einen Einbrecher, der uns jeden Morgen aufweckte, also sangen wir diese Melodie mit Obszönitäten:

Ich bin nun schon seit einer Stunde mit dem Einbruch beschäftigt
Und ihr Schweinepriester schlaft noch immer.
Steht auf, steht auf!
Und dann noch eine Beschimpfung –
Deine Mutter ist eine Hure!

---

336 YVA, M.49/1182 (englisch). Englische Übersetzung des polnischen Ausgangstextes für Yad Vashem.
337 Das KZ Plaszów wurde auf dem Grund von zwei einstigen jüdischen Friedhöfen erbaut.

Wir komponierten es, irgendjemand kam auf [die Worte] und das sangen wir dann [Treibich singt auf Polnisch]

Halina Birenbaum: In Auschwitz gab es ein Lied, an das ich mich noch erinnere, es war sehr, naja, widerwärtig, über jede Art von Sex für Essen. [...] Dieses Lied allein war schon absolut ekelhaft. [...] Es gab noch andere, ich weiß die Worte nicht mehr, aber ich erinnere mich noch – ich war so peinlich berührt, es war für mich kaum auszuhalten, selbst heute noch ist es mir unangenehm, diese Worte auszusprechen. [...] Es war so vulgär, wie es nur sein konnte, wirklich.

Arie Ben-Menachem: In Auschwitz erzählte man sich Witze und sang Lieder, alle Arten von obszönen Liedern, und es gab Fälle, in denen sie dort mit den Mädchen anfingen. Da herrschte bereits eine völlig andere Atmosphäre. Auch wenn es ihnen die ganze Zeit über bewusst war, verweigerten sie jeden Gedanken daran, was mit uns geschehen würde – wir sahen den Rauch ständig.

Nechama Koren: Es gab dort den *Hujowa Górka* („Schwanzhügel")[338], wo sie alle Leichen hinbrachten, und jemand schrieb ein Lied darüber. Ich sage Ihnen, davon konnte man sterben [Koren trägt auf Jiddisch vor und übersetzt]:

> Schreie vom Górka,
> Die Leichen vögeln sich dort gegenseitig.
> Eine Frau steckt einer anderen
> Eine Schaufel in ihren Arsch.

Sie lachen? Wir sind vor Lachen jedes Mal beinahe geplatzt! Wir wussten – morgen würden wir selbst dort sein, ja, auch wir würden sterben. Es war einfach so makaber, man kann sich das kaum vorstellen. Und das ließ uns durchhalten, das gab uns Kraft, wir konnten uns vor Lachen nicht mehr halten. Übersetzt klingt das nicht ganz so gut, aber wir mussten so sehr lachen. [...] Wenn wir diese widerlichen Lieder sangen, lief es uns bei dem Sarkasmus darin kalt den Rücken herunter.

Orna Birnbach [singt auf Polnisch und übersetzt]:

> Für Suppe, für Suppe und für ein Stückchen Brot
> Geben unsere Mädchen, wozu sie gezwungen sind und wozu sie nicht gezwungen sind.

Chaim Rafael: Manchmal sang ich sehr abscheuliche Lieder. [...] Sie lachten immer und ich sang für sie. [...] So war das, das zeigt, wie wir dort lebten. Wir sangen beispielsweise

---

[338] Ein großer Hügel in der Nähe des Konzentrationslagers Płaszów, auf dem häufig Hinrichtungen stattfanden – rund 10.000 Juden wurden dort ermordet.

[Rafael singt auf Polnisch]. Das ist ein richtig widerwärtiges Lied und ich sang das immer. Später gab es noch ein weiteres Lied, das sogar noch schlimmer war, und es war unglaublich beliebt.

Abraham: Im Konzentrationslager Janowska gingen die Arbeitsbrigaden jeden Tag in Begleitung der „Askaris"[339] los. Wir mussten entsprechend der Methode der Roten Armee singen, von der die Askaris desertiert waren. Ein Solist sang die Melodie, danach mussten die anderen alle singen und wehe dem, der nicht mitsang. Ich kann mich noch an zwei wirklich ekelhafte Lieder erinnern, die wir sangen. Ich glaube nicht, dass sich sonst noch jemand an sie erinnert. Es ist eine Schande, dass sie mit mir sterben werden.

Wir sind solch tolle Kerle,
Aus dem Arbeitslager Janowska,
Die ganze Welt wird uns kennen.

Refrain
Schwanz in deinen Arsch, deine Mutter ist eine Hure.

In Moskau geht ein Seemann um,
Er zieht eine Lokomotive mit seinem Schwanz.
Und mein Cousin ist auch kein Schwächling,
Er tötete einen Mann mit seinem Schwanz.

Refrain
Fick deine Mutter, weshalb so wütend?
So oder so kommst du hier nicht lebendig heraus.

Die soziale und intellektuelle Funktion humoristischer Lieder

Die während des Holocaust komponierten humoristischen Lieder erfüllten auch eine soziale Funktion, da sie zu sozialem Zusammenhalt und einer entspannteren, unterhaltsamen Atmosphäre führten.[340] Henri Bergson hielt es für wichtig, Humor auch in seiner sozialen Funktion zu begreifen, um Humor als Ganzes zu verstehen, und schlussfolgerte,

---

339 Die Askaris (oder Trawniki-Männer) waren Deserteure der Roten Armee, die Einheiten zum Kampf gegen die Rote Armee oder für andere Operationen an der Ostfront bildeten. Diese Bezeichnung wurde auch für westukrainische Freiwilligeneinheiten verwendet, die sich aus Deserteuren der Roten Armee und antikommunistischen Bauern zusammensetzten, die aus ländlichen Gegenden unter deutscher Besatzung rekrutiert wurden.

340 Rubin, *Voices of a People*, S. 187; Prager, Hrsg., *Out of the Depths I Call*, S. 21.

dass wir Humor zuallererst in seine natürliche Umgebung, d. h. die Gesellschaft platzieren müssen. Bergsons Ansicht nach ist die Gesellschaft eine Grundvoraussetzung für Humor, da Lachen nach einem Echo verlangt. Auch Freud hielt den sozialen Aspekt von Humor und Lachen für bedeutsam. Einen Witz zu erzählen, den wir uns ausgedacht haben, und andere darüber lachen zu hören sind Bedürfnisse, die in die Erzeugung eines Witzes miteinfließen. Daraus leitete Bergson ab, Lachen könne nur ausgelöst werden, wenn Humor mit anderen Informationen in Zusammenhang stünde. Aus diesem Grunde seien die soziale und die intellektuelle Funktion von Humor miteinander verknüpft.[341]

Die Überlebenden erzählen von der intellektuellen Funktion humoristischer Lieder

Orna Birnbach: Es gab auch makabre und satirische Lieder, beispielsweise wenn wir arbeiteten. Der Familienname meines Vaters war Habsburg – ja, Habsburg. Sie ließen sich ein Lied über uns einfallen und nannten meinen Vater Leiter – auf Deutsch und Jiddisch ist das doppeldeutig, man kann eine Sprossenleiter meinen oder eine Person mit einer leitenden Funktion. *Drabina* heißt (Sprossen-)Leiter – auf Deutsch und Jiddisch ein Wortspiel. Darum nannten sie mich Drabinovna und mein Vater hieß Leiter und wir galten als hochrangig, weil er eine leitende Position und Beziehungen besaß. Manchmal denke ich an dieses Lied [Birnbach singt das Lied]. Es ist im Grunde sehr makaber.

Esther Stub

Im Jahre 1972 erhielt Natan Gross eine Sammlung von 60 Gedichten, die von der verstorbenen Esther Stub verfasst worden waren. Zweiundfünfzig Gedichte darunter waren während des Krieges in Plaszów, Auschwitz und Bergen-Belsen verfasst worden. Während einige der Gedichte persönlicher Natur waren, adressieren viele andere auf ironische Weise die Errungenschaften des zwanzigsten Jahrhunderts und das Verhalten der Deutschen. Ein paar Gedichte beschreiben das Leben in den Lagern mitsamt ihren tragischen und grotesken Aspekten, wobei Stub nicht davor zurückschreckt, die Gräueltaten und den Tod, der sie umgab, zu thematisieren. Die Gedichte wurden mit Bleistift in ein Notizbuch geschrieben,[342] wobei Stub ihre Dichtungen ursprünglich auf abgerissene Verpackungsfetzen schrieb, die von den Handelsgütern der Fabrik Optima stammten, in der sie arbeite-

---

341 Henri Bergson, *Laughter: An Essay on the Meaning of the Comic* (New York: Macmillan, 1924), S. 9–11; Sigmund Freud, *Jokes and Their Relation to the Unconscious*, Hrsg., James Strachey (New York: W. W. Norton, 1960), S. 175–176.

342 Bis zu deren Tod verblieb das Notizbuch im Besitz der Schwester von Esther Stub, Frau P. Kleinberg aus Haifa. Die Autorin dankt Hr. Mahler für die Bereitstellung.

te.³⁴³ Hin und wieder brachten ihr die Leute Papier aus der Stadt mit. Die Gedichte gingen durch zahlreiche Hände und wurden schließlich zerstört, sie blieben jedoch in Stubs phänomenalem Gedächtnis erhalten, weshalb sie sie in Bergen-Belsen nach Kriegsende wieder rekonstruieren konnte.³⁴⁴ Neben Anzeichen für skatologischen und aggressiven Humor als Reaktion auf Frustration lassen Esther Stubs Gedichte auch noch weitere Funktionen von Humor erkennen: die Funktion als Abwehrmechanismus mit seinen beiden Hauptausprägungen – Selbstironie und schwarzem Humor; und die soziale Funktion.

In seinem Artikel über die Sammlung bemerkt Natan Gross, dass Esther Stubs Gedichte in keinem der Archive Erwähnung fanden und lediglich ein Gedicht in einer jiddischen Sammlung aus dem Jahr 1946 veröffentlicht worden war.³⁴⁵ Gross erklärt, dass er ihre Gedichte in paraphrasierter Form übersetzt hat und schrieb Folgendes über die Gedichte:

> Ihren Arbeitskollegen sind nur die satirischen Feuilletons in Erinnerung, die sie ihnen vorlas, sobald sich eine passende Gelegenheit bot. [...] Jeder wartete neugierig auf ein neues Gedicht. In der Nachmittagspause, manchmal sogar während der Arbeit, versammelten sich regelmäßig kleine Grüppchen um sie, denen sie dann ihr neues Meisterwerk vortrug. Oder abends in den Baracken, auf den Pritschen – plötzlich wurde es so still, dass man eine Fliege hätte hören können. Ein neues Gedicht war geschaffen.³⁴⁶

Ein Thema vieler hämischer Gedichte war die Entlausung. Stub und ihre Mitgefangenen erhielten den Befehl, die Uniformen vom Schlachtfeld wieder in Ordnung zu bringen, und diese waren voll mit weißen Läusen, die „wie Perlen" anmuteten. Obwohl die Nazipropaganda die Juden mit Läusen in Verbindung brachte, mussten sich die jüdischen Gefangenen mit den „deutschen" Läusen herumschlagen, die – leider, leider – nicht über die deutschen „Rassengesetze" informiert waren und zwischen jüdischem und deutschem Blut keinen Unterschied machten.

> Oh, wie sehr sie sich um uns sorgen,
> Sie geben uns Essen, führen uns an
> Und entlausen uns sogar,
> Denn auf der Kleidung, die wir für sie flicken,
> Dürfen keine jüdischen Läuse krabbeln!
> Einzig die Läuse ihres Vaterlands,
> Die großen, weißen Feldläuse haben das Recht.
> Doch welch ein Pech für die Läuse, dass Blut nicht Wasser ist

---

343 Optima war eine Schokoladenfabrik in Krakau. Während des Krieges wurde sie zur Produktion deutscher Militäruniformen genutzt.
344 Natan Gross, „The Poem Will Survive Forever", *On Guard*, 17. September 1972, S. 5.
345 Esther Stub, „Barracks Building" in Samy Feder, Hrsg., *Collection of Concentration Camp and Ghetto Songs* (Bergen-Belsen: Central Jewish Committee, 1946), S. 27.
346 Gross, „The Poem Will Survive Forever" (hebräisch), S. 2–5.

Und Insekten sich nicht um „Rassenreinheit" scheren,
Sondern sich mit all ihrer Kraft an uns Juden festklammern...[347]

In einer weiteren langen Beschreibung der Entlausung – „Die Machthaber sorgen sich um uns" – stellt Stub unter Anwendung von Humor und Ironie die Sorge der Machthaber aufgrund der Läuse dar. Diese Befürchtungen hatten ausgedehnte leidvolle Situationen für die Juden zur Folge, da sie nach der Desinfizierung bei bitterkalten Dezembertemperaturen mit nassen Körpern und nasser Kleidung nach draußen geschickt wurden.

Das Konzentrationslager Plaszów war auf dem Boden des jüdischen Friedhofs errichtet worden, weshalb es zweifach als Friedhof diente – für die toten und die scheintoten Juden. Der Tod begleitete die Gefangenen von Plaszów auf Schritt und Tritt und fand in praktisch jedem Gedicht aus Stubs Feder, ob satirischer oder lyrischer Natur, Ausdruck. Sie spottete über die Durchsuchung der persönlichen Besitztümer der weiblichen Gefangenen: „Da der Friedhof so nahegelegen ist, haben wir alles übergeben." In einem Lied drückte sie ihren Neid auf die Fliegen aus, die in Freiheit herumschwirren: „einmal zur Suppe, einmal zur Leiche und dann wieder zurück zur Suppe."[348]

Nachstehend folgt ein Beispiel für ein Gedicht von Esther Stub, das skatologischen Humor aufweist:

Latrine
Das zwanzigste Jahrhundert ist der Gipfel des Fortschritts
„Latrine" anstelle einer Toilette
...Sitzende und tratschende Frauen
Ungerührt von ihrer eigenen Absurdität
Jede von ihnen redet Unsinn.
Wieder und wieder sagt jede: „Mein Gott!"
Das ist Stoff für einen Poeten
Doch ich bevorzuge... eine Toilette.

Zusammenfassung

Die in den Ghettos und Lagern verfassten Gedichte wiesen eine Zahl an Attributen der jüdischen Gefangenen auf – ihr Stehvermögen und ihr Überlebenswille, wie auch ihren Drang danach, etwas zu schaffen, zu singen und zu lachen.

Viele der Ghetto- und Lagerlieder waren inspiriert durch jüdische Komponisten und die Melodien dazu stammten von den Nationalitäten, die sie umgaben – polnisch, ukrai-

---

347 Esther Stub, *Notebook of Songs: Krakow-Plaszow-Bergen Belsen, 1942–1945* (hebräisch). Private Veröffentlichung durch Yona und Yehudit Mahler. Ein Exemplar befindet sich in der privaten Sammlung der Autorin, freundlicherweise zur Verfügung gestellt von Familie Mahler.
348 Ebd., S. 5.

nisch, russisch und andere. Die gegenseitige Beeinflussung von nebeneinander existierenden Kulturen sowie das Einfließen zeitgenössischer Inhalte in antike Quellen waren Gegenstand der Forschungen von Ethnomusikwissenschaftlern. Das Muster der im Holocaust geschriebenen Lieder kennzeichnet sich durch den einzigartigen Antrieb ihrer Verfasser – den erbitterten Wunsch der Juden nach der Unvergänglichkeit und Schilderung ihrer Erlebnisse und der Geschichte ihrer Nation. Die jüdischen Liederschreiber versuchten, sich selbst Mut zuzusprechen, den anderen um sie herum Trost zu spenden und ihre eigene Frustration über und ihren Hass auf die Nazis zu formulieren. Einige unternahmen sogar den Versuch, die Zuhörerschaft zum Widerstand zu bewegen.[349] Es kann zweifellos festgehalten werden, dass die im Holocaust verfassten humoristischen Gedichte das breite Spektrum von Funktionen des Humors, wie sie in dieser Untersuchung dargelegt wurden, erkennen lassen.

---

349 Gelman, „The Transformation of the Folk Song in the Ghettos and Camps", S. 56-57.

Kabarettistische, humoristische und satirische Vorführungen 11

Sehnlicher Wunsch, den Schmerz mit Musik, Tanz und Komik zum Schweigen zu bringen.

– Zelig Bardichever[350]

In einem Beitrag, der im Buch *From the Straits: Songs from the Ghettos* (1949) veröffentlicht wurde, schrieb Shmerke Kaczerginski: „Es wirkt befremdlich auf uns, wenn der Schauspieler inmitten tragischer Umstände plötzlich zu singen beginnt. Es erscheint unvorstellbar. Doch das Leben lieferte den Gegenbeweis."[351] Tatsächlich kann man nur schwerlich ein surreales Bild zeichnen als das singender und tanzender Gefangener der Ghettos und Konzentrations- und Vernichtungslager in einer Theaterproduktion. Dennoch taten tausende von Ghetto- und Lagergefangenen in ganz Europa genau das, zum Teil im Geheimen und ungeachtet der über der Situation schwebenden Todesstrafe, die allen Beteiligten der Produktionen drohte.

Einer der Gründer des Theaters im Ghetto Wilna, der Dichter Abraham Sutzkever[352], schrieb:

---

350 Aharon Vinkovetzky, Abba Kovner und Sinai Leichter, Hrsg., *Anthology of Yiddish Folksongs* (hebräisch, jiddisch und englisch) (Jerusalem: Magnes, 1987), Bd. 4, S. 5.

351 Shmerke Kaczerginski, *Lider fun di Getos un Lagern: Takstn On Maladias Gazamlt* (englisch) (New York: CYCO, 1948).

352 Abraham Sutzkever (1913–2010), ein jiddischer Dichter und einer der Gründer des Theaters im Ghetto Wilna. Kurz vor der Liquidierung des Ghettos flüchtete er mit seiner Frau in den Wald, wo sie sich einer Einheit von jüdischen Partisanen anschlossen. Das Jüdische Antifaschistische Komitee in Moskau half dabei, ihn im März 1944 nach Moskau einzuschleusen. Nach der Befreiung von Wilna kehrte Sutzkever in die Stadt zurück, um nach den Büchern und Dokumenten zu suchen, die dort von Mitgliedern der „Papierbrigade" (eine Gruppe jüdischer Intellektueller, darunter auch Sutzkever selbst) an verschiedenen Orten im Ghetto und in den Häusern nichtjüdischer Freunde versteckt worden waren. Nachdem er 1947 als Zeuge bei den

Schließlich bekam ich das Gefühl, es hätte keinen Zweck, einem Menschen, der zum Tode verurteilt oder auf eine einsame Insel verbannt worden war, künstlerische Werte zu vermitteln. Doch das Leben selbst hat mir den Beweis dafür geliefert, dass dies nicht so ist. Der Mensch will erschaffen, ganz gleich, ob er in einem modernen Hotel lebt oder in einer Wüste voller Sand und Schakale; ob er unschuldig an der Küste steht, erfüllt von Sehnsucht, während er dem Sonnenuntergang zusieht – oder auf ein offenes Grab blickt, das er mit seinen eigenen Händen schaufelt. In keiner Lage wird ihn der kreative Geist jemals verlassen.[353]

Die Schauspielerin Nava Shean (auch Vlasta Schönová), die in Theresienstadt auftrat, schrieb Folgendes über die Quelle der szenischen Kreativität in den Ghettos und Lagern:

Seit dem Augenblick, in dem ich dort im Jahr 1942 ankam, versuchte ich, aufzutreten, abendliche Lesungen zu halten, ein Ein-Mann-Stück aufzuführen. All dies tat ich aus dem Gefühl heraus, auftreten zu müssen; nichts hatte für mich Bedeutung, nur das Theater. Die Tragödie unserer Deportation ins Konzentrationslager wurde auf meine persönliche Tragödie reduziert. Die Deutschen verboten mir, Theater zu spielen; sie nahmen mir das Theater; ohne das Theater konnte ich nicht, wollte ich nicht leben.[354]

Seit über 40 Jahren versuche ich nun, eine Antwort auf folgende Frage zu finden: Rührten künstlerische Aktivitäten in Theresienstadt, insbesondere solche, die mit dem Theater in Verbindung standen, von einem Bedürfnis nach kulturellem Erleben oder vom Bedürfnis eines jeden professionellen Künstlers, den Schaffensprozess und kulturelle Aktivität unter allen Umständen fortzusetzen? Ich konnte keine Antwort finden. Offenbar war es, wie so oft, das Resultat beider Faktoren.[355]

Am 9. Juni 1943 hielten die Verfasser der Lodzer Getto-Chronik Folgendes über das an diesem Tag aufgeführte Unterhaltungsprogramm fest:

Der künftige Leser wird vielleicht mit einigem Kopfschuetteln in diesen Blättern allzuoft Meldungen über verschiedene Aufführungen, gesellschaftliche Veranstaltungen finden, und er wird sich wohl sagen muessen, dass die Lage der Gettobevoelkerung wohl nicht so tragisch gewesen sein kann, wenn das gesellschaftliche Leben so reichhaltig und lebhaft war. [...] Es gibt natürlich viele Menschen im Getto, die schon jetzt die Köpfe schütteln und es unwillig ablehnen, diesen Zauber mitzumachen, indem sie

---

Nürnberger Prozessen aufgetreten war, emigrierte Sutzkever nach Israel. „Sutzkever, Abraham", *Encyclopaedia Judaica* (Jerusalem: Keter Publishing, 1971), Bd. 15, S. 538–539.
353 Abraham Sutzkever, *The Vilna Ghetto* (hebräisch) (Tel Aviv: Sechvi, 1947), p. 84.
354 Nava Shean, „Being an Actress in Theresienstadt" (hebräisch), *Yalkut Moreshet*, Nr. 43–44 (1987), S. 95.
355 Nava Shean, *Being an Actress* (hebräisch) (Tel Aviv: Hakibbutz Hameuchad, 1991), S. 32.

auf dem Standpunkt stehen, die Lage der Juden im Getto und im Allgemeinen erlaube nicht eine solche Verflachung des gesellschaftlichen Lebens. Aber es hiesse den elementarsten Lebenswillen gequälter Menschen zu unterdrücken, wollte man diese einzigen Ventile der Vitalität und der Lebensbejahung schliessen. Einmal wieder in einem Theatersaal sitzen, abseits von der trostlosen Atmosphäre, einmal wieder in der Pause im Foyer des Kulturhauses plauschen, flirten, ein neues Kleid zeigen, gut frisiert zu sein, ist nun einmal ein nicht zu unterdrückendes Bedürfnis vom Menschen, die in einem erstrangigen Kulturzentrum wie es Litzmannstadt vor dem Kriege war, gelebt haben. So will auch der Chronist diese Vorgänge mit Nachsicht verzeichnen und dem künftigen Leser sagen, dass das Leid im Getto deswegen nicht geringer war, weil es auch einige frohe Stunden gegeben hat.[356]

Yechiel Frankel bestätigt dies:

Der physische Hunger nach Essen und die unaufhörlichen Gedanken über Essen verdrängten das Verlangen nach zusätzlicher spiritueller Nahrung nicht, tatsächlich verstärkten sie es sogar noch.
Zweifellos war dies eine gesunde Intuition von ihnen, die zu leichter Unterhaltung führte und nicht zu den schwereren ernsten Stücken. [...] In der Regel war ihr Lachen stärker als ihr Weinen.[357]

Der Schauspieler und Regisseur Samy Feder[358] bezeugt ebenfalls die Tatsache, dass in den Lagern Stücke aufgeführt wurden:

Wir produzierten Aufführungen, sogar in den Konzentrationslagern. Zu *Hanukkah*, *Purim* oder wann immer wir das Gefühl hatten, eine „gute" Wache erwischt zu haben, die nicht zu hart mit uns umgehen würde, bauten wir eine improvisierte Bühne mitten in einer modrigen Baracke, funktionierten eine alte Decke in einen Vorhang um und

---

356 Sascha Feuchert, Erwin Leibfried und Jörg Riecke, Hrsg., *Die Chronik des Gettos Lodz/Litzmannstadt 1943* (Göttingen: Wallstein Verlag, 2007), S. 248–249.
357 Yechiel Frankel, „Theater and Other Artistic Activity in the Łódź Ghetto, 1940–1944 (A)" (hebräisch), *Stage: Quarterly Magazine for Drama*, Nr. 103 (1986), S. 40.
358 Samy Feder (1909–2000) war gebürtiger Pole. Er wuchs in Deutschland auf und studierte dort Theater. Nach der Machtergreifung der Nazis wurde er nach Polen vertrieben, wo er im jiddischen Theater spielte und Regie führte. Im Laufe des Krieges war Feder in einer Reihe von Konzentrationslagern inhaftiert, zuletzt in Bergen-Belsen. Im Jahr 1945 gründete Feder mit anderen Vertriebenen das „Theater der KZ-Gefangenen" und darüber hinaus eine Schauspielwerkstatt. Siehe Hagit Lavsky, *Towards New Lives: Survivors and Displaced Persons in Bergen-Belsen and the British Occupation Zone in Germany 1945–1950* (Jerusalem: Yad Vashem and Magnes, 2006), S. 154–155.

veranstalteten Vorführungen, mit mir als Produzent [und Schauspieler]. Manchmal bezahlten wir dafür mit Verletzten, aber wir gaben nie auf.[359]

Jüdische Schauspieler begannen ihre Aufführungen schon in den ersten Wochen nach der Eroberung Polens durch die Nazis. Zu Beginn waren die schauspielerischen Versuche nicht organisiert, das Resultat des kulturellen Vakuums, das den Juden infolge der Besatzung aufgezwungen wurde: die Sperrstunde, der Abbau institutionalisierter kultureller Aktivitäten und die Flucht der Künstler in Gebiete unter sowjetischer Besatzung. Anfangs führten die Schauspieler in Privatwohnungen kurze Stücke und Auszüge aus Gedichten oder Humoresken auf; als sich diese kleinen Aufführungen immer größerer Beliebtheit erfreuten, fanden sie immer häufiger in Kaffeehäusern und sogar in Miethallen statt. Als die Ghettos errichtet wurden, schufen sie die Illusion eines permanenten Rahmens, was zur Entwicklung des Theaters in den Ghettos beigetragen hat.[360]

In den Ghettos bildeten sich vier Arten des Theaters heraus: Die erste Variante fand in Cafés und Nachtlokalen auf winzigen Bühnen statt. Die meisten jüdischen Cafébesitzer nutzten ihre Beziehungen zur Gestapo oder zu Mitgliedern des Judenrates, um die erforderlichen Lizenzen zu erhalten. Folgendes Zitat stammt aus einem Artikel, der in der Zeitung des Ghettos Wilna, *Yediot*, veröffentlicht wurde: „Unser Leben ist stabiler geworden... Wenn wir nicht zu Hause bleiben wollen, können wir uns in Cafés setzen." Da viele der Cafés und Nachtlokale, die in den Ghettos aus dem Boden schossen, nicht der Zensur des Judenrates unterlagen, entwickelten sie sich zum einzigen Forum für satirische Darstellungen des Ghettolebens. Cafés wurden Veranstaltungsorte, an denen neue Talente vorgestellt und zudem Talentwettbewerbe mit Geldpreisen abgehalten wurden. Häufig boten die Cafés auch ein Forum für angesehene Schauspieler, die dort ihren Lebensunterhalt verdienten und solche Bühnen dem in ihren Augen schlechteren jiddischen Theater vorzogen.

Die zweite Variante des Theaters, unter der Ägide von jüdischen Selbsthilfeorganisationen (Żydowska Samopomoc Społeczna), war völlig anderer Natur. Die Aufführungen dieser Theater fanden in Ausschüssen, öffentlichen Suppenküchen und Kindertheatern statt. In fast allen Ghettos wurden in den öffentlichen Suppenküchen bildungsrelevante Aufführungen dargeboten, die hauptsächlich zur Verbreitung jüdisch-nationaler Botschaften dienten. Viele der Vorstellungen drehten sich um jüdische Feiertage, jüdische Traditionen und Folklore. Zu den aufgeführten Stücken zählten Werke von Shalom Aleichen, I. L. Peretz, Mendele Mocher Seforim und anderen. Die Darbietungen handelten vom Aufbau des Gelobten Landes und den Hoffnungen auf eine bessere Zukunft. Die Vorführungen

---

359 Samy Feder, „The Yiddish Theater of Belsen" (englisch), in Rebecca Rovit und Alvin Goldfarb, Hrsg., *Theatrical Performance during the Holocaust: Texts, Documents, Memoirs* (Baltimore-London: Johns Hopkins University Press, 1999), S. 156. Feders Beitrag wurde ursprünglich in *Belsen* veröffentlicht (Israel: Irgun Sheerit Hapleita Me' Haezor Habrit, 1957), S. 135–139.

360 Doron Avraham, „Theater Life in the Ghetto", *Bishvil Hazikaron*, Nr. 9 (Dezember 1995), S. 14.

waren zur Informierung und Ermutigung eines Publikums bestimmt, das sich den Eintritt zu den Unterhaltungsprogrammen in den Cafés und Nachtlokalen nicht leisten konnte. Der Fokus lag jedoch auf den Kindertheatern. Die jüdische Selbsthilfe engagierte mehrere Schauspieler, die allerdings nicht auf Gewinnbasis arbeiteten. Im Gegensatz zu anderen Theatern befanden sich diese Theater unter öffentlicher Aufsicht.

Die dritte Variante des Theaters entstand, unmittelbar nachdem die Ghettos hermetisch abgeriegelt wurden; rechtliche Einheiten, die durch die Deutschen genehmigt waren.

Daneben gab es auch Fälle, in denen einzelne Schauspieler, darunter Laiendarsteller wie auch professionelle Schauspieler, kleinere Gruppen bildeten, die Hallen für Aufführungen mieteten, um so ihren Lebensunterhalt zu verdienen. Die meisten dieser Vorstellungen wurden unter sehr schlichten Bedingungen in Kellern oder auf Dachböden veranstaltet. Die Schauspieler arbeiteten stets im Verborgenen, um nicht von den Deutschen erwischt zu werden.[361]

Aus den Revuen, Stücken, Vorträgen und Texten, die erhalten geblieben sind oder aus dem Gedächtnis Überlebender rekonstruiert wurden, ist ersichtlich, dass die Verfasser eine entspannte Atmosphäre schaffen wollten, um den Spannungsabbau zu erleichtern. Inhaltlich befassten sich die Darbietungen mit der tragischen und bedrohlichen Realität der Ghettos und Lager, hatten jedoch eine beruhigende Wirkung auf das Publikum. Das Themengebiet kulturelle Aktivität in den Lagern und Ghettos bewegt sich vom Diskussionsbereich dieser Studie weg, doch es sollte festgehalten werden, dass kulturelle Aktivitäten häufig komische, satirische, groteske oder ironische Elemente beinhalteten.

Die Kabarette und satirischen Vorführungen in den Ghettos und Lagern unterschieden sich dabei stark von denen in der „freien Welt". Ein gutes Kabarett ist im Kern charakterisiert durch Schärfe, Gewitztheit und eine satirische Sicht auf die täglichen Ereignisse in der Welt. Die Ghettobewohner waren faktisch von der Welt jenseits „der Mauer" abgeschnitten; ihre Welt war das Ghetto und die einzigen Themen, mit denen sich die Ghettokünstler befassen konnten, behandelten ihre eigenen bitteren Umstände sowie die ihrer Gemeinschaft. Allerdings erhielten die Zuschauer über das Theater und die kabarettistischen Vorführungen auch Informationen aus der Außenwelt, vermittelt über eine Art Geheimsprache oder Code. Das gemeinsame Band, das die Ghettokünstler und ihr Publikum verband, hatte im Vergleich zum „gewöhnlichen" Kabarett eine viel stärkere Notwendigkeit, da die Ghettobewohner nur sehr viel schwerer zum Lachen zu bringen waren als ein Publikum in der freien Welt. Gute kabarettistische und satirische Darbietungen nehmen Bezug auf Ereignisse, die dem Zuschauer vertraut sind, während sie ihm gleichzeitig einen neuen Blickwinkel auf diese Ereignisse gewähren. Satiriker wählen in der Regel Themen, die ihnen nahe sind, Themen, die sie wütend machen. Sie werfen ein groteskes Licht auf diese Themen, nicht nur, um ihnen Komik abzugewinnen, sondern auch um Wut und Verachtung anzusprechen. Ein weiteres Mal erweist sich schwarzer Humor als hilfreich: Einzig schwarzer Humor konnte während des Holocaust als Medium für

---

361 Moshe Fass, „Theatrical Activities in the Polish Ghettos during the Years 1939–1942", *Jewish Social Studies*, Nr. 38 (1976), S. 54–72.

diese Themen dienen. Das Kabarett spiegelte die Ironie und Perversion des Ghettolebens wie auch seine Tragik.

Die kabarettistischen und satirischen Vorstellungen in den Ghettos erfüllten mehrere Funktionen des Humors: die Funktion als Abwehrmechanismus, da die satirischen Vorführungen und Kabarette zahlreiche Beispiele für schwarzen Humor und Selbstironie aufwiesen; die aggressive Funktion, obwohl diese Form des Humors sogar Gefahr barg, da sie nicht nur die Schließung des Theaters nach sich ziehen, sondern, sollte es sich herumsprechen, für die Schauspieler auch lebensgefährlich werden konnte; eine soziale Funktion, da Lachen kameradschaftlich stattfand; und die intellektuelle Funktion, nachdem Wortspiele ein zentrales Mittel von Satire und Kabarett sind.

Unterhaltungsprogramme, ob nun organisiert oder spontan, existierten in nahezu allen Ghettos und Lagern, einige davon sogar auf Wunsch der Deutschen. Ein Beispiel aus dem Ghetto Lemberg:

> Eine große Aufführung wurde auf deutschen Befehl hin veranstaltet. Das war nach der *Aktzia* der meisten Juden in ihren Tod. Die verbleibenden Juden verstanden die Botschaft sehr genau: Auch sie würden noch an der Reihe sein. Die Aufführung sollte unbeschwert sein, eine Revue. [...] Die Veranstalter und Teilnehmer organisierten sie im Wissen um ihr Todesurteil. Während der Proben jedoch änderte sich ihre Stimmung. „Wenn wir schon dazu gezwungen sind, vor unserem Tod zu lachen, dann soll es wenigstens ein echtes Lachen sein, wie das Lachen vor der Besatzung!" [...] Und sie sangen und tanzten [...] und sie lachten auch und alle sangen gemeinsam.[362]

Obwohl der Großteil der Theater- und Kabarettdarsteller vor dem Krieg professionell gearbeitet hatte, waren einige unter ihnen auch Laien. In ihren Memoiren schreibt Mina Tomkiewicz, in Bergen-Belsen „besaßen nicht alle Darsteller das gleiche Format, doch sie wurden stets enthusiastisch vom Publikum aufgenommen. Einige der Darsteller neigten zu starken Übertreibungen bezüglich ihrer Talente und Fähigkeiten."[363]

Direkt nach Ende des Holocaust wurden die Theater und Kabarette mit einer eindimensionalen, oberflächlichen Betrachtung scharf kritisiert. Dadurch wurde das Bild von den Theatern und Kabaretten im Holocaust verzerrt, was zur Folge hatte, dass diesem einzigartigen dramatischen Abenteuer nicht die gebührende Ehre zuteil wurde. Die Kritik rührte nicht selten von dem persönlichen Umstand, dass viele Theaterbesitzer und -darsteller bekannte Kollaborateure und Informanten waren oder solchen nahestanden; im Warschauer Ghetto beispielsweise waren einige von ihnen Mitglieder von „Die Dreizehn"[364]. Emmanuel Ringelblum schrieb dazu:

---

362 Halina Birenbaum, *Culture in the Ghettos* (hebräisch) (unveröffentlicht, 1987), S. 4.
363 Mina Tomkiewicz, *There Was Life There Too: Pages from Bergen-Belsen* (hebräisch) (Tel Aviv: Twersky, 1946), S. 53.
364 Siehe Kapitel 8, Anmerkung 3.

> Einige Mitglieder der jüdischen Gestapo weiteten ihren Schutz auf bestimmte Schauspieler und sogar Theater aus. Sie schmückten jede Familienfestlichkeit mit Vorführungen der Schauspieler. Als der Leiter der jüdischen Gestapo – Gancwajch – die Feierlichkeiten zur *Bar Mitzwa* seines Sohnes ausrichtete, engagierte er eine ganze Theaterproduktion und lud alle seine Freunde ein.[365]

Doch wir dürfen diese dunklen Marker nicht all die Aktivitäten der Ghettokünstler überschatten lassen, deren Kunst den unterdrückenden Nazis trotzte, und genauso wenig den Aufruf an zukünftige Generationen, nach dem unsterblichen Funken in der Asche zu suchen. Werfen wir daher nun einen Blick auf die Kabarette und Vorführungen in einigen Ghettos und Lagern.

Das Warschauer Ghetto

„Auf der anderen Seite heißt es: Wenn du Unterhaltung suchst – geh ins Ghetto. Warschau amüsiert sich."[366]
Im Jahr 1940 eröffneten viele Säle, die meisten darunter in den Cafés, und im Sommer traten Schauspieler und Musiker daneben auch in Sommergärten auf. Der „Broadway" des Ghettos befand sich in den folgenden drei Straßen: Leszno, Nowolipie und Nowolipki. Auf der Leszno-Straße allein gab es 30 Cafés, die Unterhaltungsprogramme zeigten. Es war ein „Broadway" inmitten eines Friedhofs.[367] Die Ursprünge des Warschauer Theaters und Kabaretts wurden von Schauspieler und Regisseur Yonas Turkov beschrieben. Er schrieb, dass nach der deutschen Besatzung für die Juden eine Sperrstunde mit Beginn um 19 Uhr eingeführt wurde. Aus Langeweile versammelten sich Nachbarn und besprachen die Lage.

> Dabei entstand die Idee, einen jüdischen Schauspieler zum Vergnügen der Leute einzuladen, schließlich konnte man nicht die ganze Nacht hindurch nur Karten spielen. Es bestand Konsens darüber, dass lediglich solche Schauspieler gefragt waren, die uns mit fröhlichen Liedern erheitern konnten. Mit dieser Aufgabe wurde dann der bekannte jüdische Schauspieler Simcha Fostel betraut. Das Ereignis fand im November 1939 in der Prosta-Straße 8 statt. [...]
> Als andere Häuser davon Kenntnis erhielten, taten sie es uns gleich, wodurch eine Fostel-Manie inspiriert wurde. Da Fostel schon im Vorfeld ausgebucht war, begannen die Leute, sich an andere Sänger oder Schauspielerinnen zu wenden.[368]

---

365 Emmanuel Ringelblum, *Final Writings: Polish-Jewish Relations, January 1943– April 1944* (hebräisch) (Jerusalem: Yad Vashem und Ghetto Fighters' House, 1994), S. 149.
366 Idem, *Notes from the Warsaw Ghetto* (hebräisch) (Jerusalem: Yad Vashem, 1992), S. 232.
367 Ryszard Groński, *Taki był kabaret* (Warsaw: Codex, 1994), S. 227; Yonas Turkov, *There Once Was a Jewish Warsaw* (Tel Aviv: Culture and Education, 1969), S. 81.
368 Turkov, *There Once Was a Jewish Warsaw* (hebräisch), S. 79.

Turkov beschreibt ferner die Kreise der Laiendarsteller, welche „wie Pilze aus dem Boden schossen". Einige inszenierten Stücke in den Räumlichkeiten öffentlicher Suppenküchen und bei Ausschusssitzungen, während andere „daraus ‚ein Geschäft machen' wollten. Die Laien organisierten ‚Truppen', die ‚Impresarios' beauftragten und ‚Theater' spielten." Turkov beschreibt des Weiteren eine Laientruppe auf der Walowa-Straße, die dreimal die Woche im Licht von Petroleumlampen auf einem Dachboden auftrat. Die Truppenmitglieder bauten eine improvisierte Bühne auf, verwendeten Laken und Tischdecken aus Samt für die Kulisse und einen gewöhnlichen Tisch als Eintrittskasse; das Publikum saß auf Bänken. Spezielle Platzanweiser an diversen Ecken wiesen die Besucher in die richtige Richtung und hielten daneben auch Ausschau nach ungebetenen Gästen, d. h. den Deutschen. Wenn sich ein Deutscher dem Veranstaltungsort näherte, gaben die Anweiser eine Warnung in einem verabredeten Code weiter, woraufhin das gesamte Publikum und die Schauspieler durch einen speziellen Ausgang verschwanden und sich in den Ruinen in der Nähe des Gebäudes versteckten.[369]

Jakov Kurtz schrieb über die Kabarette im Ghetto:

Gasthäuser, in denen man trinken, Musik spielen, singen und tanzen konnte, wurden eröffnet. Die Menschen sangen und tanzten, bis sie keinen klaren Gedanken mehr fassen konnten, um ihrer bitteren Realität nicht ins Auge blicken zu müssen. In dieser Zeit entstanden bekannte Lieder und Parodien; damit wurde ausgedrückt, wie es wirklich in ihnen aussah. Eines dieser Lieder bleibt in meiner Erinnerung verankert.

Sei froh und sei glücklich
Sei froh und sei glücklich.
Weine nicht,
Seufze nicht
Sei froh und sei glücklich.

Und wenn es schlimm steht –
Sag kein Wort!
Vergrabe dein Geheimnis
Tief in deinem Herzen
Und sei froh und sei glücklich.

Ersticke die Tränen
Zügle dich, reiß dich zusammen!
Und wenn der Schmerz am größten

---

[369] Ebd., S. 82-83.

Wenn dein Herz gebrochen –
Sei froh und sei glücklich...[370]

Im September 1940 wurde beschlossen, ein Zentrales Veranstaltungskomitee ins Leben zu rufen. Es wurde von Yonas Turkov geleitet und besaß eine Lizenz der Behörden von Januar 1941. Der Katalysator für die Gründung des Komitees war die Entrüstung der professionellen Darsteller über den negativen Einfluss der Laienproduktionen auf die kulturelle und künstlerische Unterrichtung der Öffentlichkeit – in Turkovs Worten „die Flut an angeblichen ‚Künstlern' und ‚Theatern'". Nach der Registrierung der Künstler beim Komitee erhielten sie Registrierungskarten und anschließend die Genehmigung zum Auftritt in öffentlichen Vorführungen. Allerdings erstreckte sich der Geltungsbereich des Komitees nicht auf alle Theateraktivitäten des Ghettos. So besaß es beispielsweise keinerlei Entscheidungsgewalt über diejenigen mit Privatlizenzen. Als das Ghetto im November 1940 geschlossen wurde, gab es 135 Schauspieler, Regisseure und Leiter; 52 Bühnenkünstler; und 157 Musiker und Komponisten. Nur wenige von ihnen überlebten.[371] Marysia Ayznshtat, die nicht überlebte, war das jüngste Sternchen des Ghettos und auch als „Nachtigall des Ghettos" bekannt. Jeder sagte Marysia eine goldene Zukunft als Sängerin voraus, doch sie teilte das Schicksal ihrer Zuhörer und nun wird ihre Stimme nur noch in den Memoiren ihrer Anhänger gehört.[372]

Im Ghetto wurden fünf professionelle Theater betrieben, die alle florierten; bei besonders erfolgreichen Aufführungen waren 80 Prozent der Sitze besetzt und zum Teil waren die Stücke sogar überbucht. Trotz ihres Erfolgs veränderte sich das Unterhaltungsprogramm häufig, da das Publikum nach und nach kleiner wurde.[373] Zusätzlich zu den fünf

---

370 Jakov Kurtz, *Book of Testimony to the Shattering of the Jewish People in Poland: Notes of a Jew Who Survived the Nazi Hell in Poland* (hebräisch) (Tel Aviv: Am Oved, 1944), S. 159.

371 Turkov, *There Once Was a Jewish Warsaw*, S. 83–84, 99–100; Moshe Hoch, *Voices from the Darkness: The Music in the Ghettos and the Camps in Poland* (Jerusalem: Yad Vashem, 2002), S. 37.

372 Marysia Ayznshtat (1922–1942), die geliebte Tochter von Dovid Ayznshtat, der in einigen jüdischen Schulen in Warschau Musik unterrichtete und zur Gründung der Jüdischen Gesellschaft für Musik und dem Warschauer Musikinstitut beigetragen hat. Bei ihren Auftritten sang Marysia sowohl klassische Lieder als auch Volkslieder auf Jiddisch und Hebräisch. Als ihr Vater und ihre Mutter für den Transport nach Treblinka ausgewählt wurden, brachte man Marysia in einem anderen Transport unter. Da sie den Gedanken, von ihren Eltern getrennt zu werden, jedoch nicht ertragen konnte, riss sie sich los und lief auf ihre Eltern zu. Sie wurde auf der Stelle erschossen. Siehe Adolf Abraham Berman, *In the Place that Destiny Assigned Me: With Warsaw Jewry, 1939-1942* (Tel Aviv: Ghetto Fighters' House und Hakibbutz Hameuchad, 1978), S. 159–160; Hoch, *Voices from the Darkness*, S. 61–63; Melech Neustadt, Hrsg., *Destruction and Uprising of the Warsaw Jews: Book of Testimony and Commemoration* (Tel Aviv: Executive of the Israel Labor Federation, 1947), S. 198, 229; Ringelblum, *Final Writings*, S. 156.

373 Groński, *Taki był kabaret*, S. 227; Turkov, *There Once Was a Jewish Warsaw*, S. 88.

Theatern gab es weitere Veranstaltungsorte wie z. B. Cafés. Anfang 1941 zählte Ringelblum 61 Veranstaltungsorte im Warschauer Ghetto.[374]

Zwei der professionellen Theaterbühnen führten jiddische Stücke auf, während die übrigen drei ihre Stücke auf Polnisch aufführten. Es stimmt, dass jüdische Schauspieler offiziell nicht auf Polnisch auftreten durften, „aber sie traten gegen Bestechung auf"[375]. Sowohl Ringelblum als auch Turkov schrieben, dass es kein qualitativ gutes jiddisches Theater im Ghetto gab. Während die Schauspieler erstklassig waren, so Turkov, konnten die Stücke, die sie aufführten, das Niveau des Publikums nicht heben, sie befriedigten im Gegenteil nur dessen niedere Geschmäcker. Das Zentrale Veranstaltungskomitee versuchte, das Niveau der jiddischen Aufführungen mit Preisen für gute Stücke zu verbessern, allerdings erwiesen sich diese Versuche als erfolglos. Ringelblum schrieb, ein wichtiger Grund für den Erfolg der polnischen Stücke bestand in der großen Assimilation im Ghetto. Laut Ringelblum hörte man nur wenig Jiddisch auf den Straßen und die Öffentlichkeit genoss es, Polnisch zu sprechen. Einige führten für dieses Phänomen folgendes psychologisches Erklärungsmodell an: „Ihr habt uns in ein jüdisches Ghetto verfrachtet, aber wir werden euch zeigen, dass es in Wirklichkeit eine polnische Straße ist. Um euch zu trotzen, halten wir an genau der Sache fest, die ihr uns nehmen wollt – die polnische Sprache und die durch sie repräsentierte Kultur." Ringelblum war überzeugt, dass dieses Phänomen die machtvolle linguistische Assimilation, die sich sogar schon vor dem Krieg zeigte, bezeugte, jedoch im Ghetto nur spürbarer wurde, als Juden und Polen nicht länger zusammenlebten.[376]

Eldorado

Das erste Kabaretttheater, das im Warschauer Ghetto eröffnet wurde, war das Eldorado auf der Dzielna-Straße und wurde unter der Leitung von Simcha Ryba und Meir Winder von November 1940 bis Juli 1942 betrieben. Viele Leute waren überrascht, dass die Deutschen dem Theater eine Genehmigung erteilten, und es entstanden Gerüchte darüber, es könne sich bei der Lizenzinhaberin, Regina Judt, um eine Gestapokollaborateurin handeln. So schrieb zum Beispiel Czerniakow (Vorsitzender des Judenrates im Warschauer Ghetto)[377] voller Überzeugung, sie sei die Geliebte eines Gestapo-Mannes names Kamlah, dessen

---

374 Ringelblum, *Notes from the Warsaw Ghetto* (Jerusalem: Yad Vashem, 1992), S. 260.

375 Ebd. (hebräisch), S. 140.

376 Ebd., S. 376; Turkov, *There Once Was a Jewish Warsaw*, S. 89–90; Emmanuel Ringelblum, *Notes from the Warsaw Ghetto* (New York: Schocken Books, 1974), S. 289.

377 Am 22. Juli wurde Czerniakow befohlen, Juden für eine „Umsiedlung in den Osten" herbeizuzitieren. Er wusste, was mit dieser harmlosen Beschreibung in Wahrheit gemeint war, und war nicht dazu bereit, die Juden seines Ghettos dem sicheren Tod auszuliefern. Am nächsten Tag nahm sich Czerniakow das Leben. Manche behaupten, er habe seiner Frau einen Brief hinterlassen, in dem er sein Handeln erklärte: „Sie verlangen von mir, die Kinder meiner Leute mit meinen eigenen Händen zu töten. Mir bleibt nichts mehr übrig, außer zu sterben." http://www.

Agentin sie sei.³⁷⁸ Turkov verteidigte Judt, indem er schrieb, sie sei keine Kollaborateurin, sei jedoch aufgrund ihrer intimen Beziehung während des Ersten Weltkrieges mit einem Deutschen, der im Zweiten Weltkrieg ein Militärkommandant in Warschau war, bevorzugt behandelt worden, weswegen dieser Judt jeden Wunsch erfüllte. Die Gerüchte führten dazu, dass die Leute sie mieden, obwohl einer ihrer Söhne im Untergrund aktiv war.³⁷⁹

Das Eldorado war auf Varietés, Komödien, Musicals und Pseudo-Operetten (*In the Circle; Village Girl*) spezialisiert, alle davon auf Jiddisch. Viele der Darbietungen erinnerten an vergangene, bessere Zeiten, zum Beispiel Sketche aus der Feder des jiddischen Dichters und Theaterregisseurs Moshe (Moyshe) Broderzon³⁸⁰ und Lieder des Komponisten Mordechaj Gebirtig. Zu den bekanntesten Schauspielern, die auf der Bühne des Eldorado auftraten, gehörten: Aizik Samberg³⁸¹, Dora Fakel³⁸², Diana Blumenfeld³⁸³, Regina

---

yadvashem.org/odot_pdf/ Microsoft%20Word%20-%205934.pdf (englisch) (abgerufen am 15. Dezember 2014).

378 Adam Czerniakow, *Warsaw Ghetto Diary, 6.9.1939–23.7.1942* (Jerusalem: Yad Vashem, 1970), S. 208.

379 Turkov, *There Once Was a Jewish Warsaw*, pp. 85–86; Ringelblum, *Notes from the Warsaw Ghetto* (Jerusalem: Yad Vashem, 1992), S. 364, 374–375.

380 Moshe Broderzon (1890–1956), jiddischer Dichter und Theaterregisseur. Zwischen 1918 und 1938 arbeitete Broderzon als Journalist in Lodsch, schrieb kurze Stücke und gründete mehrere kleine Theater, darunter „Ararat" und „Had Gadya" (das erste jiddische Marionettentheater). Im Jahr 1939 kehrte er in seine Geburtsstadt Moskau zurück, wo er den Krieg überlebte. Während Stalins Verfolgung jiddischer Schriftsteller in der Nachkriegszeit war Broderzon jedoch von 1945 bis 1955 in einem sibirischen Sklavenarbeitslager inhaftiert. Nach seiner Freilassung wurde er in seine polnische Heimat zurückgeschickt, wo er von den überlebenden Juden herzlich in Empfang genommen wurde. Einige Wochen später brach er bei einem Besuch in Warschau zusammen und verstarb. „Broderzon, Moshe", *Encyclopaedia Judaica* (1971), Bd. 4. S. 1391–1392.

381 Aizik (Isaac) Samberg (1889–1943), einer der besten und meistgeliebten jüdischen jiddischsprachigen Schauspieler in Polen. Im Warschauer Ghetto arbeitete er in Schultz' Geschäft und war einer der Veranstalter und Gründer des Jüdischen Theaters in Warschau, wenngleich er selbst nur seltene Auftritte im Ghetto hatte. Er wurde ins Lager Poniatowa geschickt. Seine Todesumstände wurden verschleiert – man vermutet, dass er womöglich im November 1943 bei der Liquidierung des gesamten Lagers in Poniatowa ermordet oder in Majdanek oder Dachau getötet wurde. Melech Neustadt, Hrsg., *Destruction and Uprising of the Warsaw Jews*, S. 338; Ringelblum, *Notes from the Warsaw Ghetto*, (Jerusalem: Yad Vashem, 1992), S. 205, 362; Ringelblum, *Final Writings*, S. 150; „Samberg, Isaac", *Encyclopaedia Judaica* (1971), Bd. 15, S. 1090.

382 Dora Fakel (1919–1943), berühmte Schauspielerin. Dora wurde ins Lager Poniatowa deportiert, wo sie im November 1943 gemeinsam mit 15.000 Gefangenen ermordet wurde. Ringelblum, *Final Writings*, S. 153.

383 Diana Blumenfeld (1906–1961), eine in ganz Polen bekannte jiddische Schauspielerin und Sängerin und die Frau des Regisseurs Yonas Turkov. *The YIVO Encyclopedia of Jews in Eastern Europe*, Bd. 2 (New Haven, CT: Yale University Press, 2008), S. 1868, 1924, 2004.

Czuker[384], Yonas Turkov und der Komiker Bolesław Norski-Nożyca[385]. Bolesław war der König des Revuetheaters, beliebt im jüdischen Viertel, ein großartiger Komiker, vollkommener Kabarettsänger und unvergleichlicher Witzeerzähler, am bekanntesten allerdings als Komponist des erfolgreichen Liedes „Geld, Geld, Geld – Nichts ist besser".[386] Das Lied enthüllte das Ghetto als einen Ort der wirtschaftlichen und sozialen Ungleichheit und kritisierte insbesondere die schlechte Behandlung der breiten Masse des Ghettos durch die mächtige und wohlhabende Elite. Diejenigen, die kein Geld hatten oder kein Mitglied des Judenrates oder der jüdischen Polizei waren, konnten nicht viel mehr erwarten, als „eine Kiste von Pinkert kommen zu lassen" – Motl Pinkert war der Direktor des Bestattungsinstituts im Warschauer Ghetto. Das Lied drückt die Wut und Verzweiflung der Ghettobewohner über die Unterschiede aus, die sich durch die Gesellschaft des Warschauer Ghettos zogen, und übt Kritik an den Amtsträgern und ihrer Bestechlichkeit.[387]

Geld, Geld, Geld – Nichts ist besser
Czerniakow ist groß und rund,
Er schaufelt Nudelsuppe in seinen Schlund.
Geld, Geld, Geld, es gibt nichts Besseres auf der Welt!
Hast du keines, ist dein Leben nur noch Leid,
Gib deine Essensmarke ab, leb wohl, es ist jetzt Zeit,
Geld, Geld, Geld, es gibt nichts Besseres auf der Welt!

Czerniakows Frau trägt Dauerwelle und scheint so adrett,
Doch die kleinen jüdischen Kinder gehen vom Hunger geplagt ins Bett.
Geld, Geld, Geld, es gibt nichts Besseres auf der Welt!
Hast du keines, bist du todgeweiht,
Gib deine Essensmarke ab, leb wohl Woche, es ist vorbei,
Geld, Geld, Geld, es gibt nichts Besseres auf der Welt!

Unser Judenrat beschließt für uns eine üble Steuer,
Doch gesüßtes Brot ist für uns nicht zu teuer,
Geld, Geld, Geld, es gibt nichts Besseres auf der Welt!
Hast du keines, habe ich für dich einen Plan,
Besorg dir eine Kiste von Pinkert, dann lege dich hinein.
Geld, Geld, Geld, es gibt nichts Besseres auf der Welt!

---

384 Regina Czuker, Schauspielerin und Frau des Schauspielers Aizik Samberg. Regina wurde mit ihrem Ehemann unter ungeklärten Umständen ermordet. Siehe Anmerkung 32 oben.
385 Bolesław Norski-Nożyca (1911–1943).
386 Groński, *Taki był kabaret*, S. 229.
387 Shirli Gilbert, *Music in the Holocaust: Confronting Life in the Nazi Ghettos and Camps* (Oxford: Clarendon Press, 2005), S. 21–28.

Unser eigener jüdischer Polizist ist nun ein Schuft,
Er schnappt sich Juden und schickt sie ins Lager in die Gruft.
Frag ihn, weshalb?
Und er sagt: Geld...
Geld, Geld, es gibt nichts Besseres auf der Welt!

Für kein Geschäft sind nun noch Interessenten zu gewinnen,
Nur die Bäcker sind zu Pferd unterwegs zu finden.
Sie backen Brot mit Kleie
Es gibt nichts zu beißen,
Geld, Geld, Geld, es gibt nichts Besseres auf der Welt![388]

Das Lied verbreitete sich in den Straßen des Ghettos wie ein Lauffeuer und wurde von allen gesungen; die Ghettobewohner fügten sogar zusätzliche Strophen hinzu. Zum Beispiel:

Der Krieg hat die Welt verdorben und auf den Kopf gestellt,
Sobald du eine Stelle hast, bestichst du Leute mit dem Geld.
Geld, Geld, Geld, es gibt nichts Besseres auf der Welt.

Czerniakow ist groß und rund,
Jeden Tag schaufelt er sich Nudelsuppe in den Schlund.
Und weißt du auch weshalb?
Weil er Geld hat.
Geld, Geld, Geld, es gibt nichts Besseres auf der Welt.

Für unsere Boten und Schmuggler ein langes Leben und Wohlbefinden,
Wenn ein Deutscher sich nähert, möge er gleich erblinden.
Geld, Geld, Geld...

Hast du kein Geld, verdunkelt sich das Tageslicht,
Ruf nach Pinkerts Fahrradwagen, in die du dann hineinkriechst.
Geld, Geld, Geld...[389]

---

[388] Moshe Prager, Hrsg., *Out of the Depths I Call* (hebräisch) (Jerusalem: Mossad Harav Kook, 1955), S. 47.

[389] Nachman Teitelman, „Current Discussions: Knowledge and Humor" (jiddisch), Yad Vashem Archive, M.10.AR.1/111 (1942).

Im Dezember 1940 schrieb Ringelblum in sein Tagebuch:

> Gestern war ich im jüdischen Theater, es war eher mittelmäßig. Es gab einige erfreuliche Teile von Fajwiszys[390], Israel Glatstein[391]. Sie haben ein paar russische Sketche aufgeführt. Ein Versuch, der Wirklichkeit zu entfliehen. Samberg, Diana Blumenfeld und Kurcz[392] waren brilliant. Der Saal ist zauberhaft. Für zwei Stunden vergisst man die finstere Welt dort draußen. Es gab nur eine Nummer über aktuelle Ereignisse: Kritik am JDC[393], der Kehillah etc.[394]

Nowy Azazel

Im Mai 1941 eröffnete ein jiddisches Theater namens Nowy Azazel in der Nowolopie-Straße, wo es bis Mai 1942 unterhalten wurde. In diesem Theater wurden viele Stücke und satirische Vorführungen, die auf dem Ghettoleben basierten, gezeigt. Oft wurde in diesen Vorführungen Kritik am Judenrat geübt und auf die Korruption und widerwärtigen Geschäfte zwischen wichtigen Leuten im Ghetto und deutschen „Sponsoren" angespielt.

Das Theater befand sich in einer ehemaligen Baptistenkirche; die Mitglieder der Gemeinde waren gezwungen worden, auf die arische Seite der Ghettomauer zu ziehen. Der Schauspieler Chaim Sandler konnte die Besitzer des Gebäudes überzeugen, dass ein jüdisches Theater ein gutes Geschäft wäre, und führte als Beweis den Erfolg des Eldorado an. Der Saal wurde renoviert, eine Truppe engagiert, Proben für die erste Vorstellung abgehalten und eine öffentliche Ankündigung verbreitet, doch dem Theater fehlte immer noch eine Lizenz. Als sie eine Genehmigung beantragten, erklärte man ihnen, sie könnten lediglich eine Lizenz für ein polnisches Theater, nicht jedoch für ein jiddisches erhalten, da Regina Judt bereits eine Lizenz für ein jiddisches Theater besaß und sie keinerlei Konkurrenz dulden würde. Daher wandte sich Sandler direkt an Judt und überredete sie, Partnerin für das neue Theater zu werden. Anschließend verstärkte sie die Schauspieltruppe des Nowy Azazel um Aizik Samberg, einen der bekanntesten Schauspieler des Ghettos.[395]

---

390 Israel Fajwiszys, Komponist, Chorleiter und Musiklehrer in Litzmannstadt; er dirigierte auch einige Chöre in Warschau. Fajwiszys starb im Lager Poniotowa, als dieses im November 1943 liquidiert wurde. Ringelblum, *Notes from the Warsaw Ghetto* (Jerusalem: Yad Vashem, 1992), S. 205; idem, *Final Writings*, S. 155.

391 Israel Glatstein, ein Warschauer Komponist und Dirigent. Er vertonte mehrere Gedichte aus der Feder seines Freundes Jizchak Katzenelson. Er starb in der Großen *Aktzia*. Siehe Ringelblum, *Notes from the Warsaw Ghetto* (Jerusalem: Yad Vashem, 1992), S. 205; Zivia Lubetkin, *In the Days of the Destruction and Revolt* (Tel Aviv: Ghetto Fighters' House und Hakibbutz Hameuchad, 1980), S. 209.

392 Abraham Kurcz (1892–1942), Schauspieler, verstarb bei der ersten *Aktzia* in Warschau.

393 Das Joint Distribution Committee – Die weltweit größte jüdische Hilfsorganisation.

394 Ringelblum, *Notes from the Warsaw Ghetto* (hebräisch), S. 205; idem, *Final Writings*, S. 153.

395 Turkov, *There Once Was a Jewish Warsaw*, S. 86–87.

Na Pięterku

Das polnische Theater Na Pięterku (in der ersten Etage) wurde im Mai 1941 auf der Nowolipki-Straße eröffnet und von Artur Tur geführt. Michal Znicz[396] verließ das Theater Neu-Cameri (siehe unten), um am Na Pięterku zu arbeiten, wo er Rollen spielte, die Julian Tuwim, Marian Hemar[397] und Jerzy Jurandot[398] für ihn schrieben. Znicz überarbeitete einige der Texte und trat in den neuen Versionen einschließlich einer aktualisierten Version eines Liedes mit dem Titel „Das Sakko" (geschrieben von Władysław Szlengel) auf, einer Anspielung auf den Befehl der Deutschen, alle Pelze und Lederjacken im Ghetto zu konfiszieren.[399]

Das Sakko
Einst kaufte ich ein Sakko. Wie das?
Ich sag es dir, denn weißt du was:
An der Wand in voller Pracht,
Hing mein Pelz ganz unbewacht.
Dann kam ein ungebetener Gast – der Dieb
Stahl meinen Pelz, dass es das gibt!

---

396 Michał Znicz (Feiertag) (1892–1942), ein Apostat und einer der bedeutendsten Film-, Theater- und Kabarettschauspieler Polens. Er trat im Allgemeinen in komischen Rollen auf, jedoch in einer Art tragischen Komik; der Künstler verbarg hinter seinem Schleier des Lachens tiefgreifende menschliche Tragödien. Im Ghetto übernahm er tragende Rollen in Stücken des Neu-Cameri. Znicz erkrankte psychisch und wurde in eine Einrichtung in Otwock gebracht. Im August 1942 wurden alle Patienten der Einrichtung, einschließlich Znicz, erschossen. Ringelblum, *Final Writings*, S. 154.

397 Marian Hemar (Hescheles) (1901–1972) verfasste Hunderte von Kabaretttexten und war ein berühmter Unterhaltungskünstler in Polen, sogar vor dem Krieg. Hemar wurde in Lemberg in eine assimilierte Familie geboren und zog 1925 nach Warschau, wo er in Kabaretten auftrat. Im April 1935 wurde er getauft und heiratete eine polnische Schauspielerin. Er verließ Polen 1939 und ließ sich in London nieder. Während des Krieges arbeitete er für die polnische Abteilung des BBC Free Radio Europe (europäischer Dienst), leitete die polnische Exilpresse und ein Polnisches Kabarett. „Hemar (Hescheles), Marian," *Encyclopaedia Judaica* (Detroit: Macmillan Reference USA, 2007), Bd. 8, 2. Ausgabe. S. 803–804.

398 Jerzy Jurandot (1911–1979), Komponist, Bühnenautor, bekannter Liederschreiber und Satiriker. Seine Werke wurden in Kabaretten aufgeführt. Nach dem Krieg gründete er ein Satiretheater in Warschau, dessen Leitung er auch übernahm. http://en.wikipedia.org/wiki/Jerzy_Jurandot (abgerufen im Oktober 2012).

399 Groński, *Taki był kabaret*, S. 229. Am 24. Dezember 1941 verkündete Karl Eberhard Schöngarth, Befehlshaber der Sicherheitspolizei und des SD im Generalgouvernement, im Namen Himmlers den Befehl, alle Juden müssten sämtliche Pelze in ihrem Besitz innerhalb von drei Tagen „spenden". Für die Übergabe ihrer Pelze wurde ihnen eine Verlängerung bis zum 5. Januar 1942 gewährt. Siehe Ringelblum, *Notes from the Warsaw Ghetto* (Jerusalem: Yad Vashem, 1992), S. 343.

Und ihm war's egal, dem Schuft,
Dass ich fror an der kalten Luft…

Rasch zum Markt, Geld eingesteckt,
Ein Sakko ich dort schnell entdeckt.
Doch welch ein Sakko! Selbst wenn man wollte,
Man kein schlimmeres finden könnte!
Dürftig, eng und voller Dreck,
Löcher und ein großer Fleck.
Das Sakko an, ein „armer Hund"
Hieß es, drehte ich mich um.

Schwarz vor Wut konnte ich es nicht fassen,
So kann ich mich nicht sehen lassen,
In solchen Fetzen kann man nicht ausgehen!
Ich konnte keinen Ausweg sehen.
Welch ein Unglück! Nicht zu glauben!
Was Diebe sich nun schon erlauben!
Welch ein Leben! Ich tobe und flehe,
Hania droht, sie wird bald gehen!

Missmutig, mein Herz gebrochen –
Als etwas lässt mich wieder hoffen:
Am nächsten Tag wird uns befohlen,
Wir müssen alle Pelze holen!
Wie das Blatt sich wieder wendet!
Welch' Freude! Mein Leid ist beendet!
Sie nehmen die Pelze – nur nicht meinen!
Ich könnte fast vor Freude weinen!

Mit strahlenden Augen ging ich befreit
Mit meinem Freund Henry ins Café nicht weit,
Dort war trotz Betrieb die Stimmung müd',
Der Kaffee schwarz, die Blicke betrübt.
Und wär das nicht schon schlimm allein,
Schauen alle wie die Pelz-Börse drein;
Und in den Blicken aller Leute
Spiegelt sich der Hass der Meute:

Der Neid steht ihnen ins Gesicht geschrieben –
Denn mir ist noch mein Sakko geblieben!
Als ich mein Sakko aufgehängt,

Saß ich am Platz, war abgelenkt,
Winkte dem Kellner, gut aufgelegt,
Bestellte ein ganzes Viertel Steak.
Und weil ich war so frohgemut,
Noch einen kleinen Schnaps dazu.

Bevor wir uns ans Speisen machten,
Stießen wir an, strahlten und lachten.
Doch leider hatte ich beim Essen
Mein schönes Sakko ganz vergessen.
Als ich dann aufstand – traf mich der Schreck:
Mein liebstes Sakko war weg, weg – WEG!
Der Mut hat mich für immer verlassen –
Der Lump hat mir einen Pelz dagelassen![400]

Dieses humoristische Lied veranschaulicht die Funktion von Humor: In der furchtbarsten Lage noch etwas Positives zu entdecken. Es gewährt uns weiterhin einen Einblick in das Ghettoleben – in den Diebstahl, der dort stattfand, und in den Schwarzmarkt, auf dem man alles kaufen konnte, solange man nur genügend Geld besaß.

Neu-Cameri

Im Juni 1941 wurde mit dem Neu-Cameri auf der Nowolipki-Straße das vierte Theater im Ghetto eröffnet, gleich gegenüber dem Na Pięterku. Im Neu-Cameri wurden polnische Komödien und Dramen gezeigt. Der künstlerische Leiter und Theaterregisseur Andrzej Marek[401] des Neu-Cameri engagierte etablierte und erfahrene Schauspieler wie Michal Znicz. Das Theater feierte sein Debut mit *Mirele Efrat*, wonach noch sechs weitere Stücke aufgeführt wurden. Eines davon war eine Komödie mit dem Titel *Dr. Berghofs Sprechstunde ist von Zwei bis Vier*, über die Mary Berg Folgendes schrieb: „Seit vier Wochen nun wird die berühmte Komödie [...] ununterbrochen aufgeführt."[402]

---

400 Władysław Szlengel, „Satire on the Handling of Fur in the Ghetto" (englisch), YVA, M.10/525. Englische Übersetzung des polnischen Ausgangstextes für Yad Vashem.

401 Andrzej Marek (Marek Arnstein), Satiriker, Schauspieler und Regisseur, starb in der Großen *Aktzia* von 1942. Ringelblum, *Notes from the Warsaw Ghetto* (Jerusalem: Yad Vashem, 1992), S. 301.

402 Mary Berg, *Warsaw Ghetto: A Diary* (englisch) (New York: L.B. Fisher, 1945), S. 56.

Theateraufführung, Warschauer Ghetto. Mit freundlicher Genehmigung des Fotoarchivs, Yad Vashem, 3955/183.

Die Premiere des nächsten Stücks, *Die Reise ins Glück*, wurde auf den 22. Juli 1942 gelegt, fand jedoch nie statt; am Premierentag wurde die Große *Aktzia* durchgeführt und aus der „Reise ins Glück" wurde stattdessen die „Reise in den Tod".[403]

Ringelblum schrieb über einen Vorfall in Verbindung mit dem Theaterdirektor. Mitte Oktober 1941 suchten sechs Juden den Direktor des Theaters auf und stellten sich als offizielle Gestapo-Agenten vor. Sie forderten 1.000 Złoty von ihm, anderenfalls würde er in ein Konzentrationslager geschickt werden. Nach einer Phase der Verhandlung überzeugte der Direktor die Männer schließlich, die Unterredung in einer Bar weiterzuführen. Kurz, nachdem sie Platz genommen hatten, erschienen uniformierte Gestapo-Männer und nahmen die sechs Erpresser fest; anschließend setzten sie sich, um mit dem Direktor etwas zu trinken. Es stellte sich heraus, dass der Direktor Verbindungen zur Gestapo hatte und diese heimlich benachrichtigen konnte. Die sechs Erpresser wurden zwei Monate lang im Gefängnis festgehalten und dann nach Auschwitz geschickt.[404]

---

403 Turkov, *There Once Was a Jewish Warsaw*, S. 87-89.
404 Ringelblum, *Notes from the Warsaw Ghetto*, (New York: Schocken Books, 1974), S. 231.

Kinder auf dem Gehsteig des Ghettos sitzend; hinter ihnen befinden sich Plakate der Theateraufführungen, Warschauer Ghetto. Mit freundlicher Genehmigung des Fotoarchivs, Yad Vashem, 892.

Femina

Das Theater Femina in der Leszno-Straße 35 war von Juli 1941 bis April 1942 geöffnet. Es zeigte polnische Produktionen (*Die Humorbrigade*, *Von der Kehillah zum Femina*), Operetten (*Istanbuls Rose*) und Musicals (*Jim und Jill*), die an die Realität des Ghettolebens angepasst waren. Der Saal bot Platz für etwa 500-600 Zuschauer. Bei den Schauspielern handelte es sich um bekannte Kabarettkünstler wie Stefania Grodzieńska[405] und Miriam Orleska[406] und den Komponisten und Dirigenten Iwo Wesby[407]. Die meisten der dort inszenierten Werke wurden von Jerzy Jurandot, dem künstlerischen Leiter des Femina geschrieben. Seine Werke halten zahlreiche wichtige Details des Ghettolebens fest, mit deren Hilfe Forscher das Vokabular und die Witze des Ghettos wie auch die dort allgemein vorherrschende Atmosphäre rekonstruieren können.

---

405 Stefania Grodzieńska erschien hauptsächlich in Musical-Komödien und trat im Melody Palace auf. Siehe Melody Palace unten.

406 Miriam Orleska (1895–1942), eine talentierte Schauspielerin, die vor dem Krieg für ihre Rolle in *Der Dibbuk* Bekanntheit erlangte. Sie hatte gelegentliche Auftritte bei Kulturveranstaltungen des Ghettos. Orleska starb in der ersten *Aktzia*. Ringelblum, *Final Writings*, S. 151.

407 Iwo Wesby (1902–1961), Sänger in Krakau, Komponist und Regisseur. Er studierte Musik in Wien. In den 1920er Jahren war er musikalischer Leiter diverser Revuetheater in Warschau und hatte vor dem Ausbruch des Zweiten Weltkriegs die Leitung der erfolgreichen Groyse Revie (Große Revue) inne.

Bei der feierlichen Eröffnung des Femina wurde ein Musical mit dem Titel *Szafa gra*[408] aufgeführt; die meisten Protagonisten darin waren Polizisten und Obrigkeitsvertreter. Das Musical zeigte Bilder des Ghettoalltags und untermauerte die Annahme, dass man ohne Schmiergelder ganz und gar machtlos war. Ein weiteres Musical, das dort aufgeführt wurde, hieß *Kohn und Heller* und beschrieb all die komischen und tragischen Facetten, die mit einer Fahrt in den Wagen von Kohn und Heller – von Pferden gezogene Karren, die wie Zirkuswagen aussahen – einhergingen; sie dienten als Ersatz für die Tram und die Wagen, die man verboten hatte.[409]

Mary Berg schrieb zu den satirischen Vorführungen im Femina in ihrem Tagebuch:

Das Femina-Theater auf der Leszno-Straße feiert große Erfolge. [...] Das Repertoire ist gemischt: Revuen und Operetten. Kürzlich wurde dort *Baron Kimmel* inszeniert und eine Revue, in der Parodien und Liedern über den Judenrat viel Platz eingeräumt wurde. Es gab satirische Bemerkungen, die sich gegen die „Regierung" des Ghettos und ihre „Minister" richteten. [...]
29. Oktober 1941: Heute habe ich mit Romek die Premiere eines Stücks im Femina besucht. Es war ein Musiktheater, das sich mit dem gegenwärtigen Leben im Ghetto auseinandersetzte und den Titel *Liebe auf der Suche nach einer Wohnung* trägt. Darin wird ein junges Paar bei der Wohnungssuche gezeigt. [...] Das Publikum lachte herzhaft und verbrachte in dem gemütlichen Theater ein paar angenehme Stunden, in denen sie die draußen lauernden Gefahren völlig vergaßen.[410]

Melody Palace

Das Theater Melody Palace wurde in einem alten Tanzsaal in der Rymarska Straße 5 gegründet. Der Theaterdirektor (bis Juni 1941) war Jerzy Jurandot und der musikalische Leiter Leopold Rubinstein. Die Schauspieler führten anfangs ein polnisches Musical auf, doch als sie damit keinen Erfolg verzeichnen konnten, entschlossen sich die Leiter, ein neues Programm, zum Teil auf Jiddisch, zu zeigen, weswegen sie die Gesangsgruppe „Die fröhlichen Fünf"[411] gründeten. Am 19. Februar 1941 schrieb Ringelblum in sein Tagebuch: „Im Melody Palace fand ein Karneval statt, bei dem auch die hübschesten Beine in einem

---

408 „Füttere die Musikbox" („*szafa gra*") wurde zum Motto der jüdischen Polizei, da sie regelmäßig Schmiergelder von Schmugglern und Ausschüssen und des Weiteren auch regelmäßige „Beiträge" von Bäckern und Gasthausbesitzern erhielten.
409 Turkov, *There Once Was a Jewish Warsaw*, S. 88.
410 Mary Berg, *Warsaw Ghetto* (englisch), S. 108–109.
411 Turkov, *There Once Was a Jewish Warsaw*, S. 80-81.

Schönheitswettbewerb gekürt wurden. [...] Die Gesetzeshüter haben versucht, das Fest zu beenden, aber es stellte sich heraus, dass sie Partner waren, und wir konnten nichts tun."[412]

Sztuka

Sztuka (was „Kunst" bedeutet) war ohne jeden Zweifel das ehrgeizigste Kabaretttheater von allen: Es handelte sich dabei um ein Literaturcafé auf der Leszno-Straße 2, in dem 100-120 Menschen Platz fanden, von denen die große Mehrheit wohlhabende Juden oder Vertreter der neuen Elite des Ghettos waren. Zu den talentiertesten jungen Satirikern, die dort auftraten, zählen Władysław Szlengel[413], Leonid Fokszanski, Jozef Lipski und Pola Braun[414]. Vera Gran[415], der Star, sang, am Klavier begleitet von Władysław Szpilman und Adolf Goldfeder.

Jacob Celemenski[416] beschrieb die Atmosphäre im Sztuka und wie diese im Kontrast zum Elend des Ghettos stand:

---

412 Ringelblum, *Notes from the Warsaw Ghetto* (englisch), (New York: Schocken Books, 1974), S. 125.

413 Władysław Szlengel (1914–1943), in Warschau geboren. Szlengel zeigte bereits in der Schule ein Talent für Reime und es dauerte nicht lange, bis er Texte für Zeitungen, angesehene Wochenblätter; Kabarette und Revuetheater verfasste. Während seiner Zeit im Ghetto arbeitete Szlengel in der Bürstenfabrik und dokumentierte in seinen Gedichten Ghettoereignisse, wodurch er den einfachen Ghettojuden verewigte. Szlengel nahm kein Blatt vor den Mund und kritisierte die Mitglieder der jüdischen Polizei scharf; er hielt sogar ihre Namen und die Vorfälle, an denen sie beteiligt waren, fest. Szlengel starb während des Aufstands im Warschauer Ghetto im Bunker von Shimon Katz. Siehe Natan Gross, „Władysław Szlengel: The Ghetto Poet who Lived, Died, Fought", in Władysław Szlengel, *What I Read to the Dead: Warsaw Ghetto Poems* (Tel Aviv: Traklin [Hamad], 1987), S. 13–14. Siehe auch unten, S. 260–267.

414 Pola Braun (1910–1943), Dichterin und berühmte Kabarettschauspielerin in der Zeit vor dem Krieg. Vor dem Krieg arbeitete Braun in Warschau für das Satireblatt *Szpilki*. Im Ghetto trug sie Lyrik und andere Texte im Kabaretttheater Sztuka vor; daneben sang sie Lieder, die sie selbst geschrieben und vertont hatte. Nach dem Aufstand im Warschauer Ghetto im April 1943 wurde sie nach Majdanek geschickt. Braun schrieb auch im Konzentrationslager weiter Lieder und trug diese bei Geheimtreffen der weiblichen Gefangenen vor. Am 3. November 1943 wurde sie zusammen mit 18.000 anderen Juden durch Erschießung hingerichtet. Halina Birenbaum, *Poems Before and Within the Flood* (hebräisch) (Tel Aviv: Ma'ariv Book Guild, 1990), S. 50.

415 Vera Gran (1916–2007) hatte eine wunderschöne, unvergleichliche Stimme. Sie trat im Sztuka und im Femina auf. Ihr gelang die Flucht aus dem Ghetto, woraufhin sie 1948 nach Israel emigrierte. Ihre Freunde im Polnischen Untergrund hatten den Verdacht, es könne sich bei ihr um eine Gestapo-Kollaborateurin handeln, ein Gerücht, das offenkundig nicht stimmte. Siehe Turkov, *There Once Was a Jewish Warsaw*, S. 246. Im Jahre 1950 emigrierte Gran nach Frankreich, wo sie eine erfolgreiche Sängerin wurde.

416 Jacob Celemenski (1904–1986), geboren in Warschau, war schon in jungen Jahren ein Mitglied der Jugendorganisation des Jüdischen Arbeiterbundes; vor dem Krieg war er ein Aktivist in den Arbeitergewerkschaften. Während der deutschen Besatzung war er ein bekannter

In demselben Ghetto führten einige Leute ein Leben voller Extravaganz in Kabaretten… In der Leszno-Straße Nummer 2 befindet sich nun eines dieser Kabarettheater mit dem Namen Sztuka. Im Ghetto war Licht bis zu einer bestimmten Uhrzeit erlaubt. Danach mussten wir im Haus im Licht von Kerzen oder Petroleumlampen sitzen. Als wir das Nachtlokal erreichten, war die Straße dunkel. Meine Begleitung sagte plötzlich zu mir: „Gib Acht, dass du nicht auf eine Leiche trittst." Als ich die Tür öffnete, war ich vom Licht geblendet. Gaslampen brannten in jeder Ecke des überfüllten Kabarettheaters. Jeden Tisch zierte eine weiße Tischdecke. An ihnen saßen fette Gestalten und verspeisten Hühnchen, Ente oder Geflügel. Jedes dieser Mahle wurde mit Wein und Likör heruntergespült. Die Kapelle im Zentrum des Nachtlokals befand sich auf einem kleinen Podium. Daneben trat eine Sängerin auf. Einst hatten sie vor polnischem Publikum gespielt. Jetzt wurden sie an ihr jüdisches Erbe erinnert. Als ich das Lokal betrat, schlüpfte der namhafte polnische Schauspieler M. Z. [Michał Znicz] gerade in die Rolle einer Komikfigur, wofür er viele Lacher erntete. Danach bot die Sängerin V. G. [Vera Gran] alte Polnische Schlager und Liebeslieder dar. Das Publikum an den Tischen bestand aus Vertretern des Ghettoadels – wichtige Schmuggler, hochrangige polnische Offiziere und alle möglichen hohen Tiere. Auch Deutsche, die mit den Juden Geschäfte machen, kamen in Zivilkleidung hierher. Innerhalb der Wände des Kabarettheaters konnte niemand die Tragödie sehen, die sich nur wenige Meter entfernt abspielte. Die Leute aßen, tranken und lachten, als hätten sie keine Sorgen.[417]

Das Gedicht „Jude" wurde von Pola Braun geschrieben und vertont und von Diana Blumenfeld im Sztuka gesungen. Das Lied veranschaulicht das Konzept „lachen mit Tränen in den Augen" sehr anschaulich:

Jude
Sag mir, liebste Mutter, was ist ein „Jude"?
Ist das etwas Schlimmes, eine Art Schande?
Sag mir, tragen Juden wirklich lange Bärte?
Sag mir, schaukeln sie hin und her, wenn sie beten?
Sag mir, liebste Mutter, ist es eine Schande,
Dass ich so ein kleiner Jude bin?
Ein Jude, liebes Kind, leidet stets,
Ein Jude, liebes Kind, ist ein Schicksalsschlag,
Ein Jude, liebes Kind, hat Sorgen,
Ein Jude muss sich jeden Schlag verbieten.

Aktivist im Untergrund des Bundes und dort einer der wichtigsten Kuriere. Marek Edelman, *The Ghetto Fights: Young Bundists in the Warsaw Ghetto* (hebräisch) (Tel Aviv: Hakibbutz Hameuchad, 2001), S. 51, Anmerkung 54.

417 Moshe Fass, „Theatrical Activities in the Polish Ghettos during the Years 1939–1942" (englisch), *Jewish Social Studies*, Nr. 38 (1976), S. 54–72, bes. 57–58.

Ein Jude, liebes Kind, trägt Hoffnung im Herzen,
Ein Jude glaubt an die Zukunft, an bessere Zeiten.
Ein Jude verliert niemals den Mut,
Er lacht, auch wenn sein Herz einmal bangt.
Sag mir, liebste Mutter, weshalb ihn alle verspotten,
Weshalb alle lachen und ihn verspotten?
Sag mir, sind Juden für nichts zu gebrauchen?
Sag mir, haben sie nie irgendetwas vollbracht?
Sag mir, liebste Mutter, ist es eine Schande,
Dass ich so ein kleiner Jude bin?
Ein Jude ist... warte, ich kann es erklären,
Jude, glaub mir, ist ein mächtiges Wort,
Ein Jude ist gewiss der Einzige,
Der wahrlich bittere Tränen kennt.[418]

Der Großteil der anderen Theater führte bekannte, beliebte Nummern auf, wohingegen die meisten Vorstellungen im Sztuka auf Texten, die im Ghetto geschrieben worden waren, basierten. In einer Szene aus einer Vorführung im Sztuka zieht eine dicke Frau ein angekettetes Ei. Dabei handelt es sich um eine Anspielung auf das Phänomen des „verschwindenden Essens" – hungrige Kinder stahlen Passanten häufig Lebensmittel. Darüber hinaus ist die Szene eine Andeutung auf die Unvergänglichkeit der menschlichen Natur: Die Kette symbolisiert die bürgerliche Bindung an physische Objekte in einer Welt, die direkt in ihre Zerstörung rast, selbst nachdem das Urteil schon gesprochen wurde.

Eines der Lieder aus einer Aufführung des Sztuka hatte den einprägsamen Refrain: „Es wird Platz für alle geben." Nach einigen Strophen, in denen ein Mann seiner Ehefrau verspricht, dass es Platz für sie geben werde, und ihre Befürchtungen mit demselben beruhigenden musikalischen Refrain zerstreut, kommt es im Lied zu einer dramatischen Wende. Plötzlich vernimmt man das Rumpeln von Zugrädern und die fröhlichen Worte „Es wird Platz für alle geben!" erhalten nun einen makabren Unterton. Letzten Endes werden alle Bemühungen, sich hochrangige Stellungen im Ghetto zu verschaffen, all die möglichen Fürsprachen vergeblich sein. Im Tod sind alle gleich.

Leonid Fokszanski trug ein Gedicht vor, das wie ein Bericht über einen Boxkampf zwischen Mensch und Schicksal anmutet. Das Gedicht schließt mit folgenden Worten:

Ein Mann hat nur zwei Fäuste und seinen Schneid,
Die Fäuste sind sehr hart, und wie.
Er braucht sie beide, um den Sieg für sich zu entscheiden –
Ich setze mein Geld auf den Mann,
Damen und Herren, Ladies und Gentlemen, und Sie?

---

418 Übersetzung ins Englische von Barbara Milewski. Die Autorin dankt Frau Milewski für ihre Erlaubnis zur Nutzung dieses Textes.

[...]
Zange, Rechen, Säge, Beil,
Liebe Leute, bitte treten Sie ein,
Auch morgen dürfen wir nicht verlieren,
Von den „Direktnachrichten" werden wir es hören![419]

Hillel Seidman war anwesend, als Fokszanski das Gedicht im Sztuka rezitierte, und kommentierte die Darbietung in seinem Tagebuch:

> Ich weiß noch, wie ich seinen Vortrag ebendieses Gedichts in einem Kaffeehaus namens „Sztuka" (Kunst) in der Leszno-Straße Nr. 2 in Warschau hörte. Das war während einer der „Direktnachrichten"-Vorführungen, die dort regelmäßig veranstaltet wurden. Ich erinnere mich noch an die gewaltige Emotion, mit der dieser junge Dichter in den Zwanzigern den damals tobenden ungleichen Kampf beschrieb. Und die Hoffnung, dass der jüdische Ghettobewohner zum Schluss als Sieger hervorginge. Dieses Gedicht barg eine unfassbare Macht. Und einen wahrhaftigen jüdischen Glauben.[420]

Auch Mary Berg kommentierte die satirischen Vorstellungen im Sztuka:

> Jeden Tag werden im „Kunstcafé" [dem Sztuka] auf der Leszno-Straße Lieder und Satiren über die Polizei, den Rettungsdienst, die „Rikschas" und sogar über die Gestapo vorgetragen, alles in verschleierter Sprache.
> Sogar die Typhusepidemie ist Gegenstand von Scherzen. Es ist Lachen durch Tränen, aber es ist Lachen. Das ist unsere einzige Waffe im Ghetto – unsere Leute lachen über den Tod und über die Erlasse der Nazis. Humor ist das Einzige, das die Nazis nicht verstehen können.
> Diese Programme sind unbeschreiblich erfolgreich. Früher echauffierte ich mich über die Witze, die sich die tragischsten Vorkommnisse des Ghettolebens zur Zielscheibe nahmen, doch mit der Zeit erkannte ich, dass es für unser Leiden keine andere Arznei gab. Zur Darstellung der Führungspersonen unserer Gemeinde und der Leiter diverser Wohlfahrtseinrichtungen wurden Marionetten gefertigt. Eine der ergiebigsten Quellen für den neuen Humor boten Unterhaltungen, denen man in den „Kohn-Heller-Wagen" lauschen konnte.[421]

Dies sind die letzten Strophen des Gedichts „Makabre Krakowiaken" (polnische Volkstänze):

---

419 Groński, *Taki był kabaret* (polnisch), S. 232.
420 Hillel Seidman, *Warsaw Ghetto Diary* (jiddisch) (Amherst, MA: National Yiddish Book Center, 1947), S. 210–211.
421 Mary Berg, *Warsaw Ghetto* (englisch), S. 111-112.

Hacke, Kugel, Schrank, Kiste
Leikin[422], Szmerling[423] und Treblinka.
Rucksack, Zugwaggon, Block oder Platz,
Fabrik, Dokument, Katz[424]...

Hacke, Rechen, Kugel, Bürste.
Damen und Herren, bitte steigen Sie ein...
Und was wird morgen dann geschehen?
Vergeuden Sie nicht Ihre Zeit –
Die „Direktnachrichten" werden weitergespielt![425]

Die „Direktnachrichten" waren im Sztuka ein riesiger Erfolg: Geschichten, Sketche, kurze Lieder, Wortspiele und Parodien wurden allesamt in den „Direktnachrichten" des Ghettos gesammelt und bildeten so eine Ghettochronik. Hin und wieder wurden Satirenummern mit Puppen, die an die VIPs der Gemeinde erinnerten, aufgeführt. Aufgrund des elitären Rufs, den das Sztuka genoss, drückten die Aufseher, was den Inhalt der Vorstellungen anging, ein Auge zu. Schließlich gab es nur etwa hundert Zuschauer in einem Publikum aus Vertretern höherer Bildungsschichten.

Ein Versuch bekannter Autoren, Werke aus der Vorkriegszeit auf die Bühne des Sztuka zu bringen, misslang: Andrzej Własts[426] Vortrag seiner Gedichte stellte sich als enttäuschend heraus und nach wenigen Anläufen wurden seine Auftritte eingestellt. Das Publikum bevorzugte Władysław Szlengel und zollte ihm mit Beifallsbekundungen Anerkennung. Szlengel trug gemeinsam mit dem Satiriker Jozef Lipski Dialoge vor. Seidmann beschrieb deren Gedichte sowie die Gedichte von Jerzy Jurandot in seinem Tagebuch als

---

422 Jacob Leikin, Jurist, Assistent von Szeryński, dem Kommandanten der jüdischen Polizei, später schließlich sein Nachfolger. Leikin war ein eifriger Lakai der Deutschen, auch während der Großen *Aktzia*. Er wurde am 29. Oktober 1942 nach einem durch die ZOB (jüdische Kampforganisation) verhängten Todesurteil hingerichtet. Lubetkin, *In the Days of the Destruction and Revolt*, S. 220.

423 Mieczysław Szmerling war ein assimilierter Jude und einer der meistgehassten Beamten der jüdischen Polizei. Daher ist es nicht verwunderlich, dass er in den Tagen der Ghettoliquidierung von den Deutschen zum Platzkommandanten des Umschlagplatzes ernannt wurde. Er saß auf einer Rikscha am Umschlagplatz und leitete die Deportationen an. Er überlebte wie durch ein Wunder einen Mordanschlag durch die jüdische Kampforganisation. Siehe Lubetkin, *In the Days of the Destruction and Revolt*, S. 239; Ringelblum, *Notes from the Warsaw Ghetto* (Jerusalem: Yad Vashem, 1992), S. 395; Turkov, *There Once Was a Jewish Warsaw*, S. 52.

424 Shimon Katz, ein jüdischer Polizist.

425 Groński, *Taki był kabaret* (polnisch), S. 232.

426 Andrzej Włast (Gustaw Baumritter) (1895–1942/43), geboren in Lodz. Er gehörte zu den bekanntesten polnischen Liederschreibern vor dem Zweiten Weltkrieg. Er wurde im Warschauer Ghetto inhaftiert. Die Umstände seines Todes sind ungeklärt. *The YIVO Encyclopedia of Jews in Eastern Europe*, Bd. 2, S. 1786.

„sehr erfolgreich [...], sie sind alle leichte Satire. Lachen durch Tränen. Sie spotten über das bittere Schicksal und laufen dem Tod mit einem Lächeln auf den Lippen entgegen."[427]

Szlengels Rolle im Kabarett und in den „Direktnachrichten" wurde auch von Adolf Berman kommentiert:

> Die größte Attraktion im Café Sztuka war das Satirekabarett „Direktnachrichten". Szlengel [...] zog gemeinsam mit anderen Satirekünstlern die hässlichen, grotesken Aspekte des Ghettolebens ins Lächerliche: Die bürokratische Arbeitsweise der Judenratstellen, das schweinische Verhalten bestimmter Judenratmitglieder, der „neue herrschende Sklave des Ghettos", [...] und allen voran die Ghettopolizei. Diese leidvollen Phänomene wurden von ihnen mit Lachen und Scharfsinnigkeit, humorvollen Monologen und Sketchen parodiert. Ja, die Menge lachte, aber es war Lachen mit Tränen vermischt.[428]

Das Sztuka beendete seine Vorstellungen in der zweiten Hälfte des Jahres 1942. Nur zwei Kabarettkünstler überlebten den Krieg: die Sängerin Vera Gran und der Pianist Władysław Szpilman. Szlengel wurde im April 1943 während des Aufstands im Warschauer Ghetto in einem Bunker getötet. Hunderte von Kopien und Versionen seiner Werke – Gedichte, Lieder, Satiren und Epigrammen – zählen zu den bedeutendsten Dokumenten, die zwischen den Ruinen des Ghettos gefunden wurden.[429]

Władysław Szlengel

Szlengel hatte Auftritte im Sztuka und bei Lesungen. Er gab darüber hinaus an, seine Gedichte den Leuten in der Fabrik Schultz[430] und bei Literaturveranstaltungen der „Bürstenmacher" vorgetragen zu haben. Er schrieb viel: für sich selbst und für Freunde, für die Sztuka-Gemeinschaft und für all diejenigen, die seine Gedichte schätzten und zu seinen Auftritten bei Festen und öffentlichen Lesungen kamen. Des Weiteren schrieb er für den Leser der Zukunft und als Beitrag zur Geschichtsschreibung. Aus diesem Grund sammelte er seine Werke und ließ sie innerhalb und außerhalb der Ghettomauern verstecken.[431]

Kurz vor der *Aktzia* des 18. Januar wurde Szlengel zu einem literarischen Abend eingeladen. „In dieser Nacht wurde ich eingeladen, in einer Privatwohnung vor Gästen von der anderen [arischen] Seite aufzutreten. [...] Ich genoss es stets, doppeldeutige Gedichte und sogar unzweideutige Verhöhnungen der bekannten Gestapomänner vorzulesen, ganz

---

427 Seidman, *Warsaw Ghetto Diary* (jiddisch), S. 198, 201.
428 Berman, *In the Place That Destiny Assigned Me* (hebräisch), S. 163.
429 Groński, *Taki był kabaret*, S. 233.
430 Fritz Schultz, ein deutscher Industrieller, dem große Fabriken im Warschauer Ghetto gehörten.
431 Gross, „Władysław Szlengel", S. 13.

besonders in ihrer Anwesenheit."[432] Der letzte belegte Auftritt von Szlengel war ein Literaturabend am 16. April 1943.[433]

Es war außerordentlich schwierig für Szlengel, von der polnischen Umwelt abgeschnitten zu sein, und der Schmerz darüber wird in seinen Gedichten, die eine tiefgreifende Nostalgie für Warschau ausstrahlen, ersichtlich. Das Gedicht „Telefon" war wahrscheinlich eines der ersten Gedichte, die er nach der Abriegelung des Ghettos schrieb:[434]

Telefon
Mit krankem, gebrochenem Herzen,
Mit all meinen Gedanken auf der anderen Seite
Saß ich allein
Neben dem Telefon.

Ich stelle mir vor,
Wenn ich im Dienst bin und warte
Am Abend neben dem Telefon:
Dann werde ich auf der anderen Seite jemanden anrufen.

Plötzlich wird mir gewahr,
Mein Gott, da ist niemand, den ich anrufen kann.
1939 folgte ich
Einer anderen Straße.

Unsere Wege haben sich getrennt
Und alle Freundschaften auf der anderen Seite
Sind nun aus den Augen verloren.
Jetzt erkennst du
Da ist niemand, den ich anrufen kann.

Zu seiner Verwunderung wurde Szlengel bewusst, dass er keine polnischen Freunde mehr besaß, mit denen er telefonieren könnte. Alles, was ihm noch blieb, war die Zeitansage über das Telefon und eine „Unterhaltung" mit der Frau, die dort die Zeit verkündet:

Meine Hand nimmt den Hörer ab.
Die Schnur zittert.
Ich wähle eine bekannte Nummer und ihre Stimme antwortet. Die Uhr.

---

432 Szlengel, *What I Read to the Dead* (hebräisch), S. 16.
433 Rut Sheinfeld, „Władysław Szlengel and His Poems in the Warsaw Ghetto" in Moshe Mishkinsky, *Gilad: Anthology of the History of Polish Jewry*, Bd. 10 (1988), S. 253.
434 Aaron Frieda, *Bearing the Unbearable: Yiddish and Polish Poetry in the Ghettos and Concentration Camps* (Albany: State University of New York Press, 1990), S. 22.

[...]
Erzähl mir was.
„Zehn Uhr Dreiundfünfzig."

Das Unterhaltung zwischen ihnen geht weiter und sie „bauen Luftschlösser": Er erzählt vom Warschau der Vorkriegszeit und sie antwortet darauf mit der Uhrzeit. Das Gespräch spendet ihm Trost:

> Mein Herz scheint leichter
> Mit dem Wissen, dass bei meinem Anruf –
> Obschon von der anderen Seite der Mauer –
> Mir jemand still Gehör schenkt.

Zum Schluss dankt Szlengel in dem Gedicht der Telefonfrau für ihre Hingabe zur Freundschaft mit ihm: „Ein paar Herzen bleiben unverändert", und sagt leb wohl.[435]
Nachstehend sind einige weitere Gedichte von Władysław Szlengel aufgeführt:

Ein Schokoladenleben
Aus vier Gründen
Ist dieses unser jüdisches Leben
Heute so wie Schokolade
Tatsächlich wie Wedel[436] Schokolade
Erstens – gibt es sie in Blöcken.
Zweitens ist sie ein Pulver.
Drittens ist sie bitter.
Viertens, als wäre das nicht genug,
Basiert unser Leben, wie Schokolade,
Auf Kakao.[437]

Drei Briefe über Schnurrbärte und andere Gesichtsbehaarung:

1. An Charlie Chaplin Meister! Du, traurigster aller Humoristen!
Dessen Kunst und Fertigkeiten so unvergleichlich sind!
Durch die grausamsten Tage wende ich mich an dich,
Suche deine Lehren und deinen Rat...

---

435 „Telephone" (englisch) von Władysław Szlengel, aus dem Polnischen von John und Bogdana Carpenter, *Manhattan Review*, Bd. 15, Nr. 2 (Herbst/Winter 2012-13).
436 Die meistverbreitete Schokoladenmarke in Polen.
437 Das polnische Wort „kakao" ähnelt einem umgangssprachlichen Wort für „Scheiße". Daher können polnische Leser die Zeile leicht als „unser Leben ist wie Scheiße" verstehen. Szlengel, *What I Read to the Dead* (hebräisch), S. 127.

Auch wenn es schlecht steht… nicht schlechter sein könnte…
Mit dem Tod tanzt man hin und her,
Du, hungriger, gebeutelter Philosoph
Lächelst noch immer unter deinem Schnurrbart

2. An Bezirksaufseher Szmerling
Sie schuften und schwitzen vergeblich
(Was auf wenig Gewandtheit und Takt hindeutet),
Um andere in den Wagen zu drängen,
Damit in jeden noch mehr hineinpassen.

Vergeblich quetschen Sie Leute zu Butter
Für nur einen Zentimeter mehr,
Niemand wird sich an Ihre großen Bemühungen erinnern,
Oder Ihren Namen auch nur einmal erwähnen…

Es wird niemals einen „Szmerling Platz" geben
(ein berüchtigter Ruf ist leider nur von kurzer Dauer),
Sie bleiben in Erinnerung, wenn überhaupt,
Als jemand, dessen Bart vor Trauer ergraute…[438]

3. An den Anwalt Wacuś
Der vortreffliche Humorist und Literat
Und Anwalt Wacuś – Wacuś Tajtelbaum,
Fort mit dem Transport…
Sorge dich nicht, Bruder (falls noch am Leben),
Du wirst bald wieder den Stift aufnehmen
Und Szmerling wartet, mit zitternden Nerven,
Auf noch mehr Witze über seinen Bart…
Doch glücklicherweise ist es Fakt
(Wodurch die Welt vor solchen Schrecken gerettet wird),
Dass Szmerling höchstens noch drei Monate durchhält,
Während Chaplin über Jahre und Jahre besteht…[439]

Władysław Szlengel begleicht auch eine Rechnung mit Gott:

Die Rechnung mit Gott (Warschauer Ghetto, 1943)
Vielleicht war es ein Traum – (wenn auch nicht)
Und vielleicht war ich vom Alkohol benebelt,

---

438 Der Ausdruck bedeutet auf Polnisch, dass er seine Taten bereut.
439 Ebd., S. 128-129.

Wir saßen zusammen – ich und Gott
Und beglichen eine Rechnung...
Gott war ein älterer Herr,
Sein Blick war voller Gnade
Er hatte einen grauen, langen Bart
Und er trug keine Armbinde an seinem Ärmel...
Er besaß keine „Kennkarte"[440],
Denn er kam direkt aus dem Paradies,
Aber er besaß die Staatsbürgerschaft von Uruguay...
Ich holte ein großes Buch hervor
Und Gott – einen Waterman Stift[441]...
Ich öffnete ein Konto – einen Glauben,
Und ich sagte... bitte, werter Herr,
Ich bin 32 Jahre alt,
Ich hatte satte Jahre und arme Jahre,
Doch bis jetzt, Gott,
Hatte ich einen offenen Kredit,
Sie sagten: Du solltest beten,
Ich betete
Sie sagten: Du solltest fasten
– Ich fastete...
Durch schwere Tage des Fastens
Ohne einen Tropfen Wasser im Mund
Für deine große Herrlichkeit
Und deine erfundenen Gesetze...
Im schwachen Schein des Kerzenlichts
Im Geraune der Synagogenhallen
Betete ich, damit du meine Taten zählst...
Sie sagten: Du sollst nicht stehlen!
Ich stahl nicht.
Sie sagten: Iss kein Schwein...
(Ich mag es) – Ich aß es nicht...
Sie sagten: Gott will es so...
Sie sagten: Das ist Gottes Plan...
Sie sagten: Du sollst nicht ehebrechen...
Ich enthielt mich... für Gott...
Sie sagten: Du sollst nicht töten!
Ich tötete nicht...

---

440 Das Ausweisdokument, das die Deutschen nichtjüdischen Erwachsenen im besetzten Polen ausstellten.
441 Ein prestigevoller Stift.

Du sollst keine anderen Götter neben mir haben...
– Ich hatte keine...

Es gibt viele freudige Feste
Es gibt einige schwierige,
Zehnmal im Jahr
War ich aufgerufen, ihrer zu gedenken...
Ich war aufgerufen, in einer *Sukka* zu sitzen...
Ich sollte Bitteres trinken, *Mazzen* essen...
Verschiedene Male Buße tun
Und die Arbeit unterlassen.
Mit Streifen von Gebetsriemen habe ich Hände geschüttelt
Nachts verschlang ich Bücher
Und tötete den Körper, Verzeihung, ich frage dich – wofür?
Ich sagte immer: Gott wird helfen,
Ich sagte immer: Gott wird retten;
Ich hatte Glauben: Gott ist mit mir,
Ich sagte: und so weiter...
Bitte schau, sieh in das Buch,
Es ist eindeutig, offensichtlich
Sieh doch! Die Seite mit deinen Taten
Im Vergleich zu mir – ist unbeschrieben...
Sie schlagen mir ins Gesicht
– Ich laufe nicht weg.
Wie ein gefangenes Tier warte ich
Von Loch zu Loch... doch du... nichts
Ich bin hungrig, ich friere und sehne mich.
Der Pfad wird wilder, immer weiter entfernt,
Leere – Tod überall,
Doch ich weine nicht... ich warte...
Im Winde verstreut sind
Das Bitten, das Fasten, das Wehklagen,
Und hunderttausende Gebete
Und eine halbe Million „Amen"...
Was gibst du mir heute?
Für all meine Taten
Den Block... die Blechplatten[442], den Umschlagplatz.
Die „Bona"[443] Die Treblinkas?
Erwartest du noch immer,

---

442 Blechabzeichen für Juden mit wichtigen Stellen, die sie auch vor der Deportation schützten.
443 Im Ghettojargon bezeichnete man Essensmarken auch als *Bona*.

Dass ich wie im Testament am übernächsten Tag,
Wenn ich ins preußische Gas gehe, trotzdem „Amen" zu dir sage?
So sage etwas, bitte, sprich –
Hol die verborgene Rechnung hervor,
Die Bücher sind offen, – sieh! –
Partner meines Lebens…
Und der sanfte, ältere Herr
Mit dem ich am selben Tisch trank
Nahm einen Stift in die Hand und sprach…
Und hier wachte ich auf…
War dies nur ein gewöhnlicher Traum? –
Oder hat mich der Alkohol nur benebelt?
Doch bis zum heutigen Tage weiß ich nicht,
Wie die Rechnung ausging.[444]

Wie viele andere Dichter auch betrachtete Szlengel die Poesie als ein probates, ausdrucksstarkes Werkzeug, um die Erinnerungen der Lebenden, der Sterbenden und der Toten für die Ewigkeit festzuhalten. Die Kraft dieses Gedichts war so stark, dass sie in den Straßen des Ghettos, in den Fabriken und auf beinahe allen Theaterbühnen nachhallte. Charakteristisch für Szlengels Gedichte ist der humoristische und parodierende Schreibstil gepaart mit Nostalgie; dadurch war es ihm und seinen Zuhörern möglich, eine gewisse Distanz zu den beschriebenen unerträglichen Bedingungen zu wahren. Die Gedichte, die er in späteren Ghettotagen verfasste, waren stärker von makabrem, groteskem und düsterem Humor beeinflusst. Es ist genau jener Kontrast zwischen Übergriffen oder Misshandlung und einer parodierenden, humoristischen Betrachtung, der die Ironie schafft, die der jüdischen Tradition Lachen durch Tränen zugrundeliegt.[445]

Die Überlebenden erzählen von kabarettistischen und humoristischen Vorführungen im Warschauer Ghetto

Israel Gutman: Humor gab es auch in den Kabaretttheatern im Warschauer Ghetto. Dem Untergrund missfiel dieses Phänomen; ihnen gefiel es nicht, wenn die Leute dorthin gingen, um Spaß zu haben. Die Leute, die dort verkehrten, hatten Geld. Es war das Kennzeichen der Neureichen, weshalb der Untergrund sie verurteilte. Aber die Texte der Satirevorstellungen waren sehr humorvoll.

Halina Birenbaum: Die Juden waren bereits in Treblinka und es waren nur noch vereinzelt Personen aus Familien übrig, man hatte nichts mehr zu verlieren, weil jeder wusste,

---

444 Szlengel, *What I Read to the Dead* (hebräisch), S. 134–137.
445 Frieda, *Bearing the Unbearable*, S. 21.

was in Treblinka vor sich ging. [...] Irgendwann fühlte es sich deshalb nicht mehr bedrohlich an, weil es nichts mehr zu verlieren gab, die Häuser und Wohnungen waren auf den Kopf gestellt, geplündert und zerstört und alle Verwandten waren fort, also herrschte Depression. Und sogar in dieser Depression schrieben sie noch immer Lieder – lesen Sie Szlengels Gedicht aus der Zeit, als von einer halben Million Menschen nur noch 30.000-40.000 übrig waren. Und dann schrieb er auch noch seine satirischen Werke, diese Persiflage. Das Leiden, die Zahl der Waisen und die Trauer waren bereits so groß, dass dies nur noch durch Spott ausgedrückt werden konnte; und genauso drückte Szlengel sich aus.

Yanina Brandwajn-Ziemian: Es gab eine Reihe an Cafés und eines davon hieß Sztuka, „Kunst", und all diese Lieder wurden dort vorgetragen oder ein großer Teil davon, dazu noch andere Lieder, voller Humor. Dort gab es eine zweistündige Vorstellung und wir lachten wirklich sehr. Generell lachten die Leute.

Ruth Sheinfeld: Tatsächlich schrieb Szlengel die meisten oder einen großen Teil dieser Gedichte, nachdem 1942 die Deportationen begannen. Ich habe zwar nicht sämtliches Material gesammelt, aber ich weiß, dass es allen voran definitiv [Humor] gab: Szlengel hatte eine Satirevorstellung, die auf Polnisch aufgeführt wurde. [...] Jetzt weiß ich wieder, dass es dort nicht nur Humor gab, sondern auch Satire. [...] Und da war auch noch das Theater. Ich bin dort nie hingegangen, weil ich noch ein Kind war, aber dort spielten jüdische Schauspieler. Ich glaube, einer von ihnen hieß [Jerzy] Jurandot und seine Frau war Stefania Grodzieńska und sie traten im Warschauer Ghetto auf. Ich sah nie ein Stück außerhalb des Warschauer Ghettos. Später, nach dem Krieg, befand ich mich auf der arischen Seite und sah dort einen Auftritt von Grodzieńska in einem Theater. [...] Sie trat nach dem Krieg auch in einem sehr bekannten Theater in Lodz auf. [...]

Es gab da zum Beispiel ein Operettentheater, in dem ich einmal mit meiner Mutter war. Einige Leute wurden, wie Sie wissen, in dieser Zeit auch reich und über sie schrieb Szlengel in seinen Werken: Leute, die mit Schwarzmarkt- und Schmuggelgeschäften zu Reichtum kamen; diese Personen hatten auch Kontakte zu den Deutschen und zur Gestapo. Es gab auch Cafés. Auf der einen Seite waren diese Menschen die Zielscheibe für Satire und Spott, aber auf der anderen Seite konnten sie abends ausgehen und Vergnügen an den satirischen und verhöhnenden Vorstellungen auf den Bühnen finden. Wie Sie wissen, waren die Menschen für eine ziemlich lange Zeit an einem sehr beengten Ort, aber trotz allem kamen sie zurecht. Ich kann Ihnen allerdings nicht viel über den Inhalt dieser Abendprogramme erzählen. Szlengels Gedicht über Treblinka [...] orientierte sich an einem Kabarettlied, es war ein Gedicht mit einem lyrischen Bogen und am Ende spricht er über diesen Bahnhof, Treblinka, darüber, dass es ein ruhiger Bahnhof ist; [...] dass es dort einen Bahnhof gibt und ein Schild aus der Zeit vor dem Krieg, auf dem steht: „Damen und Herren, kochen Sie mit Gas."[446] Verstehen Sie? Auch wenn dieses Schild nicht wirklich

---

446 Das Gedicht „Der kleine Bahnhof von Treblinka" erreichte in Israel Bekanntheit, als es von Yehuda Poliker vertont und von Ya'akov Gilad, dem Sohn von Halina Birenbaum, produziert

existierte, war es doch eine Form einer satirischen Spitze – in Treblinka wurden Menschen mit Gas getötet, aber er erwähnte das nicht. Viele seiner Gedichte waren in diesem Stil verfasst. Es ist Fakt, dass es im Ghetto satirisches Kabarett gab.

Ghetto Litzmannstadt

Im Ghetto Litzmannstadt machte es sich ein anonymer Jude zur schwierigen Aufgabe, das kulturelle Leben im Ghetto, beginnend mit der ersten Hälfte des Jahres 1941, zu dokumentieren. Dabei handelte es sich um ein gemeinsames Projekt, mit dem Ziel, Informationen und Dokumente für die allgemeinen Ghettoarchive zusammenzutragen. Der anonyme Jude begann seine Arbeit in den Monaten April bis Mai 1941 und versuchte, präzise und detailgetreu vorzugehen. So führt er beispielsweise die Daten aller kulturellen Aktivitäten auf, die Art der Aktivität – Oper, Konzert, Vortrag, Lesung oder Theaterstück, das Programm, die Sprache, die Zahl der Künstler sowie ihre Namen, die Zuschauerzahl, ob der Eintritt kostenlos war und falls nicht, notierte er den Kartenpreis.[447] Diese Listen zeugen von dem Umstand, dass „im Ghetto Litzmannstadt dank der Talente lokaler Künstler groß angelegte kulturelle Aktivitäten stattfanden".[448]

Der Dokumentar stieß bei seiner Zusammentragung dieser Informationen auf zahlreiche Schwierigkeiten. Er schreibt, „viele Menschen erinnern sich nicht an Dinge, die sich erst kürzlich ereignet haben – sogar jene Menschen, die persönlich an Aktivitäten teilgenommen hatten oder daran teilnehmen wollten." Vergesslichkeit war jedoch nicht das einzige Hindernis, als er mit der Dokumentation begann, Rumkowskis Kreuzzug gegen sämtliche kulturellen Aktivitäten war allgegenwärtig. Unser anonymer Chronist schrieb: „In bestimmten Fällen schweigen die Menschen oder verweigern ihre Beteiligung aus Angst vor tatsächlichen oder befürchteten Konsequenzen."[449]

Der Chronist dokumentierte 11 Einrichtungen, in denen kulturelle Aktivitäten stattfanden, u. a. den Jüdischen Kulturverband, das Kulturhaus und die Zamir Vereinigung, die ihre Arbeit im Oktober 1940 nach einer einjährigen Unterbrechung wiederaufnahm. Bei Zamir handelte es sich zweifelsohne um eine bedeutende Vereinigung, die in der Öffentlichkeit großen Zuspruch fand.[450]

---

wurde. Halina Birenbaum übersetzte Szlengels Gedichte, dieses eingeschlossen.
447 Zvi Shner, „History of the Cultural Life in the Łódź Ghetto, 1940-1941", in Nachman Blumental, Hrsg., *Pages of Researching the Holocaust and the Uprising*, First Anthology (Tel Aviv: Hakibbutz Hameuchad, 1951), S. 89-91.
448 Isaiah Trunk, „Study of the History of the Jews in Wartheland", *History Papers*, Bd. 2 (1949), S. 127 in Blumental, Hrsg., *Pages of Researching the Holocaust*, S. 89–101; das Zitat stammt von Shner, „History of the Cultural Life in the Łódź Ghetto" (hebräisch), S. 94.
449 Shner, „History of the Cultural Life in the Łódź Ghetto" (hebräisch), S. 90.
450 Ibid., S. 91, 94–95.

Kurzzeitig war auch ein Puppentheater unter dem Namen Chad Gadya im Ghetto aktiv. Die Premierenvorstellung des Chad Gadya, *Tsugedrikt* (Zugedrückt), fand am 11. Dezember 1940 im Kulturhaus statt und parodierte die Mitglieder der Ghettoleitung. Obwohl Rumkowski die Vorstellung genoss, existierte das Theater nicht sonderlich lange, da der Judenrat des Ghettos die Kritik, die in diesen Aufführungen gegen sie erhoben wurde, nicht duldete.[451]

Die von Rumkowski angestachelte Hexenjagd zur Auslöschung von Zentren unabhängigen öffentlichen Lebens und zur Bekräftigung seiner Autorität nahm gegen Ende Dezember 1941 ein stärkeres Ausmaß an. Rumkowski war der Meinung, da die kulturellen Aktivitäten „politische Machenschaften des Untergrunds"[452] schützten, besäße er keine absolute Autorität, bevor er nicht die vollständige Kontrolle über das kulturelle Leben des Ghettos erlangt hätte.[453]

Das führte dazu, dass Rumkowski beschloss, sein Augenmerk auf den Bereich Musik und Gesang zu legen; daher wurde das kulturelle Zentrum, in dem die Zamir Vereinigung Vorführungen veranstaltete, mit der Begründung, „Inspektionen" durchzuführen, geschlossen.[454]

Als Rumkowski erst einmal die Kontrolle über das kulturelle Leben im Ghetto erlangt hatte, wurde Kunst nach seinen Bedürfnissen organisiert und mobilisiert. Rumkowski diktierte den Inhalt und verhängte Zensuren; Redefreiheit existierte nicht länger.[455] Zur Kontrolle des kulturellen Lebens gründete Rumkowski am 1. Februar 1941 ein neues kulturelles Zentrum und übergab dessen Leitung an Akiva Sienicki[456]; Rumkowski behandelte es wie sein eigenes Privattheater. Nicht alle professionellen Schauspieler im Ghetto wurden für das neue Kulturzentrum engagiert; in der ständigen Besetzung erhielten lediglich zehn Schauspieler von der Gemeinde ein Gehalt, daneben noch einige vorübergehende Beschäftigte.[457]

Die Vertreter der gebildeten Schichten im Ghetto und die jungen Studenten tolerierten diese neue Bedrohung ihrer Freiheit von kultureller Verwirklichung jedoch nicht; stattdessen setzten sie ihre kulturellen Aktivitäten und geistigen Weiterbildungen heimlich fort. Sie widersetzten sich den Versuchen der Deutschen, ihre Menschlichkeit zu brechen, mit all ihrer Kraft.[458]

---

451 Frankel, „Theater and Other Artistic Activity", S. 37.
452 Shner, „History of the Cultural Life in the Łódź Ghetto" (hebräisch), S. 96.
453 Trunk, „Study of the History of the Jews in Wartheland", S. 126.
454 Shner, „History of the Cultural Life in the Łódź Ghetto" (hebräisch), S. 96–97.
455 Ibid., S. 96, 98. Michal Unger, *Last Ghetto: Life in the Łódź Ghetto, 1940-1944* (Jerusalem: Yad Vashem, 2005), S. 473.
456 Akiva Sienicki, Direktor im Kulturhaus und eine der leitenden Persönlichkeiten im Arbeitsministerium. Er war Mitglied des Komitees, das Rumkowski mit der Evakuierung des Ghettos betraute. Shner, „History of the Cultural Life in the Łódź Ghetto", S. 96.
457 Unger, *Last Ghetto*, S. 483.
458 Shner, „History of the Cultural Life in the Łódź Ghetto", S. 99.

Im Oktober 1940 wurde das Avantgardetheater als Forum für professionelle Schauspieler und Laiendarsteller gegründet, um dort humoristische Stücke über aktuelle Themen sowie auch ernsthafte literarische Werke auf die Bühne zu bringen.[459] Zu Beginn arbeitete das Theater illegal, als jedoch Rumkowski die Kontrolle über das kulturelle Leben im Ghetto übernahm, wurde der Betrieb legal. Im Sommer wandten sich die Vertreter mehrerer Parteien an Moshe Pulaver[460] und schlugen ihm vor, mit den und für die Jugendlichen in den ländlichen *Kibbuzim* und den Jugendgruppen in Marishin[461] ein Schauspielatelier zu gründen. Pulaver führte eine Truppe von 18 jungen Männern und Frauen aus einer Gruppe enthusiastischer Jugendlicher zusammen. Für die erste Vorstellung waren Aufführungen von Nummern und Liedern von Broderzon, Gebirtig und weiteren geplant. Mit einer Sporthalle in der Franciszkańska-Straße 76 fanden sie einen geeigneten Veranstaltungsort, an dem die Truppenmitglieder eine Bühne aufbauten und die Kulisse gestalteten. Das Stück wurde an einem Samstagnachmittag aufgeführt und wurde ein großer Erfolg. Die Halle war so überfüllt, dass zahlreiche Menschen am Eingang abgewiesen werden mussten. Rumkowski wurde von seinen Leuten berichtet, dass das Stück harmlos sei, woraufhin die Truppe die Erlaubnis erhielt, die Halle des Hauses in der Krawiecka-Straße 3 zu nutzen; schließlich wurde dies zum offiziellen Kulturhaus des Ghettos.[462]

Auch wenn die Konzerte und Revuen im Kulturhaus theoretisch jedem offen standen, der eine Karte kaufen konnte, waren es in der Praxis nur diejenigen mit Verbindungen zu den „richtigen Leuten", die ein Ticket ergattern konnten, da das Zentrum nur ein Publikum von 500 Personen fassen konnte. Aus diesem Grund konnten die Vorstellungen im Kulturhaus das Kulturverlangen der Ghettojuden nicht befriedigen.[463]

Moshe Pulaver schrieb Folgendes über die Vorstellungen:

Das Theater erfreute sich großer Beliebtheit; jede Vorstellung war ein Fest. Das Publikum warf sich in Schale. Für ein paar Stunden waren die Probleme des Ghettos vergessen. Wenn die Menschen dann wieder zu ihrer Arbeit in den Fabriken zurückkehrten,

---

459 Ebd., S. 98.
460 Vor dem Krieg war Moshe Pulaver Theaterregisseur und künstlerischer Leiter des Ararat Theaters in Lodz. In Auschwitz arbeitete er im „Kommando Kanada" (siehe Anmerkung 229, Seite 323) und trat vor den Lagerhäftlingen auf. Pulaver beschreibt die Gründung des Theaters in seinem Buch *There Once Was a Ghetto* (Tel Aviv: I. L. Peretz, 1963).
461 Marishin war eine ländliche Region im Randgebiet von Litzmannstadt, die an das Ghetto annektiert wurde. In den Anfangsjahren des Ghettos befanden sich dort Waisenhäuser, Altenheime, ländliche *Kibbuzim* und Jugendgruppen in der Noar Oved V'Lomed Bewegung. Rumkowski richtete sich dort seinen Sommersitz ein. Der Ghettobahnhof befand sich ebenfalls in Marishin und im Sommer 1941 wurde dort eine Kuranstalt für Leute im Ghetto mit guten Beziehungen gebaut. Marishin teilte den Namen mit dem jüdischen Friedhof, weshalb man über diejenigen, die dem Tode nah waren, sagte: „Er geht nach Marishin.". Frankel, „Theater and Other Artistic Activity", S. 15.
462 Ebd., S. 16.
463 Ben-Menachem und Rab, Hrsg., *Chronicle of the Łódź Ghetto*, Bd. C, S. 303–305.

sangen sie die Lieder, die sie im Theater gehört hatten, und wiederholten die Witze, die sie dort erfahren hatten. [...] Die Deportationen fanden derart häufig statt, dass unter den Zuschauern auch immer Leute waren, die bereits Aufrufe zur Vorstellung für Deportationen in ihren Taschen hatten. Etwa eine Woche später befanden sich diese Leute nicht länger unter den Lebenden. Diese bedauernswerten Seelen hatten die Möglichkeit, im Theater alles andere zu vergessen; sie lachten und genossen die Zeit. Für diese Menschen traten wir auf die Bühne.[464]

Dawid Sierakowiak teilte diesen Enthusiasmus nicht. Am 9. Juni 1942 sah er sich die Revue an und schrieb in sein Tagebuch, „außer den Scherzen über das Ghetto gibt es dort nichts zu sehen. Nur die Tanzaufführungen sind sehenswert." Doch trotz seiner Enttäuschung fügte Sierakowiak hinzu: „Das Wesentliche ist, dass ich für zwei Stunden nicht über Essen oder Hunger nachdachte."[465]

Der Kulissenmaler im Ghetto Litzmannstadt, Pinchas Shaar-Schwartz, kritisierte den Mangel an Relevanz des Theaters hinsichtlich aktuellen Zeitgeschehens. Seiner Ansicht nach waren die Produktionen nicht politisch und „80 Prozent des Repertoires bestand aus Vorkriegsstücken, die der Theaterregisseur Pulaver noch aus seiner früheren Arbeit am Ararat Theater kannte".[466] Einer der professionellen Schauspieler im Ghetto, Szamai Rosenblum, behauptete, das Theater sei nichts weiter als ein Instrument zur Glorifizierung des Judenrates und befände sich unter strenger Aufsicht; die Vorführungen beinhalteten Lobeslieder auf Rumkowski und andere hochrangige Köpfe der Ghettoverwaltung. Laut Rosenblum zensierte Sienicki sämtliche Anspielungen auf Satire, Parodien oder Kritik an der Ghettoleitung oder den Deutschen. Daher weigerten sich viele Darsteller schlicht und ergreifend, in diesem Theater aufzutreten. Moshe Pulaver, der Veranstalter und Produzent des Ghettotheaters, bestätigte, dass er keinerlei politische oder gesellschaftliche Satire gegen die Ghettoverwaltung, geschweige denn gegen die Deutschen, dulden würde.[467]

Auch Oskar Rosenfeld[468] kritisierte in seinem Tagebuch den Mangel an relevantem Material auf der Bühne:

---

464 Pulaver, *There Once Was a Ghetto* (jiddisch), S. 46–48; das Zitat stammt von Frankel, „Theater and Other Artistic Activity" (hebräisch), S. 20–21. Siehe auch Hoch, *Voices from the Darkness*, S. 79.

465 Unger, *Last Ghetto* (hebräisch), S. 484.

466 Gila Flam, *Singing for Survival: Songs of the Łódź Ghetto, 1940–45* (englisch) (Urbana, IL: University of Illinois Press, 1992), S. 131.

467 Szamai Rosenblum, Testimony, YVA, O.3/682, S. 9. Siehe Unger, *Last Ghetto*, S. 483, 485; Frankel, „Theater and Other Artistic Activity", S. 24–25.

468 Oskar Rosenfeld (1885–1944), Doktor der Philosophie, Autor und Verleger. Geboren in der Tschechoslowakei und Studium in Wien. Er war einer der Unterstützer osteuropäischer jüdischer Literatur und gehörte zu deren wichtigsten Sprechern. Im Jahre 1909 war Rosenfeld an der Gründung des jüdischen Theaters in Wien beteiligt und fungierte dort als Theaterregisseur, Dramatiker und Schauspieler. Im November 1941 kam er mit den Deportierten aus Prag im Ghetto Litzmannstadt an. Dort führte er ein geheimes Tagebuch, in dem er wichtige

Im Kulturhaus wurde am 6. Juni 1942 die „Revue III" (die dritte Revue in Folge) aufgeführt. Die 14 Szenen liefern mit wenigen Ausnahmen den Beweis für das Erbe eines guten, alten Stils, dem man mit einem freundlichen Ausdruck der Anerkennung begegnet. Es scheint, als ob die Zeit, die Ereignisse der letzten Jahre spurlos an den Autoren der Revue vorübergegangen sind. [...] Das Varieté nimmt mitunter groteske Formen an, allerdings nur oberflächlich. [...] Die Autoren vermeiden es, aktuelle Themen aufzugreifen – wie sie sich dem Beobachter in den jüdischen Straßen des Ghettos einprägen – und präsentieren sie den Menschen im Ghetto als die einzigartigen, unwiederbringlichen Ereignisse, die sie sind. Sogar der Sketch „Getto Plotkes" [Ghettogerüchte] begnügt sich mit oberflächlichen Andeutungen. Dies wäre das Forum gewesen, um etwas Bedeutungsvolles mit Scharfsinn, Humor (Galgenhumor) und Satire über das Phänomen des Ghettos Litzmannstadt zu sagen. Die Fakten sind so eindeutig, dass es keinen Scholem Alejchem braucht, um ihre humoristischen Aspekte zu entdecken. „Lachen ist gesund – Ärzte raten dazu." Dieses Motto von Scholem Alejchem zu befolgen hätte zweifellos zu den angenehmsten Ergebnissen geführt. [...] Zusammenfassend kann festgehalten werden: Unterhaltung für ein Publikum, das die altmodische, lange Tradition des jiddischen Theaters wohlwollend aufnimmt, solange das Theater weiterbesteht – ein mannigfaltiges Drama, das zu einem Gefühl von Freude führt. Das Ghetto hat diese Tradition bislang nicht aufgegriffen. Diese Revue von künstlerischer Darstellung hat im Ghetto noch nicht Einzug gehalten.[469]

Andere wiederum vertraten gegenteilige Meinungen zur selben Revue:

Wie bereits in vorherigen Revuen war der Monolog – geschrieben von Janowski und dargeboten von Weinberg – der Höhepunkt des Programms. Schallendes Gelächter – eine solche Seltenheit unter den Ghettobewohnern! – erfüllte während der Vorstellung die Halle. Die unterhaltsamen Geschichten im Monolog waren Anspielungen auf wahre Begebenheiten im Ghetto und parodierten insbesondere das Verhalten der Neuankömmlinge. Man kann sich den humorvollen Sketchen und Darstellungen, deren Hauptgrundlage chassidische Volksmotive sind, einfach nicht entziehen.[470]

Isaiah Trunk gibt zu bedenken, dass durchaus kritische Worte von der Theaterbühne vernommen werden konnten. Gelegentlich erlaubten Leute es sich, öffentliche Darbietungen

---

Informationen über diverse Aspekte des Ghettolebens, darunter zahlreiche Details zum dort herrschenden kulturellen Leben, dokumentierte. Das Tagebuch umfasste 14 Notizbücher. Rosenfeld war Mitglied der Arbeitsgruppe, die sich der Pflege der Ghettochronik verschrieben hatte; daneben war er auch am „Ghettolexikon" beteiligt. Im Sommer 1944 wurde er gemeinsam mit den letzten verbleibenden Ghettobewohnern nach Auschwitz gebracht und dort ermordet. Frankel, „Theater and Other Artistic Activity", S. 14, 41–42.

469 Oskar Rosenfeld, *In the Beginning Was the Ghetto* (englisch) (Evanston, IL: Northwestern University Press, 2002), S. 68–69.

470 Ben-Menachem und Rab, Hrsg., *Chronicle of the Łódź Ghetto* (hebräisch), Bd. B, S. 29.

von Satirenummern über die Lage im Ghetto zu zeigen. Diese Nummern waren äußerst beliebt und die dazugehörigen Lieder sang man überall.[471] So war zum Beispiel eine jiddische Revue vom 31. Mai 1941 mit ihren Sketchen, Monologen und Tänzen derart erfolgreich, dass die Menge eine Zugabe verlangte. Die Chronisten bemerkten, dass „in Anbetracht der Lebensbedingungen im Ghetto und des Mangels an professionellen Darstellern die Revue sämtliche Erwartungen übertroffen hat. Sie steht den Vorstellungen guter Vorkriegstheater ohne Vorbehalt in nichts nach."[472] Unter den Zuschauern befand sich auch Rumkowski mit seinen Männern und er war mit der Revue alles andere als zufrieden:

> Sie führen „Die Pazifisten" von Moyshe Nadir[473] auf. Im Libretto ist die Rede von „meinem Kaiser" und „deinem Kaiser". Rumkowski war darüber alles andere als erfreut, da ihm im Ghetto der Spitzname „Kaiser" verliehen wurde. Am Ende des Programms führen Sie „Jüdische Schmiede" [*Yiden Shmidn*] von Moshe Broderzon auf. „Der Kaiser" beobachtet die Jugendlichen mit Hämmern in ihren Händen und dann erlischt ein rotes Licht in seinem Kopf. Er ist entsetzt... Er schreit seinen Stellvertreter, Dr. Szykier[474], an: „Wo haben Sie mich hingebracht? Zu den Revolutionären?!" Dr. Szykier antwortet ihm freundlich: „Wenn das Revolutionäre sind, dann bin ich der größte unter ihnen!" Der alte Präsident erhebt seine Stimme und brüllt: „Schließt den Laden!"[475]

Pulaver beschrieb, wie die Leute auf Rumkowskis Kumpanen einredeten, um ein gutes Wort für sie einzulegen, bis sie wieder die Erlaubnis zur Veranstaltung von Vorstellungen in derselben Halle erhielten.[476]

Übereinstimmend mit der Kritik, die Rosenfeld und andere an der Zensur von Theateraktivitäten übten, karikierte Shimon Janowskis bescheidene Sammlung von Gedichten, Parodien und Monologen Rumkowski, seine Handlanger und das Ghettoleben.[477] Janowski, der von Rachmil Bryks den Spitznamen „Glücklichmacher" erhielt, verwendete seine freie Zeit auf das Schreiben von Humoresken, einschließlich Werken für das Theater.

---

471 Isaiah Trunk, *Łódź Ghetto: A History* (englisch) (Bloomington, IN: Indiana University Press, 2006), S. 334.
472 Lucjan Dobroszycki, Hrsg., *The Chronicle of the Łódź Ghetto, 1941-1944* (englisch) (New Haven: Yale University Press, 1984), S. 57.
473 Moyshe Nadir war das Pseudonym von Yitzchak Rayz (1885–1943), einem jiddischen Schriftsteller, scharfen Humoristen und Übersetzer. Er wurde in Galizien, Polen, geboren. Im Jahr 1898 wanderte er in die Vereinigten Staaten aus und ließ sich in New York nieder. Im Jahr 1902 veröffentlichte er seine ersten Gedichte auf Jiddisch. Allmählich wurde er zu einem der größten Humoristen für jiddische Kultur in den Vereinigten Staaten. „Nadir, Moyshe", *Encyclopaedia Judaica* (1971), Bd. 12. S. 755.
474 Dr. Leon Szykier, der medizinische Leiter des Gesundheitsamtes im Ghetto. Für einen kurzen Zeitraum war er auch Rumkowskis Stellvertreter. Unger, *Last Ghetto*, S. 88.
475 Pulaver, *There Once Was a Ghetto* (jiddisch), S. 44.
476 Frankel, „Theater and Other Artistic Activity", S. 17.
477 Ebd., S. 25.

Seine satirischen Gedichte, die Rumkowski und seine Anhänger ins Lächerliche zogen, wurden zu bekannten Melodien auf Bühnen aufgeführt. Zum Beispiel:

> Wenn der Chef etwas will,
> Ist alles kinderleicht
> Alles läuft nach Befehl des Chefs
> Wenn der Chef will, kann sogar ein Besen schießen.[478]

Und in einem anderen Gedicht heißt es:

> Unser König, unser Rumkowski,
> Hat uns befohlen, fröhlich zu sein.[479]

> Rumkowski Chaim, Rumkowski Chaim
> Ich möchte Ihnen ein Liedchen singen –
> Sie Sie-Sie-Sie-Sie-Sie.
> Wo kann ich Sie finden?
> Wo kann ich Sie nicht finden?
> Sie-Sie-Sie-Sie-Sie.
> Wohin ich auch gehe, Sie!

> Wo ich auch stehe, Sie
> An den Mauern – Sie,
> Auf dem Kalender – Sie,
> Auf den Geldscheinen – Sie,
> Auf den Briefmarken – Sie.
> Sie-Sie-Sie-Sie-Sie.

> Falls es für jemanden gut ist – Sie,
> So bitter wie der Tod – Sie,
> Oj, Sie-Sie-Sie-Sie.
> Wenn ich satt bin – Sie! Hungrig – Sie!
> Wenn ich frei bin – Sie! Im Gefängnis – Sie!
> Eine Hochzeit – Sie! Ein ausgehobenes Grab – Sie!
> Im Ghetto – Sie! Vertrieben – Sie!
> Sie-Sie-Sie-Sie-Sie…[480]

---

478 Frankel, „Theater and Other Artistic Activity" (hebräisch), S. 22. Dieses Gedicht wurde zur Melodie des chassidischen Liedes „Wenn der Rebbe will" gesungen.
479 Ebd. Dieses Gedicht wurde zur Melodie von „Der Rebbe Elimelech" gesungen.
480 Ebd., S. 22-23.

Das jiddische Duett *Wer lacht zuerst?* Von Mordechaj Gebirtig wurde mit zwei sozial schwachen Jungen in Lumpen aufgeführt und stellte die Wette auf, wer zuerst lachen würde. Der eine Junge sagt:

Das erste, Avremal, woran ich denke,
Ist mein armer Vater, der Schwache,
Der nach Arbeit sucht und keine Stelle finden kann.
Werde ich lachen können?

Zum Schluss zieht Avremal ein Brötchen aus seiner Tasche hervor und der traurige Junge fängt zu lachen an. Yechiel Frankel bemerkte, dass die ausgehungerten Ghettozuschauer das ideale Publikum für dieses spezielle Werk waren. Alle, die dieses Gedicht von Gebirtig nicht kannten, waren überzeugt, dass die Vorlage für das Duett das Ghettoleben war.[481]

Im Mitteilungsblatt vom 5.-12. Juli 1941 wird Folgendes berichtet:

Das Kulturhaus setzt seine Revuevorstellungen fort; sie spielen vor vollem Publikum. In der Diskussion war diese Woche eine Revue, die für Arbeiterinnen der Gummifabrik gehalten wurde; das war die vierundzwanzigste Vorstellung. Wie immer erntete die Truppe stürmisches Gelächter und großen Applaus für ihre Anstrengungen, die in diesen Zeiten von so großen Nöten sind.[482]

Kinderaufführung, Ghetto Litzmannstadt. Mit freundlicher Genehmigung des Fotoarchivs, Yad Vashem, 1602/201.

---

481 Mordechai Gebirtig, *Mordechai Gebirtig, His Poetic and Musical Legacy*, Hrsg., Gertrude Schneider (Westport, CT: Praeger, 2000), S. 143.
482 Ben-Menachem und Rab, Hrsg., *Chronicle of the Łódź Ghetto* (hebräisch), Bd. A, S. 180.

Theaterstück, Ghetto Litzmannstadt. Mit freundlicher Genehmigung des Fotoarchivs, Yad Vashem, 33FO3.

Im September 1942, nach der Sperre[483], hörte das reguläre kulturelle Leben des Ghettos auf und das Kulturhaus wurde geschlossen. Nach geraumer Zeit jedoch verlangte die Öffentlichkeit nach Unterhaltung, woraufhin eine Bewilligung für Revuevorstellungen bei Jubiläumsfeiern von Ressorts und Produktionsbetrieben erteilt wurde. Diese Vorstellungen fanden in den Räumlichkeiten der Ressorts und Betriebe oder im Kulturhaus statt. Der Zugang zu den Vorstellungen blieb der breiten Öffentlichkeit verwehrt, weshalb in der Regel nur die Ghettoelite in diesen Genuss kam. Derlei künstlerische Aktivitäten spielten sich in den meisten der Ressorts und Produktionsbetriebe ab. Auch Theatergruppen führten Unterhaltungsprogramme auf, die denen in den Theatern ähnelten und an denen Schauspieler beteiligt waren, die nicht in dem bestimmten Betrieb arbeiteten. Obwohl die Mitglieder der Gruppen humoristische und satirische Sketche über das Lokalgeschehen vorführten, mieden sie jegliche Form von Kritik an der Ghettoführung oder den Deutschen. Eine erfolgreiche Revue wurde auch in anderen Ressorts oder Betrieben aufgeführt und im Jahr 1943 „folgte ein Stück auf das andere"[484].

Für den 17. April setzte das Gemüseressort eine Revue zur Feier des zweijährigen Jubiläums seiner Gründung an. Das Stück begann allerdings mit eineinhalbstündiger Verspätung, nachdem man darauf gewartet hatte, dass Rumkowski und David Gertler – Leiter

---

483 Dies bezieht sich auf die Große Deportation oder auch Gehsperre der Juden aus Litzmannstadt am 5.-12. September 1942, bei der 15.685 Juden mithilfe der jüdischen Polizei ins Vernichtungslager Chełmno deportiert wurden. Ungefähr ein Drittel der Deportierten waren Kinder.

484 Frankel, „Theater and Other Artistic Activity" (hebräisch), S. 33; Ben-Menachem und Rab, Hrsg., *Chronicle of the Łódź Ghetto*,(hebräisch), Bd. C, S. 304.

der Sondereinheit der jüdischen Polizei – eintrafen, und eröffnete mit zwei feierlichen Hymnen in ihren Ehren. „Die geschmacklose Begrüßung des Conférenciers hinterließ einen peinlichen Eindruck", schrieb der Chronist und fügte hinzu:

> Die Aufführung verlief ohne Schwierigkeiten und hoffentlich erhalten die Mitglieder der Revuetruppe die lang ersehnten Essensmarken. Zwischen unseren knurrenden Mägen und der ausgestreckten Hand hat sich eine gegenseitige Beziehung entwickelt, eine beidseitige Beziehung, die sich zweifelsfrei unter Beweis gestellt hat. [...] Der Humor war gelegentlich etwas fade, doch die Ghettoprominenz war im Publikum stark vertreten.[485]

Wolf Jasny[486] schrieb ebenfalls über das Stück:

> Es gab einen satirischen Sketch (oder ein Lied) über einige Mitglieder des Sonderkommandos, die drei Säcke Mehl aus einer Bäckerei in einem der „Wagen" von Chevra Kadisha (Beerdigungsinstitut) stahlen. Der Sketch fand beim Publikum großen Anklang. Bei einer Produktion dieses Stücks befand sich Gertler, der Leiter des Sonderkommandos, unter den Zuschauern und verlangte, dass der Sketch aus dem Programm gestrichen wird. Nach diesem Stück erging aus Rumkowskis Büro die Anordnung, dass alle Programmsketche vor ihrer Aufführung bei ihm persönlich eingereicht werden müssten.[487]

Am 20. Mai 1943 schrieb Jakob Poznanski[488] in sein Tagebuch: „In unserer [Papier-]Fabrik laufen die Vorbereitungen für unsere künstlerische Darbietung. Die Leute sind hungrig

---

485 Ebd., S. 197.
486 Wolf Jasny (1893, Zelechow – 1968, Tel Aviv), polnischer Journalist, Schriftsteller und politischer Aktivist. Im Jahr 1946 bestand seine Hauptbeschäftigung in der Arbeit an dem zwei Bände umfassenden Werk *Di geshichte fun Jidn in Lodz* (Geschichte der Juden in Litzmannstadt), ein historisches Buch über das Schicksal der Juden aus Litzmannstadt während des Zweiten Weltkriegs.
487 Wolf Jasny, *The History of the Jews in Lodz In the Years of Extermination* (jiddisch) (Tel Aviv: I.L. Peretz, 1960), S. 320. In Frankel, „Theater and Other Artistic Activity", S. 34.
488 Jakob Poznanski (1890–1959), geboren und gestorben in Lodz. Er war Ingenieur und Chemiker. Ab Mitte Mai 1940 übernahm Poznanski die Leitung der Gartenbauabteilung und beschäftigte hauptsächlich junge Leute aus der *Hachschara*-Bewegung (Ausbildungsfarm), die landwirtschaftliche Arbeiten erlernen wollten. Am 4. Oktober 1941 begann er, Tagebuch zu führen, und hielt das gesellschaftliche Leben im Ghetto fest. Während der Liquidierung des Ghettos flüchtete sich Poznanski in verschiedene Verstecke. Nach seiner Entdeckung brachte man ihn in die Jakuba-Straße 16, wo er einer Gruppe von Juden beitrat, die für die Reinigung des Ghettogeländes zuständig waren. Zwei Tage vor der Befreiung gelang ihm mit seiner Familie die Flucht in einen Bunker in der Żydowska-Straße 10, in dem er sich versteckte und sich so retten konnte.

und bereit, sich für eine weitere Portion Suppe in Clowns und Narren zu verwandeln. Sie setzen auf ihre Chance, ‚Geschenke' wie Essensmarken zu bekommen."[489]

Zehn Tage darauf schrieb die *Chronik*, dass die Revue der Papierfabrikarbeiter das Tagesgespräch war und das künstlerische Niveau der Aufführung sehr hoch war. Das umfangreiche Programm bot ernsthafte Darbietungen wie auch unterhaltsame Nummern. Die Texte zu den Liedern aus dem Stück wurden von zwei Dichtern und Komikern mit den Namen Mojżesz Wolman[490] und Szymon Janowski[491] geschrieben. Auch Kinder traten in dem Stück auf – ein Kinderballett erntete tosenden Applaus und ein 11-jähriges Mädchen trug das Gedicht „Wild Muttel" von Wolman vor – und begeisterte ein Publikum, das Qualität gewöhnt war. Die Schreiber der *Chronik* lobten die Kulissen und die Marionettenparade, in der „Ghettopersönlichkeiten" vorkamen, die Handarbeit des Malers Isaac Brauner[492]. Während Poznanski dem Stück keinerlei künstlerischen Wert zugestand, vertrat die *Chronik* die Meinung, dass „diese Revue eine oder zwei weitere Aufführungen wert sei"[493].

Am 9. Juni 1943 brachte die jüdische Ordnungspolizei ebenfalls eine Revue auf die Bühne, welche folgendermaßen kommentiert wurde: „Wir können dazu nur sagen, dass diese Revue im Großen und Ganzen ohne Vaseline inszeniert wurde, um es im Ghettojargon auszudrücken; anders gesagt, ohne Bauchpinselei und unterwürfige Schmeicheleien für die Mächtigen."[494] Frankel wirft in seinem Artikel die Frage auf, „ob dies die Ausnahme war, welche die Regel bestätigt."[495] Oder auch: Wenn die Revue der Ordnungspolizei frei von Schmeicheleien oder Kriecherei war, bedeutet dies dann, dass all die anderen

---

489 Jakub Poznański, *Pamiętnik z getta łodzkiego* (polnisch) (Łódź: Wyd. Łódzkie, 1960), S. 69.

490 Mojżesz Wolman (1904–1944), Dichter, Schriftsteller und jiddischer Theaterkritiker, geboren in Lodz. Er führte seine literarischen Bestrebungen auch noch im Ghetto fort und verfasste dort Gedichte, hauptsächlich über die Situation im Ghetto, und legte anschließend Melodien darüber. Seine Lieder wurden in den Ghettostraßen und in den Arbeitsstätten gesungen. Nach der Liquidierung des Ghettos wurde er nach Auschwitz geschickt und dort getötet. Dawid Sierakowiak, *The Diary of Dawid Sierakowiak: Five Notebooks from the Łódź Ghetto* (New York: Oxford University Press, 1996), S. 103.

491 Szymon Janwoski (1913–1944), geboren in Lodz. Er war ein jiddischer Satireschreiber und der Verfasser vieler Humoresken und Lieder, die in den Dreißigern veröffentlicht wurden. Er hatte Verbindungen zum Bund wie auch zur Tsukunft – der jüdischen Arbeiterorganisation für Jugendliche. Im August 1944 wurde er nach Auschwitz deportiert. Ben-Menachem und Rab, Hrsg., *Chronicle of the Łódź Ghetto*, Bd. A, S. 58.

492 Isaac Brauner (1887–1944), Maler, Grafiker und Bühnendekorateur, geboren in Lodz. Brauner gestaltete die Kulisse für das Stück „Der Dibbuk", das in Litzmannstadt aufgeführt wurde. Unter nationalsozialistischer Besatzung porträtierte Brauner Rumkowski und malte Szenen des Ghettolebens. Er reichte auch einen Antrag (der abgelehnt wurde) zum Entwurf einer speziellen Ghettowährung ein. Im August 1944 wurde Brauner nach Auschwitz deportiert und dort ermordet. „Brauner, Isaac", *Encyclopaedia Judaica* (2007), Bd. 4, S. 139.

493 Ben-Menachem und Rab, Hrsg., *Chronicle of the Łódź Ghetto* (hebräisch), Bd. C, S. 278–279.

494 Ebd., S. 305.

495 Frankel, „Theater and Other Artistic Activity" (hebräisch), S. 24.

Aufführungen von Schmeicheleien erfüllt waren? Meinem Eindruck nach war dies der Fall, da die *Chronik* wohl kaum den Mangel an Unterwürfigkeit in einer Vorstellung hervorgehoben hätte, wäre sie in allen anderen Vorstellungen nicht derart verbreitet gewesen.

Die Überlebenden erzählen von kabarettistischen und humoristischen Vorführungen im Ghetto Litzmannstadt

Arie Ben-Menachem: Es gab einen bekannten Schauspieler namens Moshe Pulaver, der Satiretheater veranstaltete, sich allerdings unter strenger Beobachtung befand und schnell Zensuren ausgeliefert war. Er wurde doppelt beaufsichtigt: unter deutscher Kontrolle und von den Vertretern der Ghettoverwaltung. Das erste Stück, das aufgeführt werden sollte, hieß „Die Schmiede" und handelte von Juden mit Macht und Muskeln; der Ansatz hatte etwas Revolutionäres. Und dann, dass Rumkowski sich das Stück ansah. Selbstverständlich wurde er zur Premiere eingeladen und er fragte: „Was soll das, von wegen Revolution?" Er stellte es ein und es [das Stück] wurde nie wieder aufgeführt. Anschließend versuchten sie sich in leichter Satire über das Ghettoleben mit allen möglichen Liedern, eine Art Revue. [...] Danach setzte sich das durch, bis schließlich jede große Arbeitsstätte ein Stück oder eine Revue organisierte. Sogar an meinem Arbeitsplatz – ich arbeitete in einer Fabrik [für Strohschuhe], wo ich die Schuhe zählte – wurde eine solche Produktion organisiert. Für gewöhnlich ging es in den Aufführungen um das Ghettoleben, es gab auch Dinge aus der Vorkriegszeit, die allseits bekannt waren, Dinge, die von der Komikgruppe Dzigan und Shumacher[496] aufgeführt wurden. Ich kann an Ihrem Gesichtsausdruck erkennen, dass Sie wissen, wer das war, und dass Pulaver in der Vergangenheit mit Dzigan und Shumacher in Ararat gearbeitet hatte – also kannte er diese Dinge. [...] Dort gab es Humor, subtilen Humor zwar, aber dennoch Humor. Es gibt zum Beispiel ein Lied über einen jungen Mann, der eine junge Frau erobern möchte. Alles in einem Lied, weißt du noch [wendet sich an seine Frau]? Ich kann mich nicht mehr an die Melodie erinnern, aber er möchte ihr ein Geschenk überreichen, doch sie lehnt ab, dann möchte er ihr etwas anderes schenken, aber sie bleibt hart, und so erklärt er ihr schließlich, er würde ihr „ein Butterbrötchen" geben, und daraufhin geht sie mit ihm mit. Es gab andere ähnliche Dinge, aber daran kann ich mich nicht mehr erinnern.

---

496 Shimon Dzigan (1905–1980) und Israel Shumacher (1908–1961), geboren in Lodz. Als im September 1939 die Deutschen in Polen einmarschierten, flohen die beiden in die Sowjetunion und begannen kurz darauf, jiddische Satirenummern und Unterhaltungsprogramme für die jüdischen Flüchtlingen aufzuführen. Nach Kriegsende versuchten sie, wieder nach Polen zurückzukehren, wurden jedoch von den sowjetischen Behörden festgenommen, woraufhin sie einige Jahre im Gefängnis verbrachten. Im Jahr 1947 kehrte das Duo nach Polen zurück und trat wieder auf. Im Jahr 1950 gründeten sie ein jiddisches Satiretheater in Israel. Im Jahr 1959 kam es zum schweren Streit zwischen den beiden, nach dem sie getrennte Wege gingen.

Itka Slodowski: Das Satiretheater in Litzmannstadt befand sich in der Krawiecka-Straße 3. Ich ging dort mit meinem Vater und meiner Mutter hin; wir waren Theaterliebhaber. Meine Eltern konnten singen. Mutter sang in einem Chor und Vater spielte viele Musikinstrumente, sehr viele. Das Theater florierte im Ghetto. Wir gingen in das Satiretheater in der Krawiecka-Straße, bis die Deutschen irgendwann beschlossen, dass Juden das Lachen nicht erlaubt sein sollte – denn dort wurden Stücke über alle möglichen Dinge, die uns zum Lachen brachen, inszeniert. Das Theater bestand ab der Errichtung des Ghettos etwa zweieinhalb Jahre lang. [...] Natürlich bemühten wir uns, wir bemühten uns, mutig zu sein und nicht ständig zu weinen über all jene, die nicht mehr dort waren, die man nachts fortgebracht hatte.

Szymon Slodowski: Wir beschlossen, nicht zu vergessen, dass solche Dinge existierten [Leben und Theater] [...] – das ist sehr schwer zu erklären und ich bin mir nicht sicher, ob das jemals ein Dichter erklären oder beschreiben oder darüber schreiben konnte. [...] Wenn wir Gedichte schreiben könnten, etwas, das uns zum Lachen bringen würde, dann erhielten wir darüber eine Art innere Sicherheit. Das einzige Lachen im Ghetto war das von uns geschaffene – das heißt, es gab Theater im Ghetto und dieses Theater engagierte Menschen mit schauspielerischem Talent, die sich auf diesem Wege ausdrücken konnten, und das taten sie, so gut sie konnten. Einmal sagte er: „Moshe, siehst du eine Blume?" Also folgte er ihm, er wollte die Blüte sehen, in anderen Worten, die Blume. Er sagte: „Ich sehe sie auch nicht." Solche Dinge existieren trotz allem irgendwo noch immer, solche Blumen.

Ghetto Wilna

Im Januar 1942 entschlossen sich der Schauspieler Shabtai Bliacher[497], der Regisseur Max Wiskind[498] und der Dichter Abraham Sutzkever dazu, im Ghetto Wilna ein Theater zu eröffnen. Sutzkever schrieb über die Gründung des Theaters:

---

497 Laut Mark Dvorzhetski war Bliacher einer der talentiertesten Schauspieler in Wilna. Offenbar starb er 1944 im KZ Klooga in Estland. Siehe Mark Meir Dvorzhetski, *Jerusalem of Lithuania in Battle and Destruction* (Paris: Yidisher Folksfarband in Frankraykh un Yidisher Natsionaler Arbeter-Farband in Amerike, 1948), S. 230.

498 Max Wiskind (?–1942), ein begabter Theaterregisseur. Während des Krieges war er auf dem Weg nach Osten, kehrte dann jedoch nach Warschau zurück. Er konnte im Ghetto keine Arbeit als Theaterregisseur finden, weshalb er sich zur Arbeit mit jüdischen Grafikern in der Miller-Fabrik meldete. Im August 1942 wurden die meisten jüdischen Grafiker, auch Wiskind, deportiert. Ringelblum, *Final Writings*, S. 151–152; Dvorjetski, *Jerusalem of Lithuania*, S. 230.

[D]er junge Regisseur Wiskind [...] bat mich zu einer Zusammenkunft mit jüdischen Schauspielern. Man hegte den Gedanken, ein Theater zu gründen. Ich sah ihn verwundert an:
„Ein Theater im Getto?" – „Ja", bestätigte mir Wiskind, „wir müssen das Unsere tun." Uns auch mit dem Gewehr dem Feind entgegenstellen. Wir dürfen nicht aufgeben, keine einzige Minute. Laßt uns auch ein Theater gründen – um das Getto zu erfreuen und zu ermutigen.
[...] Ich wurde von der Meinung angesteckt und nahm den Vorschlag des Regisseurs an, der literarische Leiter des geplanten Theaters zu werden.
Es war schwer, Material zusammenzutragen. Mit welchem Wort kann man vor das Publikum treten, um die Trauer eines Volkes nicht zu entweihen? Wie kann man das Bild der Gräber von den Augen nehmen? Und durch welche Kraft kann man den Gettomenschen inspirieren, aufs neue die Heroik seiner Geschichte zu begreifen, Schönheit zu empfinden und an die Zukunft zu glauben?[499]

Mitglieder der jüdischen Polizei halfen bei der Gründung des Theaters und machten sogar Werbung vor der Premierenvorstellung. Das löste in den Ghettojuden Zorn und Argwohn aus, weshalb sie fragten: „Wieso veranstalten sie Theateraufführungen, wenn unsere Herzen gebrochen sind?" Die übrigen Juden fügten hinzu: „Seit wann kümmert es die jüdische Polizei, ob Juden glücklich sind?" Am 16. Januar 1942, dem Tag der offiziellen Eröffnung des Theaters, waren hunderte Flugblätter im Ghetto verteilt; folgende Worte waren auf einem schwarzen Hintergrund zu lesen: „Auf einem Friedhof spielt man kein Theater!"

Die Premierenvorstellung fand im Saal der Gimnasia Realit Schule statt und wurde von der Ghettoprominenz, Polizisten mit ihren Frauen und Leuten mit Beziehungen besucht. Auch Beobachter der politischen Lager waren zugegen. Obschon viele befürchteten, dass die trauernden Ghettobewohner die Vorstellung als verletzend empfinden würden, waren die Schauspieler offenkundig dazu in der Lage, eine feierliche, ernsthafte Aufführung zu inszenieren, die vorherrschende Gefühle von Trauer und Wut nicht beleidigte. In manchen Momenten konnten die Schauspieler den Zuschauern sogar Hoffnung vermitteln. Nach dem Erfolg der Premierenvorstellung war das Theater ein gut besuchter Ort.[500]

Im Ghetto lebende Satiriker schrieben für das Theater über das Ghettoleben und in ihren Liedern ging es größtenteils um Ermutigung, Hoffnung, Humor und Satire. Trotz all der Qualen, die sie erleiden mussten, oder vielleicht gerade deswegen, „sang, schuf und lebte" das Ghetto, um es in den Worten von Ruzka Korczak[501] auszudrücken. Besucher-

---

499 Abraham Sutzkever, *Wilner Getto 1941–1944* (Zürich: Ammann, 2009), S. 150.
500 Dvorjetski, *Jerusalem of Lithuania*, S. 230.
501 Raizl (Ruzka) Korczak (1921–1988), geboren in Bielsko, Südpolen. Gemeinsam mit Abba Kovner war sie Partisan und führte die Revolte des Ghettos Wilna an.

scharen strömten in das Ghettotheater, um dort ihre Sorgen für einen kurzen Moment zu vergessen und ihre Stimmung wieder zu heben.[502]

Im satirischen Lied „Bomben" von Dr. R. Buzhanski wird die Freude der Ghettobewohner über die Bombardierungen ihrer Stadt durch die sowjetische Armee Ende 1942 beschrieben. Nur einen Tag nach der Bombardierung wurde folgendes Lied im Ghettotheater aufgeführt:

Bomben
Bomben fielen auf die Stadt,
Stalin schickte so seine Grüße.
Wir freuten uns vor Glück und schrien
Als hätten wir eine Glückssträhne.

Refrain
Bomben, Bomben, heiß geliebt,
Wir warteten, als ob du jede Minute
Kommen und das Feuer eröffnen könntest,
Und sei es über uns – auch das ist in Ordnung.

Du hast ein schönes Leben geführt.
Und jetzt wurdest du zum Sklaven,
Kinder, Frauen und alte Männer,
Sie schlachteten uns fortwährend ab.

Bomben, Bomben, heiß geliebt...

Unsere Gedanken und unser Geist werden heimgesucht,
Werden wir noch immer Menschen sein?
Das Herz sehnt so verzweifelt nach Rache
Für unser Leid und unseren Schmerz.

Leyb Rozental schrieb und vertonte viele der Lieder, die im Theater aufgeführt wurden. Das erste im Ghetto geschriebene Lied hieß „Yisrolik" (auch unter dem Titel „Zigaretten kaufen" bekannt), in dem es um das Kind Yisrolik geht, den Helden der Geschichte, das sein Leben jeden einzelnen Tag beim Versuch, Essen und Zigaretten ins Ghetto zu schmuggeln, aufs Spiel setzte. Yisrolik stand für tausende Kinder, die gezwungen waren, für sich und ihre Familien in den Ghettos zu sorgen. Die Ghettobewohner betrachteten das Lied als ihre Daseinsessenz und als Symbol ihres geistigen Widerstands. Das Lied wurde

---

502 Raizl Korczak, *Flames in Ash* (Tel Aviv: Moreshet and Sifriat Poalim, 1965), S. 79–80.

von Misha Veksler[503] vertont und im Januar 1942 bei einer Gedenkfeier für die Opfer von Ponar zum ersten Mal gesungen. Die Schwester des Verfassers, Chaya Rozental[504], sang das Lied bei der zweiten öffentlichen Vorstellung des Theaters im Februar 1942.[505]

Yisrolik
Nun komm und kauf mir Zigaretten,
Ein Geschenk und andere schöne Sachen.
Mach ein Geschäft mit mir,
Mich unterbietet niemand.
Ein Leben für einen Penny,
Mein Gewinn liegt sogar noch tiefer.
Du solltest mich kennen – das schmuggelnde Ghettokind.

Ich heiße Yisrolik –
Dein Kind aus dem Ghetto
Ich heiße Yisrolik –
Kräftig, hart und stark.
Ich bin immer pleite und doch, oh,
Bringe ich noch immer
Ein Pfeifen und ein Lied auf!

Ein Mantel ohne Kragen,
Eine Hose aus einem Sack;
Ich habe Galoschen, doch ohne Schuhe darin.
Es sollte bloß keiner rufen,
Mir niemand querkommen.
Lacht nicht über mich – denn ich habe meinen Stolz!

Aber so fing ich nicht an
An diesem harten Ort,
Mutter, Vater gaben mir ein schönes Zuhause.

---

503 Misha Veksler (1907–1943), ein in Wilna geborener Musiker. Veksler war eine wichtige Persönlichkeit in der Musikwelt des Ghettos Wilna; er dirigierte das Theaterorchester und komponierte viele Melodien, die in Revuen gespielt wurden. Er vertonte viele der Gedichte von Leyb Rozental. Veksler erkrankte in seiner Jugend an Polio und war seitdem gelähmt und während seiner gesamten Zeit im Ghetto dazu gezwungen, sich versteckt zu halten, da die Nazis Menschen mit Behinderungen ausnahmslos bei den ersten Versammlungen töteten. Bei der Liquidierung des Ghettos im Jahr 1943 wurde er entdeckt und nach Ponar gebracht, wo er ermordet wurde. Shoshana Kalisch und Barbara Meister, *Yes, We Sang! Songs of the Ghettos and Concentration Camps* (New York: Harper & Row, 1985), S. 124.
504 Chaya Rozental überlebte und wanderte nach Südafrika aus.
505 Kalisch und Meister, *Yes, We Sang!*, S. 124–125.

Doch jetzt bin ich zerrissen,
Das alles ist kein Scherz –
Ich bin wie der Wind auf dem Felde, allein.

Ich heiße Yisrolik –
Und wenn niemand zusieht,
Wische ich mir heimlich eine Träne weg.
Ich hatte meinen Anteil an Trauer.
Lass uns nicht darüber sprechen –
Weshalb daran denken
Und mein gebeuteltes Herz betrüben?[506]

In der sechsten Theatervorstellung wurde Rozentals Gedicht „Pesche aus Resche (Riešė)[507]" zur Musik von Misha Veksler gesungen. Das gesamte Programm trug den Titel des Liedes:

Wie bitter ist es, heimatlos zu sein,
So einsam wie ich es bin,
Alle jagen mich weiter,
Sie jagen mich von hier nach dort,
Doch auch wenn mich furchtbare Jäger verfolgen,
Kann niemand meinen Geist brechen,
Und habe ich auch keinen weichen Schlafplatz –
Eine Pritsche tut es heute auch.

Denn ich habe einen solchen Charakter:
Ich verliere mich niemals an einem Ort!
Das ist mein Charakter
Als ob in mir ein Geist wohnte.
Ist es auch mein Schicksal, verfolgt zu sein –
Mein Herz strahlt hell, Das ist mein Charakter
Er sagt mir stets: Zur Hölle damit.

Heute hat mir die Sonne zugelächelt,
Sie strahlte und lachte,
Ich dachte, ich bekäme hier bald einen Platz
Damit ich mit ihm unter einem Dach wäre.

---

506 Ebd. (englisch), S. 129.
507 Ein Arbeitslager in der Umgebung des Dorfs Riešė, 30 Kilometer von Wilna entfernt, in dem hunderte Juden aus Wilna Torf stechen mussten. Im August 1943 wurden die Juden aus Riešė ins Ghetto Wilna überstellt.

Doch ich sehe und weiß, dass er mich nicht will,
Ich werde nicht flehen, ich werde gehen.
Doch er soll nicht glauben, dass ich trauern werde;
Ich werde zurück in mein Dorf gehen.[508]

Das nächste Gedicht von Leyb Rozental „Wir sind ein unsterbliches Volk" wurde ebenfalls im Theater aufgeführt:

Wir ertragen es ewig, am Abgrund der Welt.
Wir ertragen es ewig, kein Besitz mehr, kein Geld.
Und all jene, die uns quälen,
Die martern unsere Seelen –
Wir ertragen es ewig, hier sind wir jetzt!
Wir werden ewig leben, ohne Angst und Schreck,
Wir wollen leben, mehr vom Leben sehen,
Und die schlechten Zeiten werden wir überstehen,
Wir ertragen es ewig, hier sind wir jetzt![509]

Auch der Dichter Katriel Broide schrieb Lieder für das Theater und vertonte einige seiner Gedichte. In der fünften Vorstellung des Theaters mit dem Titel „Keine Ahnung" wurde sein Lied vorgetragen:

Jüdischer Tango
Spielt mir einen jüdischen Tango,
Ob misnagdisch [antichassidisch] oder chassidisch.
Einen, den sogar Großmutter
Ohne Hilfe verstehen kann
Und wirklich mittanzen kann.

Refrain
Spielt, spielt, Musiker, spielt –
Wie das Gefühl eines jüdischen Herzens,
Spielt mir einen kleinen Tanz, oh spielt,
Spielt, ich bitte euch, mit Leidenschaft, mit Gefühl.

Spielt mir einen Tango über Flüchtlinge,
Über die verstreuten, verteilten Leute,
Damit auch Kinder, groß und klein,
Es schließlich verstehen können

---

508 Text von L. Rozental. Musik von M. Veksler. Ebd.
509 Hoch, *Voices from the Darkness*, (hebräisch), S. 243.

Und wirklich mittanzen können.
Spielt, spielt, Musiker, spielt…

Spielt mir einen Tango, doch bloß keinen arischen,
Bloß keinen arischen, keinen barbarischen,
Damit die Feinde sehen,
Dass ich noch immer tanzen kann
Und wahrhaftig mit Begeisterung tanzen kann!

Spielt, spielt, Musiker, spielt…

Spielt mir einen Tango über den Frieden,
Und es sollte Frieden sein, kein Traum,
Das heißt Hitler und sein Reich
Vereint mit Sühne.
Oh, das wird für dich ein kleiner Tanz![510]

Im Ghetto Wilna gab es viele verlassene Kinder, die in Banden umherstreiften und sich mit Stehlen über Wasser hielten. Die Ghettoleitung beschloss, sich des Problems anzunehmen und wenigstens grundlegende Lebensbedingungen zu schaffen; den Kindern wurden ein Haus, ein paar Kleidungsstücke und Betreuer zugeteilt. Man nannte diese Kinder auch die Kindertransportbrigade, weil ihre Aufgabe darin bestand, schwere Lasten auf Wagen zu tragen und die Wagen anschließend zu schieben und zu ziehen. Die Ghettobewohner gewöhnten sich bald an ihren Anblick.[511] Ihren Lohn sammelten die Kinder in einer gemeinsamen Kasse. Diese Kinder waren die Inspiration für Broydos Gedicht „Der Transportjunge":

Einst hatte ich ein Zuhause, Eltern,
Sie schickten mich zum Lernen fort; alles für dich, mein Kind.
Sie dachten, vielleicht würde aus mir einmal ein Arzt,
Wir spielten und sie liebten mich.
Doch plötzlich zog ein Sturm auf,
Ich blieb zurück, einsam wie ein Fels.
Bis mir gute Menschen zu Hilfe kamen,
Und wieder bin ich nun nicht mehr allein.

Ich gehöre zum Transport,
Jeder auf der Straße kennt mich,
Ich gehöre zum Transport,

---

510 Kaczerginski, *Lider fun du ghettos un lagern* (englisch), S. 344.
511 Korczak, *Flames in Ash*, S. 79.

Ich spotte, lache und scherze.
He! Sieh meinen Wagen an,
Er hilft mir, meine schwere Last zu tragen,
Und mit Stolz kann auch ich sagen,
Dass ich zum Transport gehöre!

Einst in einer kalten, scheußlichen Nacht,
Ich hatte den ganzen Tag nichts gegessen,
Auf einmal sehe ich da einen alten Lumpen hängen,
„Den kann man für Brot eintauschen", kam es mir,
Doch plötzlich, ich weiß nicht, wie oder wo,
„Ein Dieb, bringt ihn gleich zur Polizei!"
– Ich ein Dieb? – Oj, hätte das meine Mutter gehört!
Doch jetzt tue ich das nicht mehr,
Ich gehöre zum Transport...[512]

Im Spätsommer 1943 fand eine *Aktzia* statt, bei der viele Juden in Zwangsarbeiterlager in Estland deportiert wurden. Nur etwa 12.000 Juden blieben im Ghetto Wilna zurück. Diese verbleibenden Juden fanden sich mit der Tatsache ab, schließlich auch alle nach Estland gebracht zu werden. Im Ghettotheater wurde folgendes Lied gesungen:

Packt eure Sachen, packt zusammen,
Wer kennt diesen Refrain nicht.
Es ist ein altbekanntes Lied,
Das jedem Juden gesungen wird:
„Packt eure Sachen, packt zusammen."
Packt eure Sachen, packt zusammen,
Das wird zu nichts führen
Jetzt gerade sind wir einfach nur Einheimische,
Morgen gehen wir nach Riga,
Packt eure Sachen, packt zusammen.[513]

Selbst in dieser finsteren Zeit, als die Juden ihre Besitztümer zusammenpacken und sich für die Deportation bereit machen mussten, fanden kulturelle Aktivitäten noch immer statt: Theateraufführungen wurden inszeniert, Symphoniekonzerte gespielt und Lesungen gehalten. Häufig besuchten Juden am Abend noch das Theater und meldeten sich dann am nächsten Morgen zur Deportation. In der Zwischenzeit trafen von den Schlachtfeldern

---

512 Kaczerginski, *Lider fun du ghettos un lagern* (englisch), S. 206. Englische Übersetzung des jiddischen Ausgangstextes für Yad Vashem.
513 Text von L. Rozental. Dvorjetski, *Jerusalem of Lithuania* (jiddisch), S. 367–368.

Nachrichten über deutsche Niederlagen ein und die Ghettobewohner hofften, dass schon bald die Deutschen diejenigen sein würden, die ihre Sachen packen und gehen müssen.

Theateraufführung, Ghetto Wilna. Mit freundlicher Genehmigung des Fotoarchivs, Yad Vashem, 3380/404.

Theateraufführung, Ghetto Wilna. Freundlicherweise zur Verfügung gestellt durch Ghetto Fighters' House Archives, 6710.

Kasriel Broydo schrieb das Gedicht „Moyshe, halte durch"[514] für das siebte Programm des Musiktheaters. Das Stück trug denselben Titel wie das Gedicht und wurde im letzten Monat des Bestehens des Ghettos aufgeführt:

---

514 Hierbei handelt es sich um eine Anspielung auf den bekannten Spruch von Rubinstein aus dem Warschauer Ghetto: „Junge, halte durch", siehe S. 360.

Moyshe, halte durch!
Mein Bruder Moyshe lebt in Angst,
Er fragt sich, wohin er als nächstes geht,
Und wo er ein Versteck finden wird.
Aber Moyshe, gehe erhobenen Hauptes,
Verliere nicht die Hoffnung,
Vergiss nicht, wir *kommen* bald frei.

Refrain
Halte durch, Moyshe, halte durch!
Gibt nicht auf, halte noch weiter durch.

Moyshe, halte durch, nicht verzagen
Und vergiss nicht, wir müssen freikommen.
Denn es gibt etwas, das gehört und gefühlt werden soll –
Halte durch, Moyshe,
Moyshe, halte durch!
Die Zeit wird kommen, bald
schlägt die Stunde, Moyshe, halte durch,
Nicht verzagen,
Und vergiss nicht – wir *kommen* bald frei![515]

Theresienstadt

Im Ghetto Theresienstadt gab es umfangreiche künstlerische Aktivitäten – Musik, Lieder, Theater, plastische Kunst – und Kabarett-Komödien, Lieder und Lachen waren alltäglich.[516] „Wir tanzten unter der Schlinge des Henkers", räumt Zdenka Fantlova[517], eine Schauspielerin am Theater in Theresienstadt, ein.[518]

---

515 Hoch, *Voices from the Darkness* (hebräisch), p. 203.
516 Roy Kift, „Comedy in the Holocaust: The Theresienstadt Cabaret", *New Theatre Quarterly*, Nr. 48 (1996), S. 299–308.
517 Zdenka Fantlova, geboren 1922 in der Tschechoslowakei. Sie wurde 1942 mit ihrer Familie nach Theresienstadt und von dort aus 1944 nach Auschwitz geschickt. Sie war in mehreren Lagern inhaftiert, zuletzt in Bergen-Belsen. Am Tag der Befreiung, dem 15. April 1945, wurde sie von einem britischen Offizier auf einem Leichenberg entdeckt. Ihre gesamte Familie war ermordet worden. Fantlova emigrierte nach Australien und trat dort 20 Jahre lang auf verschiedenen Bühnen auf. Im Jahr 1969 wanderte sie nach England aus. Toby Haggith und Joanna Newman, Hrsg., *Holocaust and the Moving Image: Representations in Film and Television Since 1933* (London: Wallflower Press, 2005), S. xiii.
518 Rebecca Rovit, „Cultural Ghettoization and Theater during the Holocaust: Performance As a Link to Community" (englisch), *Holocaust and Genocide Studies*, Bd. 19, Nr. 3 (2005), S. 471.

Unzählige namhafte Musiker, Schriftsteller, Künstler, Führungspersönlichkeiten, Professoren, Gelehrte und Schauspieler, zumeist aus der Tschechoslowakei, aus Österreich und aus Deutschland, waren im Ghetto gefangen und produzierten insgesamt 621 Stücke, einschließlich Revuen und Kabarette, Kinderaufführungen und Puppentheater. Rund einhundert musikalische Werke wurden komponiert, tausende Gemälde und Zeichnungen angefertigt und mehr als 2.500 Lesungen gehalten. Für Kinder wurden im Ghetto illustrierte Magazine gedruckt und viele der Gefangenen des Ghettos führten Tagebuch.[519] „Alle Ghettobewohner teilten den Hunger nach Kultur, nach einem ästhetischen Erleben, nach der Verbannung des ‚Hier und Jetzt'."[520]

Laut Ruth Bondy[521] hatte Humor für die Bewohner in Theresienstadt eine stärkende und kathartische Wirkung zur Vertreibung von Ängsten:

> Ich lache, also bin ich (*Rideo, ergo sum*).[522] Der Komponist Victor Ullman[523] sagte: „Wir saßen nicht an den Wässern von Babylon und weinten. Unser Bedürfnis nach Kultur war nicht geringer als unser Überlebenswunsch."[524] Jan Fischer, Schauspieler und Theaterregisseur in Theresienstadt, schrieb: „In jener pechschwarzen Dunkelheit lebte die Poesie. Wir lasen uns gegenseitig Verse vor; die Welt der Vorstellungskraft war unsere Rettung. Das war unsere Welt, und die andere wirkliche Welt war in diesen Minuten weit weg. Doch leider nicht allzu weit. [...] Niemand war normal, nicht wir, nicht unser Publikum. [...] In dieser Lage nahm das Theater eine andere außerordentliche Dimension an. Kultur wurde zur Grenze unserer Existenz, zur Welt der höchsten Freiheit, die wir niemals erreichen könnten."[525] In den Worten von Ludek Eliash, Schauspieler und Theaterregisseur in Theresienstadt: „[...] Menschen starben, Transporte fuhren ab [...] wenn ein Schauspieler nicht zur Probe erschien, dann war er fort. Doch alles, was wir taten, verknüpften wir stur mit einer glücklichen Zukunftsaussicht.

---

519 Kift, „Comedy in the Holocaust", S. 299–308.

520 Ruth Bondy, „Between Terezin and Theresienstadt" (hebräisch) in Anita Tersey, Hrsg., *Terezin Ghetto 1941–1945: Collection of Articles and Projects for the Educator and Counselor* (Israel: Ministry of Education, Culture and Sports und Yad Vashem, 1995), S. 9.

521 Ruth Bondy wurde 1923 in Prag geboren. Sie ist Schriftstellerin, Übersetzerin und Biografin. Im Mai 1942 wurde sie nach Theresienstadt deportiert, anschließend, 1943, nach Auschwitz und später in Bergen-Belsen inhaftiert. Sie emigrierte 1948 nach Israel.

522 Ruth Bondy, *Uprooted: Chapters in the History of the Czech Jews, 1939–1945* (hebräisch) (Jerusalem: Yad Vashem und Beit Terezin, 2002), S. 64.

523 Victor Ullman (1898–1944), geboren in Teschen, Komponist mehrerer Opern. Er wurde von den Nazis verhaftet und nach Theresienstadt gebracht, wo er Lieder auf Hebräisch und Jiddisch schrieb. Am 16. Oktober 1944 wurde Ullman nach Auschwitz in den Tod geschickt. *Encyclopedia of Music of the Twentieth Century* (hebräisch) (Tel Aviv: Ladori, 1996), S. 34–35.

524 Elena Makarova et al., Hrsg., *Long Live Life!, Or Dance Around the Skeleton* (hebräisch) (Jerusalem: Verba Publishers, 2001), S. 3.

525 Ebd., S. 32.

Die Wirklichkeit und das Theater waren zwei vollkommen verschiedene Paar Schuhe. Es war möglich, dort eine Tragödie zu schreiben und zu inszenieren..."[526]

Nach Ansicht der Schauspielerin Nava Shean unterschieden sich die Schauspieler im Theater des Ghettos Theresienstadt von ihren Landsleuten im Ghetto darin, dass sie im Jetzt leben konnten. Laut Shean lebten viele der Juden in Theresienstadt ein Scheinleben und drifteten mithilfe ihrer Fantasie an einen Ort, an dem sie die Vergangenheit hinter sich lassen konnten. Die Theaterleute hingegen nutzten ihre Vorstellungskraft, um in der Wirklichkeit eine andere Wirklichkeit zu erschaffen. Die von ihr und ihren Kollegen kreierten Meisterwerke waren nicht das Resultat von Bemühungen, die Wirklichkeit zu vergessen, sondern des Bedürfnisses, ihr erfülltes, inneres spirituelles Erleben zu nähren, ohne dabei eine Störung durch die „reale" Welt zuzulassen.[527]

Der Theresienstädter Humor wird an den zahllosen verfassten Feuilletons und Parodien über Erwachsene und Kinder ersichtlich. Einige Beispiele für parodierte Themen sind der Verlust einer Essensmarke, der nicht nur das Ausbleiben mindestens einer Mahlzeit nach sich zog, sondern zudem auch die Notwendigkeit, es mit einer mühseligen Bürokratie aufzunehmen, um eine neue Marke zu erhalten; der Kampf gegen Bettwanzen; die langen nächtlichen Konvois von Menschen auf dem Weg zu den Latrinen; und das Stehlen von Kartoffeln.[528]

Liza Werzel und Hanka Fishel beschreiben das Theater in Theresienstadt in nachstehendem Abschnitt:

Zu Beginn befand sich das Theater auf wenig versprechendem Boden. Ein paar Planken wurden zwischen den verstaubten Säulen angebracht, Tücher aus sackleinenähnlichem Material, sogar Vorhänge – aus abgerissenen Streifen farbiger Stoffe genäht – und andere Hilfsmittel ließen entfernt auf eine moderne Bühne schließen. Daraufhin nahm sich einer der besten Bühnenarchitekte Prags, František Zelenka[529], der Renovierung an und organisierte weitere Ausrüstung, wodurch diese Bühnen in vollkommen neuem Glanz erstrahlten. In diesem Umfeld führten junge und talentierte Schauspieler Gogol, Shakespeare etc. neben modernen Komödien und bissigen politischen Rückblicken auf. Bis heute ist mir schleierhaft, wie diese Stücke nicht zensiert werden konnten, nachdem sie offensichtlich nazifeindlich waren. Zusätzlich zu jenem hochwertigen Theater schossen allerorts günstige Kabaretttheater wie Pilze aus dem Boden – in den

---

526 Ebd.
527 Shean, *Being an Actress*, S. 96, 102–103.
528 Bondy, *Uprooted*, S. 65.
529 František Zelenka (1904–1944), geboren in der Tschechoslowakei. Zelenka war Architekt, Grafiker und Bühnenbildner; vor Kriegsbeginn arbeitete er am Prager Nationaltheater. Im Juli 1943 schickte man ihn nach Theresienstadt, wo er die Kulissen für mehr als 20 Theaterstücke, Opern und Kabarette plante und entwarf; nicht alle davon wurden produziert. Er wurde im Oktober 1944 nach Auschwitz gebracht und dort ermordet. Anne Dutlinger, *Strategies for Survival: Theresienstadt 1941–45* (New York: Herodias, 2001), S. 138.

Wohnblöcken und Wohnhöfen –, sodass sogar die Leute, die nicht an kostenlose Karten kamen, ein Ticket kaufen und ins Theater gehen konnten. Dort, in den düsteren Wohnhöfen, in denen die Menschen dicht an dicht gedrängt standen, verdrängte befreiendes Lachen das Stöhnen und Wehklagen der Alten und Missmutigen. Es wurden Operetten komponiert, deren Librettos zu beliebten Liedern im Ghetto wurden.[530]

Kobi Luria schrieb ein Stück mit dem Titel *Lang lebe das Leben*, das auf Texten und Kabarettliedern aus Theresienstadt basierte. Folgendes Lied von Eugen Schlesinger[531] wurde gespielt:

Kaiserin Maria Theresa
Bestimmte eine bedrohliche Festung,
Die kein Feind je durchbrechen könnte,
Keine Armee überraschen könnte,
Kein Feind brach in diese Festung ein,
Die Flagge war hoch gehisst,
Sogar Kaiser Napoleon hielt Abstand.
Dann, plötzlich, geschah etwas Seltsames,
Mehr als nur seltsam, beinahe verrückt,
Zu glauben, die Juden hätten die Festung durchbrochen,
Ohne jegliche Waffen, ohne Schlacht…

Die kulturellen Aktivitäten in Theresienstadt begannen unbeabsichtigt – auf einer Spontanfeier von Freunden in einer der „Sudetenland"-Baracken im ersten Monat nach Errichtung des Ghettos. Unter den Ghettobewohnern befanden sich Dichter, Schauspieler, Instrumentalisten und Theaterregisseure. Somit war es nicht schwer, einen Abend voller Unterhaltung auf die Beine zu stellen. Das Programm enthielt Lied- und Satirebeiträge; die Mitglieder einer Jazzgruppe spielten auf Akkordeon, Mundharmonika und Querflöte, welche trotz eines strengen Verbots, das Juden den Besitz von Musikinstrumenten untersagte, ins Ghetto geschmuggelt worden waren. Ein Waschbecken diente als Trommelersatz. Das Fest war überaus erfolgreich und ihm folgten noch zwei weitere wie auch Lesungen von Gedichten von Heine und Balladen von Villon[532] – zwei ausgestoßene Poeten, die

---

530 Liza Werzel und Hanka Fishel, „Nightmare City" (hebräisch) in Yehuda Rozhnichenko, Hrsg., *Theresienstadt* (Tel Aviv: Poalei Eretz Israel Party, 1947), S. 105–106.
531 Eugen Schlesinger (1874–1944), Journalist und Schriftsteller, geboren in Wien. Am 11. Juli 1942 wurde er nach Theresienstadt geschickt und am 15. Mai 1944 in Auschwitz ermordet. Siehe Elena Makarova, Sergei Makarov und Victor Kuperman, *University Over the Abyss: The Story behind 520 Lecturers and 2,430 Lecturers in KZ Theresienstadt 1942-1944* (Jerusalem: Verba, 2004), S. 508.
532 Francois Villon (ca. 1431–1474), ein französischer Dichter, Mörder, Dieb und Vagabund. Die Bedeutung von Villons Schaffen liegt in seiner Innovation poetischer Motive, in denen er Menschen emporhebt, die in den Augen der Gesellschaft Außenseiter sind, wobei Villon sich

wussten, wie man aus tiefster Verzweiflung lachen konnte –, wodurch schließlich das erste Kabarett zustande kam. Karel Schwenk[533] war der Gründer und Regisseur des Kabaretts; er war der Archetyp des traurigen Clowns, der überall beteiligt war: Er schrieb Texte und Melodien, er führte Regie und übernahm auch die Hauptrolle als Schauspieler. Sein Kabarett war ein Spiegel der Ironie und Perversionen des Ghettolebens und er war es auch, der dem Ghetto Theresienstadt zu seiner „Hymne" verhalf:[534]

Wir werden es überstehen, wenn wir es wirklich wollen,
Hand in Hand, ein Herz.
Sogar in schweren Zeiten
Erfüllt das Lachen noch immer unsere Herzen.

Von Ort zu Ort
Ziehen wir jeden Tag weiter,
Nur dreißig Worte
Dürfen wir schreiben.

Doch der Tag naht, meine Freunde,
An dem wir frei sein werden,
Wir werden unsere Sachen packen
Und nach Hause zurückkehren.

Wir werden es überstehen, wenn wir es wirklich wollen,
Hand in Hand, ein Herz.
Eines Tages werden wir gemeinsam lachen.
Über den Ruinen des Ghettos.[535]

Die meisten der in Theresienstadt geschriebenen Stücke endeten mit dem Sieg des Guten über das Böse, des Lebens über den Tod, auch wenn die Handlung nicht in diese Richtung deutete. Der Tod nahm die Maske des Narren an und wurde auf der Bühne angegriffen

---

auch für vulgäre Witze oder für Scherze über sich selbst und seine Umstände nicht zu schade war. Er wurde aus Frankreich vertrieben, nachdem er einen Priester ermordet hatte. Scott Hightower, „Danse Macabre: Francois Villon, Poetry and Murder in Medieval Paris", *Library Journal*, Bd. 125, Nr. 12 (Juli 2000), S. 89.

533 Karel Schwenk (1917–1945), geboren in Prag, wurde 1941 nach Theresienstadt geschickt. Zu Schwenks Werken zählt auch das Stück „Der letzte Fahrradfahrer", eine freimütige Satire gegen die Nazis, dessen Aufführung jedoch durch den Ältestenrat des Ghettos untersagt wurde. Im Oktober wurde er mit seinen Schauspielerkollegen nach Auschwitz gebracht. Er starb 1945 auf dem Todesmarsch von Auschwitz. Makarova et al., Hrsg., *Long Live Life!*, S. 14.
534 Ruth Bondy, *Edelstein against Time* (Tel Aviv: Zamora-Bitan, 1990), S. 320–321.
535 Shean, *Being an Actress* (hebräisch), S. 34.

und zerschmettert. Zdenek Jelinek[536] schrieb 1943 im Prolog des Stücks *Die fatalen Spiele der Liebe*:

> Arlequine: Kommt, kommt alle, ihr Leute! Kommt in unser Theater, das Theater unter dem Schornstein.
> Ist das nicht ein Irrtum? Statt in China kamen wir in Terezin an. Doch früher oder später werden wir feststellen, dass diese üble Entscheidung nicht die schlimmste war...

Plakat des Marionettentheaters „Zirkus", Theresienstadt, 1944. Aus dem Katalog der Ausstellung „Long Live Life!" (2001). Mit freundlicher Genehmigung des Israel Goor Theater Archives and Museum, Hebräische Universität Jerusalem.

---

536 Zdenek Jelinek (1919–1944), geboren in Prag; Dichter, Bühnenautor und Übersetzer. Am 23. Juli 1942 wurde Jelinek nach Theresienstadt deportiert und von dort aus nach Auschwitz, wo er am 16. Januar 1944 ermordet wurde. Zu seinen Werke zählt das Stück „Komödie über eine Falle", das er trotz seiner damaligen Muskeldystrophie schrieb. Jelinek hatte einen brillanten Sinn für Humor und Ironie. Macarova et al., Hrsg., *Long Live Life!*, S. 7.

Karel Schwenk (rechts) und Mirek Frank, 1940. Aus dem Katalog der Ausstellung „Long Live Life!" (2001). Mit freundlicher Genehmigung des Israel Goor Theater Archives and Museum, Hebräische Universität Jerusalem.

Statt in kunstvolle Hallen laden wir Sie in einen Pferdestall ohne prunkvolle Säulen ein. Doch unsere Vorstellungskraft und unsere Liebe zur Kunst werden Sie nicht enttäuschen.
Künstler leben in einer konstanten Aufgewühltheit. Nicht selten werfen sie sich unbewaffnet in die nächste Schlacht. Sie glauben daran, dass die Kunst obsiegen wird...
Sie glauben – dass wir unsere Fesseln abstreifen und unsere Freiheit erlangen werden!
Kommt, ihr Leute, kommt alle in unser Theater unter dem Schornstein![537]

Leo Strauss[538], einer der Hauptautoren und Conférencier des Kabaretts „Karussell" von Kurt Gerron[539], schrieb ein Feuilleton unter dem Titel „Theresienstädter Fragen". Darin

---

537 Ebd. (hebräisch), S. 1.
538 Dr. Leo Strauss (1897–1944/5), geboren in Wien, Sohn des bekannten Operettenkomponisten Oskar Strauss. In Theresienstadt schrieb Leo Librettos und Lieder für Kabarette, die er mit seiner Truppe sang. Am 12. Oktober 1944 wurde Leo nach Auschwitz deportiert, wo er starb. Siehe Max Platzik, *Double Seal: Portraits of Personalities in the Terezin Ghetto* (Jerusalem: Yad Vashem, 1994), S. 42.
539 Kurt Gerron (1897–1944), geboren in Berlin. Gerron schloss sein Medizinstudium ab, entschied sich dann aber, Schauspieler zu werden, und übernahm Theater- und Filmrollen. Er spielte an Marlene Dietrichs Seite in *Der blaue Engel*. Im Jahr 1943 wurde er in Amsterdam verhaftet und mit seiner Frau ins Durchgangslager Westerbork gebracht. Dort trat er vor anderen Gefangenen in Kabarettvorführungen auf. Im Februar 1944 wurde er nach Theresienstadt überstellt. Zuerst trat er in Kabaretttheatern anderer Leute auf, gründete schließlich aber das Kabarett Karussell. Im Sommer 1944 wurde ihm befohlen, beim Nazipropagandafilm „Der Führer gibt den Juden eine Stadt" die Rolle des Regisseurs und Produzenten zu übernehmen, doch der Film rettete ihn nicht vor dem Transport nach Auschwitz, wo er im Oktober 1944 ermordet wurde. Makarova et al., Hrsg., *Long Live Life!*, S. 22; Kift, „Comedy in the Holocaust", S. 300.

wird eine Unterhaltung zwischen zwei Frauen dargelegt: Eine von ihnen ist elegant gekleidet und trägt einen Käfig mit einem Vogel darin, während die andere Arbeitskleidung trägt, die Uniform des Reinigungskommandos:

> Erste Frau:
> Ich bin kürzlich erst vom Land hierhergekommen
> Und habe hier weder Freunde noch Verwandte.
> Könnten Sie mir freundlicherweise sagen,
> Wo ich eine Auskunft bekommen könnte?
>
> Reinigungsdame:
> Zu Ihren Diensten, gnädige Frau, sofort
> Jeder Wunsch ist mir Befehl.
> Ich kam hierher mit dem Wiener Transport
> Und kenne diesen Ort wie meine Westentasche.
>
> Beide:
> Theresienstadt, Theresienstadt,
> Ist das modernste Ghetto auf der Welt.

Wir sind mit der Spannung zwischen Erwartung und Wirklichkeit konfrontiert, zwischen Unwissenheit und Wissen. Im Sketch geht es weiter um alltägliche Probleme wie Gesundheit, Essen und Unterkunft. Das erste Thema, dessen Leo Strauss sich annimmt, überraschte jedoch:

> Erste Frau:
> Es erscheint mir seltsam und fern
> Der Befehl zu Tragen einen Stern
> Ganz zu schweigen von dem Schock als ich hörte,
> Dass ich zu polnischen Juden sollte.
>
> Reinigungsdame:
> So manch einer setzt eine Miene auf,
> Und setzt eine andere Pose auf.
> Doch die meisten dieser armseligen Angeber
> (sind sie selbst)...
> Nichts außer Kesselflicker und Tarnopolacken[540].

---

540 Tarnopol – eine polnische Region und Stadt, die zwischen den beiden Weltkriegen unter polnischer Herrschaft war und 1939 der Sowjetunion einverleibt wurde. Lange Zeit bestand ein Großteil der Stadtbewohner aus Juden. Der Verfasser verwendet den Ghettobewohnern vertraute linguistische Anspielungen, Andeutungen und Umgangssprache; hier spielt er auf polni-

Beide:
Theresienstadt, Theresienstadt, hurra
Ist das antisemitischste Ghetto auf der Welt.

Schließlich erhält die elegant gekleidete Frau Informationen über die Lagerbedingungen. Als sie beispielsweise danach fragt, wo sie eine Badewanne zum Baden finden könne, erhält sie die Antwort, dass sie viele Monate warten müsse – und anschließend singen die beiden Frauen gemeinsam den Refrain:

Theresienstadt, so sagt jeder,
Ist das sauberste Ghetto auf der Welt.

Als sie nach den Zimmerbedingungen fragt, wird ihr gesagt, mit ein wenig Fantasie könnte sie auf einer dreistöckigen Pritsche alles haben, was sie wollte, woraufhin sich der Refrain entsprechend ändert:

Theresienstadt, so sagt jeder,
Ist das Ghetto, in dem die Besten der Welt wohnen.

Der Sketch erreicht seinen Höhepunkt, als die elegante Dame, der die Lebenswirklichkeit in Theresienstadt noch nicht gewahr wurde, nach Futter für ihren Vogel fragt – und nicht nur Abfälle, sondern hochwertiges Vogelfutter. Anschließend stellt sie noch eine weitere Frage:

Frau:
Noch eine Frage, bitte stöhnen Sie nicht
Ich möchte einen Brief nach Hause schreiben
Und meine Familie in Kenntnis setzen –
Wie lange werden wir hier denn bleiben?

Reinigungsdame:
Tja, diese Bitte kann ich nicht abschlagen
Haben Sie noch nicht das Neueste erfahren?
Wenn man den neuesten Gerüchten glauben kann…

Der Rest der Antwort wird von einer Kakofonie des Lärms einer Musikkapelle verschluckt. Nachdem die Musik aufgehört hat, wird der Refrain wiederholt:

---

sche Juden an. Kift, „Comedy in the Holocaust", S. 301; Roy Kift, „Reality and Illusion in the Theresienstadt Cabaret", in Claude Schumacher, Hrsg., *Staging the Holocaust: The Shoah in Drama and Performance* (Cambridge: Cambridge University Press, 1998), S. 151.

Theresienstadt, Theresienstadt, hurra!
Ist das modernste Ghetto auf der Welt![541]

Im nachfolgenden Gedicht „Die Einladung" verwendet Strauss die klassische Technik der „Umkehrung", um eine komische Wirkung zu erzielen, und stellt die ironische Behauptung auf, das Leben der Juden in Theresienstadt sei weitaus komfortabler als das der Juden, die außerhalb der Ghettomauern lebten.

Meine lieben Freunde, leidet ihr sehr
An einem Leben voll Angst und Gier?
Ist es zu Hause nur noch schwer?
Packt eure Sachen und kommt mit mir.

Ist Furcht ein ständiger Begleiter?
Wie viele Tränen weintet ihr?
Lasst mich euch trösten, seid wieder heiter.
Packt eure Sachen und kommt mit mir.

Habt ihr einen Berg voll Schulden?
Und Gläubiger vor eurer Tür?
Ein solcher Zustand ist schwer zu erdulden,
Packt eure Sachen und kommt mit mir.

Finden Sie nur schwerlich Arbeit
In der schweren Lage hier?
Sind Sie zum Schlimmsten bald bereit?
Packt eure Sachen und kommt mit mir.

Das viele Umziehen seid ihr leid?
Ein neues Zuhause jedes Jahr?
Braucht ihr ein Haus voll Ruh' und Freiheit?
Packt eure Sachen und kommt mit mir.

[...]

Wenn die Nachbarn deinen Stern sehen,
Haben sie dich gleich im Visier?
Reicht es dir, dass sie dich feindselig ansehen?
Packt eure Sachen und kommt mit mir.

---

541 Kift, „Reality and Illusion in the Theresienstadt Cabaret" (englisch), S. 150–153.

[...]

Träumt ihr von Freude und Leichtigkeit,
Tee und Kaffee, Wein und Bier,
Konzerte, Theater und Heiterkeit?
Packt eure Sachen und kommt mit mir.

Die Unterhaltung und ihr Irrsinn,
Zu seltsam, um sie zu erklären.
Die Sache, der wir ungewiss sind,
Wie können wir ihr nur entfliehen?[542]

Eines der bekannteren Lieder von Strauss trägt den Titel „Als ob" und vereint wie viele seiner Lieder Satire mit schwarzem Humor:

Ich kenne ein nettes Städtchen
Dieses Städtchen ist wahrlich hübsch
Der Name ist mir gerade entfallen,
Ich nenne die Stadt „als ob".

Diese Stadt ist nicht für jedermann
Diese Stadt ist ein besonderer Ort
Man muss hier schon ein Mitglied sein
Einer besonderen „als ob"-Rasse.

Die Stadtbevölkerung ist ganz gewöhnlich,
Als ob im Leben, fürwahr!
Sie empfangen alle Gerüchte von draußen
Als wären sie alle wahr.

Die Menschen in den vollen Straßen
Sie hetzen geschäftig umher
Und gibt es auch rein gar nichts zu tun
Tun sie doch so, als ob.

Sie haben sogar ein Kaffeehaus!
Die Gäste sind so überheblich
Sie sitzen dort und tauschen Unsinn aus
Über einer Tasse „als ob"-Kaffee.

---

542 Ebd., S. 155-158.

Man begegnet unverschämten Leuten
Zu Hause, Nichtsein,
Doch hier stolzieren sie durch die Straßen
Als wären sie prominent.

Zur Essenszeit, welche Schlange für die Suppe
Sie drängeln sich um den Topf
Als ob das Wasser Fleisch enthielte
Als wäre die Suppe heiß.

Des Nachts liegen sie auf dem Boden
Als wäre er ein Bett
Sie träumen von Küssen, von Knutschflecken – au!
Doch sie bekommen nur Läuse und Flöhe.

Sie ertragen die Last mit einem Lächeln
Als kannten sie keinen Sorgen
Und reden von glücklichen Zukunftsträumen
Als ob es geschehe… schon morgen.[543]

Manfred Greiffenhagen[544] verwendet in seinem Gedicht „Der Transport" das Titelwort – welches das schlimmstmögliche Schicksal symbolisiert – zum Ausdruck von Hoffnung auf eine bessere Zukunft:

Denn eines bleibt, es bleibt uns bis zum Tod
Der Glaube an unseren bevorstehenden Sieg
Dass all dies ein Abschnitt ist, ein kurzer Atemzug
Und irgendwann, irgendwann muss er enden, der Krieg.

Dann fragen wir nicht nach Sieg, sprechen nicht von Niederlage
Wir fragen nur, wann kommst du zu uns zurück?
Frieden in unserer Zeit ist alles, wonach wir Juden fragen
Und irgendwo nach unserem Anteil vom Glück.
Transport, Transport
Dröhnt der Rapport!

---

543 Ebd., S. 159-160.
544 Manfred Greiffenhagen (?–1945) schrieb viele Texte für das Theresienstädter Kabarett Karussell und daneben auch das Drehbuch für den Propagandafilm „Der Führer gibt den Juden eine Stadt". Nach den Dreharbeiten wurde Greiffenhagen nach Auschwitz geschickt und von dort aus nach Dachau, wo er 1945 starb.

> Wir sehen sie wieder
> Unsere Frauen und Männer
> Lachen und weinen
> Unsterblich vereint
> Zum letzten Akkord.
> Transport.[545]

Auch die Illusion triumphiert in diesem Gedicht. Der größte Wert des Theresienstädter Kabaretts lag darin, den Willen des Publikums, die Hoffnung nicht aufzugeben und sogar inmitten der furchtbarsten Ereignisse nicht einzuknicken, zu stärken.

Ruth Bondy erzählt von einer Aufführung, die im Schatten einer Deportation nach Auschwitz abgehalten wurde:

> Hin und wieder stellten die Künstler, Leiter und Lehrer die Angemessenheit einer Kabarett- oder Komödienvorstellung, die nur einen Tag nach Abfuhr eines Transports stattfand, infrage, wenn eine melancholische Stimmung herrschte und der Trennungsschmerz noch frisch war. Sie kamen jedes Mal zum selben Schluss: Das Leben geht weiter. Während einer Aufführung von Gogols *Die Heirat* traf plötzlich die Nachricht ein, dass ein weiterer Transport abfahren würde, und weder Schauspieler noch Zuschauer wussten, wer bei der Rückkehr in sein Zimmer einen Transportbefehl vorfinden würde. Die Schauspieler wollten das Stück beenden; das Publikum ließ das nicht zu, sogar wenn dies bedeutete, eine kostbare Stunde zu verlieren, um zu packen oder Vorkehrungen zu treffen. Wer wusste schon, wann sie wieder die Möglichkeit haben würden, ein Stück zu sehen?[546]

Auch als sie sich bereits in Auschwitz befanden, waren die Juden aus Theresienstadt, die im Familienlager gefangen waren, nicht dazu bereit, ihr kulturelles Ventil aufzugeben:

> Am Sabbat hatte jede Gruppe immer etwas vorbereitet – ein Lied, eine Szene aus einem Stück, einen Sketch, […] mit aktuellen Texten, über die man Musik aus einem Walt Disney-Film legte, und mit Cartoonzeichnungen, die die Wände schmückten. Fredy [Hirsch][547] erteilte die Anweisung, mit den Kindern nicht über die Gaskammern zu sprechen, aber sie wussten von deren Existenz aufgrund der Botenjungen, die sich frei durch das Lager bewegten und als persönliche Diener der Blockältesten arbeiteten.

---

545 Kift, „Reality and Illusion in the Theresienstadt Cabaret" (englisch), S. 164–165.

546 Ruth Bondy, *Elder of the Jews: Jakob Edelstein of Theresienstadt* (englisch) (New York: Grove Press, 1989), S. 292–293.

547 Fredy Hirsch wurde 1916 in Aachen geboren. Er war Turnlehrer und Jugendbetreuer in Prag. Anfang 1942 wurde er nach Theresienstadt geschickt, wo er im Bildungsbereich tätig war. Im September 1943 wurde Hirsch nach Auschwitz überstellt, wo er die „Familienlager" mitbegründete. Er beging im März 1944 Selbstmord.

Manchmal redeten sie untereinander über den Schornstein, durch den auch sie aufsteigen würden. Eines der Kinder schrieb einen Sketch, in dem ein vierzehnjähriger Patient namens Stephan in einen Rettungswagen gebracht wurde und dabei schrie: „Ich will nicht fahren, lassen Sie mich laufen", was bei den Kindern und den Betreuern gleichermaßen zu Gelächter führte. Denn sie alle hatten die Anspielung verstanden: Die Fahrzeuge in Birkenau führten zum Schornstein.[548]

Die Gefangenen von Theresienstadt dankten den Kabarettdarstellern für ihren Beitrag und Frieda Rosenthal schrieb sogar ein Dankgedicht an das Ghettokabarett von Strauss:

Der Hungerschmerz ist endlich weg
Und dafür danken wir dem Kabarett
Der Sehnsuchtsschmerz ist endlich weg
Und dafür danken wir dem Kabarett.[549]

Westerbork

Westerbork war ein Durchgangslager für Juden, die von Holland in den Osten deportiert wurden. Wie in den Ghettos befanden sich auch in Westerbork Gefangene, die vor Kriegsbeginn als professionelle Kabarettschauspieler tätig gewesen waren. Aus diesem Grund verfügte dieses Lager selbstverständlich auch über weitreichende kulturelle Aktivitäten wie Kabarett und sogar ein Philharmonieorchester.[550]

Der Lagerkommandant, SS-Obersturmführer Albert Konrad Gemmeker, mischte sich nicht in die Lebensführung der Lagerhäftlinge ein, solange die offiziellen Anordnungen ausgeführt wurden. Daher waren Bildungsangebote und kulturelle Aktivitäten nach der Arbeitszeit gestattet. Als Liebhaber des Kabaretts war Gemmekers der Auffassung, dass Theater und Kabarett dazu beitrugen, die Gefangenen ruhig zu halten, bis sie von den Transporten in den Tod geschickt wurden. Er ließ eine Bühne in den Meldebaracken errichten, von denen aus auch die Todgeweihten nach Auschwitz und Sobibor geschickt wurden. Die Bühnenbretter stammten von einer zerstörten Synagoge aus einer benachbarten Stadt. Man transportierte Instrumente herein; kostspielige Vorhangstoffe wurden aus Amsterdam geliefert und Kostüme in exklusiven Modehäusern „in Gewahrsam genommen".[551]

---

548 Ebd., S. 424.
549 Ruth Bondy, *Trapped: Essays on the History of Czech Jews, 1939–1943* (englisch) (Jerusalem: Yad Vashem, 2008), S. 80.
550 Shlomo Samson, *I Didn't Believe My Own Words* (Jerusalem: Reuven Mas, 1990), S. 138, 141.
551 Volker Kühn „'We've Enough Tsoris': Laughter at the Edge of the Abyss", in Rovit und Goldfarb, *Theatrical Performance during the Holocaust*, S. 55. Ursprünglich veröffentlicht in Aka-

Einer der berühmtesten und beliebtesten Komiker Deutschlands, Max Ehrlich[552], gründete gemeinsam mit dem Dichter und Komponisten Willy Rosen[553] eine Kabarettgruppe unter dem Namen Bühne Lager Westerbork. Das Kabarett produzierte ab 1943 vier deutschsprachige Aufführungen, deren Namen für sich sprechen: *Bunter Abend*; *Humor und Melodie*; *Bravo! De Capo!* und *Total Verrückt!* Diese Vorstellungen verschafften dem Lager den Ruf als Ort der „Hochburg des europäischen Kabaretts". Die Aufführungen beinhalteten Lieder aus Operetten, bekannte Hits, stimmungsvolle Nummern, alberne Sketche, Ballettnummern und Witze, daneben auch bekannte Zeilen aus Rosens und Ehrlichs Münchener Kabarettvorstellungen aus der Vorkriegszeit. Der Inhalt des im Lager geschriebenen Materials basierte größtenteils auf aktuellen Lagerereignissen. Die Vorstellungen fanden einmal in der Woche oder alle paar Wochen in den Abendstunden statt; der Eintritt war kostenlos und sie standen jedem im Lager offen. Die Lieder aus dem Kabarett wurden direkt aufgenommen und von allen Gefangenen gesungen.[554]

Gemmeker besuchte die Vorführungen häufig und saß dabei umgeben von Leibwächtern in einem Sessel in der ersten Reihe. Gemmeker „erfreute sich offen an den Scherzen – auch an denen, die gut versteckte, dezente Sticheleien gegen den Lagerkommandanten und seine Untergebenen beinhalteten"[555]. Am Anfang einer Vorstellung, bei der Gemmeker anwesend war, verkündete Max Ehrlich:

---

demie der Künste, Hrsg., *Geschlossene Vorstellung: der Jüdische Kulturbund in Deutschland 1933-1941* (Berlin: Edition Hentrich, 1992), S. 95-112.

552 Max Ehrlich (1892–1944), deutscher Schauspieler und Kabarettkünstler, geboren in Berlin. Er floh 1934 in die Niederlande, wo er Kabarettauftritte hatte und Schauspielrollen in einigen niederländischen Filmen übernahm. Während des Krieges schloss er sich dem Jüdischen Kabarettensemble an und trat regelmäßig im Jüdischen Theater in Amsterdam auf. Im Jahr 1942 wurde er nach Westerbork geschickt, wo er mit Willy Rosen zur treibenden Kraft der Gruppe Bühne Lager Westerbork wurde. Im Jahr 1944 löste sich die Kabarettgruppe auf und die Mitglieder wurden über Theresienstadt nach Auschwitz deportiert. Klaas Smelik, Hrsg., *Etty: The Letters and Diaries of Etty Hillesum, 1941-1943* (Grand Rapids, MI: Wm. B. Eerdmans Publishing, 2002), S. 731.

553 Willy Rosen (Julius Rosenbaum, 1894–1944), geboren in Deutschland, bekannter Komponist und Liederschreiber von Librettos. Er flüchtete 1933 nach Holland. In Westerbork war er der künstlerische Leiter des „Theater der Prominenten". Im Jahr 1941 trat er mit Max Ehrlich und anderen Künstlern im „Willy Rosen Kabarett" auf sowie vor einem jüdischen Publikum im „Theater des Lachens". Ebd., S. 774.

554 Kühn, „We've Enough Tsoris", S. 55.

555 Samson, *I Didn't Believe My Own Words* (hebräisch), S. 138.

Das jüdische Stück „Humor und Melodie", unter der Regie von Max Ehrlich, Westerbork. Mit freundlicher Genehmigung des Fotoarchivs, Yad Vashem, 5146/30.

Theaterstück, Westerbork. Mit freundlicher Genehmigung des Fotoarchivs, Yad Vashem, 1167.

„Wenn einem die Scheiße bis zum Halse steht, sollte man besser nicht singen. Ich singe trotzdem!" In einer weiteren Vorstellung, bei der Gemmeker ebenfalls zugegen war, verkündete Ehrlich: „Wir stammen schließlich alle vom Erzvater Abraham ab." Nach einer kurzen Pause fügte er hinzu: „Verzeihung, nur diejenigen unter uns, die in der zweiten Reihe oder weiter sitzen."[556]

---

556 Ebd., S. 141.

Theaterstück, Westerbork. Mit freundlicher Genehmigung des Fotoarchivs, Yad Vashem, 5146/17.

Theaterstück, Westerbork. Mit freundlicher Genehmigung des Fotoarchivs, Yad Vashem, 5146/11.

Alle, die auf Ehrlichs KZ-Bühne auftraten, sahen eine Überlebenschance. Willy Rosen beispielsweise richtete seine Lieder laut seinen Mitgefangenen an den Lagerkommandanten: „Er sang für sein Leben, sang sich die Seele aus dem Leib." Er schrieb sogar neue Lieder für die Lagerbühne:

> Wenn jemand Pech hat, verliert das Leben Bedeutung;
> Wenn jemand Pech hat, rutscht man aus und fällt hin.

Darum bitte ich dich, Fortuna, sei mir treu.
Glück, sei mir treu.[557]

Die Sängerin Camilla Spira[558] trat ebenfalls auf der Kabarettbühne in Westerbork auf. „Die Leute lachten und klatschten. Es war, als befänden wir uns auf dem Kurfürstendamm", erinnert sich Camilla Spira, die in Westerbork ihre berühmten Lieder aus dem Weißen Rofil [Im Weißen Rößl] sang. „Plötzlich waren wir an einem anderen Ort. Man kann sich das kaum vorstellen. Die Zuschauer vergaßen in diesen zwei Stunden alles andere." Für Spira waren Kabarette „ein Sedativum für die zum Tode Verurteilten", da vor den Deportationen in die Vernichtungslager immer Vorstellungen veranstaltet wurden.[559] Kurz bevor man ihn nach Auschwitz schickte, schrieb der Journalist Philip Mechanicus[560] in sein Tagebuch: „Ein psychologisches Enigma. Operettenmusik am geöffneten Grab... Inmitten von Scherzen der Todesstoß."[561]

Die Premierenvorstellung des Westerborker Kabaretts fand Mitte Juli 1943 statt. Etty Hillesum schrieb über die Vorstellung:

> Hier ist es wie in einem Irrenhaus. [...] Das Lager muss eine Menge Leute verlagern, die in den Transport sollen. [...] Inmitten dieses Spiels mit Menschenleben ertönt plötzlich der Befehl des Kommandanten: Die Dienstleiter müssen an diesem Abend zur ersten hier stattfindenden Kabarettvorstellung erscheinen. Sie standen mit offenen Mündern da, doch sie mussten nach Hause gehen und ihre beste Kleidung anziehen. Und abends dann sitzen sie in der Meldehalle, in der Max Ehrlich, Chaya Goldstein[562], Willy Rosen und andere auftraten. In der ersten Reihe der Kommandant mit seinen Gästen. Hinter

---

557 Kühn, „We've Enough Tsoris" (englisch), S. 56–57.
558 Camilla Spira (1906–1997), geboren in Hamburg. Im Alter von 13 Jahren besuchte sie die Max-Reinhardt-Schauspielschule, wonach sie mehrere Theaterrollen in Hamburg, Wien und Berlin erhielt. Im Jahr 1938 zwang ihre jüdische Herkunft sie dazu, mit ihrem Mann und ihren beiden Kindern nach Amsterdam zu fliehen, und 1943 wurden sie ins KZ Westerbork deportiert, wo sie mit anderen großartigen Kabarettdarstellern „ermuntert" wurde, in Kabarettrevuen aufzutreten. Sie überlebte den Krieg und kehrte 1947 nach Berlin zurück, nahm ihre Filmkarriere wieder auf und feierte in den 20 Jahren darauf große Erfolge. Camilla starb in Berlin.
559 Ebd., S. 55.
560 Philip Mechanicus (1889–1944), Journalist. Im November 1942 wurde er in Westerbork inhaftiert und verblieb dort, bis er im März 1944 nach Bergen-Belsen geschickt wurde. Im Oktober brachte man ihn nach Auschwitz, wo er ermordet wurde. Das Tagebuch, das er in Westerbork geführt hatte, wurde nach dem Krieg veröffentlicht. Simone Gigliotti und Berel Lang, Hrsg., *The Holocaust: A Reader* (Malden, MA: Blackwell Publishing, 2005), S. 385.
561 Kühn, „We've Enough Tsoris" (englisch), S. 56.
562 Chaya Goldstein, Künstlerin und jüdische Kabarettdarstellerin. Sie wanderte 1933 von Deutschland nach Holland aus. Im Amsterdam der 1930er Jahre war sie bei einem linkspolitischen intellektuellen Publikum äußerst beliebt. Sie trug dort mit Musik unterlegte chassidische Geschichten vor. Während des Krieges war sie in Westerbork inhaftiert, wurde jedoch

ihm Professor Cohen[563]. Der Rest der Halle voll. Menschen, die Tränen lachten – oh ja, Tränen. Eines Tages, als die Leute aus Amsterdam ins Lager strömten, stellten wir eine Art Holzabsperrung in der großen Empfangshalle auf, um sie zurückzuhalten, für den Fall, dass das Gedränge zu schlimm wird. Während der Kabarettvorstellung diente dieselbe Absperrung als Teil der Bühnenkulisse; Max Ehrlich lehnte sich darüber, wenn er seine kurzen Lieder sang. Ich selbst war nicht dort, aber Kormann[564] hat mir gerade davon berichtet und hinzugefügt: „Diese ganze Angelegenheit bringt mich langsam an den Rand der Verzweiflung."[565]

In den Anfangsmonaten kannten die meisten Gefangenen aus Westerbork die Wahrheit über den genauen Zielort der Transporte noch nicht, doch sie standen trotz allem entsetzliche Ängste aus. Die Kabarettmitglieder nutzten die ihnen gewährte Bühne, um den Zuschauern Informationsbruchstücke zu vermitteln, ohne dass die Nazis es bemerkten. So verwendete Willy Rosen z. B. sein Lied „Lebwohl, Westerbork" dazu, eine Warnung an das Publikum auszusenden, dass die Menschen in den Transporten nicht mehr zurückkehren würden. Er sang das Lied, kurz bevor er nach Auschwitz geschickt wurde, und vollzog somit ohne jeden Zweifel einen mutigen Akt des Widerstands gegen die Nazis.

> Mein geliebtes Westerbork, du und ich müssen uns trennen,
> Und um eine kleine Träne komme ich nicht herum.
> Warst du auch oft hart und unerfreulich,
> So warst du manchmal beinahe friedlich.
> Mein Westerbork, du hast mich sehr gebeutelt
> Und doch hattest du eine ganz eigene erotische Anziehungskraft.
> Und nun sage ich leise leb wohl, geliebter Heizraum.
> Noch einen letzten Ton auf der Pfeife, bevor ich gehe.
> Leb wohl, mein kleines Zimmer mit deinem kleinen Teppich…
> Leb wohl, all ihr vielen lieben Dienstmeldungen,
> Ich bin nicht länger geteilt.
> Ich mache Platz. Ich weiche.

---

aufgrund ihrer Ehe mit einem deutschen Fotografen freigelassen. Im Jahr 1949 wanderte sie in die USA aus. Smelik, Hrsg., *Etty*, S. 774.

563 Nach dem Krieg mussten Professor Dovid Cohen und Abraham Asscher, zwei führende Köpfe des Judenrates in Amsterdam, über ihre Aktivitäten während des Krieges aussagen. Am 17. Dezember 1947 entzog das jüdische Komitee den beiden Männern jegliche Möglichkeit, von einer jüdischen Einrichtung oder Organisation angestellt zu werden. Einige Jahre später wurde diese Entscheidung rückgängig gemacht. Siehe ebd., S. 743.

564 Max Kormann Osias war der Sohn einer chassidischen Familie aus Galizien und emigrierte nach Deutschland. Er fügte den Namen Osias hinzu, nachdem sein großer Bruder im Krieg getötet wurde. Kormann und Etty lernten sich in Westerbork kennen und wurden Freunde. Sie schrieb über 30 Briefe an ihn. Ebd., S. 787.

565 Ebd., S. 622.

Ich habe so manchen Transport abfahren sehen,
Nun werfen sie mich auf den Berg aus altem Eisen,
In Westerbork kann mir nicht mehr passieren,
Ich werde meine Probleme weiter an jeder Stelle ordnen,
Ich habe bereits im Eisenbahnwaggon Platz genommen,
Sofort höre ich den Pfiff,
Ich werfe einen letzten Blick auf die Umgebung
Jetzt steht fest, es gibt keinen Zweifel, dass dies Leiden ist
Oh mein Westerbork, die Hooghalen Post – wir gehen fort –
leb wohl![566]

Und weiter:

Vielleicht sehen wir uns in diesem Leben wieder.
Ich kann Postkarten schicken, von dort, wohin meine Reise geht.
Vielleicht kann ich auf diese Weise in deiner Erinnerung bestehen bleiben.
Jetzt sitze ich in diesem Abteil
Und der Pfiff ertönt
Und ich lasse meinen Blick umherwandern.
Jetzt weiß ich, was es bedeutet, zu sagen
Leb wohl, mein Westerbork, Lager Hooghalen.[567]

Auf seinem Weg nach Auschwitz war Rosen in Theresienstadt; dort verfasste er die Schlusszeilen des Gedichts.

Es gibt immer irgendjemanden irgendwo, über den gelacht wird.
Es gibt immer irgendjemanden irgendwo, der die Witze macht.
Einer muss den Narren spielen.
Es hält ein Leben lang und beginnt in der Schule.
Einer muss durchs Leben gehen – als ewiger Scherzbold.
Ach, die Menschen lachen gerne, besonders auf Kosten anderer.
Es gibt immer irgendjemanden irgendwo, über den gelacht wird.
Es gibt immer irgendjemanden irgendwo, der den POJAZ [traurigen Clown] spielt.[568]

---

566 Samson, *I Didn't Believe My Own Words* (hebräisch), S. 146.
567 Samuel M. Edelman, „Singing in the Face of Death: A Study of Jewish Cabaret and Opera during the Holocaust" (englisch), in *The Publications of the World Union of Jewish Studies* (Jerusalem: Publications of the World Union of Jewish Studies, 1986), S. 205–211.
568 Kühn, „We've Enough Tsoris" (englisch), S. 57.

Im September 1944 löste sich die Truppe auf und die Künstler wurden in die Vernichtungslager deportiert.[569]

Die Überlebenden erzählen von kabarettistischen und humoristischen Vorführungen in Westerbork

Shlomo Samson: Ich ging zu einem, vielleicht zwei [Kabarett-]Abenden. [...] Sie schickten ihn [Willy Rosen] zum Transport. Jeder dieser Künstler wurde schlussendlich nach Auschwitz geschickt. Der Kommandant erlaubte ihnen, aufzutreten, aber wenn sie ihn beleidigten oder etwas sagten, was sie nicht hätten sagen sollen, dann waren sie am kommenden Dienstag im Zug. Und dann schrieb Rosen [...]: „Leb wohl, Westerbork, jetzt muss ich mich von dir verabschieden, alles in allem war es schon in Ordnung und nun gehe ich, um an einem anderen Ort mit Schwierigkeiten zu kämpfen." [...] Der Kommandant [...] schaute sich diese Stücke immer an, er saß immer in der ersten Reihe, natürlich beherrschte er sich, um nicht laut zu lachen oder zu klatschen, da ihm das nicht erlaubt war – er konnte die Grenze nicht überschreiten, auch wenn dieser Mann einen Sinn für Humor hatte. [...] In diesen Stücken und auch sonst überall existierten Humor und scharfer Sarkasmus [...]. Es war klar, dass bei jemandem, der die Sprache nicht verstand, viele Dinge nicht ankommen würden, weil sogar mit der besten Übersetzung, nun ja – Wortspiele gehen in einer Übersetzung verloren.

Sony Shaye: Ich kann mich an ein Stück erinnern, das von einem Lied über irgendeinen Vogel, der einen Spaziergang machte, begleitet wurde. Der Vogel ging unter einer Kuh hindurch und platsch, platsch, platsch – die Kuh machte auf den Vogel. Der Vogel hatte fürchterliche Angst, aber langsam, langsam gelang es ihm, seinen Kopf aus dem Haufen zu strecken, woraufhin er begann zu zwitschern, zwitscher, zwitscher. Auf einmal kreuzte eine große Katze seinen Weg und biss dem Vogel den Kopf ab. Was ist die Moral von der Geschichte? Selbst wenn man bis zum Hals in der Scheiße steckt, darf man unter keinen Umständen ein Zwitschern von sich geben.

Skarżysko-Kamienna

Unter den Frauen, die man im Frühling 1944 zum Werk A[570] des Arbeitslagers Skarżysko-Kamienna brachte, befanden sich auch künstlerisch begabte Gefangene, die schließlich eine Unterhaltungstruppe gründeten. Sonntags, wenn sie nicht arbeiten mussten, organisierten sie in den Baracken Vorstellungen und gelegentlich traten sie auch außerhalb

---

569 Samson, *I Didn't Believe My Own Words*, S. 141.
570 Das Lager war in drei separate Fabriklager unterteilt, die als Werke A, B und C bezeichnet wurden.

der Baracken auf. Die Vorstellungen wurden auf Jiddisch und Polnisch gehalten und sie sangen „Kuplety" oder kurze Reimpaare zu bekannten Melodien; sie improvisierten und rezitierten. Auch wenn das Niveau der Reime schwankte und sie zum Teil vulgäre Ausdrücke enthielten, gaben sie den Gefangenen doch Mut und durchbrachen die trostlose Monotonie des Lagerlebens und der Arbeit. Die Reime enthielten Andeutungen auf Lagerereignisse, Kritik an den Mitgliedern der internen Verwaltung, Informationen über gefährliche Arbeitgeber, gesellschaftliche Erscheinungen und Gerüchte. Folglich versuchten die Autoren zwar, offene Kritik an der Lagerverwaltung zu vermeiden, erlaubten sich aber dennoch ein gewisses Maß an Redefreiheit. Mit den Reimen verpackten sie Andeutungen auf das heikle Thema der Spannungen zwischen den verschiedenen jüdischen Gruppen, wodurch die Lieder die Funktion eines sozialen Sicherheitsventils einnahmen, welches zum Abbau der Feindseligkeit zwischen diesen Gruppen beitrug.

Heidi Reisler gelang es, über alle Tagesnachrichten in ihren Versen zu „berichten" – ein Reim über ein nicht zusammenpassendes Paar Stiefel, das ihr zugeteilt wurde, oder eine „Hymne an die Läuse", die nachts ihren Schlaf störten. Als die Frauen von ihrer anstrengenden Schicht zurückkehrten, wartete Heidi mit einem neuen Lied auf sie, das schallendes Gelächter auslöste. Im Werk wurde beinahe jeder Leiter oder Aufseher in ihren Liedern „verewigt". Die jungen Frauen summten den Refrain über den Aufseher [Antoni] Balewski voller Schadenfreude, da er dafür bekannt war, Gefangene zu schlagen.[571]

Aharon David Kurtz-Adar besuchte eines der Stücke und schrieb später, dass der Wachführer in Begleitung von zehn außerdienstlichen deutschen Wachen sowie einigen Arbeitsaufsehern zur Vorstellung erschien. Man brachte die Gefangenen dorthin, um sich das Stück anzusehen, damit „sie so tun konnten, als nähmen sie an einer kulturellen Aktivität teil, die für uns veranstaltet wurde", weshalb auch Kurtz-Adar der Veranstaltung beiwohnte. So kam es, dass sich unter hunderten jüdischen Gefangenen auch eine Reihe an bewaffneten Deutschen im Publikum befand, die sich eine polnische Vorstellung von jüdischen Gefangenen ansahen, die von einer Übersetzung ins Deutsche begleitet war. Einen Großteil der Vorstellung nahmen beliebte Lieder ein, die eigens für diesen Anlass komponiert worden waren und in denen sich die Verfasser zumeist selbst auf die Schippe nahmen. Zwischen den Liedern wurden Tanznummern aufgeführt.[572]

---

571 Felicja Karay, *Death Comes in Yellow: Skarżysko-Kamienna Slave Labor Camp* (Amsterdam: Harwood Academic, 1996), S. 137.

572 Aharon David Kurtz (Adar), *The Scream of Past Time: Courage and Luck — The Struggle for Survival* (Israel: Eigenverlag, Hemed, 1996), S. 286–287.

Die Überlebenden erzählen von kabarettistischen und humoristischen Vorführungen in Skarżysko-Kamienna

Aharon David Kurtz-Adar: Das war kurz vor der Liquidierung des Lagers. In Skarżysko gab es drei Lager – die Werke A, B und C. Wir waren im Werk C und organisierten eine Art Abschiedsfeier. Tatsächlich wussten wir nicht, dass es sich dabei um eine Abschiedsfeier handelte, weil sie uns nichts davon erzählten, dass sie das Lager liquidieren würden, aber nichtsdestotrotz veranstalteten wir ein Stück; die Warschauer Mädchen mit ein paar Burschen. [...] Eines Nachmittags engagierten sie uns. Wir stellten Stühle und Bänke auf und der Lagerchef erschien dort mit allen anderen verantwortlichen Deutschen. [...] Eines der Lieder, an die ich mich noch erinnern kann, [...] ging ungefähr so: „Der Herr Wachführer will, dass die Juden gut und gesund aussehen, zur Beruhigung der Nerven, bevor sie sich verwandeln in Büchsen von Konserven." So ging der Reim.[573] [...] Das sangen die Mädchen, die Mädchen aus Warschau.

Im Lager gab es eine jüdische Polizeieinheit und dazu gehörte eine bestimmte Kommandantin der jüdischen Polizei, die aus Warschau oder Treblinka kam. Über sie gab es ein eigenes Lied: „Unsere Kommandantin, die Kommandantin der jüdischen Polizei, sie ist eine Frau mit Heldenmut und schlägt uns links und rechts, und sie flucht und nichts Gutes kommt von ihr, weil sie die Rechte der Warschauer nicht anerkennen will." So in etwa. Ich erinnere mich noch an die letzten beiden Strophen dieser Darbietung; sie engagierten uns zwischen zwei Schichten. Wir wurden für diese Aufführung nicht von unserer Schicht freigestellt. Anstatt zu schlafen schauten wir uns die Aufführung an. Es gab eine Vorstellung – zwei bis drei Stunden mit Liedern und allen möglichen Kabarettsketchen und Nummern über die Beziehung zwischen Männern und Frauen. Alles Mögliche. Ich würde sagen, die meisten Texte für die Vorstellung drehten sich um aktuelle Themen in Skarżysko; Ihnen ist bekannt, dass es dort „prominente Personen" gab, die bevorzugt behandelt wurden? In anderen Worten, die jüdischen Polizisten legten sich zu ihren „Cousinen". [...] Sie nannten sie „Cousinen". Die meisten Witze in diesem Stück bezogen sich darauf.

Felicja Karay: Ein Beispiel für ein Stück, das sie hier nachlesen können [Karay deutet auf ihr Buch *Wir lebten zwischen Granaten und Gedichten*], ist Sokrates in einem Konzentrationslager. Wie Sie wissen, gibt es sprachbezogenen und situationsbezogenen Humor. Manche Situationen konnten die Leute sehr zum Lachen bringen. Hier sehen Sie ein Beispiel für einen großartigen Sketch, den eine polnische Frau in der Krankenstation des Lagers geschrieben hat; auch dort wurde situationsbezogener Humor verwendet. Oder das Beispiel des Turmbaus zu Babel, von tausenden Sprachen, wie sie untereinander zurechtkamen, oder genauer gesagt, wie sie nicht zurechtkamen, in Bezug auf zwischenmenschliche Beziehungen und gegenseitiges Verständnis. Dieser Sketch war ein Beispiel

---

[573] Für das vollständige Lied siehe Felicja Karay, *Wir lebten zwischen Granaten und Gedichten: Das Frauenlager der Rüstungsfabrik HASAG im Dritten Reich* (Köln; Weimar; Wien: Böhlau, 2001).

für eine Form von Satire über das Verhalten jedes einzelnen Landes. Daneben finden Sie hier auch viele Reime, mit denen man sich z. B. über das Krankenrevier lustig machte. Sie finden Reime über das Kleiderlager und über die *Prominenten* des Lagers. Generell drehte sich der Humor einerseits um die *Prominenten* und andererseits um die SS. Sie boten einen schier endlosen Quell für Humor, d. h. die Gefangenen empfanden es als Befreiung, sie aufs Korn zu nehmen, was man ganz besonders in den vielen verschiedenen Schriften über die *Prominenten* erkennen kann. […] Das war in der Tat ein außergewöhnliches Phänomen, sich ohne Angst äußern zu können. Die *Prominenten* reagierten darauf, für gewöhnlich allerdings im Rahmen.

Auschwitz

Sogar in Auschwitz gab es Raum für Theaterunterhaltung. Die Gefangenen versammelten sich häufig heimlich in einer der Baracken, um sich eine Aufführung ernster und humoristischer Lieder und Vorträge anzusehen. Yonas Turkov schrieb in seiner Forschungsarbeit zum Kabarett in Auschwitz:

> Sogar unter den furchtbarsten Lagerbedingungen konnten die Juden noch kulturelle Aktivitäten in den Blöcken organisieren. Eine Gruppe jüdischer Gefangener – in Polen, Wilna etc. berühmte Schauspieler und Schriftsteller – stellten in Buna-Monowitz jüdische Gedichtlesungen und Konzerte auf die Beine. Zu den Schriftstellern zählten Yosef Wolf, Poldek Wasserman (aus Krakau), ein Schauspieler aus einer Wilner Truppe, Moishe Potashinski, ein jüdischer Hebräischlehrer aus Holland, Itzhak Goldman und der deutsche jüdische Journalist Shpiegel, Eisenberg aus Belgien, Alfred Besserman, Yudl Korman, David Rappaport aus Frankreich und weitere.[574]

Moishe Potashinski schrieb in seinen Memoiren: „Die Gefangenen stehen mit Tränen in den Augen da und bedanken sich aus tiefstem Herzen für die große Freude."

Potashinski trat im K. B. (*Kranken-Ban*) auf, einem provisorischen Lazarett für die jüdischen Ärzte und ihre Assistenten, aber da viele der Ärzte kein Jiddisch verstanden, erklärte die Sekretärin des K. B. dem Publikum den gleich folgenden Vortrag. Potashinski trug zwei Texte von I. L. Peretz vor – *Wenn nicht höher* und *Der Lehrer aus Chelm*, Bialiks Gedicht – „Es troff die Träne", humoristische Texte von Moyshe Nadir und anderen, und Mordechai Gebirtigs Lied – „Unsere Stadt brennt". Nachdem die Produktion zu Ende

---

574 Yonas Turkov, „Latvia and Auschwitz" (englisch), in Rovit and Goldfarb, Hrsg., *Theatrical Performance during the Holocaust*, S. 115. Ursprünglich veröffentlicht in Yonas Turkov, „Teater un Kontsertn in di Getos un Kontsentratsye-Lagern", in *Yidisher Teater in Yirope…Poylen* (New York: Knight, 1968), S. 493–95, 500– 502. Übersetzung von dem Überlebenden Sol Shulman.

war, sagte einer der Ärzte zu ihm: „Wir, die Ärzte, verfügen über kein Mittel, um den Patienten zu helfen; lassen Sie die jüdischen Lieder ihre Medizin sein."575

Konzerte fanden darüber hinaus auch sonntags nach der Arbeit in den Blöcken 6 und 13 statt. Im „Kanada"576-Bereich traten Schauspieler des Ararat Theaters in Lodz, darunter auch Moshe Pulaver, für ein paar Zigaretten auf. Auch dort führten sie Nadirs humorvolles Material auf.

Potashinskis Frau, die junge Schauspielerin Mila Veyslitz, trat in Block 10 des Frauenlagers auf.577 Sie wurde von ein paar Frauen darum gebeten, ihre Mitgefangenen mit Prosa und jüdischen Gedichten zu unterhalten. Obwohl die meisten der Frauen kein Jiddisch verstanden, wollten sie die Gedichte und Prosa trotzdem auf Jiddisch hören. Mila trat mehrmals auf und vermittelte ihrem Publikum Freude und Glück; den Frauen gelang es, die Existenz des Krematoriums und seine unmittelbare Nähe zu ihnen zu „vergessen", und sei es nur für einen kurzen Moment.578

Kitty Hart, Überlebende des Frauenlagers in Birkenau, schrieb Folgendes über die Lagervorstellungen:

> Nach dem Abendbrot begann die Unterhaltung. Die griechischen Mädchen besaßen im Allgemeinen wunderschöne Stimmen und ihr sehr beliebtes sentimentales Lied „Momma" brachte die meisten ihrer Zuhörer zum Weinen, da fast alle unter ihnen ihre Mutter verloren hatten. Dann waren da noch Ungarinnen, die so gut tanzen konnten, dass sie einmal ein ganzes Ballett aufführten. Es gab auch viele Mädchen, die ein Talent zum Schreiben besaßen und ihre Gedichte vorlasen. Lustige Nummern waren sehr beliebt, besonders die Imitationen der weiblichen SS-Wachen.579

Ka-Tzetnik schrieb über eine Vorstellung in Auschwitz:

> Hinter Block 10 eilten Lagerinsassen mit Kistenbrettern geschäftig umher: solche, die ganze Kisten aus dem Block zerrten, und solche, die die Bretter auseinandernahmen. Hayim-Idl hielt inne. Er erkannte sofort, dass dies keine Zwangsarbeit war. Kein Kapo

---

575 Ebd.
576 Das „Kommando Kanada" hatte zwei Funktionen: den Deutschen bei der Ankunft neuer Juden auf der Rampe von Auschwitz-Birkenau zu helfen; und die Sortierung, Verpackung und Versendung der enormen Mengen an Besitztümern, die man zuvor den Juden, die im KZ ankamen, gestohlen hatte, an das Reich. Die dort arbeitenden Gefangenen durchsuchten die Sachen nach Wertgegenständen und erhielten deswegen den Namen „Kommando Kanada", da Kanada offensichtlich mit Wohlstand und Reichtum gleichgesetzt wurde.
577 In diesem Block wurden medizinische Experimente an weiblichen Gefangenen durchgeführt.
578 Turkov, „Latvia and Auschwitz", S. 116.
579 Alvin Goldfarb, „Theatrical Activities in the Nazi Concentration Camps" (englisch), in Rovit and Goldfarb, Hrsg., *Theatrical Performance during the Holocaust*, S. 118. Ein großer Teil der Informationen in diesem Essay erschien ursprünglich in idem, „Theatrical Activities in the Nazi Concentration Camps", *Performing Arts Journal*, Bd. 1 (Herbst 1976), S. 3–11.

stand daneben, um sie mit seinem Knüppel anzutreiben. In diesem Fall sagte Hayim-Idls Nase ihm, dass hier die Grundlage für einen neuen Lebensunterhalt entstand. Die Insassen flitzten in den Block rein und wieder raus. Nicht weit entfernt zeichnete jemand mit seiner Hand Diagramme in die Luft und zeigte dem anderen damit, wie er die Bretter zusammenbauen müsste, um seine Vorstellung von was auch immer zu verwirklichen. Das alles wirkte wie Juden, die zusammenlebten und den Aufbau einer *Sukka*-Hütte vorbereiteten. Hayim.Idl konnte sich nicht zurückhalten. Er hatte Feuer gefangen und sein Blick huschte von hier nach dort: Was ist hier los? Ein Gefangener lehnte in einer Ecke seitlich gegen den Block und beobachtete still den Tumult. Hayim-Idl eilte zu ihm hinüber.

„Was bauen die hier?"
„Eine Bühne", antwortete ersterer.
„Bühne? ... Bühne? ..." Hayim-Idl formte das Wort mit seinem Mund, als ob er versuchte, den Geschmack einer unbekannten Delikatesse einzuordnen. Wovon redet er?
„Was meinst du damit? Was ist das?", fragte Hayim-Idl. Der Gefangene drehte sich nicht zu ihm um. Er blieb dort stehen, mit derselben Attitüde, schaute weiter dem wilden Treiben um die Bretter zu und antwortete, ohne dabei lauter oder leiser zu werden: „Heute Abend findet in Block 10 eine Theatervorstellung statt... Sie führen ein Stück auf... In Block 10 sind viele Schauspieler..."

Wolf Adler, „Jiddischer Schauspieler tritt in einem Konzentrationslager auf". Moshe Pulaver, *Geven Iz a Geto* **(Tel Aviv: Y.L. Peretz-Bibliotek, 1963), S. 193.**

Sie veranstalten eine Theateraufführung in Auschwitz…" Aus dem Mund des Gefangenen klangen die Worte wie Goldsovereigns: „Theater" und „Schauspieler". „Schauspieler" und „Theater". Als hätte er eine besondere Freude daran, sich an diesen beiden Worten aufzuhalten.[580]

In Auschwitz gab es Nazikommandanten oder Gefangene in wichtigen Stellungen, die Künstler unter ihre Fittiche nahmen. Einige dieser Künstler besaßen den Status eines *Prominenten* und bekamen eine gute Arbeit, genügend Essen und bessere Lebensbedingungen als die anderen Gefangenen. Doch trotz allem waren auch diese Gefangenen nicht davor gefeit, in die Gaskammern geschickt zu werden. Es existieren auch aus anderen Lagern Belege für Fälle, in denen Künstler als Schützlinge ausgewählt wurden.[581]

Der Trompeter Lex van Weren[582] trat auf der Bühne in Westerbork auf und wurde in Auschwitz der Schützling von SS-Offizier Franz Hössler. Hössler fuhr van Weren und einige seiner Musikerfreunde von Lager zu Lager, um vor anderen SS-Offizieren vorzuspielen. Im Herbst 1944 überzeugte van Weren Hössler davon, ihm die Gründung eines Kabaretts mit Freunden zu erlauben, woraufhin sie wöchentlich für die Nazis und für Gefangene mit Sonderstellungen auftraten. Zu diesem neuen Kabarett gehörten fünf Gefangene, die meisten darunter Niederländer. Max Garcia war der Zeremonienmeister des Kabaretts und erzählte dort Witze (auf Deutsch).[583] Die Gefangenen hielten sonntags in Block 2 Vorstellungen ab; die Vorstellungen beinhalteten Lieder, Tänze, Imitationen und Sketche. Nach der Befreiung gestand Garcia, sich aufgrund der Anwesenheit von SS-Männern im Publikum selbst einer Zensur unterworfen zu haben und niemals die Chance ergriffen zu haben, über die Bühne Protest zu äußern, da er wusste, wie glücklich er sich schätzen konnte, und er sein Leben nichts aufs Spiel setzen wollte.[584]

---

580 Ka-Tzetnik 135633, *Piepel* (englisch) (London: Anthony Blond, 1961), S. 146–147.
581 Rovit, „Cultural Ghettoization and Theater during the Holocaust", S. 472.
582 Lex van Weren (1920–1996), Holländer, aufgewachsen in Amsterdam, autodidaktischer Jazztrompeter. Im Alter von nur 15 Jahren gründete er eine Truppe, die sich als sehr erfolgreich erwies. Über diese Truppe traf er Tilly, die er nach dem Krieg heiratete. Nach Jahren des Schweigens wurde Lex 1980 überzeugt, seine Geschichte zu erzählen, welche schließlich in Dick Walda, *Trompettist in Auschwitz: Herinneringen van Lex van Weren* (Amsterdam: De Bataafsche Leeuw, 1989) veröffentlicht wurde.
583 Max (Mayer) Garcia wurde 1924 in Amsterdam geboren. Im Juli 1943 wurde er festgenommen und nach Auschwitz deportiert. Im Herbst 1944 fing er mit der Erlaubnis der SS an, in einem Kabarett aufzutreten, wo er die Rolle des Zeremonienmeisters übernahm, Sketche aufführte, Witze erzählte und sang. Seine Position im Kabarett half ihm, zu überleben. Am 6. Mai 1945 wurde er aus dem KZ Ebbensee befreit. Im Jahr 1948 wanderte er in die Vereinigten Staaten aus und wurde dort Architekt.
584 Rovit, „Cultural Ghettoization and Theater during the Holocaust", S. 474–475.

Die Wirkung des Kabaretts auf das Publikum aus Gefangenen war verständlicherweise groß. Sie reagierten mit Enthusiasmus. Das Kabarett brachte ihnen in unter Umständen äußerster Abnormität ein gewisses Gefühl von Normalität zurück.[585]

[V]on Zeit zu Zeit gab es auch improvisierte Kabarettveranstaltungen. Eine Baracke wird vorübergehend geräumt, ein paar Holzbänke werden zusammengeschleppt oder zurechtgezimmert und ein „Programm" zusammengestellt. Und am Abend kommen die, die es im Lager verhältnismäßig gut getroffen haben, z. B. die Capos oder Lagerarbeiter, die nicht zu Außenkommandos hinausmarschieren müssen; sie kommen, um ein wenig zu lachen oder zu weinen, auf jeden Fall: ein wenig zu vergessen.

Wolf Adler, „Moshe Pulaver tritt in Auschwitz auf." Moshe Pulaver, *Geven Iz a Geto* (Tel Aviv: Y.L. Peretz-Bibliotek, 1963), S. 194.

Ein paar Lieder, die gesungen werden, ein paar Gedichte, die aufgesagt werden, ein paar Späße, die gemacht werden, auch mit satirischer Tendenz in bezug auf das Lagerleben, dies alles soll vergessen helfen. Und es hilft! Es hilft sogar so sehr, daß die vereinzelten nichtprominenten, gewöhnlichen Lagerhäftlinge, die sich trotz des Tages Mühen ins Lagerkabarett begeben, es in Kauf nehmen, daß sie dadurch die Suppenausteilung versäumen.[586]

---

585 Edelman, „Singing in the Face of Death", S. 205–211.
586 Frankl, *...trotzdem Ja zum Leben sagen: Ein Psychologe erlebt das Konzentrationslager*, S. 71.

Die Hungersnot in den Ghettos und ganz gewiss in Auschwitz war unerträglich. Und dennoch erzählt uns Viktor Frankl von Gefangenen, die dazu bereit waren, ihre tägliche Essensration zu opfern, um an diesen Festen teilnehmen zu können; manchmal ist die Nahrung für die Seele wichtiger als die Nahrung für den Körper.

Die Vielfalt des dargebotenen Materials weist darauf hin, dass diese geheimen Programme mit Lesungen, Sketchen und Liedern verschiedene Aufgaben erfüllten. Das Bedürfnis nach eskapistischer Unterhaltung erklärt die Beliebtheit humorvoller Werke wie die von Shalom Aleichem, A. Sternberg und Moyshe Nadir. Der Wunsch, sich an Traditionen festzuhalten, führte dazu, dass man Lesungen hielt, z. B. zum Beitrag des jiddischen Theaters oder die Lesung von I. L. Peretz, C. N. Bialik und anderen renommierten jüdischen Autoren. Diese heimlich abgehaltenen Unterhaltungsabende stellten auch ein Ventil für inneren Widerstand dar. Potashinski und Veyslitz wählten Werke, die jüdisches Leiden zum Thema hatten.

Lieder wie Gebirtigs „Unsere Stadt brennt", das außerordentlich beliebt war, gaben all jenen, die sie hörten, wie auch denen, die sie aufführten, Kraft, da sie ihnen in Erinnerung riefen, dass das jüdische Volk in der Vergangenheit schon Schwierigkeiten und Leiden überwunden hatte; einigen Schauspielern half die Teilnahme an Theaterproduktionen auch zu überleben.[587]

Die Überlebenden erzählen von kabarettistischen und humoristischen Vorführungen in Auschwitz

Nechama Koren: Gute Frau, was es in Auschwitz für ein Theater gab! In Auschwitz herrschte ein einzigartiger Humor! Nachts, wenn wir eingesperrt waren, veranstalteten wir Tänze, führten Sketche auf. Es war unvorstellbar! Haben Sie eine Ahnung, was für Sketche wir dort aufführten? Wenn sie unsere Sketche gehört hätten, Dzigan und Schumacher wären vor Scham gestorben. [...] Und mehr noch: Es wurde geflucht, [Koren erzählt auf Jiddisch und übersetzt] „Tagsüber sollst du eine Lampe sein" – Wie sagt man das? – „Sie sollten dich nachts aufhängen und du solltest brennen, du solltest wie eine Zwiebel mit dem Kopf im Boden wachsen." [...] Und wir konnten dabei in Lachen ausbrechen. Wir wussten – morgen würden wir dort sein.

---

587 Goldfarb, „Theatrical Activities in the Nazi Concentration Camps" (englisch), S. 120.

Die Überlebenden erzählen von kabarettistischen und humoristischen Vorführungen in Blechhammer[588]

Yaakov Zim: Es gab auch im KZ Humor. Humor existierte auch zum Beispiel auf Festen. Wir trafen uns, eben um zu singen und Geschichten zu erzählen. […] Wir organisierten Feste zu *Hannukkah*, zu *Purim*. Man könnte auch sagen, wir trafen uns, um Mut zu schöpfen. […] Wir veranstalteten so etwas wie Theatervorstellungen, mitunter satirisches Theater, mit spitzen Bemerkungen gegen die Deutschen, allerdings versteckt. […] Wir versammelten uns in einem der Räume in den Baracken und dort sangen ein paar Leute, andere erzählten Witze und so weiter. Ja, es gab dort [Humor], definitiv.

Zusammenfassung

Das nachstehende Gedicht von Heine Walfisch, einem Gefangenen im Lager Gurs, versinnbildlicht gekonnt das Phänomen von Kabaretten und satirischen Vorführungen in den Ghettos und Lagern:

> Wir produzierten Theater in Gurs,
> Weißt du, was das heißt?
> Hinter dem Stacheldraht verschwamm die Welt.
> Und wir, achttausend Männer und Frauen,
> Waren kümmerlich und entwurzelt.
> Wir lebten in tiefstem Elend,
> Vergessen, verlassen, Waisen,
> In düstere Baracken gesteckt.
> Der Sturm des Krieges fegte uns über den Kopf.
> Weißt du, was das heißt?
> Wir traten auf, um am Leben zu bleiben,
> Niemand weiß genau, was das heißt.
> Eine Scheibe Brot im Tausch gegen Ibsen,
> Ein Ei für *Ein Sommernachtstraum*,
> Und vielleicht eine Handvoll Grieß mit Verachtung gewürzt.
> Wir probten in bitterkalten Nächten,
> Verloren vor Hunger fast das Bewusstsein,
> Wir sangen, wir tanzten, wir weinten, wir lachten,
> Wir brachten Freude, Licht und Leben

---

588 Blechhammer war ein Konzentrationslager in der Nähe der polnischen Stadt Kozle. Es entstand im April 1942 ursprünglich als ein Zwangsarbeitslager für Juden. Die Zahl der Gefangenen dort stieg bis auf 5.500 an. Im April 1944 wurde es zu einem Außenlager von Auschwitz.

Einem Publikum aus Tausenden.
Du hast keine Vorstellung, was das heißt.
Wir hauchten tausenden verzweifelten Menschen wieder Leben ein,
Wir spendeten Mut, wir entfachten Hoffnung und Vertrauen wieder,
Wir erduldeten das ganze Leid der Menschheit
Aber wir produzierten Theater...
Überleg mal, was das heißt.[589]

---

589 Bella Gutterman und Naomi Morgenstern, Hrsg., *The Gurs Haggadah: Passover in Perdition* (englisch) (Jerusalem: Devora Publishing und Yad Vashem, 2003), S. 95.

Karikaturen

In diesem Kapitel soll nun kurz auf die wenig erforschte Verwendung von Karikaturen als Ausdrucksmittel im Holocaust eingegangen werden. Hierfür werden einige Karikaturarbeiten aus dieser Zeit vorgestellt, drei darunter von Überlebenden, die für dieses Buch interviewt wurden: Erich Lichtblau-Leskly, Arie Ben-Menachem und Yaakov Zim.

Karikaturen stellen eine humoristische Technik dar, mit der die Wahrnehmung des Künstlers von der ihn umgebenden Welt dargestellt wird, eine Wahrnehmung, die in der Regel ironisch ist, ein verbildlichter Witz. Das Wörterbuch definiert eine Karikatur als „die bildliche Darstellung von überzogenen physischen Eigenschaften oder Persönlichkeitszügen zur Erzielung eines parodistischen oder humoristischen Effekts". Yaakov Zim erklärte in seinem Interview, dass „jede Karikatur [...] die Wirklichkeit schärft." Eine der humoristischen Techniken, derer sich Karikaturisten bedienen, besteht in der Schaffung einer Diskrepanz zwischen der Bildbeschriftung und der Zeichnung.

Professor Israel Gutman gab in seinem Gespräch mit der Autorin Folgendes an:

Ich betrachte Humor und Karikaturen sowie die Darstellung von etwas als absurd oder lächerlich als eine der Techniken, auf die linkspolitische Intellektuelle, die gegen Faschismus, Nationalsozialismus und Antisemitismus waren, zurückgriffen. Diese Methode war unter talentierten Juden, die diese Technik sowohl in der Gemeinschaft als auch als Einzelne brauchten und nutzten, stark vertreten. Dank ihrer kritischen Sicht und Instinkte gelang es ihnen, das Absurde und das Irrationale darzustellen.

Ziva Amishai-Maisels arbeitete fünf grobe Kategorien von Gründen heraus, die dazu führten, dass die Lager- und Ghettokünstler unter nahezu unmöglichen und häufig gefährlichen Umständen Kunst kreierten. Die erste Kategorie umfasste Arbeiten, die auf Befehl der Deutschen angefertigt wurden, auch „offizielle Kunst" genannt; häufig hielten diese Aufträge die Künstler am Leben und gewährten ihnen Zugang zu Materialien für ihre eigenen Werke, die sie im Verborgenen anfertigten. Allerdings tendierten die Deutschen auch häufig dazu, Künstler, deren Arbeit ihnen missfiel, zu bestrafen. Die zweite Kategorie beinhaltete die geheimen Arbeiten der Künstler, über die der geistige Widerstand gegen die Entmenschlichung der Nazis ausgedrückt wurde. Diese Kunst stellte auch eine Behauptung von Individualität dar, die sich schon allein in der Anfertigung und in der Kontrolle äußerte, die der Künstler über sein Medium, seine Themenwahl, seine Behandlung und Zusammenstellung besaß – eine Kontrolle, die er über sein eigenes Leben verloren hatte. Während des Holocaust verwendeten Künstler ihre Kunst auch als Mittel, um das Leben zu bejahen und zu zelebrieren; in der Funktion eines Zeugen; und als eine Form von Katharsis.[590]

Für unsere Untersuchung hier sind drei Kategorien relevant: Kunst als eine Art geistiger Widerstand, Katharsis und als eine Lebensbejahung. Künstler riskierten ihr Leben, um Kunst zu schaffen, da ihnen die Hinrichtung drohte, sollten sie erwischt werden. Die Künstler, die in den Ghettos und KZs im Verborgenen arbeiteten, verliehen ihrem geistigen Widerstand gegen die Entmenschlichung durch die Nazis Ausdruck. Mithilfe ihrer Kunst bewahrten sie sich ihre Individualität und die Verbindung zu ihrer früheren Identität, welche die Deutschen durch ihren Prozess der Entmenschlichung zu entwurzeln versuchten. Mit ihren Werken bildeten sie häufig die Welt um sich herum nach – als eine Form der Dokumentation mit einem Hang zum Ausdruck tiefer Emotionen –, um das Leben zu würdigen und ein Zeugnis der Gräuel des Holocaust zu schaffen, so exakt und präzise wie nur möglich. Langer[591] prägte den Begriff der „Ästhetik der Abscheulichkeit" für die Weise, in der die Künstler das Leiden der Opfer darstellten.

Der Großteil der Künstler entschied sich dazu, sich der Darstellung des Lebens um sie herum expressionistisch zu nähern. Sogar in der Zusammenarbeit als Gruppe, wie es im Ghetto Theresienstadt der Fall war, übernahmen die Künstler einen allgemein expressionistischen Zeichenstil, der zum Grotesken und Karikaturistischen hin tendierte. Im Großen und Ganzen widmeten sie sich der Beschreibung und Dokumentation der Geschehnisse und der Einzelheiten des alltäglichen Ghettolebens und -milieus.

Die Künstler drückten durch ihre schöpferische Arbeit ihren Schmerz und ihre Wut aus, was es ihnen möglich machte, sich auf diese Weise von der brutalen Lebenswirklichkeit in den KZs zu distanzieren und ihr Innerstes zu läutern. Laut Amishai-Maisels ermöglichten es die Karikaturen mit Galgenhumor den Künstlern, zu den Gräueltaten eine innere Distanz zu wahren. Als die Künstler ihre Wirklichkeit erst einmal aus der Perspektive eines Beobachters hinterfragen konnten, gelang es ihnen, sich mit der Angst

---

590 Ziva Amishai-Maisels, *Depiction and Interpretation: The Influence of the Holocaust on the Visual Arts* (New York: Pergamon Press, 1993), S. 3–18.

591 Lawrence Langer, *The Holocaust and the Literary Imagination* (New Haven, CT: Yale University Press, 1975), S. 22.

und dem Tod auseinanderzusetzen und ihrem Grauen Ausdruck zu verleihen. Diese Auseinandersetzung über Kunst versetzte sie in die Lage, besser mit den Alpträumen ihres tagtäglichen Lebens umzugehen.

Wie eingangs erwähnt nutzten drei der für diese Studie befragten Überlebenden (Erich Lichtblau-Leskly, Arie Ben-Menachem und Yaakov Zim) Humor und tragikomische, satirische Karikaturen als Ausdrucksmittel für ihren Alltag in den Ghettos und Lagern.[592] Die Karikaturen, die sie während des Holocaust zeichneten, waren hauptsächlich als eine Form von Katharsis für sie selbst gedacht und wurden heimlich angefertigt. Lichtblau-Leskly und Zim zeichneten Karikaturen, welche die schmerzliche Realität darstellten, wohingegen Ben-Menachem Kollagen zur Beschreibung des Ghettolebens anfertigte. Lichtblau-Leskly und Ben-Menachem fügten ihren Arbeiten Beschriftungen hinzu, in denen scharfsinniger, spitzer Humor zum Einsatz kam, der sich durch Sarkasmus auszeichnete und mitunter makaber war.

Arie Ben-Menachems Werke unterscheiden sich von Lichtblau-LeskIys und Zims aus zwei Gründen: Erstens, er war kein Maler und hatte nie versucht, einer zu sein; und zweitens, seine Werke kennzeichneten sich durch aggressiven Humor. Ben-Menachems humorvolle Beobachtungen rückten das Ghettoleben in eine schmerzliche und verletzende Perspektive. Er stellte das Ghettoleben beispielsweise als Widerspruch zu Rumkowskis fünf Parolen zur Beschreibung des idealen Ghettolebens dar: niemandem würde es an Brot fehlen; es würde Arbeit geben; Versorgung der Kranken; Kinderbetreuung; und Frieden im Ghetto.

Mit den Fotografien des Ghettofotografen Mendel Grossman[593], einem Freund von mir, stellte ich mir mein eigenes Privatalbum zusammen. Ich saß manchmal abends da und klebte sie in ein Album, mein eigenes persönliches Album, aber darin war die tatsächliche Situation zu jener Zeit abgebildet. [...] In meiner Dummheit, meiner Naivität nahm ich es mit nach Auschwitz. Ich wusste nicht, wohin wir gingen, ich nahm das Album mit, weshalb dieses Album? Ich weiß es nicht, ich schätze, es bedeutete mir etwas.

---

592 Die Kunstwerke bzw. Kopien davon befinden sich im Besitz der Überlebenden oder ihrer Erben. Ich möchte mich bei ihnen dafür bedanken, sie mir für den Rahmen dieser Studie zur Verfügung gestellt zu haben.

593 Mendel Grossman (1917–1945) war ein jüdischer Fotograf im Ghetto Litzmannstadt, der das Ghettoleben in über 10.000 Fotos festhielt; damit missachtete er das Verbot jüdischer Fotografie im Ghetto und riskierte sein Leben. Grossman wurde aus dem Ghetto in ein Arbeitslager deportiert. Als er mit anderen Gefangenen im April 1945 zu einem Todesmarsch gezwungen wurde, brach Grossman zusammen und starb mit der Kamera in seinem Schoß. Nach dem Krieg wurden die Negative der Fotos, die Grossman im Ghetto versteckt hatte, entdeckt. Diese Negative wurden nach Israel weitergeleitet, später jedoch größtenteils im Israelischen Unabhängigkeitskrieg zerstört. Einige der Fotos wurden im Buch *With a Camera in the Ghetto* von Mendel Grossman, Zvi Shner und Alexander Sened, Hrsg., veröffentlicht. (Tel Aviv: Hakibbutz Hameuchad und Ghetto Fighters' House, 1970). Siehe *Encyclopedia of the Holocaust* (Tel Aviv: Yad Vashem und Sifriat Poalim, 1990), Bd. B, S. 282.

Als Ben-Menachem aus dem Zug gedrängt wurde, blieb das Album zurück; bis Kriegsende wusste er nicht, was mit dem Album geschehen war und dachte nicht einmal daran. Langzeitgefangene in Auschwitz entdeckten das Album und dachten aufgrund der hebräischen Bildtexte, die sie für einen Code hielten, es gehöre dem polnischen Untergrund von Auschwitz. Sie überreichten es dem Kopf der Untergrundbewegung im Lager, doch auch er wusste nicht, was er damit anstellen sollte, weshalb er es an die PWOK (Pomoc Więźniom Obozów Koncentracyjnych, Hilfe für Gefangene der Konzentrationslager) weitergab. Nach der Befreiung Krakaus landete das Album in den Händen des Jüdischen Historischen Komitees in Lodz. In der Zwischenzeit war Ben-Menachem nach Israel ausgewandert. Eines Tages erhielt er eine Kopie eines Fotoalbums, das vom Jüdischen Historischen Komitee herausgegeben wurde, worin sich Bilder aus seinem lange verschollenen Album befanden, allerdings ohne jeden Hinweis auf den Ursprung der Bilder oder die Umstände, unter denen sie entstanden sind; erst dann erkannte Ben-Menachem, dass sein wertvolles Album nicht in Auschwitz verloren gegangen war. Er wandte sich an das Jüdische Historische Komitee, doch nach langwierigem bürokratischem Hin und Her stellte er fest, dass das Album verschwunden war. Ein paar Jahre später traf Ben-Menachem einen polnischen Journalisten, dem er von dem verschollenen Album erzählte; der Journalist versprach, ihm zu helfen. Einige Monate darauf schickte ihm der Journalist Kopien der Bilder aus dem Album, wenngleich von dem Album selbst jede Spur fehlte.

Der Künstler Erich Lichtblau-Leskly und seine Frau Elsa wurden Ende 1942 nach Theresienstadt geschickt, wo Erich als Schildermaler und Bühnengestalter arbeitete und Elsa Küchen- und Reinigungsarbeiten übernahm. Erich gelang es, bunte Farbe zu stehlen, woraufhin er anfing, humoristische und optimistische Darstellungen des Ghettolebens und der Personen in seinem Umfeld zu malen:

> Da wir jung und naiv waren, wollten wir einfach nicht wahrhaben, dass wir sterben könnten. Ich hatte Hoffnung. Wir nahmen nicht alles so ernst. Ich dachte nicht an das Gas. Wir dachten, all das würde vorübergehen. Wir erhielten nur kleine Mengen an Essen, aber wir erhielten wenigstens etwas. Man konnte dort existieren. Ich war optimistisch und ich malte. Ich stellte mir vor, dass der Tag kommen würde, an dem alles vorbei wäre und meine Bilder das Interesse [der Leute] wecken würden. Also ging ich hinaus auf die Straße und malte, was ich sah.

Ende März 1945, ein paar Wochen vor der Befreiung, verstärkte die Ghettoleitung ihre Suche nach Dokumenten und anderem Material, das als Zeugnis gegen sie verwendet werden könnte, um es zu vernichten. Erich erkannte, dass seine Zeichnungen beschlagnahmt werden und ihm den Tod bringen könnten. Nachdem er sich mit Elsa beraten hatte, entschloss er sich, die belastenden Bilder und Beschriftungen zu zerschneiden. Er gab ihr die zerschnittenen Papierfetzen und sie versteckte sie zwischen Holzbrettern in ihrem Zimmer in der Frauenbaracke. Elsa blieb bis zur Befreiung in Theresienstadt und nahm, als sie fortging, die Sammlung an Schnipseln mit. Im Jahr 1949 emigrierten Elsa und Erich nach Israel und in den 1960er Jahren vollendete Erich seine Arbeit an der Wiederzusammensetzung der einzelnen Schnipsel und der Hinzufügung von Beschriftungen zu seinen Zeichnungen. Einige Jahre darauf zeichnete er schließlich alle seine Bilder neu.

> Am Anfang [nach dem Krieg] wurden die Leute ärgerlich, wenn ich ihnen meine Zeichnungen zeigte, weil es Karikaturen waren, und sie sagten: „Wage es ja nicht, die öffentlich zu machen!" „Wieso nicht?", fragte ich. Sie erwiderten: „Weil das Karikaturen sind und es für eine Person in einem Konzentrationslager ganz einfach ‚nicht richtig' ist, Karikaturen zu zeichnen!" Sie fragten mich: „Wie konntest du es wagen, solche Bilder zu zeichnen? Die Leute werden anfangen zu sagen: ‚Ein Jude unter der Naziherrschaft und alles, woran er dachte, waren Karikaturen! […] Das kann nicht sein Ernst sein.'" Ich war zwar im Ghetto, aber ich hatte auf alles einen eigenen, anderen Blick. Ich zeichnete für gewöhnlich nicht, was ich sah; ich zeichnete das, was ich fühlte, und für jede Zeichnung gibt es eine Erklärung.

Womöglich ist das auch der Grund dafür, dass Erich Lichtblau-Leskly seine Zeichnungen nicht als Karikaturen betrachtet und diese Einstufung sogar vermeidet. Im seinem Interview betonte er: „Ich zeichnete, was ich sah; so nahm ich die Dinge um mich herum wahr, das sind alles Dinge, die ich sah. […] Ich zeichnete die Dinge auf eine Weise, die viele Menschen im Ghetto nicht erkannten." Seine Frau Elsa ergänzte: „Es war aus dem Leben, das war unser Leben. Wenn Sie seine Arbeiten anderen zeigen, die in Theresienstadt waren, und sie das Bild sehen, dann wissen sie genau, worum es geht; man muss es nicht erklären." Lichtblau-Leskly fügt hinzu:

> Jede Zeichnung ist eine Geschichte, eine Geschichte. Aber der Blickwinkel ist ein anderer als der, den die Leute gewohnt sind, anders ausgedrückt, man kann sich das anschauen und sagen „Oj, wie schrecklich", oder man kann es auf diese Weise betrachten. Es ist nicht so, dass ich mich dessen schämen würde; ich schäme mich nicht dafür, dass ich einen karikierenden Zeichenstil angenommen habe, weil jede Karikatur ein Element des wirklichen Lebens besitzt. […] Ich wollte zeichnen, weil es in meinen Genen ist, und ich sagte mir selbst, dass ich Dinge so zeichnen würde, wie ich sie sehe, was ich empfinde, wenn ich sie sehe. […] Jede Zeichnung, selbst wenn es sich um eine Karikatur handelt, trägt eine gewisse Tragik in sich, sie ist tragikomisch.

Yaakov Zim wurde 1920 in Sosnowiec, Polen, geboren und studierte dort Malerei und bildende Kunst im Gymnasium für angewandte Künste. Während des Krieges befand sich Zim in Buchenwald[594], wo er mit Ruhr und lediglich 30 Kilogramm Körpergewicht in der Krankenstation des Lagers lag.

---

594 Buchenwald war eines der größten Konzentrationslager in Deutschland und befand sich acht Kilometer nördlich von Weimar. Es wurde am 16. Juli 1937 errichtet und am 11. April 1945 befreit. In der Zeit seines Bestehens befanden sich dort insgesamt 240.000 Gefangene aus 30 Ländern. Von ihnen wurden 43.000 getötet, darunter auch sowjetische Kriegsgefangene.

Und dann kam der deutsche Kapo zu mir. Ich weiß nicht mehr, wie er mich gefunden hatte, aber ihm war bekannt, dass ich Maler war, ein bildender Künstler. Er sagte: „Weißt du was? Ich werde dir ein Foto von meiner Freundin vorbeibringen. Mal sie. Ich bringe dir einen Notizblock und einen Bleistift." […] Und dann zeichnete ich ihm zwei Bilder, eines für ihn und eines für mich. Und ich sagte zu ihm: „Weißt du was? Bring mir noch Papierblätter, was immer du findest – bring es mir. Ich behalte den Bleistift so lange. Bring mir Papier und sei es Zeitungspapier." Daraufhin brachte er mir kleine Papierzettel wie diese hier [illustriert die Größe] und ich fing an. „Was soll ich zeichnen?", überlegte ich. Zu diesem Zeitpunkt war ich der festen Überzeugung, dass es unmöglich sei, den Holocaust zu malen, ein Gefühl, das ich bis heute verspüre, weil es unmöglich ist, das Grauen zu malen. Es ist unmöglich, die panische Angst auszudrücken, unmöglich, das, was dort geschah, darzustellen. Versucht man es, nimmt es den Anschein von Kitsch an, wie eine Art Plakat für einen guten Zweck oder so. Interessant ist, dass ich schon damals so empfand.

[…] Damals kam mir der Humor zu Hilfe und rettete mein Malvorhaben. Um es mit Humor auszudrücken. Und ich dachte daran, dass ich einmal ein paar Skizzen aus dem Ersten Weltkrieg gesehen hatte – ich wusste nicht, von wem sie stammten, aber der Künstler war ebenfalls nicht dazu in der Lage, die Grausamkeiten, die er erlebt hatte, auszudrücken, daher tat er das mit Humor. […] Jede Karikatur schärfte faktisch die Realität und genau das tat ich.

Die folgenden Karikaturen – während des Holocaust von den drei eingangs erwähnten Künstlern sowie von anderen jüdischen Künstlern angefertigt – werden nach Thema aufgeführt: Hunger, *Prominente*, Krankheit, Tod und die Latrine. Die Arbeiten von Ben-Menachem, Zim und Lichtblau-Leskly werden zusätzlich durch Erklärungen ergänzt.

Hunger

Arie Ben-Menachem, „Vater, lachst du?" Litzmannstadt. Mit freundlicher Genehmigung von Arie Ben-Menachem.

Ben-Menachem beschreibt „Vater, lachst du?" als den ersten Teil einer im Ghetto geläufigen Wendung; der zweite Teil lautet: „Wehe deinem Lachen." Seine Collage vereinte Bilder von Mendel Grossman über das Ghettoleben – eine Frau, die als Schutz vor der Kälte in eine Decke gewickelt war, Hunger im Ghetto, eine erschossene Frau, die Deportation von Juden, „Fäkalisten", die einen Fäkalientank transportierten, und die Ghettomauer.

Arie Ben-Menachem, „Brot", Litzmannstadt. Mit freundlicher Genehmigung von Arie Ben-Menachem.

Eines von Rumkowskis Schlagworten war „Brot" und er sicherte zu, dass es im Ghetto nie an Brot fehlen würde. Als sich die Hungersnot im Ghetto Litzmannstadt zuspitzte und untragbar wurde, demonstrierten einige Menschen gegen die Lage mit Plakaten, auf denen geschrieben stand: „Die verhungernde Ghettobevölkerung". Ben-Menachem, dessen Vater Goldschmied war, wollte sichergehen, dass ihm seine Brotration für zwei Wochen reichen würde, weswegen er das Brot mit einer Goldwaage wog; dieses Bild ist oben links in der Collage zu sehen. In den anderen Bildern ist ein Mann abgebildet, der sich hungrig über sein Essen hermacht, sowie eine Schlange zur Brotausgabe. Der Hintergrund der Collage besteht aus den Plakaten der Demonstranten.

Arie Ben-Menachem, „Rationenzuteilungsnummer…", Litzmannstadt. Mit freundlicher Genehmigung von Arie Ben-Menachem.

Oben links: Eine Essensrationsmarke. Unten: Eine Liste der zu verteilenden Posten: 20 Gramm Zitronensäure, 200 Gramm Natron, 50 Stück Saccharin.

Arie Ben-Menachem, „Um die Suppe herum", Litzmannstadt. Mit freundlicher Genehmigung von Arie Ben-Menachem.

Junge Menschen, die um einen großen Suppenkessel tanzen. Über ihnen steht die Überschrift „Um die Suppe herum". Oben links: Zeilen eines jiddischen Liedes mit dem Text: „An Manya, die Suppenschöpferin / Das ist kein Scherz / ein wenig tiefer / ein wenig dicker."

Erich Lichtblau-Leskly, „Rivalen", Theresienstadt. Mit freundlicher Genehmigung der Familie Leskly und des Los Angeles Museum of the Holocaust.

Eine alte Frau durchsucht einen Müllhaufen nach Essen und konkurriert dabei mit den Mäusen und Vögeln um die Abfälle. Das Bild basiert auf einem realen Ereignis, das Lichtblau-Leskly beobachtet hatte.

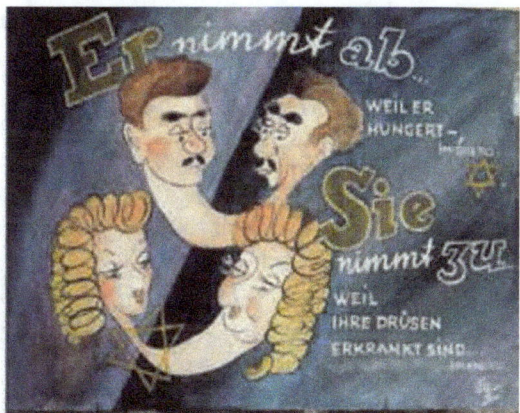

Erich Lichtblau-Leskly, „Die Krankheit des Gefangenen", Theresienstadt. Mit freundlicher Genehmigung der Familie Leskly und des Los Angeles Museum of the Holocaust.

In dieser Karikatur stellt Lichtblau-Leskly die physischen Veränderungen der Gefangenen im Laufe ihrer Gefangenschaft im Ghetto dar: Der Mann hat aufgrund der Hungersnot im Ghetto Gewicht verloren, wohingegen die Frau zugenommen hat, da ihre Drüsen nicht mehr richtig arbeiteten.

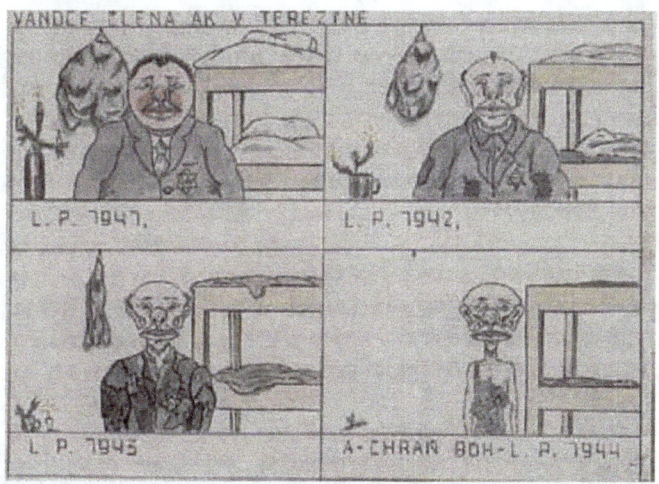

Pavel Fantl (1903–1945)[595] „Metamorphose", Theresienstadt, 1944. Wasserfarben auf Papier. Sammlung des Yad Vashem Kunstmuseums, Jerusalem. Gabe des Prager Dokumentationskomitees. Mit freundlicher Genehmigung von Alisa und Zeev Shek, Caesarea.

---

595 Dr. Pavel Fantl, geboren in Kolin, Tschechoslowakei. Vor dem Krieg studierte Fantl Medizin und diente als Arzt in der tschechischen Armee. Im Jahr 1942 wurde er nach Theresienstadt geschickt, wo er als Arzt arbeitete und die Leitung der isolierten Einheit für Kinder im ansässigen Sokolovna-Krankenhaus übernahm. In den Jahren seiner Gefangenschaft dort zeichnete er heimlich dutzende satirische Bilder über den Ghettoalltag. Im Jahr 1944 wurde er nach Ausch-

In dieser Reihe bestehend aus vier Zeichnungen sehen wir den Prozess, den der Ghettogefangene über einen Zeitraum von vier Jahren in Theresienstadt durchläuft. Der Künstler zeigt auf, wie der Körper des Gefangenen allmählich immer ausgemergelter ist, seine Kleidung immer stärker abgetragen ist und seine Besitztümer verschwinden, bis nichts mehr übrig bleibt. Lediglich die Gesichtszüge bleiben gleich, wie auch der gelbe Stern – da seine jüdische Identität der Grund für sein bitteres Schicksal ist. Wenige Monate, nachdem Fantl dieses Bild gezeichnet hatte, wurde er nach Auschwitz geschickt.

Hugo Kratky[596]**, „Dr. Pavel Gerstl"**[597]**, Theresienstadt. Mit freundlicher Genehmigung des Beit Terezin.**

Kratky dokumentierte die Hungernot in Theresienstadt in seiner Zeichnung von Dr. Pavel Gerstl für die Nachwelt. In die Zeichnung schrieb er: „Das Lied des Hungers – Die Schränke sind leer, ‚In diesen heiligen Wänden'."

---

witz deportiert und auf dem Todesmarsch erschossen. Anita Tarsi, Hrsg., *Art and Medicine in Ghetto Theresienstadt (Terezín): Drawings from the Years 1942–1944* (Haifa-Giv'at Hayyim Ihud: Bruce Rappaport Faculty of Medicine, The Technion; Beit Terezin, 2001), S. 4.

596 Dr. Hugo Kratky, geboren 1906 in Ostrava, Tschechoslowakei. Im September 1942 wurde Kratky nach Theresienstadt deportiert. Im Oktober 1942 wurde er nach Auschwitz-Birkenau deportiert, von dort aus nach Groß-Rosen und anschließend nach Buchenwald. Im April 1945 flüchtete Kratky zu den Amerikanern. Er emigrierte nach Israel und arbeitete bis zu seinem Ruhestand als Hausarzt. Ebd., S. 5.

597 Dr. Pavel Gerstl, Allgemeinmediziner, geboren 1891 in der Tschechoslowakei. Er wurde im November 1942 nach Theresienstadt deportiert und im Oktober 1944 von Theresienstadt aus nach Auschwitz-Birkenau, wo er schließlich starb. Ebd., S. 48.

Yaakov Zim, „Was soll ich mit einem Stück Brot tun?" Buchenwald. Mit freundlicher Genehmigung von Yaakov Zim.

Zim sagte: „Hier fragte ich mich, was ich mit einem Stück Brot anstellen sollte; die Scheibe war so klein, dass ich nicht wusste, wie ich sie teilen sollte."

„Prominente"

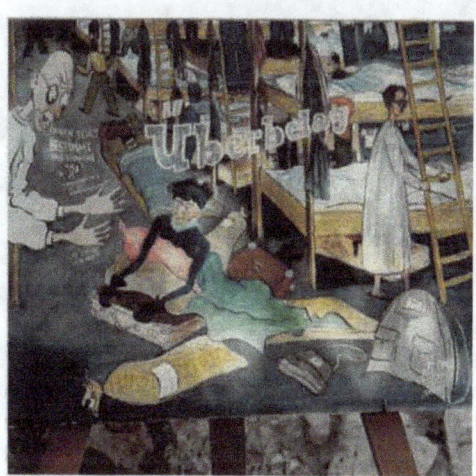

Erich Lichtblau-Leskly, „Meine erste Nacht im Ghetto: Überbelag", Theresienstadt. Mit freundlicher Genehmigung der Familie Leskly und des Los Angeles Museum of the Holocaust.

Am Tag seiner Ankunft im Ghetto war Lichtblau-Leskly krank; trotzdem musste er auf dem Boden schlafen, da die *Prominenten* in der oberen Etage schliefen und auf den Pritschen unten kein Platz mehr war. Der Arzt erklärt ihm, dass er für einen Pritschenplatz lediglich „Vitamin P" benötigt, d. h. Protektion.

Pavel Fantl (1903–1945), „Jeder Bastard ein König", Theresienstadt, 1942–1944. Wasserfarben und Tusche auf Papier. Sammlung des Yad Vashem Kunstmuseums, Jerusalem. Gabe des Prager Dokumentationskomitees. Mit freundlicher Genehmigung von Alisa und Zeev Shek, Caesarea.

Erich Lichtblau-Leskly, „Pflichtgruß und die versteckten Zigaretten" Theresienstadt. Mit freundlicher Genehmigung der Familie Leskly und des Los Angeles Museum of the Holocaust.

Die Gefangenen in Theresienstadt waren dazu verpflichtet, zur Begrüßung der Mitglieder der SS vor ihnen den Hut zu ziehen. Als jedoch der Jude auf dem Bild seinen Hut abnahm, wurden dadurch die dort zuvor versteckten Zigaretten zum Vorschein gebracht. Damit war sein Schicksal besiegelt und er wurde für sein „Verbrechen" in ein Vernichtungslager deportiert.

Erich Lichtblau-Leskly, „Ein antisemitischer Jude im Ghetto", Theresienstadt. Mit freundlicher Genehmigung der Familie Leskly und des Los Angeles Museum of the Holocaust.

Lichtblau-Leskly erklärt: „Dieses Bild repräsentiert den judenverachtenden Juden, der in sein eigenes Nest macht."

Arie Ben-Menachem, „Blick durch das Schlüsselloch", Litzmannstadt. Mit freundlicher Genehmigung von Arie Ben-Menachem.

Ben-Menachem lugt durch das Schlüsselloch und erspäht zahlreiche Ghettopersönlichkeiten, die tanzen, lachen und trinken; sie sind entweder gut gekleidet oder kostümiert. Neben ihnen sieht man einen Mann, der sich entweder selbst das Leben genommen hat oder verhungert ist.

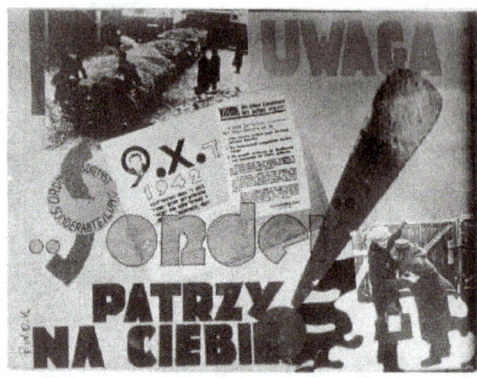

Arie Ben-Menachem, „Achtung: Der Polizist schaut zu", Litzmannstadt. Mit freundlicher Genehmigung von Arie Ben-Menachem.

Kritik an den Mitgliedern der jüdischen Polizei. Im Zentrum der Collage befinden sich deutsche und jiddische Ankündigungen. Das Bild ganz oben zeigt einen Versuch, Kartoffeln von einem Wagen zu stehlen; und im zweiten Bild durchsucht ein jüdischer Polizist einen anderen Juden.

Krankheiten und Tod

Karel Fleischmann (1897–1944)[598], „Heuchler in Theresienstadt", der Umschlag eines Albums, das Dr. Erich Munk, Leiter des Gesundheitsversorgungssystems, gewidmet ist, Theresienstadt, 1943. Tusche auf Papier. Sammlung des Yad Vashem Kunstmuseums, Jerusalem. Gabe des Prager Dokumentationskomitees. Mit freundlicher Genehmigung von Alisa und Zeev Shek, Caesarea.

---

598 Karel Fleischmann, ein erfolgreicher medizinischer Spezialist, widmete sich in seiner Freizeit dem Zeichnen und schriftstellerischen Ambitionen. Er wurde im April 1942 mit seiner Frau Rozha, seiner Mutter und seiner Schwester nach Theresienstadt geschickt. Im Ghetto lebte er einige Monate unter entsetzlich überfüllten Bedingungen mit 5.000 zusammengepferchten Männern in einer Baracke. Ab Mitte des Jahres 1942 war er einer der hochrangigen Mitarbeiter der Gesundheitsbehörde des Ghettos.

Erich Lichtblau-Leskly, „Terezinka", Theresienstadt. Mit freundlicher Genehmigung der Familie Leskly und des Los Angeles Museum of the Holocaust.

Ruhr war in Theresienstadt weit verbreitet und wurde von den Ghettobewohnern „Terezinka" getauft.

Yaakov Zim, „Desinfektion", Buchenwald. Mit freundlicher Genehmigung von Yaakov Zim.

Seine Erfahrungen waren Inspiration für Hunderte von Bildern, Gedichten und Artikeln. Seine Bilder zeichnete er im Geheimen, für gewöhnlich innerhalb weniger Augenblicke, da er befürchtete, ertappt zu werden. Im Oktober 1944 wurde Fleischmann mit seiner Frau nach Auschwitz deportiert und dort ermordet. Anita Tarsi, Hrsg., *Terezin Ghetto 1941-1945: Collection of Articles and Activities for the Educator and the Counsellor* (Israel: Ministry of Education, Culture and Sport und Yad Vashem, 1995), S. 97.

Erich Lichtblau-Leskly, „Flucht aus Theresienstadt", Theresienstadt. Mit freundlicher Genehmigung der Familie Leskly und des Los Angeles Museum of the Holocaust.

Hohes Fieber konnte einen vor der Deportation in ein Konzentrationslager retten. Der hier gezeigte Patient wurde in eine Krankenstation gebracht und nicht in ein KZ.

Erich Lichtblau-Leskly, „Ein Abschied: Auf Wiedersehen im Massengrab". Mit freundlicher Genehmigung der Familie Leskly und des Los Angeles Museum of the Holocaust.

Ein älterer, kränklicher Gefangener nimmt Abschied von einem deutschen Juden. Niemand nahm zu jener Zeit derartige Worte ernst.

Karikaturen 273

Karel Fleischmann (1897–1944), „Vorsicht! Mumps ist ansteckend!" Theresienstadt, 1944. Tusche auf Papier. Sammlung des Yad Vashem Kunstmuseums, Jerusalem. Gabe des Prager Dokumentationskomitees. Mit freundlicher Genehmigung von Alisa und Zeev Shek, Caesarea.

Dr. Hugo Kratky, „Dr. Victor Hahn"[599], Theresienstadt. Mit freundlicher Genehmigung des Beit Terezin.

---

599 Dr. Victor Hahn, ein Gynäkologe, geboren 1891 in der Tschechoslowakei. Er wurde im Dezember 1941 nach Theresienstadt deportiert. Im Ghetto war er der behandelnde Arzt in der Hamburger Kaserne. Im Oktober 1944 wurde Hahn nach Auschwitz-Birkenau deportiert und starb dort. Tarsi, Hrsg., *Art and Medicine*, S. 47.

In der Beschriftung der Zeichnung heißt es: „Geben Sie die Beine auseinander; also kämpfen werde ich nicht mit Ihnen!"

Arie Ben-Menachem, „Über die Kranken wachen", Litzmannstadt. Mit freundlicher Genehmigung von Arie Ben-Menachem.

Eine von Rumkowskis Parolen war „Wacht über die Kranken". In dieser Collage offenbart Ben-Menachem die Realität hinter der Parole und das Schicksal der Kranken. Man brachte sie nach Kulmhof.

Arie Ben-Menachem, „Die Kinder hüten", Litzmannstadt. Mit freundlicher Genehmigung von Arie Ben-Menachem.

Eine weitere Parole von Rumkowski war „Hütet die Kinder". In dieser Collage zeigt Ben-Menachem Bilder von verhungernden Kindern und von Kindern, die nach Kulmhof geschickt werden.

Karikaturen

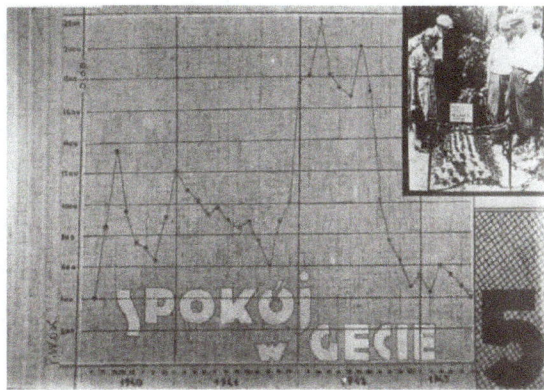

Arie Ben-Menachem, „Ruhe im Ghetto", Litzmannstadt. Mit freundlicher Genehmigung von Arie Ben-Menachem.

Hierbei handelt es sich ebenfalls um eine von Rumkowskis Parolen. In diesem Bild sieht man ein Diagramm der Sterbekurve im Ghetto.

Die Latrine

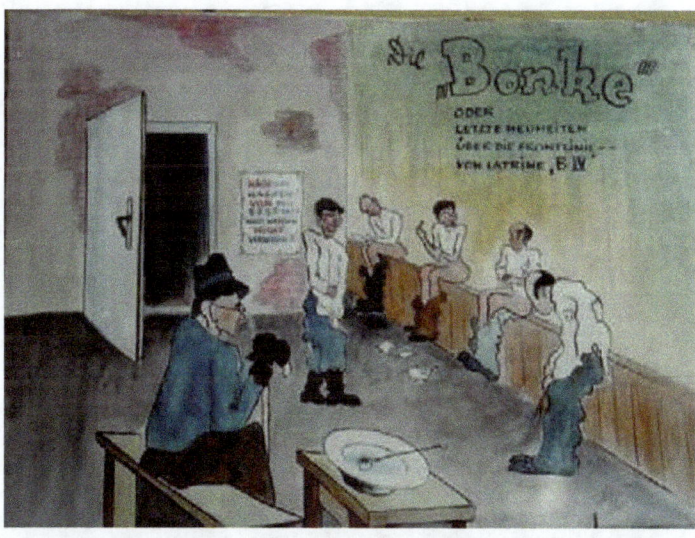

Erich Lichtblau-Leskly, „Neuheiten", Theresienstadt. Mit freundlicher Genehmigung der Familie Leskly und des Los Angeles Museum of the Holocaust.

Die Latrine war der Ort, an dem ermutigende Gerüchte über das Schlachtfeld entstanden und verbreitet wurden.

Karl Schwesig, „Auf der Toilette", Saint-Cyprien Camp. Freundlicherweise zur Verfügung gestellt durch Ghetto Fighters' House Archives, ART 234.

Karl Schwesig, „Eine Dusche im Lager", Lager Saint-Cyprien. Freundlicherweise zur Verfügung gestellt durch Ghetto Fighters' House Archives, ART 219.

We Will Survive!

Arie Ben-Menachem, „Trotz allem… tanzen, jubeln, singen und lernen wir", Litzmannstadt. Mit freundlicher Genehmigung von Arie Ben-Menachem.

Arie Ben-Menachem, „We will Survive!" Litzmannstadt. Mit freundlicher Genehmigung von Arie Ben-Menachem.

Das Bild zeigt Ben-Menachem mit seiner Freundin Sarah Sala Chanczynska. Dies ist das letzte Bild im Album.

Die Narren

Während des Holocaust gab es zwei bekannte Narren oder Unterhalter. Rubinstein war der Clown des Warschauer Ghettos und Yankele Hershkowitz war der Straßensänger im Ghetto Litzmannstadt. Rubinstein und Hershkowitz unterschieden sich voneinander in ihrem Stil und ihrer Wesensart, aber beiden gelang es, ihren Zuschauern ein Lächeln auf die Lippen zu zaubern oder sie gar zum Lachen zu bringen – Rubinstein mit seinen cleveren Epigrammen und Hershkowitz mit seinen satirischen Liedern. Rubinstein und Hershkowitz blieben im kollektiven Gedächtnis der Überlebenden der Ghettos in Warschau und Litzmannstadt verwurzelt. Sie finden Erwähnung in zahlreichen Schriften zu diesen Ghettos und darüber hinaus in den Gesprächen mit den Ghettoüberlebenden. Sie und ihre Witze waren weit über die Grenzen ihres jeweiligen Ghettos hinaus bekannt.

Ariela Krasney beschreibt die Entwicklung des Archetyps eines "jüdischen Narren" als Sympathieträger in der jüdischen Gesellschaft des neunzehnten Jahrhunderts. Obwohl die Narren, auf die Krasney Bezug nimmt, in einer gänzlich anderen Zeit lebten, gibt es dennoch Parallelen zwischen ihnen und Rubinstein bzw. Hershkowitz:

> Der *Badchan*, oder Narr, ist ein Dichter auf Zeit, der als gesellschaftlicher Störenfried ein unmittelbares Bedürfnis erfüllt, eine Neuigkeitenquelle und ein beliebter Unterhalter. Als Clown ist es ihm gestattet, Dinge laut zu äußern, die andere nicht einmal zu denken wagen. [...] Die Gesellschaft empfindet diese ungebremste Freiheit gewöhnlich als amüsant und lacht herzhaft über die Verkündungen des Clowns. Sprache ist das Instrument des *Badchan*, um Augenblicke des Lachens zu vermitteln. [...] Humor entsteht dabei aus einem raffinierten Einsatz von Sprache, aus Wortspielen, Neologismen, Bedeutungsverzerrungen. [...] Aber die Kunst des *Badchans* ist kein Selbstzweck, son-

dern vielmehr ein Werkzeug, um Kritik an gegenwärtigen Missständen zu üben. [...] Die Lieder des *Badchans* entwickelten sich zum Sprachrohr für aktuelle Ereignisse. [...] Der *Badchan* macht sein Zielpublikum mit den Defiziten des Lebens vertraut und gemeinsam flüchten sie sich in eine Welt der Logik, indem sie über die Missstände, die um sie herum existieren, lachen. Die Fähigkeit, über Ungerechtigkeit und Fehler zu lachen, ist ein Zeichen für ihre Fähigkeit, sie zu überwinden.[600]

Rubinstein

Rubinstein war ein Mann aus Litzmannstadt mit unbekanntem Vornamen, der in schmutziger, zerlumpter Kleidung durch die Straßen des Warschauer Ghettos wanderte, während er offen und mit viel Witz über das Ghettoleben und die Deutschen redete. Dabei liefen ihm Leute hinterher und lauschten seinen Reden; als Bezahlung für seine Bonmots gaben ihm manche der Zuhörer ein Geldstück. Rubinstein war im Ghetto bekannt und wurde in den künstlerischen Werken vieler Ghettoschriftsteller wie Jizchak Katzenelson, Shlomo Gilbert[601] und Yehoshua Perle[602] verewigt. Einige Ghettobewohner, so auch Emmanuel Ringelblum, sahen in Rubinstein einen Verrückten und Wahnsinnigen – „Der Irre Rubinstein" – wohingegen andere glaubten, dass er seine Verrücktheit nur vortäuschte. Rachel Auerbach nannte ihn „den gerissenen Geisteskranken". Die Ghettojuden sagten „Ghettonarr" zu ihm, während andere ihn „Junge, halte durch!" (*yingl, halt zich*) nannten, da Rubinstein so jeden ansprach, der noch gut aussah. Das wurde im Ghetto zum geflügelten Wort.[603]

He, Junge, sei stark, dein Leben lang,
Und pass gut auf das Stückchen Brot in deinen Händen auf,

---

600 Ariela Krasney, *The Badkhan* (hebräisch) (Ramat Gan: Bar-Ilan University, 1998), S. 16, 22, 86, 87, 89.
601 Shlomo Gilbert (1885–1941), Romanschreiber und Bühnenautor. Er starb bei der Großen Deportation des Warschauer Ghettos. Emmanuel Ringelblum, *Notes from the Warsaw Ghetto* (Jerusalem: Yad Vashem, 1992), S. 239.
602 Yehoshua Perle (1888–1943?), Schriftsteller, einer der Gründer der IKOR (jiddische Kulturorganisation) und einer ihrer aktiven Funktionsträger. Er starb in Auschwitz. Turkov, *There Once Was a Jewish Warsaw*, S. 103, 287. Emmanuel Ringelblum, *Final Writings: Polish-Jewish Relations, January 1943– April 1944* (Jerusalem: Yad Vashem und Ghetto Fighters' House, 1994), S. 25.
603 Ya'akov Kurtz, *Book of Testimony to the Shattering of the Jewish People in Poland: Notes of a Jew Who Survived the Nazi Hell in Poland* (Tel Aviv: Am Oved, 1944), S. 159–160; Turkov, *There Once Was a Jewish Warsaw* , S. 44–45, 206; Ringelblum, *Notes from the Warsaw Ghetto* (Jerusalem: Yad Vashem, 1992), S. 243, 255; Rachel Auerbach, *In the Streets of Warsaw: 1939–1943* (Tel Aviv: Am Oved, 1954), S. 26.

Nur Mut, nur Mut, Junge –
Solange du die Essensmarke sicher hast.[604]

Es hieß, dass Rubinstein nie schlief, da er immer irgendwo im Ghetto zu finden war: auf der Leszno-Straße, am Eingang eines der Theater oder eines Kaffeehauses. Rubinstein betrat Kaffeehäuser und verlangte nach etwas zu essen und zu trinken; wenn ihm das verweigert wurde, fing er an zu schreien: „Nieder mit Hitler!" Daraufhin gaben die Besitzer Rubinstein immer, was er wollte, da sie Angst hatten, sein Geschrei würde zur Schließung ihres Geschäfts führen. Er stand außerdem oft am Eingang der Ghettokirche und schleuderte den „jüdischen Christen" wütende Worte entgegen, wenn diese vom Gebet kamen, und „eskortierte" darüber hinaus die Toten. Leute beschrieben, wie er in den Sarg eines Toten brüllte: „Komm schon, gib die Bona [Essensmarke] her", oder wie er die Essensmarken von den Toten forderte, die Motl Pinkert zum Begräbnis brachte.

Eine weitere Geschichte über Rubinstein besagt, dass er wissen wollte, was die Leute nach seinem Tod über ihn sagen würden. Dazu überredete er seine Freunde, das Gerücht von seinem Tod zu verbreiten und anschließend so zu tun, als sei die Beerdigung einer unbekannten Person in Wirklichkeit seine. Rubinstein verkleidete sich und folgte dem Sarg, um zu hören, was die Leute sagten. Am darauffolgenden Tag erschien er wie üblich auf den Straßen des Ghettos und zog seine Trauerredner durch den Kakao.[605]

Rubinsteins Sprüche waren im Ghetto wohlbekannt. Zum Beispiel übernahmen alle seine Wendung *„Urm un reich alle gleich!"* (arm und reich, alle gleich); die Redewendung wurde sogar zum Namen einer Revue, die im Ghetto im Melody Palace aufgeführt wurde.[606] Eine weitere Wendung war Rubinsteins Forderung „Gib mir die Bona", die sogar in die Vorstellungen im Sztuka aufgenommen wurde. Dieser Spruch wurde sogar leicht abgeändert in „die Bona abgeben", was so viel hieß wie sterben. Ringelblum erwähnt in seinen Aufzeichnungen einen Bettlerjungen, der folgendes Lied sang, das von den Worten Rubinsteins „Ich gebe meine Essensmarke nicht her. Es kommen wieder bessere Zeiten." inspiriert war.[607] Das Lied wurde von den Kindern im Ghetto weiterentwickelt und den Umständen angepasst, sodass sie sangen:

Oh, Essensmarken,
Ich gebe meine Essensmarken nicht her.
Ich möchte noch ein wenig leben.

---

604 Moshe Prager, Hrsg., *Out of the Depths I Call* (hebräisch) (Jerusalem: Mossad Harav Kook, 1955), S. 48.

605 Kurtz, *Book of Testimony*, S. 160; Turkov, *There Once Was a Jewish Warsaw*, S. 45; Ringelblum, *Notes from the Warsaw Ghetto* (Jerusalem: Yad Vashem, 1992), S. 255.

606 Turkov, *There Once Was a Jewish Warsaw*, S. 44–45; Emmanuel Ringelblum, *Notes from the Warsaw Ghetto* (New York: Schocken Books, 1974), S. 177; Auerbach, *In the Streets of Warsaw*, S. 26.

607 Auerbach, *In the Streets of Warsaw* (hebräisch), S. 44; Ringelblum, *Notes from the Warsaw Ghetto* (englisch), (New York: Schocken Books, 1974), S. 208.

Oh, meine Essensmarke,
Ich gebe sie nicht her.[608]

Im Folgenden sind einige weitere Wendungen aufgeführt, die Rubinstein prägte:

- Die Reichen sind schon geschmolzen [tot] und jetzt sind die „Fetten" [die *Prominenten*] an der Reihe![609]
- Ich brauche die nächste Welt nicht, ich brauche diese Welt nicht, was ich will, ist die rosa Welt [Roosevelt].[610]
- Es begann im Korridor und es wird auf dem Balkon enden.[611]
- Der erste [Japaner] hat Erfolg – der zweite [Italiener] nicht, der dritte [Deutsche] und der vierte [Der Firter, Hitler] – mögen sie brennen![612]

Eine von Rubinsteins bekannteren Aussagen war, dass lediglich drei Menschen in Warschau überleben würden: er, Czerniakow und Pinkert; seine Prophezeiung erfüllte sich jedoch nicht.[613] Rubinstein, der „traurige Clown der jüdischen Straßen, Verrückter oder Spaßvogel, Witzbold oder Zyniker", war ein Ghettosymbol für den Mut eines Narren.[614]

Szpilman schrieb in seinem Buch, Rubinsteins Ziel sei es gewesen, den Menschen Trost zu spenden, indem er sie zum Lachen brachte... eine seiner Spezialitäten bestand darin, sich den deutschen Wachleuten zu nähern, dabei herumzuhüpfen, Grimassen zu schneiden und zu rufen: „Ihr Lumpen, ihr Räuber, ihr stehlendes Pack!", und jede Menge andere Obszönitäten. Die Deutschen fanden das urkomisch und gaben Rubinstein für seine Beleidigungen oft Zigaretten und ein paar Geldstücke; schließlich konnte man einen solchen Geisteskranken nicht ernst nehmen.[615]

Eine Version über die Umstände seines Todes lautet, Rubinstein sei während der Sperrstunde draußen erwischt und erschossen worden. Nach dem ersten Schuss konnte er je-

---

608 Ebd.
609 Ringelblum, *Notes from the Warsaw Ghetto* (englisch), (New York: Schocken Books, 1974), S. 138.
610 Ringelblum, *Notes from the Warsaw Ghetto* (hebräisch) (Jerusalem: Yad Vashem, 1992), S. 255.
611 Ebd., S. 264. „Korridor" (auch auf Jiddisch) bezieht sich auf das polnisch-pommersche Gebiet, das Ostpreußen vom Rest Deutschlands trennt und als Hauptvorwand für den Krieg diente. „Balkon" (auch auf Jiddisch) ist eine Anspielung auf den Balkan, wo zur damaligen Zeit Schlachten ausgetragen wurden.
612 Ringelblum, *Notes from the Warsaw Ghetto* (englisch), (New York: Schocken Books, 1974), S. 173.
613 Kurtz, *Book of Testimony*, S. 160; Turkov, *There Once Was a Jewish Warsaw*, S. 45.
614 Barbara Engelking und Jacek Leociak, *The Warsaw Ghetto: A Guide to the Perished City* (englisch) (New Haven, CT: Yale University Press, 2009), S. 594.
615 Wladyslaw Szpilman, *The Pianist: The Extraordinary Story of One Man's Survival in Warsaw, 1939-45* (London: V. Gollancz, 1999), S. 20–21.

doch noch ausrufen: „Nieder mit Hitler!", und nach dem zweiten brachte er noch die Kraft auf, um zu schreien: „Danke! Die nächste Welt muss einfach schöner als diese sein, und sei es nur, weil es in ihr keinen Hitler gibt!"[616]

Eine andere Version zu seinem Tod besagt, dass er so starb, wie er gelebt hatte: Als die Deportationen begannen, ging er als Freiwilliger zum Umschlagplatz[617]. Er lief lachend dorthin, er rannte lachend über den Umschlagplatz und er bestieg lachend den Zug.[618]

Rubinstein. Freundlicherweise zur Verfügung gestellt durch Ghetto Fighters' House Archives, 389.

Die Überlebenden erzählen von Rubinstein

Israel Gutman: Einerseits war er für die Leute ein Irrer, andererseits gaben seine Worte eine satirische Sicht wieder. Er erfand nichts, [aber] man konnte das, was er sagte, häufig verschieden interpretieren. Zuerst sagte er etwas, das ganz banal wirkte, aber dahinter verbarg sich eine absurde Vision, das Ende der Nazis. Er sah gestört aus, wie ein Mann, der alles verloren hatte, zerrissene Kleidung, verdreckt, ohne Dach über dem Kopf; er machte sich keinerlei Gedanken über sein Äußeres, seine Kleidung. Das kam durch die ständige Hungersnot in Warschau, die nichts Außergewöhnliches war, und irgendwann wurde er zu einem Clown. Wieso war er beliebt? Seine Beliebtheit lag darin begründet, dass die Leute

---

616 Bella Gutterman, Hrsg., *Gone with the Flame: Clandestine Writings about the Warsaw Ghetto, by Naomi Schatz-Weinkrantz* (hebräisch) (Jerusalem: Yad Vashem, 2003), S. 34.
617 Der Sammelplatz im Warschauer Ghetto, an den Juden zur Deportation in das Vernichtungslager Treblinka beordert wurden.
618 Engelking und Leociak, *The Warsaw Ghetto*, S. 594.

lachen mussten. Obwohl er nicht mehr hungern musste, weil jeder ihm irgendetwas gab, ein wenig Essen, behielt er das bei, da die Rolle, die er spielte, und sein Bild ein Quell für Lachen und Vergnügtheit waren. Und das brauchte das Publikum. Normalerweise jagten solche Typen den Menschen Angst ein, weil sie Nehmer waren – sie griffen sich Essen, sie verbreiteten Krankheiten wie Typhus etc., die Verdreckten hatten ansteckende Krankheiten. Die Leute fürchteten sich nicht vor ihm, er war beliebt und brachte die Menschen zum Lachen. In einer Gesellschaft ohne Zeitungen oder Radio, repräsentierte er ein Stück der Gesellschaft. Wenn jemand soziale Normen nicht erfüllt, wird er als „abnorm" betitelt und so gesehen war er nicht normal, aber seine „Abnormität" war ein Zeichen für Pfiffigkeit und er wusste, wie er seine Bekundungen formulieren musste, wie er seine Worte in Bezug auf große Weitsicht und verschlüsselte Botschaften einkleiden musste.

Ruth Sheinfeld: Wirklich, dieser Rubinstein war mit seinen Liedern und Witzen berühmt; ich erinnere mich heute noch an ihn.

Yanina Brandwajn-Ziemian: Es gab einen Kerl, der sich in den Straßen herumtrieb, er hieß Rubinstein. Er brüllte die Deutschen und uns immer an, *Ale Glajch* – alle gleich, du und ich. Oder zum Beispiel auch (Brandwajn-Ziemian singt auf Jiddisch): „*Oy di bone* (die Essensmarke). Ich will *di bone* nicht hergeben, denn Hitler ist die Cholera, die alle ins Grab bringen wird." Dieser Rubinstein war wie ein Hofnarr, wie Könige einen haben; nur dass er der Ghettonarr war.

Masha Futermilch: Er hatte einen sehr gesunden und sehr zeitgenössischen Sinn für Humor, alles war aktuell, aber gleichzeitig war er sehr schmuddelig. Er war, sagen wir, nicht ganz gesund [...], eine Person, die draußen herumrennt und ständig seine brillanten Gedanken zum Besten gibt; es war eine Wortspielnummer. [...] Hätten sie verstanden, was er da von sich gab, und wären die Deutschen ihm auf die Schliche gekommen, hätten sie ihn auf der Stelle erschossen. [...] Alle seine Witze waren gegen Hitler gerichtet, gegen die Deutschen. [...] Er brachte die raffiniertesten Sticheleien, allesamt sehr spitz. Er hatte Mut, aber alles in allem war er nicht so richtig bei klarem Verstand. Und wir sprachen ihn nicht mit seinem Namen an; stattdessen hieß er bei uns „*Meschuggeneh* Rubinstein". Im großen Ghetto, in Warschau, waren wir besorgt, er könnte irgendwann den Deutschen in die Hände fallen. [...] Ich weiß noch, einmal betrat er eine Konditorei und ich hielt an, um zu sehen, was er tun würde. Er ging hinein und fragte nach Kuchen, aber sie wollten ihm ohne Bezahlung keinen geben. Also verließ er das Geschäft und stellte sich draußen hin – ich habe das alles mitbekommen – und er sagte: „Ich werde ihnen erzählen, dass ihr über Hitler geschimpft habt!" Er verwendete Tricks. [...] Sie sammelten die Leichen in den Waggons und warfen so viele [hinein], wie man nur hineinzwängen konnte, und sobald der Waggon voll war, fuhren sie los. Rubinstein rannte hinter diesen Waggons her und schrie: „Junge, halt an, es geht bergab." Er schrie den Toten hinterher, verstehen Sie? Er hatte ständig clevere Geistesblitze und wir erzählten sie weiter.

Halina Birenbaum: Es gab diesen Verrückten, Rubinstein, vielleicht haben Sie schon einmal von ihm gehört. Er lief immer durch die Gegend und sagte: „*Ale glajch*" [Alle gleich] Die Armen und die Reichen. [...] Viele Leute machten ihn nach, machten seine Sprüche nach, was er tat, als ob er eine Art Genie war, obwohl er eigentlich halb verrückt war. Aber er traute sich, den Deutschen diese Dinge an den Kopf zu werfen, und sie töteten ihn nicht, weil sie sahen, dass er verrückt war. Dadurch war er der Held, er war der Mutige. Für sie war das Unterhaltung und sie taten ihm nichts an. [...] Am Ende verschwand auch er. [...] Im Grunde erlaubte er sich, Dinge zu äußern, die sich andere nicht gestatteten. Er betrachtete Dinge scherzhaft, dass Menschen so sehr leiden mussten [...] und er konnte das ausdrücken. [...] Er war dazu fähig mit ein paar prägnanten Worten den Nagel direkt auf den Kopf zu treffen. Er sah Dinge, die für jeden offensichtlich [waren]. [...] Andere beweinten die Toten, wieder andere hatten Angst, zitterten oder waren unruhig – aber nicht er. Er hatte nichts zu verlieren. Er war ohnehin schon arm, allein, ein Landstreicher und nicht normal.

Moshe Oster: In Auschwitz sagten sie zu jemandem, der wie ein *Muselmann* aussah, „Gibt deine Bona nicht her" oder „Bring deine Schuhe nicht zurück", um ihm Mut zu machen, damit er weiter durchhielt, nicht starb.

Genia Wohlfeiler-Manor: In Warschau gab es diesen Verrückten, Rubinstein, der alle möglichen Sprüche auf Lager hatte, z. B. „Alle gleich, alle gleich". Eine andere Wendung, die er im Warschauer Ghetto erfand, war *szafa gra* – die Musikbox füttern – d. h. wenn man viel Geld besaß, [...] konnte man Bestechungsgelder zahlen und weiter schmuggeln. Dann spielte die Musikbox, aber das war nicht genug – es wurde auch getanzt. *Szafa gra*, dieser Ausdruck war in ganz Polen verbreitet.[619] Das führte zu einer weiteren Wendung: „ein Mann mit einer Musikbox" oder jemand, der eine Musikbox besitzt. Wenn jemand viel Geld hatte, wurde über ihn gesagt „er hat ein Akkordeon, eine *Garmoschka*", denn wenn er seine Geldbörse öffnete, sah man dort viele Scheine.

Aharon Carmi: Jeder hatte eine Bona und wir mussten gerechterweise sagen, woher sie stammte. Rubinstein war derjenige, der diesen Begriff geprägt hat. [...] Er war halb verrückt, dieser Bursche. Niemand wusste, ob er wirklich verrückt war, aber er redete, während er lief, immer mit sich selbst. Zu allen, denen er begegnete, sagte er: „*Oj di bone*. Ich will die Bona nicht abgeben", denn wenn jemand starb, dann nahmen sie ihm seine Essensrationsmarke weg. Im Prinzip heißt es so viel wie durchhalten. [...] Er ging immer herum und sagte: „Das Fett schmilzt", das Leben ist billig. Die Reichen und die Wohlhabenden – alle sind tot. Es ist wie das, was man auf Jiddisch sagt, wenn man *Hanukkah*-Kerzen aus Öl verbrennt, das Öl tropft herunter, tritt aus. Das „Fett" schmilzt, weil die Helden alle tot sind,

---

619 Im Besatzungsjargon wurde so das Bestechen von Polizisten und Gendarmen an den Ghettotoren im Rahmen von Schmuggelgeschäften bezeichnet. Der Ausdruck kommt von einer Musikbox, die anfängt, Musik zu spielen, sobald eine Münze eingeworfen wird. Siehe Engelking und Leociak, *The Warsaw Ghetto*, S. 839.

sie sind alle getötet worden. [...] Das hörten wir immer von ihm im Ghetto. [...] Ich weiß nicht, ob er wirklich geisteskrank war, das weiß keiner. Ich habe noch nie irgendwo gehört, dass er zu jemandem gesagt hätte, er sein verrückt. Er nahm kein Blatt vor den Mund. Und weil er solche Sachen von sich gab, hielten ihn die Leute für verrückt.

Miriam Furmanski-Carmi: Er hatte lauter Witze auf Lager, z. B. über Schmalz. [...] Manchmal dachten wir, wir würden nicht lachen, aber tatsächlich lachten wir.

Yankele Hershkowitz

Hershkowitz war ursprünglich ein Volkssänger. Er war klein, gedrungen, hatte breite Schultern und ein rundes Gesicht mit einer breiten Nase und blauen Augen. Vor dem Zweiten Weltkrieg kam er aus seinem Dorf aus Apt nach Lodz. Er war ein zweitklassiger Schneider und ein einfacher Mann. Seine einzige Bildung erhielt er im *Cheder*, wo er etwas Hebräisch lernte und die Tora mit Raschi studierte, und er war gezwungen, sich und seine ärmliche Familie zu unterstützen. Er sprach kein Polnisch. Er konnte nur auf Jiddisch schreiben – mit Fehlern. Sein harter Kampf um eine Existenz ließ ihm nicht viel Zeit zum Lesen.

Die zweitklassigen Schneider verdienten ihren Lebensunterhalt, indem sie zu Märkten in den Nachbarstädten gingen. Sie waren die ganze Nacht unterwegs, beladen mit Handelsware und billiger Kleidung. Hershkowitz begleitete sie oft und lauschte ihren Volksmärchen und Volksliedern.

Hershkowitz hatte keineswegs eine schlechte Stimme; er liebte es, zu singen, und tat es mit viel Emotion. Aus jedem Ereignis, das sich in seiner Stadt zutrug, schrieb er eine Reimgeschichte und legte eine bekannte Melodie darüber und diese Lieder wurden sofort von der jüdischen Gemeinschaft angenommen und gesungen.

Als das Ghetto Litzmannstadt abgeriegelt wurde und Hershkowitz keine Lebensgrundlage mehr besaß, wusste er, dass er diesen Umstand Mordechai Chaim Rumkowski zu verdanken hatte. Alle Ghettojuden waren davon überzeugt. Sie pflegten zu sagen: „Als die Deutschen Litzmannstadt ‚judenrein' machen wollten, überredete Rumkowski sie, ein Ghetto zu errichten, weil er König sein wollte." Hershkowitz komponierte ein Lied über Rumkowski, das eine scharfe Satire über den „König" und sein „Königreich" war. Er sang es zur Melodie eines alten Volksliedes. Er sang es für seine Freunde, bei denen es großen Anklang fand, weshalb sie ihn ermutigten, das Lied auch auf den Straßen zu singen. Die Ghettojuden zogen aus diesem Lied großes Vergnügen. Ihr Lachen war sehr bitter. Sie weinten bei manchen der Liedzeilen und empfanden gleichzeitig die Süße der Rache an diesem „Wahnsinnigen". So bezeichneten die Juden Rumkowski, wenn sie unter sich waren. Hershkowitz ließ einen Funken des Ghettolebens in dieses Lied miteinfließen.[620]

---

620 Rachmil Bryks, *The Paper Crown: Novel* (New York: Rachmil Bryks Book Committee, 1969), S. 34–40.

Zu Beginn kannte er nur ein paar Lieder, weshalb Hershkowitz seine eigenen Humoresken und auch solche von anderen Künstlern vortrug. Danach begann er, bekannte jüdische und nicht jüdische Volkslieder umzuschreiben. Hershkowitz beschrieb das Ghettoleben, insbesondere die Ungerechtigkeiten, die durch die Verantwortlichen des Judenrates begangen wurden, und schrieb Parodien über aktuelle Ereignisse; die Öffentlichkeit liebte seine Auftritte. Obwohl er größtenteils beschwingte Melodien verwendete, waren die Worte von Hershkowitz satirisch und teilweise sogar makaber; Leute, die den Text nicht verstanden, hätten leicht den Eindruck erhalten können, dass Hershkowitz lustige Lieder sang.

Yankele Hershkowitz verdiente mit seiner Musik seinen Lebensunterhalt. Er wandte sich an sein Publikum und sagte: „Juden, Volk voller Gnade, werft mir eine drei-Penny-Münze hin [*a drayer*]! Kein vier-Penny-Stück [*der firer*][621]. Auf gar keinen Fall!" Die Zuschauer, die selbst arm und mittellos waren, kratzten trotz allem ein paar Groschen für ihren Sänger zusammen. Hershkowitz schrieb daneben auch spezielle Lieder für die Leiter des Versorgungsamts, für Fabriken und Kooperativen und die Köche in den öffentlichen Küchen; im Gegenzug gaben sie ihm alte Kleidung oder Essensgutscheine oder eine Portion Suppe. Eine öffentliche Suppenküche verließ man für gewöhnlich so hungrig, wie man sie betreten hatte. Hatten die Leute aber das Glück, zu hören, wie Hershkowitz seine beliebtesten Lieder zum Besten gab, obwohl sie eigentlich zum Essen gekommen waren, dann konnten sie sich mit der Tatsache trösten, ein neues Lied über die Behörden und Verantwortlichen gehört zu haben, und darüber hinaus zur raschen Verbreitung des Liedes beitragen.[622]

Oskar Rosenfeld erklärte in seinem Tagebuch, Hershkowitz „war zum Minnesänger des Ghettos geworden. Minnesänger und Prediger an der Pforte. Er prangert seine Mitmenschen und ihre Eigenschaften an."[623] Und Yechiel Frankel sah ihn als:

> … eine anonyme Person, die für ein Stück Brot auf die Straße ging und die Krone des Ghettosatirikers bekam. Seine Bühne bestand aus einem Schemel, von dem aus er seine geistreiche Kritik an den einflussreichen Juden, die nur an sich selbst dachten, übte. Er war ein Mensch, der zu einer Institution wurde – eine Art soziales Kabarett, ein ein-Mann-Theater im Brechtstil. Er war der Mann der düsteren Prophezeiungen, der seine eindringlichen Worte mit einem Lächeln auf den Lippen und einem weinenden Auge verkündete. […]

---

621 Der Name der Münze *der firer* erinnert an „Führer", eine Anspielung auf Hitler, und wird aus diesem Grunde abgelehnt.

622 Rachmil Bryks, *A Cat in the Ghetto: Stories* (New York: Rachmil Bryks Book Committee, 1966), S. 73–77; Prager, Hrsg., *Out of the Depths I Call*, S. 14; Yechiel Frankel, „Theater and Other Artistic Activity in the Łódź Ghetto, 1940-1944 (B)", *Stage: Quarterly Magazine for Drama*, Nr. 104 (1986), S. 40, 50, 53.

623 Frankel, „Theater and Other Artistic Activity (B)" (hebräisch), S. 53.

Hershkowitz war die einzige Stimme des Protests; auf seine Weise brachte er zum Ausdruck, was alle anderen dachten, aber gezwungenermaßen für sich behielten.[624]

Ende 1941 wurden Hershkowitz und Karl Rosentsweig, ein Handelsreisender aus Wien, der Gitarre und Laute spielte, Partner. Das Duo war erfolgreich, doch die Partnerschaft endete im Sommer 1942.[625]

Die meisten der Lieder von Hershkowitz handelten von Rumkowski und seinen Handlangern, weshalb es wenig verwundert, dass Hershkowitz den Behörden ein Dorn im Auge war. Zu einer Zeit, zu der Bestechung und Schrecken sämtliche Kritik an der Ghettoführung lähmte, scheute Hershkowitz keine scharfe Kritik an der örtlichen Leitung.[626] Rumkowski forderte häufig „Lobeslieder" und das offizielle Blatt des Ghettos, die Ghetto Zeitung, druckte sie:

Herr Rumkowski, unser höchster Ältester,
Obschon begabt, klug und gewandt –
Wurde gesegnet von unserem Schöpfer
Mit einer entschlossenen, starken Hand.[627]

In einer schriftlichen Antwort verfasste Hershkowitz ein kritisches Gedicht über Rumkowski. In einem Gedicht schrieb er beispielsweise, dass Rumkowski seine übrig gebliebenen Essensreste an die Ghettojuden verteilte – wie die Rabbis, die ihre Essensreste an ihre Anhänger weiterreichen. Es überrascht nicht, dass Rumkowski Hershkowitz den Krieg erklärte und die Ghettopolizei anwies, ihn zu verhaften. Rachmil Bryks beschreibt den Versuch, Hershkowitz zu verhaften:

Ein Teil der Zuschauer lacht, andere unterdrücken ihr Lachen. Auf einmal taucht einer der Polizisten des „Kaisers" Rumkowski wie aus dem Nichts auf. Er schnappt sich Hershkowitz am Kragen: „Jetzt hab ich dich", brüllt er. „Diesmal entkommst du mir nicht! Du willst dich also über unseren Direktor lustig machen?! Du willst die Juden auf diese Weise aufstacheln?" Der Polizist zeigt mit seinem Stock auf die Menge: „Auf zur Wache!"
Der Polizist zerrt ihn mit. Hershkowitz diskutiert mit ihm. Der Kamerade Zayde läuft aus der Menge mit erhobenen Fäusten auf ihn zu: „Lass ihn in Ruhe, du Hund!" Er brüllt mit seiner löwenartigen Stimme: „Ein böser Geist wird in den Polizistensohn deiner Mutter fahren! Juden, wieso steht ihr nur rum?" Er wandte sich an die Menge: „Wir lassen nicht zu, dass sie unseren Sänger festnehmen! Unseren Yankele!" Bluestein

---

624 Ibid., S. 38, 53.
625 Ibid., S. 53; Arie Ben-Menachem und Joseph Rab, Hrsg., *Chronicle of the Łódź Ghetto* (Jerusalem: Yad Vashem, 1989), Bd. A, S. 275, Bd. B, S. 37.
626 Frankel, „Theater and Other Artistic Activity (B)", S. 46.
627 Prager, Hrsg., *Out of the Depths I Call* (hebräisch), S. 14.

war der erste, der mit ausgestreckten Fäusten hinüberlief: „Ich reiße dir die Eingeweide heraus, du Schurke, du!" Männer und Frauen rannten hinüber und befreiten Hershkowitz aus seinen Fängen, woraufhin er schleunigst in der Menge verschwand.[628]

Hershkowitz wurde bei einer anderen Gelegenheit erneut verhaftet, doch Rumkowski musste ihn am nächsten Tag laufen lassen. Schließlich schloss Rumkowski seinen Frieden mit Hershkowitz, auch wenn der Judenratchef für gewöhnlich niemand war, der Kritik duldete, und einmal sogar ein Theater schließen ließ, dessen Sketche in seinen Augen zu revolutionär waren.[629] Tatsächlich gab Rumkowski Hershkowitz bei einer Gelegenheit persönlich ein Fünfmarkstück und ein Päckchen *Matzot* bei einer anderen.[630]

Im Sommer 1940 verkauften die Ghettobehörden Brot, Schrot, grobes Mehl und Pferdefleisch zu angemessenen Preisen, was jedoch nichts daran änderte, dass die Sterberate weiter anstieg, da im Ghetto eine höhere Arbeitslosigkeit und eine schlimmere Hungersnot herrschte. Hershkowitz hatte keine Möglichkeit, für seinen Lebensunterhalt aufzukommen, und machte dafür, wie alle Juden des Ghettos, Rumkowski verantwortlich. Das war die Zeit, als Hershkowitz eines seiner ersten Gedichte schrieb – ein satirisches Gedicht über Rumkowski mit Skizzen des Ghettolebens. In dem Lied ging es um die drei Chaims – Chaim Rumkowski, Chaim Weitzman und Chaim Perczerkovski, den Ghettobestatter. Das Lied wurde rasant zu einem riesigen Erfolg.[631]

Yankele Hershkowitz während eines Auftritts, Ghetto Litzmannstadt. Freundlicherweise zur Verfügung gestellt durch Ghetto Fighters' House Archives, 2995.

---

628 Rachmil Bryks, *The Paper Crown: Novel* (jiddisch) (New York: Rachmil Bryks Book Committee, 1969).
629 Siehe S. 276.
630 Frankel, „Theater and Other Artistic Activity (B)", S. 52–53; Prager, Hrsg., *Out of the Depths I Call*, S.14; Ben-Menachem und Rab, Hrsg., *Chronicle of the Łódź Ghetto*, Bd. A, S. 275.
631 Frankel, „Theater and Other Artistic Activity (B)", S. 40, 42.

Die Juden des Ghettos Litzmannstadt waren der festen Überzeugung, dass Hitler seinen Zorn nur gegen sie richtete und Juden an anderen Orten ein besseres Leben hatten... Auch diesen Umstand besang Hershkowitz:

> Und Eier, die einen fast nichts kosten.
> Das Leben dort ist ohne Sorgen:
> Speisen, als gäbe es keinen Morgen

Yankele Hershkowitz und der Geiger Karl Rosentsweig bei einem Auftritt, Ghetto Litzmannstadt. Freundlicherweise zur Verfügung gestellt durch Ghetto Fighters' House Archives, 2997.

> Speisen, als gäbe es keinen Morgen
> Dort, dort gibt es kein gelbes Band
> – Kein Königreich Rumkowski, keine Polizei
> Seid gegrüßt, ihr Juden!
> Adieu, Ghettoland!

Und dann persiflierte Hershkowitz „Kaiser" Rumkowski. Die Frau des „Kaisers" starb vor dem Krieg und wurde im Familiengrab mit einem einzigen Grabstein aus Marmor beerdigt. Der Name seiner Frau wurde auf die eine Hälfte des Steins geschrieben und die zweite Hälfte wartete auf ihn. Sie hatten keine Kinder, da er allerdings die Verantwortung für ein Waisenhaus trug, sah er sich selbst in der Rolle des „Vaters" der Waisen.

Daher sang Hershkowitz dieses Lied in den Straßen:

Dort geht Chaim,
Rumkowski Chaim
Die Waisenkinder rennen hinterher und folgen ihm
Um die unglaublichen Geschichten „ihres Vaters" zu hören.
Er ist auf dem Weg ins Lebenshaus [zum Friedhof].
Plötzlich macht er Halt am Grab seiner Frau
Und ruft: „Oj, oj, oj
Leah! Meine Leah, erhebe dich, siehe da
Wie dein Chaim auf einmal so kühn ist, fürwahr.
Oh, welch seltsame Wendung es ist
Dass im Lodzer Ghetto du deinen Chaim nun als Kaiser, als König siehst!"

[…] Als Hershkowitz eines Tages auf dem Marktplatz erschien, war er umgeben von einem Publikum, das ihn zum Singen aufforderte. Hershkowitz sagte zu ihnen: „Ich werde euch ein neues Lied singen, ‚Marishin'. Ich weinte, während ich es schrieb, bittere Tränen und konnte die ganze Nacht lang nicht schlafen." Er räusperte sich und signalisierte dem Geiger mit seiner Hand, er möge anfangen, eine traurige Melodie zu spielen. Hershkowitz begann, ‚Marishin' zu singen, und Tränen schossen ihm in seine blauen Augen. Einige der Zeilen sang er klagend und seufzend. Die Zuhörer waren in seinen Bann gezogen. Einige weinten und stimmten in sein Wehklagen mit ein. […] Als Hershkowitz aufhörte zu singen, wischte er sich die Tränen aus den Augen und viele der Zuhörer taten es ihm gleich.

Während er sang, bildete sich ein Kreis an Zuhörern um ihn und den Geiger herum. Sie fingen an, ihn zum Singen aufzufordern: „Rumkowski Chaim!" Hershkowitz räusperte sich, gab dem Geiger ein Zeichen und begann, zu singen. Die Menge summte die Melodie mit. Hershkowitz setzte ein:
Wir Juden wurden mit Chaim gesegnet [Leben]:

Leben anstatt Tod.
Chaim aus dem Lebenshaus [dem Friedhof]
Chaim Rumkowski, der Wundervollbringer
Wunder schafft er, so gut er kann.
Die Menschen weinen jeden Tag: „Oj, oj, oj, weh uns."
Jeder stellt eine Frage: „Oj?"
Und Chaim antwortet: „Es ist gut, so wie es ist!"

Als er zum Refrain ansetzte, gab er wie ein Chorleiter ein Zeichen, „Nu, alle", und alle gemeinsam sangen sie:

Rumkowski Chaim
Er gibt uns grobes Mehl

Er gibt uns Korn
Er gibt uns Manna.
In der Wüste in alten Zeiten aßen die Juden Manna,
Aber heute isst jede Frau ihren eigenen Mann.
Rumkowski Chaim
Wohl überlegt,
Er arbeitete hart von Tag bis Nacht,
Ein Ghetto erschuf er uns,
Eine Ernährungskur gab er uns
Und er ruft: Er hat recht!

An diesem Punkt wird es im Publikum still und Hershkowitz singt allein weiter:

Chaim Weizmann beschwor uns:
Juden, geht nach Palästina.
Er bat uns, zu pflügen und zu säen.
Wir befolgten seinen Aufruf nicht, und so sind wir selbst tief begraben,
Doch unser eigener kleiner Chaim, Rumkowski Chaim
Gibt uns täglich Almosen:
Einem ein Stück Brot, einem anderen ein Stück Pferdefleisch,
Aber wir alle sind tief in der Erde begraben.

An dieser Stelle gestikuliert Hershkowitz erneut wie ein Dirigent vor einem Chor, woraufhin alle Schaulustigen mit ihm in den Refrain einstimmen. Nachdem es wieder ruhig geworden ist, fährt Hershkowitz alleine fort:

Der dritte Chaim
Aus dem Lebenshaus
Mit dem Todesengel bekam seinen Willen:
Er sollte ihm mehr Tote verschaffen,
Die Tag und Nacht zu ihm entsendet werden.
Der Todesengel widmete sich sogleich dieser Aufgabe
Und arbeitete in Hast,
Zerstörte in kürzester Zeit sogar den größten Helden
Tat es flink, tat es gut
Stürzte die ganze Welt in den Abgrund.[632]

Das Gedicht hat mehrere Strophen, zum Beispiel:

---

[632] Rachmil Bryks, *The Paper Crown: Novel* (jiddisch) (New York: Rachmil Bryks Book Committee, 1969), S. 34–40.

Mit Chaim, mit Leben, wurden die Juden gesegnet –
Wir sind nun mit Leben gesegnet, nicht für den Tod bestimmt!
Durch sein großes Wunder – Chaim Rumkowski
Er vollbringt Wunder, oj, ist es nicht so!
Jetzt ist es jeden Tag so,
Um Himmels Willen, oj, oj, oj.

Am Tag der Zählung
War es wirklich heiß:
In die Straßen hinaus stolzierte Rumkowski
Und sah dabei wie ein Kaiser aus!
Trug einen Anzug, der hell schien,
Mit Handschuhen und dunkler Brille,
Um ihn die Polizei versammelt.
Oj! He, Rumkowski lacht ja!
Und schon verbreiten die Juden Gerüchte,
Das Ghetto wird bis *Schawuot* geöffnet sein...
Doch die Ghettotore bleiben fest verriegelt.
Wehe den alten Juden, es ist ein Befehl,
Ihre Bärte zu rasieren,
Und die alten Juden gehen mit gesenktem Kinn,
Etwas fehlt, wurde von ihnen genommen...
Aus Scham verbergen Sie ihr Gesicht,
Aber sie sind härter als Eisen...[633]

Rachmil Bryks führt an, wie Hershkowitz das Lied beendete: „Als Hershkowitz mit der Pflichtbemerkung ‚Unsere königliche Hoheit ist schon ergraut / Möge er hundert Jahre alt werden' schloss, rief das Publikum ‚Möge ihn der Teufel holen!'"[634]

Deutsche Juden (die von den Ghettobewohnern den Spitznamen „*yekim*" erhielten) wurden aus Deutschland ins Ghetto Litzmannstadt deportiert. Hershkowitz schrieb über sie und ihre Probleme folgendes Lied:

Es geht ein Bursche, kerzengerade,
Trägt eine Aktentasche mit sich mit.
Sucht nach Zucker
Mit Margarine.
Doch seine Mühen sind vergebens,
Es gibt kein Brot zu kaufen,

---

633 Prager, Hrsg., *Out of the Depths I Call* (hebräisch), S. 61.
634 David Roskies, *Against the Apocalypse: Responses to Catastrophe in Modern Jewish Culture* (englisch) (Cambridge, MA-London: Harvill Press, 1984), S. 205.

Schnappt sich eine Essensmarke...
Nach Marishin verschwindet er.[635]

Obwohl das Lied von Schreibern der Ghettochronik nicht in ihre Verzeichnisse aufgenommen wurde, erwähnten sie es doch:

Es Geyt a Yeke Mit a Teke (Es geht ein *Yeke* mit einer
Tasche). So geht der Refrain des neuesten Ghettoschlagers, der zur Melodie des beliebten Armeeliedes „The Machine Gun" gesungen wird. Es macht sich über die Abenteuer der frisch angekommenen „Deutschen" lustig, die in der jiddischen Umgangssprache als *yekes* bezeichnet werden. Das Lied behandelt ihre Hochs und Tiefs mit viel Humor und erzählt von den *yekes*, ewig hungrig und auf der Suche nach Essen, und von den „Einheimischen", die sie verspotten und häufig ihre Naivität und ihr Unwissen über lokale Gebräuche ausnutzen. Das Lied handelt von Frauen in Hosen, die durch die Straßen von Bałuty ziehen.[636]

Zu Beginn des Sommers 1941 war die Hungersnot im Ghetto bereits dramatisch. Die Straßen waren voll mit Menschen, an deren äußerem Erscheinungsbild offensichtlich war, dass sie sich auf der Schwelle zum Tod befanden. Im Ghettojargon wurden sie *„clepsydra"* genannt, wörtlich übersetzt „eine Todesanzeige". In dieser Zeit gründeten Rumkowski und seine Gehilfen ein Erholungsheim in Marishin, der Gegend, in der sich der jüdische Friedhof befand. Das Heim stand jedoch nur wohlhabenden Ghettobewohnern offen, denen es an nichts fehlte. Die *Lodzer Getto-Chronik* berichtete: „Diejenigen, die ‚auf großem Fuße' leben, verbringen das Wochenende in Marishin. Ausnahmslos jeder, der etwas auf sich hält, unternahm besondere Anstrengungen, um dort das Wochenende zu verbringen, denn anderenfalls, Gott bewahre, könnten die Leute ja denken, sie seien kein Mitglied der Elite."[637]

Auf den grünen Feldern von Marishin,
Oj vej.
Auf den grünen Feldern von Marishin,
Inmitten ganzer Grabwälder dazwischen,
Oj vej, oj vej.
Inmitten ganzer Grabwälder dazwischen,
Oj vej, oj vej, oj vej.

---

635 Frankel, „Theater and Other Artistic Activity (B)" (hebräisch), S. 50.
636 Lucjan Dobroszycki, Hrsg., *The Chronicle of the Łódź Ghetto* (englisch) (New Haven: Yale University Press, 1984), S. 92.
637 Ibid., S. 214; Frankel, „Theater and Other Artistic Activity (B)" (hebräisch) S. 50, 52.

Ein Erholungsheim bauen sie an diesem Ort,
Oj vej.
Ein Erholungsheim bauen sie an diesem Ort,
Sie essen, trinken und lachen dort,
Oj vej, oj vej,
Sie essen, trinken und lachen dort,
Oj vej, oj vej, oj vej.

Ein Erholungsheim, eine wahre Idylle,
Oj vej.
Ein Erholungsheim, eine wahre Idylle,
Mit Musik und mit einer Villa,
Oj vej, oj vej.
Mit Musik und mit einer Villa,
Oj vej, oj vej, oj vej.

Jeder, der sich satt gegessen,
Oj vej.
Jeder, der sich satt gegessen,
Urlaubt im neuen Heim angemessen,
Oj vej, oj vej.
Urlaubt im neuen Heim angemessen,
Oj vej, oj vej, oj vej.

Auch ich habe eine Art Urlaubsersatz,
Oj vej.
Auch ich habe eine Art Urlaubsersatz,
Ein Schreiben an der Wand von einem düsteren Platz,
Oj vej, oj vej.
Ein Plakat, in einer schlimmen Lage aufgehängt,
Oj vej, oj vej, oj vej.[638]

Hershkowitz wurde nach Auschwitz deportiert, wo er weiterhin öffentliche Auftritte hatte, für die er im Gegenzug Essen erhielt. Soweit wir wissen, kehrte er nach der Befreiung nach Lodz zurück und beging dort Selbstmord.[639]

---

638 Frankel, „Theater and Other Artistic Activity (B)" (hebräisch), S. 51–52.
639 Arie Ben-Menachem in einem Interview mit der Autorin.

Die Überlebenden erzählen von Yankele Hershkowitz

Itka Slodowski: Seine Lieder verkörperten die tragische Realität und brachten die Leute dazu, über ihre eigenen Umstände zu lachen. Die Leute liefen lachend umher. [...] Seine Lieder stellten die Situation exakt dar und den Leuten gefielen sie wirklich. Sie brachten die Leute zum Lachen. Wir lachten über uns selbst. Das hob unsere Stimmung; Yankele war im Ghetto für Erheiterung zuständig.

Fishel Kozlovski: Yankele Hershkowitz sang satirische Lieder aus Litzmannstadt, aus dem Ghetto. [...] [Kozlovski singt auf Jiddisch] „Rumkowski, gib uns ein Ghetto und eine Ernährungskur." Ich habe eine Kassette mit seinen Liedern, es ist eine kurze Aufnahme. Noch nicht einmal eine Stunde.

Arie Ben-Menachem: Ich traf ihn in Auschwitz und dort wurde er überhaupt erst zum Star, weil es dort Personen in den höchsten Positionen gab, [...] hochrangige Leute, die nach der Arbeit, abends, gerne unterhalten wurden. Sie brachten Leute von ihrer Arbeit zurück, oder nachdem sie ihre eigene Arbeit beendet hatten. Sie suchten unter anderem nach Sängern. Derweil hatte sich Yankele mit einem Mann, der hier in Israel gestorben ist und Shamai Rosenblum hieß, zusammengetan. Er war ein Redner. [...] Gemeinsam traten sie in Auschwitz vor allen möglichen [Leuten] auf. Sie riefen das Duo zu sich und veranstalteten einen Abend... [mit Unterhaltung]. Selbstverständlich erhielten sie dafür ein bisschen mehr Essen oder irgendetwas Notwendiges. Hershkowitz machte so auch in den Lagern weiter, zusammen mit dem anderen Kerl [Rosenblum]. Ich habe gehört, Hershkowitz blieb in Lodz [...] und nahm sich dort, soweit ich weiß, das Leben. Sein Sohn heiratete eine polnische Christin. Er fuhr in Lodz Taxi. Einer von Yankeles Freunden, ein Bekannter, der in Paris lebte [Joseph Wajsblat], besuchte den Sohn, der Wajsblat alles überreichte, was ihm von seinem Vater geblieben war. Wajsblat brachte auf eigene Kosten ein Heftchen[640] heraus. Er vertrieb es auch selbst, da er das Geld nicht nötig hatte; er war wohlhabend.

---

640 Yankl Hershkowitz, *Der Gezang fun Łódźer Geto*, Hrsg., Joseph Wajsblat (Paris: Les Editions Polyglottes, 1994).

Schlusswort

Der jüdische Widerstand gegen die Nazis war nicht nur physischer, sondern auch spiritueller Natur. Da sie über keine Waffen verfügten, konnten die Opfer das Morden nicht stoppen, aber sie konnten sich gegen die Bemühungen der Nazis, sie zu entmenschlichen, wehren.

Diese Rebellion drückte sich im Verfassen literarischer und lyrischer Werke aus, in der Kreation von Kunstwerken und der Veranstaltung von Theateraufführungen. Sogar die alltägliche Verwendung von Humor stellte für die Juden eine Form des Widerstands dar und Teil dessen war Humor in Gedichten und Theaterstücken, in satirischen Werken und Karikaturzeichnungen.

Dieses Buch ergründet auf der Grundlage der Belege von Holocaustüberlebenden die heilende Wirkung von Humor während des Holocaust und legt dar, wie die hierfür befragten Überlebenden Humor zur Bewältigung einsetzten. Die Holocaustüberlebenden aus meiner Befragung untermauern die Tatsache, dass Humor ihnen bei der Stressreduktion half und für sie eine Möglichkeit der Bewältigung und des Überlebens darstellte. Die Fähigkeit der befragten Personen, inmitten der Gräueltaten und derer zum Trotz über sich selbst lachen zu können, ist wohl der stärkste Beleg für ihr verblüffendes Bewältigungspotenzial im Angesicht grauenerregendster Zustände sowie auch für ihre Weigerung, Leiden und Erniedrigung anzunehmen. In ihren Aussagen gestanden sie dem Einsatz von Humor eine bedeutende Rolle bei der Wahrung ihrer Menschlichkeit zu. Ihre Erzählungen bekräftigen daher Freuds Behauptung, der Einsatz von Humor sei ein Anzeichen für die höchste Stufe der Anpassung.[641]

---

641 Sigmund Freud, „Humor", *International Journal of Psychoanalysis*, Bd. 9 (1928), S. 1–6.

Die von mir befragten Überlebenden ertrugen emotionale Konflikte sowie innere und äußere Stresseinflüsse, indem sie die amüsanten oder ironischen Aspekte des Stressors herausstellten. Gelegentlich gelang es ihnen, über den Einsatz von Humor die täglichen Grausamkeiten mit Abstand zu betrachten und sich und ihre geistige Gesundheit auf diese Weise zu schützen. Lily Rickman brachte dies auf den Punkt, als sie zu mir sagte: „Es ist so, als sei das nicht mir passiert. Auch wenn ich weiß, dass es mir passiert ist, fühlt es sich nicht so an." Sie leugnet in ihrer Bemerkung nicht die Realität, sie führt lediglich eine andere Wahrnehmung der Realität an – eine Sichtweise, die sie und ihre Freunde über die Verwendung von Humor gewonnen hatten.

Es ist wichtig zu betonen, dass Humor im Holocaust die von den Überlebenden erlebten objektiv stattgefundenen Gräueltaten nicht vermindert hat; er linderte lediglich ihren subjektiven Schmerz als Reaktion auf die Qualen. Doch obwohl diejenigen, die Humor verwendeten, die Grausamkeiten von einer anderen Warte aus zu betrachten vermochten, wollten und konnten sie den Schrecken, der ihr Leben beherrschte, nicht ignorieren. Vielmehr war Humor ihr wundersames Werkzeug zum Umgang mit der Gewalt und dem Chaos, was der Grund dafür ist, dass ihre Schreckensgeschichten von makabrem Humor durchzogen sind. Bemerkungen wie „es war furchtbar, aber wir haben darüber gelacht" oder „wir konnten uns im Holocaust vor Lachen oft kaum halten" unterstreichen allesamt die gesunde Rolle, die Humor während der Auseinandersetzung mit der furchterregenden Wirklichkeit der Zeit einnahm.

Die große Vielfalt an Humorbekundungen während des Holocaust hebt die Bedeutung von Humor in den Augen der Holocaustopfer hervor, die ihn als einen Weg der inneren Rebellion betrachteten. Humor ist grundsätzlich in jeder Situation einzigartig und kann nur innerhalb des Kontextes seines Vorkommens interpretiert werden. Der beispiellose Charakter des Humors im Holocaust wird anhand des für diese Studie zusammengetragenen Materials ersichtlich, aus dem hervorging, dass komische Situationen und Erfahrungen, die die Menschen zum Lachen brachten, selbst im Kontext der schlimmsten und schmerzlichsten Emotionen existierten. Die in dieser Forschungsarbeit herbeigeführten Situationen entsprechen keinen „normalen" Umständen und Holocausthumor lässt sich nicht mit Humor im „normalen" Leben vergleichen.

Nachdem die Forschungspopulation in Übereinstimmung mit vorab festgelegten Kriterien ausgewählt wurde, können die Forschungsergebnisse auch nur auf Holocaustüberlebende angewandt werden, die dieselben Kriterien erfüllen wie die für diese Studie befragten Personen. Das wichtigste Kriterium ist dabei das Erleben oder die Verwendung von Humor im Holocaust. Lily Rickman sagte während des Interviews zu mir: „Ich konnte nur diejenigen aufmuntern, die das auch hören wollten. Nicht jeder wollte das. […] In der Regel gab es unter den Mädchen solche, die [den Humor] verstanden, und diejenigen, die ihn nicht verstanden, entzogen sich dem." Ihre Worte unterstreichen einen wichtigen Aspekt: Nicht jeder wollte oder konnte Humor annehmen.

Andere Studien mit Holocaustüberlebenden legen den Fokus auf die zahlreichen individuellen Unterschiede, die zwischen ihnen herrschten, einschließlich der Unterschiede in ihren Persönlichkeiten, ihrem Bewältigungsvermögen und ihren Stärken. In diesen

Studien wird auf das Vorhandensein einer Vielzahl an inneren Ressourcen verwiesen, die sowohl zum Überleben der Opfer in den KZs als auch zu ihrer Genesung nach dem Holocaust beitrugen.

Menschen, denen es gelingt, sich zum Teil von Krisen zu distanzieren, und die weniger dazu neigen, die Schreckenserlebnisse zu internalisieren, können von Humor stärker profitieren. Der Einsatz von Humor in Krisenzeiten verschafft Menschen eine Perspektive, die den emotionalen Bewältigungsmechanismus innerhalb einer Situation begünstigt. Auf der anderen Seite sind Menschen, die stark durch das Trauma vereinnahmt werden und nicht länger zwischen Emotionen als Reaktion auf die Krise und inneren Emotionen unterscheiden können, unfähig, sich während der Krise an Humor zu erfreuen. Die Reaktion einer Person auf eine Situation manifestiert sich an ihrer Sicht auf diese Situation– daran, ob die Situation als Bedrohung oder als Herausforderung betrachtet wird. So können zum Beispiel Menschen, die sehr starke Todesangst verspüren, keinen Humor empfinden; tatsächlich fühlen sie sich davon nur belästigt oder verärgert. Die für diese Arbeit befragten Überlebenden gehören zu denen, die einen Weg gefunden haben, mit den grauenvollen Umständen, in denen sie sich befanden, umzugehen: Sie waren nicht vom Grauen überwältigt, sondern konnten es als Beobachter von der Seitenlinie aus betrachten. Diese Distanz stellte einen Schutzschild dar und ermöglichte es ihnen, Humor zuzulassen.

Auf der Grundlage des Materials, das für diese Studie zusammengetragen und untersucht wurde, können wir den Schluss ziehen, dass die Annahme, Lachen habe keinen Platz in tragischen und makabren Situationen, die durch Leid und Tod geprägt sind, nicht haltbar ist. Obwohl der Humor während des Holocaust einzigartige Facetten aufwies und auf der Basis beispielloser Umstände entstand, so existierte er doch und war unter den vorherrschenden Bedingungen von Hoffnungslosigkeit und dem Fehlen jeglicher Gewissheit darüber, was der kommende Tag bringen würde, unabdingbar.

Das Verständnis der Funktionen von Lachen und Humor während des Holocaust birgt einen großen theoretischen Wert. Daher stellen unsere Einblicke bezüglich Humor eine Bereicherung unseres Verständnisses der Bewältigungsmechanismen, die Menschen in Zeiten größter Belastung entwickeln, dar. „Diejenigen, die aufhörten zu lachen – hörten auf, zu existieren"[642], formulierte Yechiel Frankel in einem prägnanten Satz, der die Bedeutung von Humor im Holocaust auf den Punkt bringt.

---

642 Yechiel Frankel, „Theater and Other Artistic Activity in the Łódź Ghetto, 1940-1944 (A)" (hebräisch), *Stage: Quarterly Magazine for Drama*, Nr. 103 (1986), S. 40.

Anhang: Die befragten Personen[643]

Joseph Bau (1920–2002) wurde in Krakau geboren und war Maler, Grafiker, einer der ersten Animatoren in Israel, Illustrator, Designer, Fotograf, Bühnenregisseur, Autor, Dichter und Verleger. Im Jahr 1938 begann Bau sein Studium in plastischer Kunst an der Universität Krakau, doch der Zweite Weltkrieg unterbrach sein Studium. Er verbrachte fünf Jahre im Ghetto und in Arbeitslagern, zuerst im Ghetto Krakau und später im KZ Plaszów. In Plaszów arbeitete Bau als Grafiker und Konstruktionszeichner in einem Bauamt.

In Plaszów lernte Bau seine Frau Rebecca kennen, die er heimlich im Frauenlager heiratete. Joseph erstellte ein kleines Heftchen, etwa so groß wie eine Hand, in das er Gedichte schrieb und Bilder zeichnete (die nichts von den Grausamkeiten des Lagers widerspiegelten). Von Plaszów aus wurde Joseph nach Groß-Rosen geschickt und von dort auch in das Außenlager, das für die Arbeiter in Oskar Schindlers Fabrik im Sudetenland gegründet wurde. Dort verblieb er bis Kriegsende. Nach der Befreiung wurde er mit seiner Frau wiedervereint, woraufhin sie nach Krakau zurückkehrten. Joseph nahm sein Universitätsstudium wieder auf und machte seinen Abschluss 1950. Um seinen Lebensunterhalt zu bestreiten, arbeitete Joseph als Designer, Grafiker und Karikaturist für drei Zeitungen. Im Jahr 1950 emigrierte er mit seiner Frau und ihrer dreijährigen Tochter nach Israel. Joseph arbeitete als Grafiker für die israelische Regierung; danach eröffnete er ein Grafikstudio, in dem er die Animationsarbeiten und Untertitel für mehrere israelische Filme

---

[643] Bei den biografischen Informationen zu den Befragten handelt es sich um eine Zusammenfassung dessen, was sie der Autorin mitgeteilt haben. Einige der befragten Personen entschieden sich gegen eine Veröffentlichung ihrer Geschichte in diesem Rahmen.

erstellte, u. a. für *Kazablan*, *Eight in the Footsteps of One*, *Sallah – oder: Tausche Tochter gegen Wohnung* und *Pillar of Fire*.

Joseph Bau gründete den Verlag Hamena'anea (Shaker), für den er Bücher auf Hebräisch und Polnisch schrieb, illustrierte, redaktionell bearbeitete und verlegte. Im Jahr 1982 schrieb und veröffentlichte er *Dear God, Have You Ever Gone Hungry?* (Hamena'anea), ein autobiografisches Buch über den Holocaust, das 60 Illustrationen umfasst und sich durch seinen schwarzen Humor auszeichnet. In seinem Buch *Brit Mila* (Hamena'anea, 1987) versucht Joseph, den Beweis dafür zu erbringen, dass Hebräisch die weiseste aller Sprachen ist. Das Buch wurde in einem humorvollen Schreibstil verfasst und beinhaltet 250 Illustrationen. Daneben schrieb und veröffentlichte Bau folgende Bücher auf Hebräisch: *Round Triangle* (Hamena'anea, 1976), *Cold Regards* (Hamenora, 1971), *Good for Him* (Hamena'anea, 1992) und weitere Bücher auf Polnisch.

Arie Ben-Menachem (Printz) (1922–2006) wurde in Lodz geboren und war 17 Jahre alt, als der Krieg ausbrach. Er war von 1940 bis zur endgültigen Liquidierung im Jahre 1944 im Ghetto Litzmannstadt gefangen. Im Ghetto war Ben-Menachem in der zionistischen Jugendbewegung Hazit Dor Bnei HaMidbar aktiv. Arie freundete sich mit dem Ghettofotografen Mendel Grossman an und unterstützte ihn bei seinem heimlichen Fotoprojekt. Gemeinsam fotografierten sie den Ghettoalltag, die Ghettobewohner bei ihrer Arbeit in den Ressorts, die hungernden Kinder, die Fäkalientransporteure (Fäkalisten) und die Verfolgungen, Hinrichtungen und Deportationen. Arie stellte aus einigen der Fotos und Collagen ein 18-seitiges Album zusammen, um Kritik an Mordechai Rumkowskis Politik zu üben.

Nach der Liquidierung des Ghettos wurde Arie nach Auschwitz deportiert; er nahm das Album mit, war jedoch gezwungen, es mit seinen übrigen Kleidungsstücken und Besitztümern im Zugwaggon zurückzulassen.

In Auschwitz gelangte das Album zum polnischen Untergrund, der darin einen Beweis für die Existenz einer Widerstandsbewegung im Ghetto sah, weshalb er es aus dem Lager herausschmuggelte. In der Zwischenzeit wurde Arie von einem KZ ins nächste verlegt; er überlebte, doch seine Eltern und seine Schwester kamen um.

Arie traf seine zukünftige Frau vor dem Krieg und obwohl sich ihre Beziehung im Ghetto festigte, wollten sie nicht unter derart ungewissen Umständen heiraten. Nach der Befreiung im Jahr 1945 wanderte Arie nach Israel aus und ließ sich im Kibbuz Nitzanim nieder. Seine zukünftige Frau Eva zog zu ihm und sie konnten endlich heirateten. Arie kämpfte im israelischen Unabhängigkeitskrieg und wurde von den Ägyptern gefangen genommen; er war neun Monate lang in Gefangenschaft. Nach seiner Freilassung ließ er sich mit seiner Frau in Ramat Hasharon nieder; sie bekamen einen Sohn und eine Tochter.

Im Laufe der Jahre versuchte Arie, sein verloren gegangenes Album wiederzufinden. Arie erhielt Kopien von Seiten, die in diversen Publikationen veröffentlicht worden waren, und obwohl er das Originalalbum nie wiederfand, gelang es ihm, das Album aus den einzelnen Seiten zu rekonstruieren.

Arie stellte eine umfangreiche Privatbibliothek mit tausenden Arbeiten über den Holocaust allgemein und über das Ghetto Litzmannstadt im Speziellen zusammen. Er gewährte Forschern und Studenten stets bereitwillig Zugang zu seinen Werken und ließ sie gerne an seinem weitreichenden Wissensschatz teilhaben. In Zusammenarbeit mit Joseph Rab übersetzte und bearbeitete Arie das Werk *Chronicle of the Łódź Ghetto* (hebräisch) (Yad Vashem, 1986-1988). Ein weiteres gemeinsames Projekt mit Rab bestand in der Übersetzung ausgewählter Briefe von Josef Zelkowicz; die Briefe wurden in einem Buch unter dem Titel *In Those Terrible Days: Writings from the Łódź Ghetto* (Yad Vashem, 2002) [*In diesen albtraumhaften Tagen: Tagebuchaufzeichnungen aus dem Getto Lodz/Litzmannstadt, September 1942* (Göttingen: Wallstein, 2015)] veröffentlicht. Darüber hinaus war Arie an der Veröffentlichung von Büchern über Ger Toshav beteiligt und schrieb eine emotionale Abhandlung über seinen Freund, den Fotografen Mendel Grossman, die im Buch *Secret Camera: Life in the Łódź Ghetto* (Frances Lincoln Limited, 2008) abgedruckt wurde.

Halina Birenbaum wurde 1929 in Warschau geboren und blieb bis zur Liquidierung im Mai 1943 im Warschauer Ghetto. Sie wurde nach Majdanek deportiert und nach drei Monaten nach Auschwitz-Birkenau geschickt, wo sie eineinhalb Jahre blieb. Anfang Juli 1944 wurde sie auf den Todesmarsch nach Ravensbrück geschickt und von dort aus weiter nach Neustadt-Glewe. Im Juni 1945 wurde sie von der Roten Armee befreit und kehrte nach Warschau zurück. Im Jahr 1947 gelangte sie als illegale Einwanderin ins vorstaatliche Palästina; zu Beginn lebte sie in einem *Kibbuz* und nach ihrer Heirat im Jahr 1950 in der Stadt Herzliya.

Halina führte in ihren Jahren im Ghetto und in Auschwitz Tagebuch; in Auschwitz schrieb sie auf zerrissenen Zementsäcken. Zwar konnte sie die Fetzen nicht retten, aber das Schreiben gab ihr die emotionale Stärke, die sie zum Weiterleben brauchte. Im Jahr 1966 sprach Halina vor Schulkindern zum ersten Mal über ihre Holocausterlebnisse und ab 1986 hielt sie auch im Ausland Vorträge. Halina Birenbaum schrieb vier Memoiren, die ersten davon unter dem Titel *Die Hoffnung stirbt zuletzt* (Frankfurt a. M.: Fischer, 1995), worin sie die Ereignisse in ihrem Leben in den Jahren 1939–1945 beschreibt; des Weiteren verfasste sie fünf Gedichtbände. Ihre Werke wurden in zahlreiche Sprachen übersetzt.

Orna Birnbach wurde 1928 in der polnischen Stadt Włocławek geboren. Als der Krieg ausbrach, war sie 11 Jahre alt. Włocławek wurde an Deutschland angegliedert, woraufhin Orna mit ihrer Familie durch Warschau und Krakau in die Geburtsstadt ihres Vaters, Tarnau, floh. Dort fielen sie jedoch den Nazis in die Hände, woraufhin sie nach Plaszów und von dort nach Auschwitz-Birkenau gebracht wurden. Vier Monate später wurde Orna nach Mühlhausen, ein Frauenlager, das zum KZ Buchenwald gehörte, überstellt. Von Mühlhausen aus wurde sie weiter nach Bergen-Belsen überstellt, wo sie schließlich bis zur Befreiung verblieb.

Über das illegale Einwanderungsprojekt Alija Bet emigrierte Orna im Juli 1946 auf dem Schiff *Biriya* nach Israel. Das Schiff wurde von den Briten abgefangen und die Passagiere kurzzeitig im Flüchtlingslager von Atlit nahe Haifa interniert. Orna hat zwei Töchter und vier Enkelkinder.

Christina Brandwajn (Shulamit Tzadar) wurde 1932 in Warschau geboren. Ihr Vater war Arzt im größten jüdischen Krankenhaus, das es im Ghetto bis zur Liquidierung gab. Christinas Eltern starben beide in einem Bunker während des Aufstands im Warschauer Ghetto. In der Zwischenzeit wurde Christina heimlich vom Ghetto auf die „arische" Seite der Stadt gebracht und mit Hilfe ihrer Cousine, Yanina Brandwajn-Ziemian, zwischen verschiedenen Familien hin- und hergereicht, bis Christina schließlich in ein Kloster geschickt wurde. Yanina kümmerte sich während des Krieges um Christina und sorgte nach der Befreiung für Christinas Verlegung aus dem Kloster in ein jüdisches Waisenhaus.

Im Jahr 1948 zog Christina mithilfe von Aliyat Hanoar (einer jüdischen Gruppe, die überlebende jüdische Kinder nach Israel brachte) in den Kibbuz Amir in Israel.

Yanina Brandwajn-Ziemian (1921–2005) wurde in Warschau geboren. Im Jahr 1939 schloss sie ihr erstes Studienjahr in Englischer Literatur an der Universität Warschau ab. Ihr Vater und ihr Onkel waren beide Ärzte; ihr Vater wurde von den Sowjets in Katyn ermordet und ihr Onkel, der im Ghetto als Arzt arbeitete, rettete sie und ihre Schwester. Nach zwei Jahren im Ghetto gelang es Yanina, auf die „arische" Seite zu gelangen, von wo aus sie ihrer Cousine Christina, der Tochter ihres Onkels, des Arztes, half.

Erst 1950 erhielt Yanina einen Pass und zog nach Israel. Nachdem sie in Kiryat Motzkin den Hebräischkurs absolviert hatte, setzte sie ihr Studium an der Hebräischen Universität in Jerusalem fort; sie studierte Allgemeine Geschichte und Jüdische Geschichte und arbeitete in der israelischen Nationalbibliothek. Yanina schrieb ihre Memoiren aus dem Holocaust in *Youth and Resourcefulness in War: Memories from the Holocaust* (hebräisch) (Y. Golan, 1994) nieder und erstellte zudem ein Portfolio von Quellen und Artikeln für den Unterricht über die Zeit des Holocaust.

Aharon Carmi (Adam Chmielnicki) (1923–2011) wurde im polnischen Opoczno in eine Großfamilie geboren und war in der Jugendbewegung Gordonia[644] aktiv. Aharon sprang mit einem seiner Brüder von einem Zug, der die Juden aus seiner Stadt nach Treblinka transportierte, wobei sich sein Bruder allerdings so schwer verletzte, dass er keine andere Wahl hatte, als in seine Heimatstadt zurückzukehren, wo er den Deutschen übergeben und

---

644 Gordonia, 1925 gegründet und nach A. D. Gordon benannt, war eine zionistische sozialistische Jugendbewegung, die einen moderaten Ansatz verfolgte. Ihre Grundlage war Gordons Doktrin, dass die Zurücknahme des Landes Israel und des jüdischen Volks auf körperlicher Arbeit und dem Wiederaufleben der hebräischen Sprache basieren würde. Aus diesem Grund lernten die jugendlichen Gordoniazöglinge Hebräisch und die Absolventen bildeten Ausbildungsgruppen in Vorbereitung auf die *Alija*. Die Gordonia-Bewegung wandte sich an die Bewegung Noar Oved, um Mitglieder zu gewinnen, während sich die Hashomer Hatzair-Bewegung an Noar Lomed wandte. Die heutige Noar Oved V'Lomed-Bewegung in Israel ist dem Geist der Gordonia-Bewegung näher.

schließlich ermordet wurde. Aharon schlug sich weiter bis Warschau durch, wo er seinen Jugendleiter aus der Gordoniabewegung fand und sich dazu entschied, der jüdischen Kampforganisation dort beizutreten.

Am 29. April 1943 floh er heimlich durch die Abwasserrohre aus dem Ghetto und wurde einen Tag später mit drei weiteren Kämpfern von einem großen Laster mitgenommen. Der Laster fuhr sie in eine Waldgegend sieben Kilometer von Warschau entfernt; von dort aus ging er in den Wald, wo er sich bis Kriegsende versteckte. Nur zwei von Aharons Brüdern überlebten den Holocaust. Im Oktober 1945 emigrierte Aharon nach Israel und heiratete im selben Jahr Miriam.

Daniel Chanoch wurde 1932 in Kauen geboren. Als das Ghetto im Juli 1944 liquidiert wurde, schickte man Daniel zusammen mit tausenden Juden ins KZ Stutthof. Dort holte man die Frauen aus dem Zug und schickte die Jungen und Männer weiter in das Arbeitslager Landsberg. Nach etwa einer Woche wurden die Jungen von den Erwachsenen getrennt und für eine militärische und erzieherische Ausbildung nach Dachau geschickt. Von Dachau wurden sie nach Auschwitz-Birkenau gebracht. An *Rosch ha-Schana* und *Jom Kippur* des Jahres 1944 wurden 90 Jungen in zwei Selektionen in den Tod geschickt. Daniel überlebte mit 39 anderen Kindern aus Kauen fünfeinhalb Monate lang unter härtesten Bedingungen und bitterster Hungersnot. Sie wurden auf den Todesmarsch ins KZ Mauthausen geschickt und im Mai 1945 befreit.

Nach dem Krieg wurde Daniel mit seinem Bruder, dem einzigen Überlebenden aus seiner Familie, wiedervereint. Gemeinsam bestiegen sie heimlich das Schiff *Josiah Wedgewood* mit dem Ziel des Landes Israel. Daniel ist Vater von zwei Kindern und Großvater von zwei Enkelkindern; er lebt in Karmei Yosef.

Nechama Chernotsky-Bar On (1926–2012) wurde in Swir, ca. 80 Kilometer von Wilna entfernt, geboren. Nechama war bei Kriegsbeginn 13 und wurde zusammen mit ihrer Familie im Ghetto eingesperrt. Ihr Vater und ihre große Schwester wurden von den Deutschen zur Arbeit in ein Dorf geschickt, aus dem sie nie wieder ins Ghetto zurückkehrten. Eines nachts im Frühling 1943 wurde Nechama festgenommen und in ein Zwangsarbeiterlager in Žiežmariai (Schismar), einer Kleinstadt bei Kauen, geschickt, wo sie mit anderen eine Straße pflastern musste. Das eigentliche Arbeitslager wurde von den Deutschen in der ältesten Synagoge Litauens errichtet. Nechama war durch eine Typhusinfektion stark geschwächt, aber es war sicherer, zur Arbeit zu gehen, als im Lager zu bleiben. Teil der Arbeit bestand für die Männer darin, Bäume zu fällen, und für die Frauen, die Äste aufzulesen und aus dem Wald herauszutragen. Nechama war so geschwächt, dass sie sich unter einem Stapel Baumstämme im Schnee verstecken musste.

Derweil sagte man den Gefangenen des Ghettos Swir, sie hätten Erlaubnis zur Zusammenführung mit einem Familienmitglied in einem Arbeitslager, und Nechamas Mutter, Schwester und 80-jährige Großmutter baten in diesem Rahmen um eine Zusammenführung mit Nechama im Lager. Die Deutschen weigerten sich jedoch, eine 80-jährige Frau in ein Arbeitslager aufzunehmen, und erklärten ihnen, sie würden stattdessen zurück ins

Ghetto Kauen geschickt werden. Nur kurze Zeit später erfuhr Nechama, dass alle Leute aus dem Transport nach Kauen in Ponar ermordet worden waren.

In der Zeit des Holocaust war Nechama in mehreren Lagern gefangen. Sie wurde im Januar 1945 befreit und emigrierte 1947 nach Israel. Sie trat einer Gruppe von Ghettokämpfern im Kibbuz Yagur bei, wo sie ihrem zukünftigen Ehemann begegnete; gemeinsam verließen sie den *Kibbuz* nach ihrer Hochzeit.

Nechama wurde Mutter zweier Töchter und eines Sohnes, Großmutter von sechs Enkelkindern und Urgroßmutter einer Urenkelin. Sie war Mitglied einer (nach und nach kleiner werdenden) Gruppe von Frauen, die sich während des Krieges im Arbeitslager kennengelernt hatten, enge Freundinnen wurden und sich jedes Jahr am 23. Januar trafen, um ihre Befreiung zu feiern. Lila Holtzman und Rachel Antes Gershon gehörten ebenfalls zu dieser Gruppe, ebenso wie Rachels Schwester, Marishah Entes-Fialko. Nechama nahm mit Lila Holtzman und Marishah Entes-Fialko an einem Gruppeninterview teil.

Luba Daniel (1921–2006) wurde in der Sowjetunion geboren.

Alisa Ehrman-Shek (1927–2007) wurde in Prag geboren. Im Jahr 1943 wurde sie nach Theresienstadt deportiert, wo sie bis zur Befreiung des Ghettos verblieb. Gemeinsam mit ihrem späteren Ehemann Zeev dokumentierte Alisa das Ghettoleben und trug bedeutende Dokumente zusammen. Sie führte dieses Projekt fort, auch noch nachdem Zeev 1944 nach Auschwitz gebracht wurde; von dort aus wurde er nach Dachau geschickt. In ihrem Tagebuch beschrieb Alisa den Ghettoalltag während der Zeit der letzten Transporte aus dem Ghetto in den Osten. Alisas Mutter war während des gesamten Krieges in Prag, wo Alisa nach der Befreiung mit ihr wiedervereint wurde. Auch Alisas Vater kehrte aus Auschwitz nach Prag zurück. Zeev kehrte aus Dachau zurück. Im Jahr 1948 emigrierten Alisa und Zeev nach Israel.

Marishah Entes-Fialko (1924–2002) wurde in Smorgon, Weißrussland, geboren. Ihr Vater starb vor dem Krieg. Nach Errichtung des Ghettos im Jahr 1941 wurde Marishah in ein Zwangsarbeiterlager gebracht und von einem Lager ins andere überstellt. Nach der Liquidierung des Ghettos wurden einige der Juden aus Smorgon nach Ponar geschickt, Marishahs Mutter sowie ihre Schwester Raquel wurden allerdings in ein Ghetto in der Stadt Oszmiana (Aschmjany) gebracht und von dort auch zu Arbeitseinsätzen. Einmal im Monat durften Marishah und andere Gefangene aus ihrem Lager das Ghetto in Oszmiana besuchen und Lebensmittel mitbringen. Während eines dieser Besuche tauschte Marishah die Plätze mit einem Mädchen aus dem Ghetto, das wiederum eine Schwester in Marishahs Lager hatte, wodurch Marishah bei ihrer Mutter und ihrer Schwester bleiben konnte.

Nach der Liquidierung des Lagers Oszmiana und nachdem sie zahlreiche Schwierigkeiten und Probleme überstanden hatten, kamen die zwei Schwestern schließlich im Ghetto Kauen an. Von dort aus wurden sie in ein Arbeitslager überstellt und anschließend in ein Außenlager von Stutthof. Ihre Mutter wurde ermordet, noch bevor sie Stutthof erreichten, wodurch Marishah die Mutterrolle für ihre Schwester einnahm. Die Schwestern wurden zur Arbeit an Befestigungsanlagen eingesetzt. Im Januar 1945 wurden die beiden Mädchen fünf Tage lang auf den Todesmarsch gedrängt, bis sie schließlich der sowjetischen Armee in die Hände fielen und dadurch zu den ersten jüdischen Mädchen gehörten, die befreit wurden. Einige Zeit später kehrten sie nach Smorgon zurück, um nach überlebenden Familienmitgliedern zu suchen, doch niemand aus ihrer Familie war zurückgekehrt.

Um die Sowjetunion verlassen zu können, ließ sich Marishah von einem Mann aus ihrer Stadt als seine Frau ausgeben. Marishah und Rachel gingen nach Polen, traten dort einer Hachschara-Ausbildungsgruppe bei und warteten auf eine Gelegenheit, nach Israel zu emigrieren. Am 14. Mai 1948 kamen die beiden Schwestern auf dem ersten Einwandererschiff, dass im Hafen von Tel Aviv einlief, in Israel an.

Marishah hatte eine Tochter, einen Sohn und vier Enkelkinder. Marishah und Rachel waren Mitglieder einer (nach und nach kleiner werdenden) Gruppe von Frauen, die sich während des Krieges im Arbeitslager kennengelernt hatten, enge Freundinnen wurden und sich jedes Jahr am 23. Januar trafen, um ihre Befreiung zu feiern. Nechama Chernotsky-Bar On und Lila Holtzman gehörten ebenfalls zu dieser Gruppe, sie nahmen gemeinsam an einem Gruppeninterview teil.[645]

Yehuda Feigin wurde 1931 als Kind älterer zionistischer Eltern im litauischen Kauen geboren. Als die Deutschen 1941 in Kauen einmarschierten, entschied sich die Familie dazu, mit dem Großvater in der Stadt zu bleiben. Zuerst lebten sie nur mit dem Großvater im Ghetto, doch schließlich zogen sie in ein kleines Haus, in dem jedes der vier vorhandenen Zimmer von einer jüdischen Familie bewohnt wurde. Während der *Aktzia* der Kinder versteckten sich Yehuda und seine Mutter im Keller. Am nächsten Tag war Yehudas Vater noch immer besorgt über seinen Sohn, weshalb er den Mann, der das Essen verteilte, darum bat, den Jungen unter der Plane in seinem großen Laster zu verstecken und aus dem Ghetto zu schmuggeln. Die Mission geglückte, doch schon kurze Zeit darauf kehrte Yehuda zu seiner Familie zurück.

Im Juli 1944 wurde das Ghetto liquidiert und die letzten überlebenden Juden wurden in Züge verfrachtet. In Stutthof mussten die Frauen und einige der Kinder den Zug verlassen, der anschließend nach Landsberg weiterfuhr. Nach einer Woche in Landsberg fand eine Selektion statt, bei der 131 Kinder aus Kauen, darunter auch Yehuda, ausgewählt, eine Woche lang getrennt festgehalten und danach mit dem Zug nach Auschwitz-Birkenau gebracht wurden. Die Kinder wurden im Lager in einem Block ohne jede Beschäftigung festgehalten; manchmal dienten sie als „menschliche Pferde", die vor Wagen gespannt wurden und Gegenstände von hier nach dort transportieren mussten. In der Kindergruppe herrschte großer Zusammenhalt und Einheit, was ihrem Leben einen Sinn gab. Im September 1944 wurden ca. 90 Kinder aus Kauen nach den Selektionen von *Rosch ha-Schana* und *Jom Kippur* in den Tod geschickt. Als das Lager evakuiert wurde, schickte man die überlebenden Kinder nach Mauthausen. Jeden Tag wurden Berge an Leichen aus dem

---

645 Mein Dank gilt Rachel Entes-Gershon, Marishahs Schwester, für die Bereitstellung dieser Informationen.

Lager transportiert, aber den Kindern aus Kauen gelang es, bis zur Befreiung Anfang Mai 1945 zu überleben.

Nach dem Krieg fand die Familie Feigin wieder zusammen. In der Anfangszeit lebten sie in München, bis sie schließlich 1948 alle gemeinsam nach Israel emigrierten. Im Jahr 1955 heiratete Yehuda Aviva, eine gebürtige Israelin. Das Paar bekam drei Söhne und drei Enkelsöhne. Im Jahr 2004 durfte Yehuda eine Fackel bei der Gedenkfeier von Yad Vashem anlässlich des Gedenktages für die Märtyrer und Helden des Holocaust anzünden.

Miriam Furmanski-Carmi (1923–2010) wurde in Mińsk Mazowiecki geboren. Als die Juden der Stadt nach Treblinka deportiert wurden, konnte einer von Miriams Brüdern, der außerhalb des Ghettos arbeitete, Miriams Reise (und die ihrer Schwägerin) nach Warschau sicherstellen; ein Nichtjude brachte die beiden Frauen in ein Versteck. Die beiden Frauen nahmen christliche Identitäten an und konnten so überleben. Ihre Familien wurden jedoch vollständig ermordet. Im Oktober 1945 emigrierte Miriam nach Israel und heiratete Aharon noch im selben Jahr.

Masha Futermilch (1918–2007) wurde in Warschau geboren und war 15 Jahre alt, als der Krieg ausbrach. Masha war ein Mitglied der Jüdischen Kampforganisation und floh, als der Aufstand im Mai 1943 endete, über die Kanalisation aus dem Ghetto. Sie verbrachte sechs Monate bei den Widerstandskämpfern und lernte während dieser Zeit ihren zukünftigen Mann, Yaakov Futermilch, kennen. Im Oktober 1943 gelangte Masha auf die „arische" Seite Warschaus, wo sie sich mit Yaakov traf, der vor ihr gegangen war. Masha und Yaakov heirateten 1945 in Israel und waren bis zu Yaakovs Tod nie wieder getrennt.

Yehuda Garai wurde 1928 in der Stadt Pécs, Ungarn, geboren. Sein Vater war Leiter einer Abteilung einer Lederfabrik, die in Familienbesitz war. Yehudas Mutter starb, als er drei Jahre alt war, und er lebte bis zu seinem zehnten Lebensjahr bei seinen Großeltern mütterlicherseits, wonach er zu seinem Vater kam, der inzwischen mit einer Christin verheiratet und zum Christentum konvertiert war. Als er 16 war, wurden die Juden dazu gezwungen, ins Ghetto zu ziehen, und da Yehuda seine jüdischen Freunde vermisste, verriet er sich selbst anonym an die Behörden. Am nächsten Tag wurde er verhaftet und für etwa vier Monate nach Auschwitz-Birkenau geschickt. Danach überstellte man ihn nach Kaufering – ein Netzwerk aus Außenlagern von Dachau in Deutschland –, wo jüdische Zwangsarbeiter unterirdische Kriegsflugzeugfabriken bauten. Von Kaufering aus wurde Yehuda in einige andere Arbeitslager überstellt.

Bei seiner Befreiung wog Yehuda nur 24 Kilogramm. Im Jahr 1949 emigrierte er nach Israel, schloss dort an der Hebräischen Universität in Jerusalem sein Medizinstudium ab und absolvierte danach eine Ausbildung zum Psychiater. Er ist verheiratet und hat zwei Kinder. Er schrieb seine Memoiren aus dem Holocaust in *Story of Survival* (hebräisch) (Reshafim, 1986) nieder.

Miriam Groll wurde 1924 in der ungarischen Stadt Győr (Raab) geboren. Sie war 20, als die Deutschen Ungarn besetzten, und wurde im Ghetto der Stadt gefangen gehalten. Von dort aus wurde sie nach Auschwitz deportiert und daraufhin nach Parschnitz, ein Arbeitslager in der Tschechoslowakei und ein Außenlager von Groß-Rosen. Miriam wurde aus Parschnitz befreit und emigrierte 1946 nach Israel.

Bis vor kurzem begleitete Miriam Jugendgruppen nach Polen und hielt Vorträge vor Schülern über ihre persönliche Geschichte. Sie erhielt den Titel der Ehrenbürgerin von Givatayim. Miriam hat eine Tochter (ihr Sohn ist verstorben) und ist Großmutter von acht Enkeln.

Natan Gross (1919–2005) wurde in Krakau geboren und war Dichter, Journalist und Filmregisseur. Natan wurde in eine wohlhabende Kaufmannsfamilie geboren und war der älteste von drei Brüdern und einer Schwester; alle Geschwister besuchten die hebräische Grundschule und die hebräische Sekundarstufe in Krakau.

Während des Holocaust war er bis Dezember 1942 im Ghetto Krakau gefangen. Zu diesem Zeitpunkt, kurz nach der Großen Deportation, schlich sich Natan heimlich mit seiner Mutter, seiner Schwester und seinem jüngeren Bruder (Natans Vater und ein weiterer Bruder befanden sich in Lemberg) aus dem Ghetto und lebten daraufhin mit falschen arischen Papieren und einem neuen Familiennamen, Grymek. Natans Mutter hatte viele polnische Bekanntschaften in Krakau, die der jüdischen Familie vorübergehend Unterschlupf gewährten.

Anfang April 1943 ging Natan mit seinem kleinen Bruder nach Warschau und kehrte nach dem Krieg wieder nach Krakau zurück. Dort arbeitete er in der Historischen Kommission unter der Leitung seiner ehemaligen Lehrer an der hebräischen Sekundarschule und übernahm die Leitung der Krakauer Abteilung der Gordonia-Jugendbewegung.

Natan bewarb sich erfolgreich an der neu gegründeten Filmschule in der Nähe der Jagiellonian Universität in Krakau und arbeitete während seines Studiums in Filmregie weiter für die Historische Kommission. Nach seinem Studium arbeitete Natan als Regieassistent bei einem polnischen Film, der in Lodz gedreht wurde. Daneben veröffentlichte er Zeitungsartikel in der Gordonia und in weiteren Zeitungen und übernahm schließlich die Redaktion der Bewegung. Darüber hinaus übersetzte er hebräische Dichtungen ins Polnische (Bialik, Rachel, Alterman, Shlonsky, Shimshon Meltzer u. a.) und führte bei jiddischen Filmen Regie.

Anfang des Jahres 1950 emigrierte Natan mit seiner Frau und ihrem gerade geborenen Sohn nach Israel. Natan ist einer von Israels Kinopionieren und führte bei über 100 Filmen, darunter Informationsfilme, Spielfilme und Dokumentationen, Regie. Dazu zählten „Unzere Kinder" (1947), der als der letzte „großartige" jiddischsprachige Film gilt. Der Film zeigt Unterhaltungskünstler, die nach dem Holocaust Waisenhäuser besuchen und sich die grauenvollen Kriegsgeschichten der Kinder anhören, sie gleichzeitig aber auch erheitern und ermutigen.

Natan Gross war Mitglied des Secretariat of the Association of Film Workers und arbeitete 20 Jahre lang als Filmkritiker für die Zeitung *Al HaMishmar*. Gross veröffentlichte eine Reihe an Büchern auf Hebräisch, Polnisch und Jiddisch, darunter auch ein Buch mit den Memoiren aus der Kriegszeit, das den Titel *Who Are You, Mr. Grymek?* (Vallentine Mitchell, 2001) trägt, Abhandlungen zu Holocaustlyrik und eine Biografie von Mordechaj Gebirtig. Mit seinem Sohn Yaakov verfasste er zwei Bücher über das Kino: *Die Geschichte des jüdischen Kinos in Polen* (hebräisch) (Magnes, 1990) und *Der hebräische Film: Kapitel in der Geschichte des Stummfilms und Kinos in Israel* (hebräisch) (Eigenverlag, 1991). Natan wurde vielfach ausgezeichnet, u. a. als Herausragendes Mitglied von EMI (Autoren- und Verlegergesellschaft in Israel) und von der Israelischen Akademie für Film und Fernsehen für sein Lebenswerk. Des Weiteren war er in der Organisation ehemaliger Bewohner von Krakau in Israel aktiv.

Israel Gutman (1923–2013) wurde in Warschau geboren. Professor Gutman gehörte während des Aufstands im Warschauer Ghetto zum jüdischen Untergrund in Warschau und zur Jüdischen Kampforganisation. Nach dem Aufstand war er in den Konzentrationslagern Majdanek, Auschwitz und Mauthausen interniert. Nach Ende des Zweiten Weltkrieges engagierte sich Professor Gutman in der Organisation Jüdische Zionistische Jugend in Österreich und Italien und gründete den Kibbuz Santa Maria di Leuca in Italien. Im Jahr 1946 emigrierte er nach Israel und war dort bis 1971 Mitglied des Kibbuz Lahavot Habashan. Im Jahr 1975 erhielt er seinen Doktor der Philosophie von der Hebräischen Universität in Jerusalem für seine Arbeit „The Resistance Movement and the Armed Uprising of the Jews of Warsaw in the Context of Life in the Ghetto, 1939-1943 [Die Widerstandsbewegung und der bewaffnete Aufstand der Juden in Warschau im Kontext des Ghettolebens, 1939–1943]". Von 1985 bis 1988 war er Direktor des Instituts für Moderne Jüdische Geschichte an der Hebräischen Universität in Jerusalem. Professor Gutman war Chefredakteur der *Encyclopedia of the Holocaust* [Enzyklopädie des Holocaust], die 1989 herausgegeben wurde. Von 1993 bis 1996 war er der Direktor des Internationalen Instituts für Holocaust-Forschung, Yad Vashem. Von 1996 bis 2000 war er der leitende Historiker bei Yad Vashem.

Im Jahr 2000 wurde Professor Gutman akademischer Berater im Internationalen Institut für Holocaust-Forschung, Yad Vashem. Er erhielt zahlreiche Auszeichnungen für sein Lebenswerk, darunter den Shlonsky-Preis für Literatur, den Yitzhak-Sadeh-Preis für Militärstudien und den Polnischen Vereinigungspreis. Er erhielt zudem den renommierten Landau-Preis für Wissenschaft und Forschung sowie eine Ehrendoktorwürde der Universität Warschau.

Israel Kaplan (1903–2003) wurde im polnischen Wolozyn geboren und war Pädagoge, Schriftsteller und Historiker. Israel studierte an einer *Jeschiwa*, absolvierte anschließend einen Lehrerseminarkurs in Wilna und arbeitete als Lehrer in Kauen. In Kauen erlangte er einen Masterabschluss in Geschichte, beschäftigte sich mit Literatur und wurde Mitglied einer Gruppe junger Schriftsteller mit dem Namen „Wir selbst" – dieselbe Gruppe, der auch Leah Goldberg angehörte.

Als Kauen 1941 besetzt wurde, war Israel mit seiner Frau und ihren beiden Kindern im Ghetto gefangen. Im Jahr 1942 wurde er von ihnen getrennt und ins Ghetto Riga und von dort aus nach Dachau gebracht. Bei seiner Befreiung aus Dachau wog er nur 32 Kilogramm.

Israel Kaplan war Redakteur der jiddischen historischen Fachzeitschreift *Fun Letsten Churbn* [Von der letzten Vernichtung] (Central Historical Commission, 1947) und schrieb ein Buch mit dem Titel *The People's Voice under Nazi Oppression* [Die Stimmen der Menschen unter der Unterdrückung der Nazis] (Central Historical Commission, 1949), von dem später eine Neuauflage unter dem Titel *Jewish Folk-Expressions under the Nazi Yoke* [Jüdische Folkloreäußerung unter dem Nazijoch] (Ghetto Fighters' House, 1982, 1987) herausgegeben wurde. Er gehörte zu den ersten, die das Thema des jüdischen Humors während des Holocaust ansprachen. In seinem Buch finden sich zahllose Beispiele für humorvolle Äußerungen und Wendungen, die er während des Holocaust und direkt nach dem Krieg zusammengetragen hatte. Er emigrierte 1949 nach Israel.[646]

Felicja Karay verfasste zwei Bücher: *Death Comes in Yellow: Skarżysko-Kamienna Slave Labor Camp* (Harwood Academic, 1996) über das Arbeitslager Skarżysko-Kamienna; und *Wir lebten zwischen Granaten und Gedichten: Das Frauenlager der Rüstungsfabrik HASAG im Dritten Reich* (Böhlau, 2001). Felicja (1927–2014) wurde in Krakau geboren und verbrachte die Holocaustjahre in folgenden KZs: Plaszów und Skarżysko-Kamienna in Polen und Hasag-Leipzig in Deutschland. Nach dem Krieg war Felicja in polnischen zionistischen Jugendbewegungen in den Bereichen Bildung und Kultur aktiv. Im Jahr 1950 emigrierte sie nach Israel, belegte dort an der Universität Tel Aviv Geschichte und Bibelstudien und arbeitete als Lehrerin an der Rishon LeZion Gimnasia Realit – einer wissenschaftlich ausgerichteten Sekundarschule – und als Dozentin an der Universität Tel Aviv. Felicja promovierte mit einer Dissertation über das Arbeitslager Skarżysko-Kamienna; des Weiteren wurde ihr von Yad Vashem für diese Arbeit der Yaakov-Buchman-Gedächtnispreis verliehen. Felicja Karay veröffentlichte weitere Bücher und Artikel über Arbeitslager für Juden im Holocaust.

Nechama Koren wurde im polnischen Tomaszów Mazowiecki geboren. Sie lebte mit ihrer Familie eine Zeitlang in Lodz und absolvierte dort einen beschleunigten Pflegekurs, doch nach Errichtung des Ghettos Litzmannstadt floh sie mit ihrer Familie zurück nach Tomaszów und arbeitete als Krankenschwester im hiesigen großen Ghetto. Als dieses Ghetto liquidiert wurde und man die Juden nach Treblinka schickte, blieb Nechama im kleinen Ghetto. Als dieser Bereich ebenfalls liquidiert wurde, deportierte man Nechama in ein Arbeitslager und anschließend in den berüchtigten Block 10 in Auschwitz, in

---

646 Ich möchte mich bei Israel Kaplans Sohn, Dr. Shalom Eilati, für die Erzählungen über seinen Vater bedanken. Dr. Eilati veröffentlichte seine eigene Geschichte in dem Buch *Ans andere Ufer der Memel : Flucht aus dem Kownoer Ghetto* (Stiftung Denkmal für die ermordeten Juden Europas, 2016).

dem an den weiblichen Gefangenen „medizinische Experimente" durchgeführt wurden. Nechama sagt selbst, „dass ich hier bin, verdanke ich Mengele; er hat mich immer wieder gerettet und mich nicht in den Tod geschickt". Von Auschwitz wurde sie weiter nach Birkenau überstellt, danach nach Groß-Rosen und schließlich ins Außenlager Hohenelbe (Vrchlabí) im Sudentenland, aus dem sie im Mai 1945 befreit wurde. Nechama kehrte in ihre Geburtsstadt zurück, in der Hoffnung, dort überlebende Familienmitglieder zu finden, was nicht der Fall war.

Aufgrund der Pogrome in Polen gegen die Juden, die aus den KZs zurückkehrten, floh Nechama nach Deutschland. Sie lernte ihren Mann – ebenfalls ein Holocaustüberlebender – in Berlin kennen und heiratete ihn schließlich. Als sie 1949 mit ihrer zweijährigen Tochter nach Israel emigrierten, besaß sie keine offiziellen Papiere, um ihr Alter zu belegen. Sie gab an, 1919 geboren zu sein, was man ihr allerdings nicht glaubte, da sie zu jung aussah. Daher wurde als ihr Geburtsdatum 1924 festgehalten.

Nechama verlor ihre Tochter 50 Jahre später aufgrund einer Krebserkrankung; ihr Ehemann starb ebenfalls an Krebs. Sie lebt in Tel Aviv, hat vier Enkelkinder und ein Urenkelkind.

Fishel Kozlovski wurde 1923 in Lodz geboren und blieb bis zur Liquidierung des Ghettos im Jahr 1944 dort. Er wurde in mehrere KZs verlegt, bis er aus einem von ihnen in der Nähe von Hamburg befreit wurde. Er gehörte zu den *ma'apilim* („illegalen" Einwanderern ins vorstaatliche Israel) auf dem Schiff *Exodus* und wurde mit den anderen wieder zurück nach Deutschland geschickt. Im Mai 1948 emigrierte er auf dem Schiff *Kedma* nach Israel. Er ging zu Gachal (freiwillige Soldaten aus dem Ausland) und diente 15 Monate im Militär. Kozlovskis hat drei Kinder und neun Enkelkinder.

Ester (Stania) Manhajm wurde 1924 in Krakau geboren und lebte bis zur Liquidierung im Ghetto, woraufhin sie nach Plaszów deportiert wurde. Von dort aus brachte man sie 1944 nach Auschwitz-Birkenau und sechs Monate später schickte man sie auf den Todesmarsch nach Ravensbrück und überstellte sie anschließend ins Lager Neustadt-Glewe. Im Jahr 1945 wurde sie von der Roten Armee befreit und 1946 emigrierte sie schließlich nach Israel. Ester hat drei Kinder und sieben Enkelkinder und „das ist meine süße Rache an Hitler".

Nachum Monderer-Manor wurde 1923 in Krakau geboren. Als er noch ein Säugling war, emigrierte seine Familie nach Israel, bis sie 1928 wieder nach Krakau zurückkehrten. Während des Zweiten Weltkrieges befand sich Nachum im Ghetto Krakau, von wo aus er nach der Liquidierung des Ghettos ins KZ Plaszów deportiert wurde. Von dort aus wurde er in ein Außenlager von Plaszów überstellt, um in der Emalia-Fabrik von Schindler zu arbeiten, in der er auch seine Frau Genia kennenlernte. Als die Fabrik geschlossen wurde, brachte man ihn nach Plaszów zurück und von dort aus nach Groß-Rosen; Schindler stellte allerdings sicher, dass man ihn in seine Fabrik in Brünlitz im Sudetenland überstellte, womit er ihm das Leben rettete. Seine ganze Familie wurde jedoch im Holocaust getötet.

Nach der Befreiung wurde Nachum von der zionistischen Militärorganisation Haganah in Belgien rekrutiert, für die er als Drahtlosfunker im Palyam (die Marinegruppe der Haganah) arbeitete; im Jahr 1947 emigrierte er als illegaler Einwanderer (*ma'apil*) nach Israel und kämpfte danach in den israelischen Kriegen.

Er lebte bis 1957 mit Genia im Kibbuz Megido, wo auch ihre Kinder auf die Welt kamen; später zogen sie nach Be'er Sheva, wo sie seither leben. Nachdem er in den Ruhestand gegangen war, begann Nachum seine Arbeit als Ehrenamtlicher – als *ulpan*-Lehrer (Hebräischlehrer für neue Einwanderer). Er legte als Überlebender Zeugnis ab und übersetzte Zeugenberichte für Yad Vashem. Daneben sammelte und übersetzte Nachum Audrücke und Redewendungen aus den Ghettos und aus diversen KZs.

Moshe Oster (1927–2012) wurde im polnischen Rzeszów geboren. Vor dem Krieg hatten seine Eltern vier Kinder und ein fünftes Kind kam dazu im Ghetto auf die Welt. Moshes Vater besaß eine kleine Bürstenfabrik, die der Familie eine Lebensgrundlage verschaffte. Moshes Großeltern und seine Tante mütterlicherseits lebten auch bei ihnen und 1938 kamen noch weitere Verwandte – deutsche Juden, die aus ihrem Zuhause vertrieben worden waren – dazu.

Damals herrschten bereits wirtschaftliche Schwierigkeiten und Überfüllung. Am 9. September 1939 eroberten die Deutschen die Stadt und unterwarfen die Juden direkt Zwangsarbeit, Schlägen, Erniedrigungen und fürchterlichem Hunger. Während der Zeit als Zwangsarbeiter war Moshe Kälte, Hunger, Krankheit, Schlägen und Erniedrigungen ausgesetzt. Im Sommer 1942 beschlossen die Deutschen, alle Juden der Stadt zu vernichten, außer denjenigen, die „dem deutschen Staat von Nutzen waren". Moshe und seine Schwester blieben zum Arbeiten dort, der Rest seiner Familie wurde jedoch ins Vernichtungslager Bełżec gebracht, noch bevor sie sich auch nur verabschieden konnten.

Nachdem seine Familie ausgelöscht worden war, blieb Moshe noch einige Zeit als Zwangsarbeiter im Ghetto, bis er Anfang des Jahres 1943 ins Arbeitslager Huta Komorowska geschickt wurde. Da sie nicht von ihm getrennt werden wollte, ging Moshes Schwester freiwillig mit ihm ins Lager, wo er unter entsetzlichen Bedingungen arbeiten musste. Im Sommer 1943 wurde er in ein anderes Arbeitslager verlegt – ins KZ Pustkow in der Nähe der Stadt Dębica. Dort arbeitete er in einer Bürstenfabrik, bis er schließlich in eine Schreinerei verlegt wurde, wo seine linke Hand schwer verletzt wurde; er litt für den Rest seines Lebens an den Folgen dieser Verletzung. Im Sommer 1944 wurde Moshe ins Vernichtungslager Auschwitz-Birkenau deportiert, wo er zwei von Dr. Mengeles Selektionen überlebte, indem er alle möglichen Tricks anwendete, um seine verletzte Hand zu verbergen. Von Auschwitz wurde Moshe in weitere Lager geschickt, u. a. ins KZ Gusen in Österreich.

Anfang 1945 wurde er nach Hannover überstellt und arbeitete dort in der Hanomag Waffenfabrik. Kurze Zeit später wurde er auf den Todesmarsch nach Bergen-Belsen geschickt. Er kam im Frühling 1945 in Bergen-Belsen an und musste dort die Toten begraben. Nach kurzer Zeit brach er vor Erschöpfung zusammen und sein Körper begann, aufgrund des Hungers anzuschwellen. Moshe erkannte, dass er unter diesen Bedingungen nicht mehr lange überleben würde, und versteckte sich schließlich unter einem Leichenberg, um der Arbeit zu entgehen. Er wurde am 15. April befreit, verlor jedoch kurze Zeit darauf das Bewusstsein. Nach drei Wochen kam er in ein Krankenhaus, das von den Briten geführt wurde, wo ihm gesagt wurde, man hätte ihn bewusstlos auf der Straße gefunden; die Krankenschwestern dort retteten ihn in letzter Minute, als er nur noch 29 Kilogramm wog. Nach seiner Entlassung aus dem Krankenhaus blieb er in Bergen-Belsen, was nun ein DP-Lager war (abgeleitet vom Englischen *displaced persons* – Vertriebene), da er nicht wusste, wo er sonst hingehen konnte. Er erfuhr, dass seine Schwester im Frauenlager in Bergen-Belsen wenige Tage nach der Befreiung an Typhus gestorben war. Moshe trat einer zionistischen Ausbildungsgruppe in Hochland bei Förenwald bei, wo er eine Ausbildung der Haganah Militärorganisation absolvierte, und reiste anschließend im Rahmen der Alija Bet („illegale" Einwanderung von Juden nach Palästina) durch Europa. Er reiste auf dem Schiff Hatikva nach Haifa, wurde jedoch nach Zypern ausgewiesen.

Er heiratete in Israel, wurde Vater einer Tochter und eines Sohnes und Großvater von vier Enkelkindern.

Chaim Rafael (1924-2014) wurde in Thessaloniki, Griechenland, in eine vermögende, religiöse Familie geboren. Als Junge bekam er Klavier- und Akkordeonstunden. Im Jahr 1943 wurde er mit seinem Vater, seiner Mutter, seinen zwei Brüdern und zwei Schwestern nach Auschwitz geschickt. Er nahm sein Akkordeon mit, doch es verschwand gleich zu Beginn, zusammen mit allen anderen Besitztümern seiner Familie. Aus Sorge um seinen behinderten Bruder bat Chaim einen Deutschen, sich um seinen Bruder zu kümmern. Der Deutsche brachte den Bruder auf einen Lastwagen und erst später verstand Chaim, dass sein Bruder zum Krematorium transportiert worden war. Chaims Mutter und Schwestern verschwanden ebenfalls zu dieser Zeit, wenngleich ihm nicht bewusst war, dass es eine Trennung auf ewig war.

Nach einer 40-tägigen Quarantäne wurden Chaim, sein Vater und ein jüngerer Bruder ins KZ Buna-Monowitz (auch als Auschwitz III bekannt) überstellt, wo sie im Kommando 41 arbeiteten und Landstriche ebneten. Eines Tages kam ein Gefangenenorchester ins Lager, aber Chaim gelang es nicht, in die Gruppe aufgenommen zu werden. Bei einer anderen Gelegenheit konnte er eine Mundharmonika spielen, die er zuvor von einem SS-Offizier erhalten hatte, der sie selbst nicht spielen konnte. Chaim spielte ein damals sehr beliebtes deutsches Lied, doch er hörte auf, da sie währenddessen auf seinen Vater einschlugen. Als der Offizier in fragte, weshalb er aufgehört hatte zu spielen, und Chaim erklärte, er könne nicht weiterspielen, solange sein Vater geschlagen werde, ordnete der Offizier unverzüglich an, die Schläge am Vater zu unterlassen. Sein Vater konnte das „Wunder" kaum glauben und fragte: „Diese Pfeife hat uns wirklich beide gerettet?" Der Zustand des Vaters verschlechterte sich jedoch zunehmend und hin und wieder verkaufte Chaim sein Brot, um Tabak für seinen Vater kaufen zu können. Vater und Sohn schlichen sich manchmal davon, um sich in den Baracken auszuruhen, die als Latrine mitten auf dem Appellgelände dienten. Eines Tages ging Chaims Vater dort hinein, um sich auszuruhen, während Chaim die Gelegenheit nutzte, hinter einem Stapel Baumstämme eine Pause zu machen. Sie wurden beide erwischt, woraufhin Chaim von den Deutsch dazu gezwungen wurde, seinen Vater zu schlagen. Dieses traumatische Erlebnis konnte er nie vergessen und bis zum heutigen Tage leidet er darunter.

Nach etwa einem halben Jahr in Buna-Monowitz erkrankte Chaim an Ruhr und wurde ins Krankenrevier gebracht, wodurch er von seinem Vater und seinem Bruder getrennt wurde; ihm wurde erzählt, sein Vater sei in Auschwitz zu Tode geprügelt worden.

Im Revier schloss ihn einer der Arbeiter ins Herz und sorgte dafür, dass er Teil der Belegschaft wurde. Er wog nur 35 Kilogramm, als er ins Revier kam. Als er 65 Kilogramm erreicht hatte, mussten sie ihn wieder entlassen. Im April 1944 begann er, im Kommando Kanada[647] zu arbeiten; offenbar hat ihm diese Arbeit das Leben gerettet. Später wurde er in diverse KZs und Arbeitslager geschickt, u. a. ins KZ Ohrdruf, in dem er gezwungen wurde, die Toten einzuäschern. Oftmals musste er seine Ration der kalten Suppe über der Glut der Kadaver aufwärmen.

Eines Tages ergriff er mit einem Freund die Chance zur Flucht in ein nahegelegenes Dorf; sie wurden wieder eingefangen und in ein Gefängnis im Ort gebracht. Als sie am nächsten Tag zum Lager zurücktransportiert wurden, liefen sie erneut weg, wurden wieder gefangen genommen und einem deutschen Armeestützpunkt in einem nahegelegenen Dorf übergeben. Etwa drei Wochen später wurden sie nach Buchenwald überstellt und von Buchenwald aus nach Theresienstadt. Chaim wurde in Theresienstadt ins Krankenhaus gebracht und war zum Zeitpunkt der Befreiung bewusstlos. Nachdem er sein Bewusstsein wiedererlangt und sich etwas erholt hatte, fing er an, draußen zwischen den Lagerbaracken in der Nähe einer Lazaretteinheit umherzulaufen. Eines Tages vernahm er die gedämpfte Stimme einer jungen Frau, die nach griechischen Juden suchte; sie versuchte herauszufinden, was mit ihrem Vater geschehen war. Diese junge Frau wurde Chaims Ehefrau und gemeinsam emigrierten sie 1946 nach Israel. In seinem Buch *Shirat Chaim* – „Lebenslied" oder „Chaim's Lied" – (hebräisch) (Eigenverlag, 1977) beschreibt Chaim seine Erlebnisse während des Holocaust. Chaim wurde die Ehre zuteil, am Unabhängigkeitstag 1992 eine Fackel anzuzünden.

Lily Rickman (1921–2014) wurde 1921 in Ungarn geboren. Lilys Mutter starb, als sie erst dreieinhalb Jahre alt war und sie war 23, als die Deutschen in Ungarn einmarschierten. Lily schloss sich freiwillig einer Gruppe an, die in ein Arbeitslager kommen sollte, nachdem sie ein Plakat gesehen hatte, dass Jugendliche dazu aufrief, in der Landwirtschaft zu arbeiten; das geschah noch vor der Errichtung des Ghettos Miskolc im April 1944 und zu einer Zeit, als der Judenrat gerade erst gegründet wurde. Lily wurde allerdings aus dem Arbeitslager in ein anderes Ghetto verlegt und anschließend wieder zurück nach Miskolc, wo sie in einer Ziegelsteinfabrik arbeitete.

Am 16. Juni 1944 wurde Lily mit den meisten anderen Juden aus Miskolc (darunter auch 1.422 Kinder) nach Auschwitz deportiert. Sie verbrachte etwa sechs Wochen in Auschwitz und wurde danach mit einer Gruppe Frauen mit dem Zug ins Arbeitslager Parschnitz im Sudetenland gebracht. Im Lager arbeitete sie für das Unternehmen AEG,

---

647 Siehe Anmerkung 227, Seite 323.

das Flugzeugteile für das Deutsche Militär herstellte. Das Lager wurde im Mai 1945 von Soldaten der Roten Armee befreit.

Lily und ihre Freundinnen feiern ihre Befreiung jedes Jahr in einem Kaffeehaus in Tel Aviv. Sie sagt: „Wir sehnten uns so sehr nach Kuchen, dass wir beschlossen, zu feiern, indem wir Kuchen essen gingen." Lily hat einen Sohn und eine Tochter, fünf Enkelkinder und einen Urenkel.

Erna Schonherz-Eisenberg (1925–2012) wurde in Krakau geboren. Nach der Errichtung des Ghettos Krakau entschieden sich Ernas Eltern dazu, fortzugehen und bei Ernas Großvater zu leben, da sie ein Leben im Dorf für sicherer hielten. Im August 1943 wurde allen Juden in der Region befohlen, sich auf drei Städte zu beschränken: Skawina, Bochnia und Wieliczka; Erna fuhr mit ihrer Familie in einem Wagen zurück nach Skawina. Derweil gingen die Deutschen von Wagen zu Wagen, um "Vorabselektionen" vorzunehmen – sie erschossen jeden, der ihnen nicht gefiel, einschließlich Ernas Vater und Cousine. Ihre Mutter entkam dem Tod, weil sie nicht entdeckt wurde; sie war klein und stand hinter dem Wagen. Daher kamen nur Erna und ihre Mutter in Skawina an, wo sie im Haus einer Tante wohnten. Nach einer Woche wurden Erna, ihre Mutter und eine Cousine in ein anderes Dorf zu einer Frau, die Milch verkaufte, gebracht. Noch eine Woche später, kehrten sie freiwillig nach Skawina zurück, als sie feststellten, dass die Lage ruhig war. Als sich die Juden jedoch am Bahnhof in Skawina versammeln mussten, kehrten sie in das Dorf der Milchverkäuferin zurück; die Frau gab ihnen zu essen, sagte ihnen allerdings, dass sie nicht bei ihr bleiben könnten, da die Deutschen jedes Haus im Dorf durchsuchten. Und so liefen sie entlang der Eisenbahnschienen, bis sie Krakau erreichten, und begaben sich ins dortige Ghetto. Kurz vor der Liquidierung des Ghettos Krakau ging Erna freiwillig ins KZ Plaszów, da sie keinen Arbeitsplatz hatte und ihr klar war, dass sie sich in großer Gefahr befand. Ihr Bruder arbeitete für Schindler und holte dessen Erlaubnis ein, Erna und ihrer Mutter einen Arbeitsplatz zu geben: Beide wurden von Plaszów in Schindlers Fabrik in Zabłocie, Krakau, überstellt. Geraume Zeit später wurden sie zurück nach Plaszów verlegt, bis man sie erst nach Auschwitz und von dort aus nach Brünlitz schickte. Erna, ihre Mutter und ihr Bruder wurden alle aus Brünlitz befreit.

Ruth Sheinfeld wurde 1932 in Warschau geboren und war sieben Jahre alt, als der Krieg ausbrach. Ab Februar 1943 lebte Ruth auf der „arischen" Seite Warschaus und blieb dort bis zum polnischen Aufstand im Jahr 1944, als man sie in ein Dorf in Westpolen brachte. Nachdem die Sowjets Warschau befreit hatten, wurde Ruth in ein Waisenhaus in Otwock geschickt. Später schloss sie sich der Jugendbewegung von Hashomer Hatzair an und emigrierte 1948 nach Israel. Ruth diente in der israelischen Armee und studierte im Seminar Hakibbutzim und an der Hebräischen Universität in Jerusalem. Sie arbeitete als Lehrerin für die Sekundarstufe und schließlich als Dozentin am Institut für die Geschichte des polnischen Judentums der Universität Tel Aviv. Sie schrieb ihre Dissertation zum Thema hebräische Literatur.

Franya Sheinhartz (1925–2002) wurde in Luzk geboren. Sie war zwei Jahre alt, als ihre Mutter starb. Im September 1939 besetzte die Rote Armee Luzk, woraufhin die Stadt der Sowjetunion einverleibt wurde. Im Juni 1941 marschierten die Deutschen in Luzk ein und sofort begannen Pogrome der ukrainischen Bevölkerung gegen die Juden. Franya entkam mit ihrem Vater und ihrer Stiefmutter nach Charkiw. Ihr Bruder, der sich in Lemberg befand, schickte einen Boten, um sie nach Lemberg zu bringen, aber als sie in der Stadt ankam, erfuhr sie, dass ihr Bruder in ein Tuberkulose-Erholungsheim in Otwock gegangen war.

Franya wurde in Lemberg festgenommen und in einen Zug nach Bełżec befördert; sie sprang vom Zug ab, wurde angeschossen und schwer verletzt, konnte jedoch noch entkommen. Sie kehrte ins Ghetto Lemberg zurück und wurde dort medizinisch versorgt. Ihr Bruder schickte einen weiteren Boten nach ihr; sie wurde in eine kleine Stadt bei Warschau überstellt und blieb dort bis zur Befreiung. Im Jahr 1952 emigrierte sie nach Israel. Sie hatte einen Sohn und eine Tochter und sechs Enkelkinder.

Esti Shpiner-Lavie wurde 1919 in einem kleinen Dorf an der ungarischen Grenze geboren. Als die Deutschen in Ungarn einmarschierten, war Esti 25 Jahre alt. Sie wurde nach Auschwitz-Birkenau gebracht und nach ca. zwei Monaten ins Arbeitslager Parschnitz. Sie blieb zehn Monate in Parschnitz, bis das Lager von der Roten Armee befreit wurde. Im Jahr 1946 emigrierte Esti auf dem Schiff *Knesset Israel* nach Israel, wurde jedoch von den Briten nach Zypern abgeschoben, wo sie ungefähr 11 Monate festgehalten wurde. In Israel lebte sie im Kibbuz Eilon und zog schließlich in den Kibbuz Ga'aton. Esti hat zwei Söhne und vier Enkel.

Giselle Sikovitz wurde 1927 in der Stadt Huszt (Chust)[648] in den Karpaten geboren. Giselle war 12, als der Krieg ausbrach, und wurde 1944 nach Auschwitz-Birkenau geschickt. Ihr Vater wurde als Zwangsarbeiter ins KZ Buna-Monowitz (Auschwitz III) geschickt und dort ermordet. Giselle war etwa sechs Monate lang in Auschwitz-Birkenau und wurde anschließend in ein Arbeitslager gebracht, aus dem sie schließlich befreit wurde.

Nach dem Krieg ging sie mit ihrer Mutter in die Vereinigten Staaten; Giselles Mutter engagierte sich stark für andere ungarische Holocaustüberlebende in den USA. Giselle studierte Medizin und wurde Psychiaterin. Sie heiratete und bekam drei Kinder, die alle nach Israel auswanderten. Nach dem Tod ihres Mannes im Jahr 1992 zog Giselle zu ihren Kindern nach Israel. Dr. Sikovitz arbeitet für Amcha, das nationale Zentrum für psychologische Unterstützung für Holocaustüberlebende und die zweite Generation in Israel.

Itka Slodowski wurde 1926 in Lodz geboren und war 13, als der Krieg ausbrach. Im Ghetto arbeitete sie in einem Ressort, in dem Hüte hergestellt wurden. Nach der Liquidierung des Ghettos wurde Itka nach Auschwitz-Birkenau geschickt, danach nach Bergen-

---

648 Von 1919 bis 1939 war Chust Teil der Tschechoslowakei. Im Jahr 1939 wurde die Stadt unter der Naziherrschaft an Ungarn angegliedert.

Belsen und von dort aus nach Salzwedel (ein Außenlager des Konzentrationslagers Neuengamme), wo sie in einer Munitionsfabrik arbeitete, bis sie am 14. April 1945 befreit wurde.

Itka lernte ihren Mann, Szymon, kennen, als sie in Deutschland in einem Lager für Vertriebene nach ihren drei Schwestern suchte. Itka und Szymon heirateten 1946 in Deutschland, wo auch ihre älteste Tochter geboren wurde. Im Jahr 1949 emigrierten sie nach Israel, wo ihre zweite Tochter zur Welt kam. Das Paar Slodowski hat sieben Enkel.

Szymon Slodowski wurde 1925 in Lodz geboren und gehörte der Poalei Zion Rechts an, die mit der sozialistischen zionistischen Partei in Verbindung stand. Er wurde mit seinen Eltern im Ghetto eingesperrt und nach der Liquidierung im Jahr 1944 nach Auschwitz geschickt. Von dort aus wurde er nach Althammer (KZ in Polen) überstellt und arbeitete dort in einem Kohlebergwerk. Im Januar 1945 wurde Szymon ins KZ Gleiwitz geschickt und von dort aus ins KZ Nordhausen [Dora-Mittelbau], wo in unterirdischen Produktionshallen V-2-Raketen hergestellt wurden. Von Nordhausen wurde Szymon in ein anderes Lager überstellt, in dem er Tunnel grub. Mitte März wurde er in ein Lager unweit der Stadt Gardelegen überstellt, konnte jedoch von dort fliehen und versteckte sich in den Wäldern. Als im Wald ein Feuer ausbrach, musste Szymon den Wald verlassen und begegnete amerikanischen Panzern.

Am 14. April wurde er befreit und nach Kriegsende machte sich Szymon in einem DP-Lager auf die Suche nach seinen Schwestern und begegnete dort Itka. Im Jahr 1946 heirateten die beiden in Deutschland, wo auch ihre älteste Tochter geboren wurde. Im Jahr 1949 emigrierten sie nach Israel, wo ihre zweite Tochter zur Welt kam. Das Paar Slodowski hat sieben Enkel.

Rina (Risha) Treibich wurde 1924 in Krakau geboren und war bei Kriegsbeginn 15 Jahre alt. Ihre Eltern wurden 1942 in der zweiten *Aktzia* in Krakau ermordet. Als das Ghetto liquidiert wurde, überstellte man Risha nach Plaszów und von dort aus nach Auschwitz, Birkenau und wieder nach Auschwitz. Am 18. Januar 1945 wurde sie auf den Todesmarsch ins KZ Ravensbrück geschickt, von wo aus sie ins Außenlager Neustadt-Glewe überstellt wurde. Risha wurde im Mai 1945 aus Neustadt-Glewe befreit.

Sie kehrte nach Krakau zurück, beschloss aber, nachdem sie dort Zeugin eines Pogroms wurde, nach Israel zu emigrieren, und zog 1950 schließlich mit ihrem Mann und einer in Krakau geborenen Tochter dorthin. Risha hat zwei Töchter und vier Enkelkinder.

Genia Wohlfeiler-Manor wurde 1926 in Krakau geboren und war 13, als der Krieg ausbrach. Als das Ghetto Krakau liquidiert wurde, schickte man alle Juden, die noch arbeiten konnten, ins KZ Plaszów, so auch Genia und ihre Familie. Genias Vater wurde an *Jom Kippur* 1944 in Plaszów ermordet. Von Plaszów wurden sie in ein Außenlager, das zu Schindlers Fabrik gehörte, überstellt. In dieser Fabrik begegnete Genia ihrem Mann Nachum „und damals entfachte die Liebe zwischen uns und wächst bis zum heutigen Tage immer weiter." Als Schindlers Fabrik in Krakau geschlossen wurde, musste Genia zurück nach Plaszów und wurde von dort aus nach Auschwitz-Birkenau geschickt.

Schindler erhielt die Genehmigung, in Brünlitz im Sudetenland eine Munitionsfabrik zu eröffnen, und ließ seine Beziehungen spielen, um seine jüdischen Arbeiter in die neue Fabrik mitnehmen zu können, wodurch er sie vor der Ermordung rettete. Genia stand ebenfalls auf „Schindlers Liste": Als Schindler erfuhr, dass Genia und eine weitere Arbeiterin nach Birkenau gebracht worden waren, fuhr er extra nach Birkenau, um sie von dort zu befreien, und brachte sie nach Brünlitz.

Genia wurde am 9. Mai 1945 befreit; sie kehrte nach Krakau zurück und lebte dort, bis sie 1950 nach Israel emigrierte und Nachum heiratete. Genia ist Künstlerin und seit über 30 Jahren Mitglied des Nationalen Künstlerverbands. Sie hat zwei Kinder und vier Enkelkinder.

Yaakov Zim ist Maler, Grafiker und Absolvent der Bezalel Academy of Arts and Design. Er wurde im Juli 1920 in der Stadt Sosnowiec im Südwesten Polens als Sohn eines Malers und Schildermalers geboren. Yaakovs Eltern zogen ihre Kinder in einem Bund-geprägten Umfeld groß (jüdisch, sozialistisch und weltlich) und Yaakov besuchte eine nationalistische jüdische Grundschule. Er und sein ältester Bruder Emanuel hatten allerdings Hebräischunterricht bei einem Privatlehrer, dessen Einfluss dazu führte, dass sich die beiden Jungen einer zionistischen Jugendbewegung anschlossen. Yaakov lernte Malerei und bildende Kunst in der Schule für angewandte Kunst. In den Jahren 1940–1943 arbeiteten Yaakov und seine beiden Brüder in einem Betrieb für angewandte Kunst und entgingen so den Arbeitslagern.

Im August 1943, nachdem das Ghetto liquidiert worden war, wurden Yaakovs Eltern und sein ältester Bruder nach Auschwitz deportiert und Yaakov ins Arbeitslager Annaberg geschickt. Im Januar 1944 wurde er ins Arbeitslager Blechhammer geschickt und fand dort seinen jüngeren Bruder Natan wieder. Im Januar 1945 wurden beide Brüder auf den Todesmarsch ins KZ Buchenwald geschickt. Im April wurden sie befreit und in einer Gruppe von „Buchenwaldkindern" auf dem Weg nach Frankreich untergebracht. In Frankreich erholten sie sich in einer Kuranstalt der OSE (Œuvre de secours aux enfants, ein Kinderhilfswerk) in Écouis, einem kleinen Dorf in der nordöstlichen Normandie. Am 18. Juli 1945 kamen sie auf dem Schiff *Mataroa* in Haifa an und Yaakov wurde auf seinen Wunsch hin zum Studium an die Bezalel Academy of Arts and Design in Jerusalem geschickt.

Yaakov Zim heiratete und gründete eine Familie. Er nahm darüber hinaus an zahlreichen Kunstausstellungen in Israel und im Ausland teil. Er gewann Preise und machte sich schon bald einen Namen als Künstler in Israel. Zim entwarf die ersten Münzen und Geldscheine des neuen Staates Israel (halbe Lira und Zehn-Lira-Scheine), das Zeichen des zehnjährigen Jubiläums der israelischen Unabhängigkeit, eine Holocaust-Gedenkbriefmarke, eine Münze zum Jerusalemtag, die Knessetmünze und die Münze zum Gedenktag. In seinem Buch *Fragmente und Licht* (hebräisch) (Yad Vashem, 2004) beschreibt Yaakov seine Erlebnisse während des Holocaust – einer Zeit, die viele Fragmente und Risse enthielt, aber auch das Licht des Optimismus und der Entschlossenheit. Seine Kunst half ihm in seinem Kampf um Leben und Überleben.

Quellenverzeichnis

Die Autorin hat sich bemüht, Urheberrechteinhaber zu kontaktieren, um die Erlaubnis zur Wiedergabe von Auszügen zu erhalten. Wir danken den Rechteinhabern für ihre Erlaubnis, Auszüge aus ihren Werken in das Buch zu übernehmen.

Archivquellen
Huberband, Shimon, „War Folklore: Jokes and Word Play" (englisch), YVA, M.10.AR.1/109.
Kaufman, Moniek (englisch), YVA, M.49/1311.
Kulisiewicz, Alexander, Zeugenbericht (englisch), Yad Vashem Archives (YVA), O.3/4171.
Notebooks from the Łódź Ghetto (englisch), Ghetto Fighters' House Archives.
Rosenblum, Szamai, Zeugenbericht (englisch), YVA, O.3/682.
Szlengel, Władysław, „Satire on the Handling of Fur in the Ghetto" (englisch), YVA, M.10/525.
Teitelman, Nachman, „Current Discussions: Knowledge and Humor" (jiddisch), YVA, M.10.AR.1/111.
Terezin Journal, 2., 8. November 1944 (hebräisch), Beit Terezin Archives.

Bücher und Artikel
Amery, Jean, *Jenseits von Schuld und Sühne: Bewältigungsversuche eines Überwältigten* (Stuttgart: Klett Cotta, 2000).
Amishai-Maisels, Ziva, *Depiction and Interpretation: The Influence of the Holocaust on the Visual Arts* (englisch) (New York: Pergamon Press, 1993).
Arad, Yitzhak, Israel Gutman und Abraham Margaliot, Hrsg., *Documents on the Holocaust: Selected Sources on the Destruction of the Jews of Germany and Austria, Poland, and the Soviet Union* (englisch), achte Auflage (Lincoln, NE: University of Nebraska Press, 1999; Jerusalem: Yad Vashem, 1996).
Auerbach, Rachel, *In the Streets of Warsaw: 1939–1943* (hebräisch) (Tel Aviv: Am Oved, 1954).

Ausubel, Nathan, Hrsg., *A Treasury of Jewish Folklore* (englisch) (New York: Crown, 1948).
Avraham, Doron, „Theater Life in the Ghetto" (hebräisch), *Bishvil Hazikaron*, Nr. 9 (Dezember 1995), S. 14–15.
Bainum, Charlene, Karen Lounsbury und Howard Pollio, „The Development of Laughing and Smiling in Nursery School Children" (englisch), *Child Development*, Bd. 55, Nr. 5 (1984), S. 1946–1957.
Bau, Joseph, *Dear God, Have You Ever Gone Hungry?* (englisch) (New York: Arcade Publishing, 2000).
―, *The 1938 Years: Memories from the Second World War* (hebräisch) (Tel Aviv: Hamena'anea, 1992).
Ben-Menachem, Arie und Joseph Rab, Hrsg., *Chronicle of the Łódź Ghetto* (hebräisch) (Jerusalem: Yad Vashem, 1989).
Berg, Mary, *Warsaw Ghetto: A Diary* (englisch) (New York: L.B. Fisher, 1945).
Bergler, Edmund, *Laughter and the Sense of Humor* (englisch) (New York: Intercontinental Medical Book Corp., 1956).
Bergson, Henri, *Das Lachen: Ein Essay über die Bedeutung des Komischen* (Hamburg: Felix Meiner, 2011).
―, *Laughter: An Essay on the Meaning of the Comic* (englisch) (New York: Macmillan, 1924).
Berman, Adolf Abraham, *In the Place That Destiny Assigned Me: With Warsaw Jewry, 1939–1942* (hebräisch) (Tel Aviv: Ghetto Fighters' House und Hakibbutz Hameuchad, 1978).
Bettelheim, Bruno, „Individual and Mass Behavior in Extreme Situations" (englisch), *Journal of Abnormal and Social Psychology*, Bd. 38 (1943), S. 412–452.
Birenbaum, Halina, *Culture in the Ghettos* (hebräisch) (unveröffentlicht, 1987).
―, *Poems before and within the Flood* (hebräisch) (Tel Aviv: Ma'ariv Book Guild, 1990).
Blakemore, Sarah, Daniel Wolpert und Chris Frith, „Central Cancellation of Self-Produced Tickle Sensation" (englisch), *Nature Neuroscience*, Bd. 1 (1998), S. 635–640.
Blumental, Nachman, „Songs and Melodies In the Ghettos and Camps" (hebräisch), *Yad Vashem News*, 29. Juli 1954.
―, „Sources for the Study of Jewish Resistance" (hebräisch), in *Jewish Resistance during the Holocaust: Proceedings of the Conference on Manifestations of Jewish Resistance, Jerusalem, April 7–11, 1968* (Jerusalem: Yad Vashem, 1971).
―, *Words and Proverbs from the Holocaust Period* (jiddisch) (Tel Aviv: I.L. Peretz, 1981).
Bondy, Ruth, „Between Terezin and Theresienstadt" (hebräisch), in Anita Tersey, Hrsg., *Terezin Ghetto 1941–1945: Collection of Articles and Projects for the Educator and Counselor* (Israel: Ministry of Education, Culture and Sports und Yad Vashem, 1995), S. 5–10.
―, *Edelstein against Time* (hebräisch) (Tel Aviv: Zamora-Bitan, 1990).
―, *Elder of the Jews: Jakob Edelstein of Theresienstadt* (englisch) (New York: Grove Press, 1989).
―, *Trapped: Essays on the History of Czech Jews, 1939–1943* (englisch) (Jerusalem: Yad Vashem, 2008).
―, *Uprooted: Chapters in the History of the Czech Jews, 1939–1945* (hebräisch) (Jerusalem: Yad Vashem und Beit Terezin, 2002).
Borowski, Tadeusz, *This Way for the Gas, Ladies and Gentlemen* (englisch) (New York: Penguin Books, 1976).
Brown, Zvi A. und Dov Levine, *History of an Underground: The Combat Organization of the Kovno Jews in the Second World War* (hebräisch) (Jerusalem: Yad Vashem Publications, 1962).
Bryks, Rachmil, *A Cat in the Ghetto: Stories* (hebräisch) (New York: Rachmil Bryks Book Committee, 1966).

, *The Paper Crown: Novel* (jiddisch) (New York: Rachmil Bryks Book Committee, 1969).
Chamberas, Peter A. und George S. Bebis, *Nicodemos of the Holy Mountain: A Handbook of Spiritual Counsel* (englisch) (New York: Paulist Press, 1989).
Cousins, Norman, *Anatomy of an Illness* (englisch) (New York: Norton, 1979).
Cramer, Phebe, „Defense Mechanisms in Psychology Today: Further Processes for Adaptation" (englisch), *American Psychologist*, Bd. 55 (2000), S. 637–646.
Czerniakow, Adam, *Warsaw Ghetto Diary, 6.9.1939–23.7.1942* (hebräisch) (Jerusalem: Yad Vashem, 1970).
Darwin, Charles, *The Expression of Emotions in Man and Animals* (englisch) (New York: D. Appleton and Company, 1899).
Diagnostic and Statistical Manual of Mental Disorders (englisch) (Arlington, VA: American Psychiatric Association, 2005).
Dobroszycki, Lucjan, Hrsg., *The Chronicle of the Łódź Ghetto* (englisch) (New Haven: Yale University Press, 1984).
„Documents: From the Abyss" (hebräisch), *Dapim: Studies on the Shoah* (1951), S. 115-147.
Droyanov, Alter, *The Book of Jokes and Witticisms* (hebräisch), Bd. C (Jerusalem: Ahiasaf und Kiryat Sefer, 1951).
Duncan, Walter und Philip Feisal, „No Laughing Matter: Patterns of Humor in the Workplace" (englisch), *Organizational Dynamics*, Bd. 17 (1989), S. 18–30.
Dutlinger, Anne, *Strategies for Survival: Theresienstadt 1941–45* (englisch) (New York: Herodias, 2001).
Dvorzetski, Mark Meir, *Jerusalem of Lithuania in Battle and Destruction* (jiddisch) (Paris: Yidisher Folksfarband in Frankraykh un Yidisher Natsionaler Arbeter-Farband in Amerike, 1948).
, „Steadfastness in Daily Life in the Ghettos and Camps" (hebräisch), in *Jewish Resistance during the Holocaust: Proceedings of the Conference on Manifestations of Jewish Resistance, Jerusalem, April 7–11, 1968* (Jerusalem: Yad Vashem, 1971), S. 121–143.
Dziemidok, Bohdan, *O komizmie* (polnisch) (Warsaw: Książka i Wiedza, 1967).
Edelman, Marek, *The Ghetto Fights: Young Bundists in the Warsaw Ghetto* (hebräisch) (Tel Aviv: Hakibbutz Hameuchad, 2001).
Edelman, Samuel M., „Singing in the Face of Death: A Study of Jewish Cabaret and Opera during the Holocaust" (englisch), in Rebecca Rovit und Alvin Goldfarb, Hrsg., *Theatrical Performance during the Holocaust: Texts, Documents, Memoirs* (Baltimore-London: Johns Hopkins University Press, 1999), S. 125–132.
Eilbirt, Henry, „Jewish Humor: The Logic of Jewish Humor" (englisch), in *World Humor and Irony Membership Serial Yearbook* (WHIMSY): *Proceedings of the Sixth (1987) Conference – International Humor*, S. 178–180.
Emmanuel Ringelblum, *Final Writings: Polish-Jewish Relations, January 1943–April 1944* (hebräisch) (Jerusalem: Yad Vashem und Ghetto Fighters' House, 1994).
Encyclopedia of the Holocaust (hebräisch) (Tel Aviv: Yad Vashem und Sifriat Poalim, 1990).
Encyclopaedia Judaica (englisch) (Jerusalem-Detroit: Keter Publishing, Macmillan Reference USA, 1971, 2007).
Encyclopaedia Judaica (englisch) (Detroit: Macmillan Reference USA, 2007).
Encyclopedia of Music of the Twentieth Century (hebräisch) (Tel Aviv: Ladori, 1996).
Engelking, Barbara und Jacek Leociak, *The Warsaw Ghetto: A Guide to the Perished City* (englisch) (New Haven, CT: Yale University Press, 2009).
Fass, Moshe, „Theatrical Activity in the Polish Ghettos during the Years 1939–1942" (englisch), *Jewish Social Studies*, Nr. 38 (1976), S. 54–72.
Fenélon, Fania mit Marcelle Routier, *Playing for Time* (englisch) (New York: Berkley, 1977).
Feuchert, Sascha, Erwin Leibfried und Jörg Riecke, Hrsg., *Die Chronik des Gettos Lodz/Litzmannstadt 1943* (Göttingen: Wallstein Verlag, 2007).

Flam, Gila, *Singing for Survival: Songs of the Lodz Ghetto, 1940–45* (englisch) (Urbana, IL: University of Illinois Press, 1992).
Frankel, Yechiel, „Theater and Other Artistic Activity in the Łódź Ghetto, 1940–1944 (A)" (hebräisch), *Stage: Quarterly Magazine for Drama*, Nr. 103 (1986), S. 12–42.
—, „Theater and Other Artistic Activity in the Łódź Ghetto, 1940–1944 (B)" (hebräisch), *Stage: Quarterly Magazine for Drama*, Nr. 104 (1986), S. 38–60.
Frankl, Viktor E., *...trotzdem Ja zum Leben sagen: Ein Psychologe erlebt das Konzentrationslager* (München: Kösel, 1977).
Frankova, Anita und Hana Povolna, Hrsg., *I Have Not Seen a Butterfly Around Here: Children's Drawings and Poems from Terezin* (englisch) (Prague: Jewish Museum Prague, 2000).
Freud, Anna, „Das Ich und die Abwehrmechanismen", in *Die Schriften der Anna Freud*, Bd. 1, (München: Kindler, 1980), S. 191–355.
Freud, Sigmund, *Der Witz und seine Beziehung zum Unbewußten* (Frankfurt a. M., Hamburg: Fischer Bücherei, 1958).
—, „Humor" (englisch), *International Journal of Psychoanalysis*, Bd. 9 (1928), S. 1–6.
—, *Jokes and Their Relation to the Unconscious* (englisch), Hrsg., James Strachey (New York: W.W. Norton, 1960).
—, *The Basic Writings of Sigmund Freud* (englisch), Hrsg., Abraham Arden Brill (New York: The Modern Library, 1938).
Frieda, Aaron, *Bearing the Unbearable: Yiddish and Polish Poetry in the Ghettos and Concentration Camps* (englisch) (Albany: State University of New York Press, 1990).
Gardner, Howard, Paul Ling, Laurie Flamm und Jen Silverman, „Comprehension and Appreciation of Humorous Material Following Brain Damage" (englisch), *Brain*, Bd. 98 (1975), S. 399–412.
Gary, Romain, *The Dance of Genghis Cohn* (englisch) (New York: World Publishing Company, 1968).
Gebirtig, Mordechai, *Mordechai Gebirtig, His Poetic and Musical Legacy* (englisch), Hrsg., Gertrude Schneider (Westport, CT: Praeger, 2000).
Gelman, Yaakov, „The Transformation of the Folk Song in the Ghettos and Camps" (hebräisch), in Ezra Lahad, Yechiel Sheintuch und Zvi Shner, Hrsg., *The Literary Creation in Yiddish and Hebrew in the Ghetto* (Israel: Ghetto Fighters' House, 1985), S. 52–80.
Gigliotti, Simone und Berel Lang, Hrsg., *The Holocaust: A Reader* (englisch) (Malden, MA: Blackwell Publishing, 2005).
Gilbert, Shirli, *Music in the Holocaust: Confronting Life in the Nazi Ghettos and Camps* (englisch) (Oxford: Clarendon Press, 2005).
Glover, Dennis, *The Art of Great Speeches: And Why We Remember Them* (englisch) (Melbourne: Cambridge University Press, 2011).
Goldfarb, Alvin, „Theatrical Activities in the Nazi Concentration Camps" (englisch), in Rebecca Rovit und Alvin Goldfarb, Hrsg., *Theatrical Performance during the Holocaust: Texts, Documents, Memoirs* (Baltimore-London: Johns Hopkins University Press, 1999), S. 117–124.
Groński, Ryszard, *Taki był kabaret* (polnisch) (Warsaw: Codex, 1994).
Gross, Natan, „The Poem Will Survive Forever" (hebräisch), *On Guard*, 17. September 1972, S. 3–5.
Grossman, Mendel, Zvi Shner und Alexander Sened, *With a Camera in the Ghetto* (englisch) (Tel Aviv: Hakibbutz Hameuchad und Ghetto Fighters' House, 1970).
Grotjahn, Martin, *Beyond Laughter, Humor and the Subconscious* (englisch) (New York: McGraw Hill, 1966).
Gutterman, Bella, Hrsg., *Gone with the Flame: Clandestine Writings about the Warsaw Ghetto, by Naomi Schatz-Weinkrantz* (hebräisch) (Jerusalem: Yad Vashem, 2003).
—, *Raising a Toast to Death: Story of the Janówska Camp in Lwów* (hebräisch) (Tel Aviv: Tel Aviv University und Massuah, 1993).

Gutterman, Bella und Naomi Morgenstern, Hrsg., *The Gurs Haggadah: Passover in Perdition* (englisch) (Jerusalem: Devora Publishing und Yad Vashem, 2003).
Haggith, Toby und Joanna Newman, Hrsg., *Holocaust and the Moving Image: Representations in Film and Television since 1933* (englisch) (London: Wallflower Press, 2005).
Hazlitt, William, *Lectures of the English Comic Writers* (englisch) (London: Oxford University Press, 1907).
Hershkowitz, Yankl, *Der Gezang fun Łódźer Geto*, Hrsg., Joseph Wajsblat (jiddisch) (Paris: Les Editions Polyglottes, 1994).
Hillenbrand, Fritz, *Underground Humour in Nazi Germany, 1933–1945* (englisch) (New York: Routledge, 1995).
Hobbes, Thomas, *Naturrecht und allgemeines Staatsrecht in den Anfangsgründen*, (Berlin: Reimar Hobbing, 1926).
Hoch, Moshe, *Voices from the Darkness: The Music in the Ghettos and the Camps in Poland* (hebräisch) (Jerusalem: Yad Vashem, 2002).
Jagoda, Zenon, Stanisław Kłodziński und Jan Masłowski, *Oświęcim nieznany* (polnisch) (Krakow: Wydawn. Literackie, 1981).
—, „Śmiech w obozie koncentracyjnym" (polnisch), *Przegląd Lekarski*, Bd. 30, Nr. 1 (1973), S. 84–99.
Jasny, Wolf, *The History of the Jews in Lodz in the Years of Extermination* (jiddisch) (Tel Aviv: I.L. Peretz, 1960).
Juni, Samuel, Bernard Katz und Martin Hamburger, „Identification with the Aggression vs. Turning against the Self: An Empirical Study of Turn-of-the-Century European Jewish Humor" (englisch), *Current Psychology*, Bd. 14, Nr. 4 (1996), S. 313–328.
Kaczerginski, Shmerke, „Folkore of the Ghetto" (hebräisch), in Ernst Horwitz, *From the Straits: Songs from the Ghettos* (Tel Aviv: General Federation of Hebrew Workers in Eretz Israel, the Center for Culture, Tel Aviv, 1949), S. 7–8.
—, *Lider fun di Ghettos un Lagern* (englisch) (Elmhurst, IL: L. Berson, 1997).
—, *Lider fun di Getos un Lagern: Takstn On Maladias Gazamlt* (englisch) (New York: CYCO, 1948).
Kaczerginski, Shmerke und H. Leivick, Hrsg., *Lider fun di Getos un Lagern* (englisch) (New York: Alveltlekher Yidisher Kultur-Kongres, 1948).
Kalisch, Shoshana und Barbara Meister, *Yes, We Sang! Songs of the Ghettos and Concentration Camps* (englisch) (New York: Harper & Row, 1985).
Kant, Immanuel, *Critique of Judgment* (englisch) (New York: Hafner Publishing, 1951).
Kaplan, Chaim Aron, *Buch der Agonie: Das Warschauer Tagebuch des Chaim A. Kaplan*, Hrsg., Abraham I. Katsh (Frankfurt a. M.: Insel Verlag, 1967).
—, *Scroll of Agony: Diary of the Warsaw Ghetto, September 1, 1939– August 4, 1942* (hebräisch) (Tel Aviv: Yad Vashem, 1966).
—, *Scroll of Agony: The Warsaw Diary of Chaim A. Kaplan* (englisch), Hrsg., Abraham I. Katsh (Bloomington, IN: Indiana University Press, 1999).
Kaplan, Israel, *Jewish Folk-Expressions under the Nazi Yoke* (jiddisch) (Tel Aviv: Ghetto Fighters' House, 1982).
Karay, Felicja, *Death Comes in Yellow: Skarżysko-Kamienna Slave Labor Camp* (englisch) (Amsterdam: Harwood Academic, 1996).
—, *Wir lebten zwischen Granaten und Gedichten: Das Frauenlager der Rüstungsfabrik HASAG im Dritten Reich* (Köln; Weimar; Wien: Böhlau, 2001).
Katzenelson, Jizchak, *Final Writings 1940–1944* (hebräisch) (Tel Aviv: Ghetto Fighters' House und Hakibbutz Hameuchad, 1956).

, Wolf Biermann, *Dos lied vunem ojsgehargetn jidischn volk. Großer Gesang vom ausgerotteten jüdischen Volk* (Köln: Kiepenheuer und Witsch, 1994).
Ka-Tzetnik 135633, *Piepel* (englisch) (London: Anthony Blond, 1961).
Keith-Spiegel, Patricia, „Early Conception of Humor: Varieties and Issues" (englisch), in Jeffrey Goldstein und Paul McGhee, Hrsg., *The Psychology of Humor* (New York: Academic Press, 1972).
Kift, Roy, „Comedy in the Holocaust: The Theresienstadt Cabaret" (englisch), *New Theatre Quarterly*, Nr. 48 (1996), S. 299–308.
, „Reality and Illusion in the Theresienstadt Cabaret" (englisch), in Claude Schumacher, Hrsg., *Staging the Holocaust: The Shoah in Drama and Performance* (Cambridge: Cambridge University Press, 1998), S. 147–168.
Klein, Allen, *The Healing Power of Humor* (englisch) (Los Angeles: TarcherPutnam, 1989).
Kobasa, Suzanne und Mark Puccetti, „Personality and Social Resources in Stress Resistance" (englisch), *Journal of Personality and Social Psychology*, Bd. 45, Nr. 4 (1983), S. 839–850.
Koestler, Arthur, *Der göttliche Funke* (Bern, München: Scherz, 1966), S. 24–25.
Korczak, Raizl, *Flames in Ash* (hebräisch) (Tel Aviv: Moreshet und Sifriat Poalim, 1965).
Krasney, Ariela, *The Badkhan* (hebräisch) (Ramat Gan: Bar-Ilan University, 1998).
Kraus, Ota und Erich Kulka, *Death Factory: Document on Auschwitz* (englisch) (Oxford: Pergamon Press, 1966).
Kühn, Volker, „'We've Enough Tsoris': Laughter at the Edge of the Abyss" (englisch), in Rebecca Rovit und Alvin Goldfarb, Hrsg., *Theatrical Performance during the Holocaust: Texts, Documents, Memoirs* (Baltimore-London: Johns Hopkins University Press, 1999), S. 40–57.
Kurtz, Aharon David (Adar), *The Scream of Past Time: Courage and Luck – The Struggle for Survival* (hebräisch) (Eigenverlag, 1996).
Kurtz, Jakov, *Book of Testimony to the Shattering of the Jewish People in Poland: Notes of a Jew Who Survived the Nazi Hell in Poland* (hebräisch) (Tel Aviv: Am Oved, 1944).
Langer, Lawrence, *Holocaust Testimonies: The Ruins of Memory* (englisch) (New Haven, CT: Yale University Press, 1991).
Lavsky, Hagit, *Towards New Lives: Survivors and Displaced Persons in Bergen-Belsen and the British Occupation Zone in Germany 1945–1950* (hebräisch) (Jerusalem: Yad Vashem und Magnes, 2006).
Lefcourt, Herbert und Rod Martin, *Humor and Life Stress: Antidote to Adversity* (englisch) (New York: Springer-Verlag, 1986).
Lefcourt, Herbert, et al., „Perspective-Taking Humor: Accounting for Stress Moderation" (englisch), *Journal of Social and Clinical Psychology*, Bd. 14, Nr. 4 (1995), S. 373–391.
Leichter, Sinai, *Anthology of Yiddish Folksongs*, Bd. 5 (hebräisch, jiddisch und englisch) (Jerusalem: Magnes, 1987).
Leociak, Jacek, *Text in the Face of Destruction: Accounts from the Warsaw Ghetto Reconsidered* (englisch) (Warsaw: Zydowski Instytut Historyczny, 2004).
Leventhal, Howard und Martin Safer, „Individual Differences, Personality and Humour Appreciation: Introduction to Symposium" (englisch), in Antony Chapman und Hugh Foot, Hrsg., *It's a Funny Thing, Humour* (New York: Pergamon, 1977), S. 335–350.
Lipman, Steve, *Laughter in Hell: The Use of Humor during the Holocaust* (englisch) (Northvale, NJ: Jason Aronson, 1991).
Lowis, Michael und Johan Nieuwoudt, „The Humor Phenomenon: A Theoretical Perspective" (englisch), *Mankind Quarterly*, Bd. 33 (1993), S. 409–423.
Lubetkin, Zivia, *In the Days of the Destruction and Revolt* (hebräisch) (Tel Aviv: Ghetto Fighters' House und Hakibbutz Hameuchad, 1980).

Makarova, Elena et al., Hrsg., *Long Live Life!: Israel Goor Theater Archives and Museum* (hebräisch) (Jerusalem: Hebrew University in Jerusalem, 2001).
McDougall, William, „The Theory of Laughter" (englisch), *Nature*, Bd. 67 (1903), S. 318–319.
—, „Why Do We Laugh?" (englisch) *Scribners*, Bd. 71 (1922), S. 359–363.
McGhee, Paul, *Humor: Its Origin and Development* (englisch) (San Francisco: W.H. Freeman, 1979).
Meiri, Shmuel, „Diary Written by a Jewish Girl Describes Life in the Concentration Camp As a Children's Fairytale" (hebräisch), *Ha'aretz*, 12. April 1999.
Mendelsohn, Felix, *Let Laughter Ring* (englisch) (Philadelphia: Jewish Publication Society of America, 1946).
—, *The Jew Laughs: Humorous Stories and Anecdotes* (englisch) (Chicago: L.M. Stein, 1935).
Mishkinsky, Masha, „Humor As a 'Courage Mechanism'" (englisch), *Israel Annals of Psychiatry and Related Disciplines*, Bd. 15 (1977), S. 352–363.
Neuendorf, Kimberly und Tom Fennell, „A Social Facilitation View of the Generation of Mirth Reactions: Effects of a Laugh Track" (englisch), *Central States Speech Journal*, Bd. 39 (1988), S. 37–48.
Neustadt, Melech, Hrsg., *Destruction and Uprising of the Warsaw Jews: Book of Testimony and Commemoration* (hebräisch) (Tel Aviv: Executive of the Israel Labor Federation, 1947).
Nilsen, Alleen, „We Should Laugh So Long?" (englisch), *School Library Journal*, Bd. 33 (1986), S. 30–34.
Nilsen, Alleen und Don Nilsen, *Encyclopedia of 20th-Century American Humor* (englisch) (Phoenix, AZ: Oryx Press, 2000).
Obrdlik, Antonin, „Gallows Humor: A Sociological Phenomenon" (englisch), *American Journal of Sociology*, Bd. 47 (1942), S. 709–716.
Oring, Elliott, „People of the Joke: On the Conceptualization of Jewish Humor" (englisch), *Western Folklore*, Bd. 42 (1983), S. 261–271.
Palmore, Erdman, „Attitudes toward Aging As Shown by Humor" (englisch), *The Gerontologist*, Bd. 11 (1971), S. 1181–1186.
Panksepp, Jaak und Jeff Burgdorf, „Laughing Rats? Playful Tickling Arouses 50KHz Ultrasonic Chirping in Rats" (englisch), *Society for Neuroscience Abstracts*, Bd. 24 (1998), S. 691.
Piddington, Ralph, *The Psychology of Laughter: A Study in Social Adaptation* (englisch) (New York: Gamut Press, 1963).
Platzik, Max, *Double Seal: Portraits of Personalities in the Terezin Ghetto* (hebräisch) (Jerusalem: Yad Vashem, 1994).
Polimeni, Joseph und Jeffrey Reiss, „The First Joke: Exploring the Evolutionary Origins of Humor" (englisch), *Evolutionary Psychology*, Bd. 4 (2006), S. 347–366.
Poznański, Jakub, *Pamiętnik z getta łódzkiego* (polnisch) (Łódź: Wyd. Łódzkie, 1960).
Prager, Moshe, Hrsg., *Out of the Depths I Call* (hebräisch) (Jerusalem: Mossad Harav Kook, 1955).
Provine, Robert, „Laughing, Tickling, and the Evolution of Speech and Self" (englisch), *Current Directions in Psychological Science*, Bd. 13 (2004), S. 215–218.
—, „Laughter" (englisch), *American Scientist*, Bd. 84 (1996), S. 38–47.
Pulaver, Moshe, *There Once Was a Ghetto* (jiddisch) (Tel Aviv: I.L. Peretz, 1963).
Pups, Ruta, Hrsg., *Songs from the Ghetto: A Collection* (jiddisch) (Warsaw: Yiddish Book, 1962).
Raskin, Richard, „Far from Where? On the History and Meanings of a Classic Jewish Refugee Joke" (englisch), *American Jewish History*, Bd. 85, Nr. 2 (1997), S. 143–150.
Reik, Theodore, *Jewish Wit* (englisch) (New York: Gamut Press, 1962).
Re'im, Dan, „'Hello, Friday': Laughing in the Ghetto" (hebräisch), *Kesher*, Bd. 9 (1991), S. 68–74.
Riber, Arthur, *Lexicon of Psychological Terms* (hebräisch) (Jerusalem: Keter, 1992).

Ringelblum, Emmanuel, *Notes from the Warsaw Ghetto* (englisch) (New York: Schocken Books, 1974).
——, *Notes from the Warsaw Ghetto* (hebräisch) (Jerusalem: Yad Vashem, 1992).
——, *Notes from the Warsaw Ghetto: The Journal of Emmanuel Ringelblum* (englisch) (New York: McGraw-Hill, 1958).
Rollo, May, *Man's Search for Himself* (englisch) (New York: Norton, 1953).
Rosenberg, Marshall und Colin Shapiro, „Marginality and Jewish Humor" (englisch), *Midstream*, Bd. 4 (1958), S. 70–78.
Rosenfeld, Oskar, *In the Beginning Was the Ghetto* (englisch) (Evanston, IL: Northwestern University Press, 2002).
Roskies, David, *Against the Apocalypse: Responses to Catastrophe in Modern Jewish Culture* (englisch) (Cambridge, MA-London: Harvill Press, 1984).
Rovit, Rebecca, „Cultural Ghettoization and Theater during the Holocaust: Performance As a Link to Community" (englisch), *Holocaust and Genocide Studies*, Bd. 19, Nr. 3 (2005), S. 459–486.
Rovit, Rebecca und Alvin Goldfarb, Hrsg., *Theatrical Performance during the Holocaust: Texts, Documents, Memoirs* (englisch) (Baltimore-London: Johns Hopkins University Press, 1999).
Rozett, Robert und Shmuel Spector, Hrsg., *Encyclopedia of the Holocaust* (englisch) (New York: Facts on File, 2000).
Rubin, Ruth, *Voices of a People: The Story of Yiddish Folksong* (englisch) (Philadelphia, PA: Jewish Publication Society of America, 1979).
Salier, Eva, *Survival of a Spirit* (englisch) (New York: Shengold, 1995).
Samson, Shlomo, *I Didn't Believe My Own Words* (hebräisch) (Jerusalem: Reuven Mas, 1990).
Schumacher, Claude, Hrsg., *Staging the Holocaust: The Shoah in Drama and Performance* (englisch) (Cambridge: Cambridge University Press, 1998).
Seaward, Brian Luke, *Managing Stress: Principles and Strategies for Health and Well-Being* (englisch) (Sudbury, MA: Jones and Bartlett, 2009).
Seidman, Hillel, *Warsaw Ghetto Diary* (jiddisch) (Amherst, MA: National Yiddish Book Center, 1947), S. 210–211.
Shammi, Prathiba und Donald Stuss, „Humour Appreciation: A Role of the Right Frontal Lobe" (englisch), *Brain*, Bd. 122 (1999), S. 657–666.
Shean, Nava, *Being an Actress* (hebräisch) (Tel Aviv: Hakibbutz Hameuchad, 1991).
——, „Being an Actress in Theresienstadt" (hebräisch), *Yalkut Moreshet*, Nr. 43–44 (1987), S. 95–107.
Sheinfeld, Rut, „Władysław Szlengel and His Poems in the Warsaw Ghetto" (hebräisch), in Moshe Mishkinsky, *Gilad: Anthology of the History of Polish Jewry*, Bd. 10 (1988), S. 247–279.
Shner, Zvi, „History of the Cultural Life in the Łódź Ghetto, 1940–1941" (hebräisch), in Nachman Blumental, Hrsg., *Pages of Researching the Holocaust and the Uprising*, First Anthology (Tel Aviv: Hakibbutz Hameuchad, 1951), S. 89–101.
Sierakowiak, Dawid, *The Diary of Dawid Sierakowiak: Five Notebooks from the Łódź Ghetto* (englisch) (New York: Oxford University Press, 1996).
Smelik, Klaas, Hrsg., *Etty: The Letters and Diaries of Etty Hillesum, 1941–1943* (englisch) (Grand Rapids, MI: Wm. B. Eerdmans Publishing, 2002).
Spalding, Henry D., Hrsg., *Encyclopedia of Jewish Humor* (englisch) (New York: Jonathan David Publisher, 1979).
Spencer, Herbert, „The Physiology of Laughter" (englisch), *McMillan's Magazine*, Bd. 1 (1860), S. 395–402.
Stokker, Kathleen, *Folklore Fights the Nazi: Humor in Occupied Norway 1940–1945* (englisch) (Madison, WI: University of Wisconsin Press, 1997).

Stub, Esther, „Barracks Building" (jiddisch), in Samy Feder, Hrsg., *Collection of Concentration Camp and Ghetto Songs* (Bergen-Belsen: Central Jewish Committee, 1946), S. 27.

Sultanoff, Steven, „Exploring the Land of Mirth and Funny; A Voyage through the Interrelationships of Wit, Mirth, and Laughter" (englisch), *Laugh It Up, Publication of the American Association for Therapeutic Humor* (Juli/August 1994), S. 3.

―, „Using Humor in Crisis Situations" (englisch), *Therapeutic Humor*, Bd. 9 (1995), S. 1–2.

Sutzkever, Abraham, *Wilner Getto 1941–1944* (Zürich: Ammann, 2009).

―, *The Vilna Ghetto* (hebräisch) (Tel Aviv: Sekhvy, 1947).

Szlengel, Wladyslaw, *What I Read to the Dead: Warsaw Ghetto Poems* (hebräisch) (Tel Aviv: Traklin [Hamad], 1987).

Szpilman, Wladyslaw, *The Pianist: The Extraordinary Story of One Man's Survival in Warsaw, 1939–45* (englisch) (London: V. Gollancz, 1999).

Tarsi, Anita, Hrsg., *Art and Medicine in Ghetto Theresienstadt (Terezín): Drawings from the Years 1942–1944* (englisch) (Haifa, Israel–Giv'at Hayyim- Ihud: Bruce Rappaport Faculty of Medicine, The Technion; Beit Terezin, 2001).

―, *Terezin Ghetto 1941–1945: Collection of Articles and Activities for the Educator and the Counselor* (herbäisch) (Israel: Ministry of Education, Culture and Sport und Yad Vashem, 1995).

Thorson, James, „A Funny Thing Happened on the Way to the Morgue: Some Thoughts on Humor and Death, and a Taxonomy of the Humor Associated with Death" (englisch), *Death Studies*, Bd. 9, Nr. 3–4 (1985), S. 201–216.

Thorson, James und Chuck Powell, „Development and Validation of a Multidimensional Sense of Humor Scale" (englisch), *Journal of Clinical Psychology*, Bd. 49 (1993), S. 13–23.

Tomkiewicz, Mina, *There Was Life There Too: Pages from Bergen-Belsen* (hebräisch) (Tel Aviv: Twersky, 1946).

Trunk, Isaiah, *Łódź Ghetto: A History* (englisch) (Bloomington, IN: Indiana University Press, 2006).

―, „Study of the History of the Jews in Wartheland" (jiddisch), *History Papers*, Bd. 2 (1949), S. 124–128, in Nachman Blumental, Hrsg., *Pages of Researching the Holocaust and the Uprising*, First Anthology (Tel Aviv: Hakibbutz Hameuchad, 1951), S. 89–101. Turkov, Yonas, *There Once Was a Jewish Warsaw* (hebräisch) (Tel Aviv: Culture and Education, 1969).

Unger, Michal, *Last Ghetto: Life in the Łódź Ghetto, 1940–1944* (hebräisch) (Jerusalem: Yad Vashem, 2005).

Vaillant, George E., *Adaptation to Life* (englisch) (Boston: Little Brown, 1977).

―, *Ego Mechanisms of Defense: A Guide for Clinicians and Researchers* (englisch) (Washington: American Psychiatric Press, Inc., 1992).

―, „Ego Mechanisms of Defense and Personality Psychopathology" (englisch), *Journal of Abnormal Psychology*, Bd. 103, Nr. 1 (1994), S. 44–50.

Vinkovetzky, Aharon, Abba Kovner und Sinai Leichter, Hrsg., *Anthology of Yiddish Folksongs* (hebräisch, jiddisch und englisch) (Jerusalem: Magnes, 1987).

Vrba, Rudolf, *Ich kann nicht vergeben* (Frankfurt a. M.: Schöffling Co., 2010).

Wańkowicz, Melchior, *Przez cztery klimaty* (polnisch) (Warsaw: PIW, 1972).

Werzel, Liza und Hanka Fishel, „Nightmare City" (hebräisch), in Yehuda Rozhnichenko, Hrsg., *Theresienstadt* (Tel Aviv: Poalei Eretz Israel Party, 1947), S. 65–118.

Yahil, Leni, „Jewish Resistance: The Active and Passive Aspects of Jewish Existence during the Holocaust" (hebräisch), *Jewish Resistance during the Holocaust: Proceedings of the Conference on Manifestations of Jewish Resistance, Jerusalem, April 7–11, 1968* (Jerusalem: Yad Vashem, 1971), S. 26-33.

YIVO Encyclopedia of Jews in Eastern Europe, The (englisch) (New Haven-London: YIVO und Yale University Press, 2008).

Ziv, Avner, *Jewish Humor* (englisch) (New Brunswick: Transaction Publishers, 1998).
, *Personality and Sense of Humor* (englisch) (New York: Springer, 1984).
, *Psychology of Humor* (hebräisch) (Tel Aviv: Yachdav, 1981).

GPSR Compliance

The European Union's (EU) General Product Safety Regulation (GPSR) is a set of rules that requires consumer products to be safe and our obligations to ensure this.

If you have any concerns about our products, you can contact us on

ProductSafety@springernature.com

In case Publisher is established outside the EU, the EU authorized representative is:

Springer Nature Customer Service Center GmbH
Europaplatz 3
69115 Heidelberg, Germany

www.ingramcontent.com/pod-product-compliance
Lightning Source LLC
LaVergne TN
LVHW080304260326
834688LV00039B/1133